Rechtliche Probleme von PIPE-Transaktionen

Schriften zum Gesellschafts-, Bilanz- und Unternehmensteuerrecht

Herausgegeben von Joachim Hennrichs

Band 15

Zur Qualitätssicherung und Peer Review der vorliegenden Publikation

Die Qualität der in dieser Reihe erscheinenden Arbeiten wird vor der Publikation durch den Herausgeber der Reihe geprüft.

Notes on the quality assurance and peer review of this publication

Prior to publication, the quality of the work published in this series is reviewed by the editor of the series.

Franziska Neumann

Rechtliche Probleme von PIPE-Transaktionen

PL ACADEMIC RESEARCH

Bibliografische Information der Deutschen Nationalbibliothek
Die Deutsche Nationalbibliothek verzeichnet diese Publikation in der Deutschen Nationalbibliografie; detaillierte bibliografische Daten sind im Internet über http://dnb.d-nb.de abrufbar.

Zugl.: Köln, Univ., Diss., 2013

Gedruckt auf alterungsbeständigem,
säurefreiem Papier.

D 38
ISSN 1867-500X
ISBN 978-3-631-64991-6 (Print)
E-ISBN 978-3-653-04141-5 (E-Book)
DOI 10.3726/978-3-653-04141-5

PL Academic Research ist ein Imprint der Peter Lang GmbH.

Peter Lang – Frankfurt am Main · Bern · Bruxelles · New York · Oxford · Warszawa · Wien

Dieses Buch erscheint in einer Herausgeberreihe bei PL Academic Research und wurde vor Erscheinen peer reviewed.

www.peterlang.com

Für meine Eltern und meine Großeltern

Vorwort

Die vorliegende Arbeit wurde im Wintersemester 2013/2014 von der Rechtswissenschaftlichen Fakultät der Universität zu Köln als Dissertation angenommen. Rechtsprechung und Literatur konnten bis März 2013 berücksichtigt werden.

Mein Dank gebührt in erster Linie meinem Doktorvater Herrn Professor Schlitt. Durch seine Anregungen, Motivation und die Einbindung in interessante Projekte und Diskussionen während meiner Tätigkeit als seine wissenschaftliche Mitarbeiterin hatte ich ein ideales Umfeld für die Erstellung der Dissertation. Ich bedanke mich für sein Vertrauen und seine allseitige Unterstützung.

Zu Dank bin ich auch Frau Professor Grunewald für die rasche Erstellung des Zweitgutachtens verpflichtet.

Herrn Professor Hennrichs danke ich für die Aufnahme meiner Arbeit in seine Schriftenreihe.

Schließlich möchte ich meinen Eltern und Großeltern für ihre Unterstützung während der Zeit meines Promotionsvorhabens danken.

Inhaltsverzeichnis

1. Teil: Einführung 1
I. PIPE-Transaktionen 1
A. Entstehungsgeschichte von PIPE 2
B. Wirtschaftlicher Hintergrund 2
C. Strukturbestimmende Interessen von Investor und Zielgesellschaft 3
D. Beispiele von PIPE-Transaktionen in Deutschland 4
II. Beteiligte 6
A. Investoren 6
1. Private-Equity-Investoren 7
2. Family Offices 8
3. Staatsfonds 9
4. Strategische Investoren 9
B. Zielgesellschaften 9
C. Altaktionäre 11
D. Banken 11
III. Gesellschafts- und kapitalmarktrechtlicher Rechtsrahmen 12
IV. Ziel und Gang der Darstellung 14

2. Teil: Strukturierung einer PIPE-Transaktion 15
I. Wahl der Transaktionsstruktur 15
A. Kapitalerhöhungen bei PIPE-Transaktionen 15
1. Wahl zwischen der Ausnutzung genehmigten Kapitals und der Durchführung einer ordentlichen Kapitalerhöhung 16
2. Auswirkungen des Bezugsrechts auf die Strukturierung der Kapitalerhöhung 20
3. Prospektfreiheit der Zehn-Prozent-Kapitalerhöhung 24
B. Bedienung mit eigenen Aktien 25
C. Ausgabe von Wandelschuldverschreibungen an den Investor 26
D. Beteiligungserwerb von Altaktionären 26
E. Fazit 27
II. Kriterien für die Festlegung der Beteiligungshöhe und Einflussmöglichkeiten des Investors als Aktionär 27

A. Wahrnehmung der Rechte des Aktionärs in der Hauptversammlung 28
1. Stellung der Hauptversammlung in der Aktiengesellschaft 28
2. Kompetenzen der Hauptversammlung 29
3. Mehrheiten und Sperrminoritäten 31
4. Rechte des Aktionärs in der Hauptversammlung 34
5. Rechte des Aktionärs in Vorbereitung der Hauptversammlung 35
B. Antrag auf Durchführung einer Sonderprüfung 36
C. Klagerechte 38
D. Vertretung im Aufsichtsrat 39
1. Einflussmöglichkeiten des Aufsichtsrates auf die Unternehmensleitung 40
2. Einflussmöglichkeiten einzelner Aufsichtsratsmitglieder im Aufsichtsrat 43
a) Größe und Zusammensetzung des Aufsichtsrats 44
b) Beschlussmehrheiten im Aufsichtsrat 45
c) Mitgliedschaft in Aufsichtsratsausschüssen 46
3. Grenzen der Interessenvertretung durch eingesetzte Aufsichtsratsmitglieder 47
4. Mögliche Annahme eines Interessenkonflikts 48
E. Fazit 51
III. Erweiterte Rechtspflichten anlässlich der Beteiligung 52
A. Wertpapierhandelsrechtliche Beteiligungstransparenz 53
1. Mitteilungs- und Veröffentlichungspflichten nach § 21 Abs. 1 S. 1, 22 WpHG 53
2. Mitteilungs- und Veröffentlichungspflichten nach §§ 25, 25 a WpHG 58
3. Mitteilungspflicht nach § 27a WpHG 61
B. Fusionskontrolle 64
1. Europäische Fusionskontrolle 65
2. Fusionskontrolle nach dem GWB 67
C. Außenwirtschaftsrecht 68
D. Vermeidung des Kontrollerwerbs 69
E. Fazit 73
IV. Vermeidung wirtschaftlicher Nachteile für die Zielgesellschaft durch einen bedeutenden Beteiligungserwerb 73
A. Verlust von Verlustvorträgen 74
B. Change of Control-Klauseln 75

3. Teil: Ablauf einer typischen PIPE-Transaktion: Die Kapitalerhöhung mit vereinfachtem Bezugsrechtsausschluss bei Übernahme aller neuen Aktien durch den Investor 77
I. Vorbereitungsphase 77
A. Kontaktaufnahme zwischen PIPE-Investor und Zielgesellschaft 78
B. Gesellschaftsrechtliche Anforderungen im Hinblick auf den Beteiligungserwerb auf Seiten des Investors 78
1. Erwerber-AG 79
2. Erwerber-GmbH 82
3. Erwerber-OHG oder -KG 82
C. Sicherstellung der Finanzierung des Beteiligungserwerbs 83
D. Handlungsspielraum des Vorstands der Zielgesellschaft im Hinblick auf die Auswahl des Investors 84
1. Keine Neutralitätspflicht des Vorstands bei der Auswahl eines Ankeraktionärs 85
2. Keine Pflicht zur Durchführung einer Auktion 87
E. Abschluss eines Letter of Intent 88
II. Due Diligence 90
A. Interesse des Investors an der Durchführung einer Due Diligence 91
B. Entscheidung über Gestattung einer Due Diligence auf Seiten der Zielgesellschaft 93
1. Entscheidungszuständigkeit auf Seiten der Zielgesellschaft 93
2. Gesellschaftsrechtliche Zulässigkeit der Gestattung der Due Diligence 94
3. Kein Informationsrecht der anderen Aktionäre nach § 131 Abs. 4 S. 1 AktG 96
C. Kapitalmarktrechtliche Zulässigkeit der Durchführung der Due Diligence 97
1. Vorliegen von Insiderinformationen bei der Due Diligence 98
2. Kein Verstoß gegen das Weitergabeverbot nach § 14 Abs. 1 Nr. 2 WpHG 99
3. Kein Verstoß gegen das Verwendungsverbot nach § 14 Abs. 1 Nr. 1 WpHG 100
4. Auswirkungen des Reformvorschlags der Europäischen Kommission für eine Marktmissbrauchsverordnung 103

III. Vereinbarungsphase und Erfüllung der Ad-hoc-Mitteilungspflicht durch die Zielgesellschaft ... 105
A. Vorliegen einer ad-hoc-mitteilungspflichtigen Insiderinformation ... 106
B. Befreiung von der Ad-hoc-Mitteilungspflicht ... 108
IV. Vereinbarungsphase und Erfüllung der Meldepflicht nach § 25 a WpHG durch den Investor ... 110
V. Vollzugsphase – Kapitalerhöhung ... 111
A. Voraussetzungen der Zehnprozent-Kapitalerhöhung ... 111
1. Bestehen genehmigten Kapitals und Ermächtigung zum vereinfachten Bezugsrechtsausschluss ... 111
2. Voraussetzungen des vereinfachten Bezugsrechtsausschlusses ... 111
a) Börsennotierung der Aktien ... 112
b) Begrenzung auf zehn Prozent des Grundkapitals ... 112
c) Kein wesentliches Unterschreiten des Börsenkurses ... 113
d) Bestehen ungeschriebener Voraussetzungen? ... 116
aa) Aussagefähigkeit des Börsenkurses ... 117
bb) Zukaufmöglichkeiten der Altaktionäre ... 119
cc) Keine rechtsmissbräuchliche Anwendung zur Beeinträchtigung von Aktionärsrechten ... 121
(1) Verlust von Beteiligungsquoten bei Altaktionären ... 121
(2) Platzierung aller Aktien bei einem gesellschaftsfremden Investor ... 123
(3) Platzierung aller Aktien bei einem Aktionär der Gesellschaft ... 124
(4) Abwehr einer Übernahme ... 126
(a) Übernahmerechtliche Bewertung ... 127
(b) Aktienrechtliche Bewertung ... 130
(5) Umgehung des Pflichtangebots im Vorfeld des Uplisting ... 131
dd) Fazit für PIPE-Transaktionen ... 132
B. Notwendige Verfahrensschritte zur Schaffung liquider Aktien ... 133
1. Ausübung der Ermächtigung durch die Verwaltung ... 133
2. Zeichnung durch den Investor ... 133
3. Zulassungsverfahren und Prospektfreiheit der Transaktion ... 135

4. Teil: Modifikationen der typischen PIPE-Transaktion 139
I. Barkapitalerhöhung um mehr als zehn Prozent des Grundkapitals 139
A. Ausgestaltung der Kapitalerhöhung als mittelbare Bezugsrechtsemission 140
B. Eindämmung des Nichtbeteiligungsrisikos des Investors 142
1. Einbeziehung der Altaktionäre in die Durchführung der Emission 142
2. Festsetzung des Bezugspreises oberhalb des Börsenkurses 144
3. Vereinbarung einer Mindestbeteiligung als Bedingung für den Beteiligungserwerb 146
C. Eindämmung des Platzierungsrisikos 147
1. Backstop Underwriting 147
a) Platzierungsgarantie eines gesellschaftsfremden Investors 147
b) Platzierungsgarantie eines Aktionärs 150
2. „Bis zu"-Kapitalerhöhung 152
3. Festsetzung des Bezugspreises unterhalb des Börsenkurses 153
D. Prospektpflicht 154
E. Informationsrechtliches Gleichbehandlungsgebot 158
F. Sanierungsbefreiung 159
II. Sachkapitalerhöhung 160
A. Voraussetzungen einer Sachkapitalerhöhung zur Durchführung eines Debt-Equity-Swap 162
1. Voraussetzungen an den Ermächtigungsbeschluss der Hauptversammlung 162
2. Sachliche Rechtfertigung des Bezugsrechtsausschlusses 163
3. Wahrung des Gleichbehandlungsgrundsatzes (§ 53a AktG) 165
4. Bewertung der Forderungen 167
5. Besonderheiten beim Bond-Equity-Swap 168
6. Risiken 169
B. Sachkapitalerhöhung unter Einbringung anderer Sachwerte .. 170
III. Bedienung mit eigenen Aktien 172
A. Voraussetzungen für die Veräußerung eigener Aktien an den PIPE-Investor durch die Zielgesellschaft 172
B. Kombination der direkten und entsprechenden Anwendung des vereinfachten Bezugsrechtsausschlusses – Erforderlichkeit gegenseitiger Anrechnung 175

C. Durchführung 177
IV. Ausgabe von Wandelanleihen an den Investor 178
A. Voraussetzungen für die Ausgabe von Wandelanleihen seitens der Zielgesellschaft 179
1. Ermächtigung zur Ausgabe von Wandelschuldverschreibungen 179
2. Bezugsrechtsausschluss 179
3. Absicherung der Wandlungsrechte 184
4. Ausnutzungsbeschluss 186
B. Platzierungsstruktur 187
C. Prospektpflicht 188
D. Sonderfall: Debt-Equity-linked-Swap 189
E. Fazit für PIPE-Transaktionen 191
V. Beteiligungserwerb von Altaktionären 191
A. Paketerwerb 192
1. Zulässigkeit der Gestattung einer Due Diligence 192
2. Mitteilungspflichten beim Erwerb der Aktien 194
B. Öffentliches Erwerbsangebot 195
1. Ablauf des Angebotsverfahrens 196
2. Insiderrechtliche Zulässigkeit des Erwerbsangebots 198
3. Ausgestaltung des Angebots 199
4. Praktikabilität für PIPE-Transaktionen 199
C. Kursschonende Marktkäufe 199
1. Ende des verdeckten Beteiligungsaufbaus 200
2. Insiderrechtliche Zulässigkeit späterer Aktienzukäufe 201

5. Teil: Investorenvereinbarung 203
I. Rechtsnatur und Vertragsparteien von Investorenvereinbarungen 204
II. Regelungsinhalte der PIPE-Investorenvereinbarung 204
III. Rechtliche Zulässigkeit der Investorenvereinbarung 206
IV. Abschlusszuständigkeit für die Investorenvereinbarung auf Seiten der Zielgesellschaft 207
A. Kompetenz des Vorstands 207
B. Beteiligung des Aufsichtsrats 209
1. Zustimmungsvorbehalt des Aufsichtsrats 209
2. Berichtspflichten des Vorstands vor Abschluss der Investorenvereinbarung 211
3. Zeitpunkt der Einbeziehung des Aufsichtsrats 212

4. Spannungsverhältnis zwischen gesetzlicher Berichtspflicht und Wahrung der Vertraulichkeit 212
5. Ergebnis 214
C. Kompetenz der Hauptversammlung 214
1. Bestehen einer gesetzlichen Hauptversammlungszuständigkeit bei Satzungsänderungen infolge der Investorenvereinbarung 215
2. Investorenvereinbarung als Unternehmensvertrag im Sinne der §§ 291 ff. AktG? 215
3. Keine ungeschriebene Hauptversammlungszuständigkeit 216
4. Ergebnis 217
V. Die einzelnen Abreden und hieran anknüpfende Rechtsfragen ... 217
A. Abreden zur Absicherung des Beteiligungserwerbs 217
B. Abreden zur Sicherung der Interessen des Investors 219
1. Zusage einer Vertretung in den Verwaltungsorganen der Zielgesellschaft 219
a) Keine Zusicherung einer Vertretung im Vorstand 219
b) Mögliche Zusicherungen einer Vertretung im Aufsichtsrat 221
aa) Unzulässigkeit der rechtsgeschäftlichen Zusage einer Vertretung im Aufsichtsrat 222
bb) Zulässigkeit der Verpflichtung des Vorstands zu Unterstützungsbemühungen im Hinblick auf eine Vertretung im Aufsichtsrat 222
(1) Zulässige Unterstützungshandlungen bei der Wahl von Aufsichtsratsmitgliedern 223
(2) Zulässigkeit von Unterstützungshandlungen im Rahmen der gerichtlichen Bestellung nach § 104 AktG 224
(a) Rechtmäßigkeit der Amtsniederlegung zur Schaffung einer Vakanz 224
(b) Voraussetzungen der gerichtlichen Bestellung 225
(c) Ermessensentscheidung des Gerichts 226
(d) Organisation des Verfahrensablaufs 226
(e) Zulässige Ausgestaltung der Zusicherung der Bemühensverpflichtung des Vorstands ... 227
cc) Zusicherung von Unterstützung zur Präsenz in einem bestimmten Ausschuss des Aufsichtsrats 228

c) Exkurs: Weitere Möglichkeiten der Herstellung einer Vertretung im Aufsichtsrat ... 228
aa) Abschluss von Stimmbindungsvereinbarungen mit Aktionären ... 229
(1) Zulässigkeit von Stimmbindungsverträgen zwischen Aktionären und Investor ... 229
(2) Acting in concert durch die Stimmbindungsvereinbarung ... 230
bb) Begründung eines Entsendungsrechts zugunsten des Investors ... 232
2. Einwirkungsrechte im Rahmen der Geschäftsführung ... 233
a) Grundsatz der Weisungsunabhängigkeit des Vorstands 233
b) Differenzierende Ansätze in der Literatur ... 235
c) Auffassung der Rechtsprechung – Entscheidung des Landgerichts München vom 5.4.2012 ... 236
d) Stellungnahme ... 238
e) Zulässigkeit einzelner Regelungen in Investorenvereinbarungen ... 239
aa) Verwässerungsschutzbestimmungen ... 239
bb) Zustimmungsvorbehalt zu einzelnen Geschäftsführungsmaßnahmen ... 241
cc) Fazit ... 242
3. Informationsrechte ... 242
a) Möglicher Inhalt eines „Informationsprivilegs" wesentlich beteiligter Aktionäre ... 242
b) Zulässigkeit eines privilegierten Informationsaustausches zwischen Investor und Vorstand ... 243
aa) Insiderrechtliches Weitergabeverbot ... 244
bb) Aktienrechtlicher Gleichbehandlungsgrundsatz ... 245
cc) Vereinbarkeit mit aktienrechtlichem Kompetenzgefüge? ... 247
dd) Keine neue Aktiengattung mit besonderen Informationsrechten ... 248
ee) Bestehen eines Nachauskunftsrechts ... 248
ff) Fazit ... 249
4. Garantien ... 249
5. Unterstützung der Zielgesellschaft bei Interesse eines PIPE-Investors an der Abgabe eines öffentlichen Erwerbsangebots ... 253

a) Zulässigkeit von Exklusivitätsvereinbarungen 254
b) Zulässigkeit von Break Fee-Klauseln 256
C. Abreden zur Sicherung der Interessen der Zielgesellschaft 258
1. Beschränkung der Aktionärsverwaltungsrechte zur Sicherung der Unternehmensinteressen der Zielgesellschaft 259
a) Reichweite des Verbots gebundener Aktien gemäß § 136 Abs. 2 AktG 260
aa) Beschränkung des Anwendungsbereichs des Verbots gebundener Aktien auf inhaltlich offene Weisungen 261
bb) Beschränkung des Anwendungsbereichs des Verbots gebundener Aktien auf zwingende Hauptversammlungskompetenzen 261
cc) Einschaltung eines Garanten 262
dd) Keine Parallele zum Entherrschungsvertrag 263
ee) Schlussfolgerung für die mögliche Ausgestaltung von Verhaltenspflichten des Investors 264
b) Unzulässigkeit des Verzichts auf das Antragsrecht nach § 122 AktG 265
c) Exkurs: Keine unzulässige Einwirkung auf eigene Mitglieder im Aufsichtsrat 265
2. Beschränkung der Verfügungsbefugnis des Investors 266
a) Rechtliche Zulässigkeit von Übertragungsbeschränkungen 267
b) Absicherung des Lock ups 267
3. Beschränkung der Erwerbsbefugnis des Investors 268
4. Nachteilsausgleich 269
VI. Justiziabilität der Investorenvereinbarung 270

6. Teil: Exit des PIPE-Investors 271
I. Vorzeitiges Ende der Investorenvereinbarung 271
II. „Regulärer" Ausstieg 272
A. Trade Sale oder Secondary Purchase 272
B. Block Trade 275
1. Struktur des Block Trade 275
2. Zulässigkeit von Mitwirkungshandlungen der Zielgesellschaft beim Block Trade 276
C. Aktienrückkauf der Zielgesellschaft 277

1. Zulässigkeit des Rückerwerbs eigener Aktien durch die Gesellschaft ... 277
2. Zulässigkeit einer individuellen Rückkaufvereinbarung (negotiated repurchase) zwischen Zielgesellschaft und PIPE-Investor ... 278

7. Teil: Zusammenfassung der wesentlichen Ergebnisse in Thesen ... 281

Literaturverzeichnis ... 287

1. Teil: Einführung

PIPE-Transaktionen beschreiben Beteiligungsmaßnahmen von Investoren am Eigenkapital börsennotierter Zielgesellschaften. Die Abkürzung PIPE steht hierbei für *P*rivate *I*nvestments in *P*ublic *E*quity oder *E*ntities.[1] Im Gegensatz zur öffentlichen Platzierung von Aktien, bei der die Aktien der breiten Öffentlichkeit angeboten werden, wird der Beteiligungserwerb bei der PIPE-Transaktion *privat* im Vorfeld abgestimmt. Kennzeichnend für den Abschluss einer PIPE-Transaktion ist eine Investorenvereinbarung zwischen den Beteiligten, in der die Bedingungen der Beteiligung festgelegt werden. Die Transaktion dient in erster Linie der Unternehmensfinanzierung (*Investment*). Durch die Börsennotierung der Zielgesellschaft (*Public Equity*) sind kapitalmarktrechtliche Besonderheiten bei der Strukturierung der Transaktion zu berücksichtigen.

In einem weiteren Sinne werden PIPE-Investments durch zwei Elemente charakterisiert. Zum einen richten sie sich teils aus rechtlichen, teils wirtschaftlichen Gründen grundsätzlich auf das bloße Erreichen einer minderheitlichen Beteiligung an der Zielgesellschaft. Zum anderen werden die strukturellen Nachteile der Minderheitsposition des Investors durch die Vorteile einer gemeinsamen Aushandlung der Beteiligungskonditionen und die Möglichkeit eines individuellen Zuschnitts der Investorenvereinbarung ausgeglichen.

I. PIPE-Transaktionen

Bevor die an PIPE-Transaktionen beteiligten Akteure vorgestellt werden, sollen kurz die wirtschaftlichen Entstehungsgründe von PIPE-Investments, die strukturbestimmenden Interessen bei PIPE-Transaktionen sowie einige Beispiele von PIPE-Transaktionen in Deutschland genannt werden.

---

1 *Schiessl*, AG 2009, 385, 386.

A. Entstehungsgeschichte von PIPE

Ihren Ursprung haben PIPE in den USA, wo sie Anfang der 1990er Jahre eine Möglichkeit für eher kleinere und mittlere börsennotierte Unternehmen darstellten, sich kostengünstig zu finanzieren.[2] Insbesondere Unternehmen aus den damals boomenden Branchen der Telekommunikation, Bio- oder Pharmatechnologie mit hohem Finanzierungsbedarf machten hiervon Gebrauch.[3] Charakteristisch war hierbei die starke Rolle des Investors, der zumeist auf ein innovatives, aber finanzschwaches Zielunternehmen traf. Begünstigt wurden PIPE-Transaktionen in den USA durch die Möglichkeit für an der NASDAQ oder dem New York Stock Exchange notierende Gesellschaften, Aktien im Umfang von bis zu 20 Prozent des Grundkapitals meist ohne Zustimmung der Altaktionäre und mit deutlichem Abschlag auf den Börsenkurs auszugeben.[4]

Dagegen stellt das deutsche Aktienrecht an die Schaffung neuen Kapitals und den Ausschluss des Bezugsrechts der Aktionäre hohe Anforderungen. Während die Bezeichnung eines PIPE-Investments sich in den USA somit vorrangig auf den Erwerb junger Aktien im Rahmen einer Privatplatzierung beschränkt, wird in Deutschland unter PIPE weitergehend das Eingehen einer strukturierten Minderheitsbeteiligung an einer börsennotierten Gesellschaft auch im Wege des Anteilserwerbs von Altaktionären verstanden.[5]

B. Wirtschaftlicher Hintergrund

PIPE-Transaktionen kommt vor allem in Zeiten schwieriger Fremdkapitalaufnahme und zurückhaltender Kapitalmärkte besondere Bedeutung zu. Eine Refinanzierung der Zielgesellschaft über ein öffentliches Angebot neuer Aktien an das Anlegerpublikum scheitert häufig an einer ausreichend gesicherten Platzierbarkeit. Dagegen lassen sich für die Zeichnung neuer Aktien bei kleinvolumigen Aktienemissionen im Umfang von zehn Prozent des Grundkapitals zumeist institutionelle Investoren

2 *Gerhard,* GesKR 2006, 286; *Nussbaum/Rothenfußer* in Jesch/Striegel/Boxberger, Rechtshandbuch Private Equity, § 21 1.1.

3 *Gerhard,* GesKR 2006, 286.

4 *Gerhard,* ECFR 2008, 305, 307; *Nussbaum/Rothenfußer* in Jesch/Striegel/Boxberger, Rechtshandbuch Private Equity, § 21 1.1.

5 *Nussbaum/Rothenfußer* in Jesch/Striegel/Boxberger, Rechtshandbuch Private Equity, § 21 1.2.

finden. Die Ansprache eines beschränkten Investorenkreises und die Möglichkeit einer eingeschränkten Dokumentation verhelfen der Transaktion hier zu einer kostengünstigen und zügigen Durchführung.[6]

Aus Investorensicht bieten börsennotierte Zielgesellschaften interessante Beteiligungsobjekte, wenn sie vom Kapitalmarkt unterbewertet sind und das darin liegende Kursentwicklungspotential als günstiges Renditeprofil erkannt wird.[7] Außerdem sind institutionelle Investoren angesichts stetig steigender Fondsvolumina darauf angewiesen, immer neue Zielgesellschaften mit profitablem Gewinnhorizont aufzufinden.[8] Demgegenüber befinden sich börsennotierte Unternehmen, deren wahrer Wert infolge einer wirtschaftlichen Krisensituation nicht mehr angemessen durch den Börsenkurs ausgedrückt wird, auf der Suche nach stabilisierenden Kern- oder Ankeraktionären, welche die Unternehmenspolitik mit einer nicht unerheblichen Beteiligung von 10 bis 25 Prozent am Grundkapital der Gesellschaft dauerhaft unterstützen.[9] Auf diese Weise kann auch die Gefahr feindlicher Übernahmen verringert werden. Zusätzlich erhofft man sich ein positives Signal für die Kursentwicklung der Aktie. Gleichzeitig wird die Eigenkapitalbasis des Zielunternehmens gestärkt, was wiederum dessen Bonität für potentielle Fremdkapitalgeber verbessert.

C. Strukturbestimmende Interessen von Investor und Zielgesellschaft

PIPE-Investments erlangen insbesondere in Zeiten zurückhaltender Fremdkapitalvergabe und geschlossener Kapitalmärkte als Mittel der Unternehmensfinanzierung Bedeutung.[10] Im Hinblick auf den unter Umständen dringenden Finanzbedarf haben Zielgesellschaften im Regelfall ein Interesse an besonders rascher Kapitalverschaffung.[11] Vor diesem Hintergrund sind PIPE-Beteiligungen durch Strukturierungen geprägt, die möglichst zügig umgesetzt werden können und bei denen eine Ein-

6 *Blättchen/Nespethal*, Going Public „Kapitalmarktrecht 2009“, 24.
7 *Fuchs/Fischer*, vision+money special, Nov. 2004, 20; *Schmitz/Slopek*, NJOZ 2009, 1264, 1265.
8 *v. Werder/Braun/Fromholzer* in Eilers/Koffka/Mackensen, Private Equity, II. Rn. 1.
9 *Schiessl*, AG 2009, 385, 385 f.
10 *Kock*, VentureCapital Magazin 2009, 13, 14 f.
11 *v. Riegen*, CFL 2010, 1, 3.

bindung der Hauptversammlung vermieden werden kann.[12] Gleichermaßen besteht ein Interesse der Gesellschaft an kostengünstiger Transaktionsgestaltung. Insbesondere sind daher Transaktionsstrukturen von Bedeutung, die keine Prospektpflicht der Gesellschaft auslösen.[13]

Aus Sicht des Investors steht vor allem das transaktionssichere Erreichen der von ihm angestrebten Beteiligungshöhe im Vordergrund.[14] Daher werden die Beteiligten – soweit möglich – solchen Strukturen den Vorzug geben, durch die Rechte der Aktionäre möglichst wenig beeinträchtigt werden, um hier etwa das Risiko rechtlicher Angriffe gegen Umsetzungsbeschlüsse der Verwaltung gering zu halten. Zudem muss die Transaktionsstruktur die Einhaltung kapitalmarktrechtlicher Regelungen, insbesondere des Marktmissbrauchsrechts, gewährleisten.

D. Beispiele von PIPE-Transaktionen in Deutschland

Während die Entwicklung von PIPE in den USA jährlich über 1000 Transaktionen[15] hervorbringt, ist die PIPE-Landschaft in Deutschland noch wenig ausgeprägt.[16]

Als eine der ersten PIPE-Transaktionen in Deutschland gilt der Einstieg von General Atlantic Partners als Ankeraktionär mit einer Beteiligung von 25,1 Prozent bei der IXOS Software AG im Jahr 2002.[17] Die Beteiligung erwarb General Atlantic Partners zu einem Drittel im Wege einer Zehn-Prozent-Kapitalerhöhung mit vereinfachtem Bezugsrechtsausschluss sowie zu zwei Dritteln im Wege des Paketerwerbs von Gründungsaktionären.[18] Die Transaktion diente der Ablösung der Gründer und der Einbindung eines langfristig orientierten Investors im Hinblick auf die Sicherstellung der Finanzierung des künftigen Wachstums.[19]

---

12 *v. Riegen*, CF spezial 2010, 22, 23.

13 *Blättchen/Nespethal*, Going Public „Kapitalmarktrecht 2009", 24, 25.

14 *v. Riegen*, CFL 2010, 1, 3.

15 Survey of 2009 Technologie, Private Investment in Public Equity (PIPE) Transachtions, by Hartlin/Claassen/Zuppone; abrufbar unter http://www.paulhastings.com/publicationdetail.aspx?publicationId=1501

16 *Kock*, VentureCapital Magazin 2009, 13, 14 f.; *Nussbaum/Rothenfußer* in Jesch/Striegel/Boxberger, Rechtshandbuch Private Equity, § 21 1.3.; *Schmitz/Slopek*, NJOZ 2009, 1264.

17 *Nussbaum/Rothenfußer*, Jesch/Striegel/Boxberger, Rechtshandbuch Private Equity, § 21 1.3; siehe auch Ad-hoc-Mitteilung der IXOS Software AG vom 13.8.2002.

18 Ad-hoc-Mitteilung der IXOS Software AG vom 13.8.2002.

19 Ad-hoc-Mitteilung der IXOS Software AG vom 13.8.2002.

Als eine der ersten PIPE-Transaktionen in der Biotech-Branche wird die Durchführung einer Zehn-Prozent-Kapitalerhöhung durch die MediGene AG im Frühjahr 2004 angesehen, im Zuge derer der Private Equity-Investor Techno Venture Management mit 6,35 Prozent am Grundkapital der MediGene AG beteiligt wurde.[20] Gleichzeitig mit der Kapitalerhöhung führte die Gesellschaft eine prospektfreie Bezugsrechtsemission von neuen Aktien unter Ausnutzung eines weiteren genehmigten Kapitals sowie eine Bezugsrechtsemission von Wandelschuldverschreibungen mit anschließender Platzierung der nicht ausgeübten Bezugsrechte bei institutionellen Investoren durch.[21] Es handelte sich hierbei um eine dreistufige PIPE-Transaktion, im Rahmen derer neben dem Hauptinvestor noch weitere institutionelle Investoren beteiligt wurden.[22] Beide Transaktionen sind kennzeichnend für PIPE-Investments als Beteiligungen von langfristig orientierten Investoren in kapitalintensiven Wachstumsbranchen unter Verwendung einer häufig mehrstufigen Beteiligungsstruktur.

Dabei ist für PIPE-Investments zumeist eine Strukturierung im Wege der Zehn-Prozent-Barkapitalerhöhung mit erleichtertem Bezugsrechtsausschluss typisch. Die Investoren erwerben dabei jeweils Beteiligungen in Höhe von knapp über neun Prozent des Grundkapitals. Beispiele für eine solche Struktur sind etwa die Beteiligung der Qatar Holding LLC an der Hochtief AG im Dezember 2010, der Einstieg der durch den Staatsfonds IPIC kontrollierten Aabar Investments PJSC bei der Daimler AG im März 2009 sowie der Santo Holding (Deutschland) GmbH bei der MediGene AG im September 2007. In allen Fällen gingen die Investitionen mit der Erklärung des Investors einher, mit ihrer Beteiligung eine langfristige Partnerschaft eingehen zu wollen.[23]

PIPE-Transaktionen lassen sich auch als reine Bezugsrechtsemissionen strukturierten, wenn der PIPE-Investor eine Zeichnungsgarantie für alle nicht bezogenen Aktien abgibt, die auch als Backstop-Garantie bezeichnet wird. Auf diese Weise beteiligten sich etwa die Brüder Herz im Jahr 2008 an der Escada AG in Höhe von 26 Prozent. Ein ähnliches Modell strebte der Finanzinvestor Apollo Global Management LLC bei der Infineon Technologies AG im Juli 2009[24] an. Die beabsichtigte Beteiligungs-

---

20 Handelsregisteranmeldung der MediGene AG vom 5.3. 2004.

21 Pressemitteilung der MediGene AG vom 4.3.2004 und vom 11.3.2004.

22 Pressemitteilung der MediGene AG vom 4.3.2004 und vom 11.3.2004.

23 Ad-hoc-Mitteilung der Hochtief AG vom 6.12.2010; Ad-hoc-Mitteilung der Daimler AG vom 22.3.2009; Pressemitteilung der MediGene AG vom 10.9.2007.

24 Börsenzulassungsprospekt der Infineon Technologies AG vom 16.7.2009, S. 178 ff.

höhe konnte der Finanzinvestor hier jedoch nicht erreichen, da bereits die Ankündigung der Investitionsabsichten genügte, um eine Bezugsquote der Altaktionäre von über 95 Prozent auszulösen.[25]

Auch ohne die Zeichnung neuer Aktien können PIPE-Investments zustandekommen, wenn der Investor sich an der Zielgesellschaft durch den Erwerb bereits existierender Aktien beteiligt. Durch Marktkäufe erwarben beispielsweise die Private Equity Gesellschaft One Equity Partners im Januar 2008 knapp über 15 Prozent der Anteile der Pfleiderer AG[26] oder die SKion GmbH im März 2009 eine Beteiligung in Höhe von 22,3 Prozent an der SGL Carbon SE.[27] In beiden Fällen sagten die Investoren die langfristige Unterstützung und Beratung des Unternehmens zu.

Ähnliche Zusagen machte der Private Equity-Investor Blackstone anlässlich des Erwerbs einer Beteiligung in Höhe von 4,5 Prozent an der Deutsche Telekom AG im Wege des Paketerwerbs[28] sowie Daimler bei dem Erwerb eines Anteilspakets in Höhe von 22,3 Prozent an der Tognum AG im April 2008.[29]

II. Beteiligte

Bei den verschiedenen Strukturierungsmöglichkeiten von PIPE-Transaktionen können jeweils unterschiedliche Beteiligte auftreten. Je nach Transaktionsgestaltung sind neben Zielgesellschaft und Investoren weitere wesentliche Akteure die Aktionäre der Zielgesellschaft und die an der Abwicklung beteiligten Banken. Im Folgenden ist daher auf die mögliche Rolle und Zielsetzung dieser Gruppen näher einzugehen.

A. Investoren

Das Bild von PIPE-Transaktionen prägt eine große Bandbreite von Investorentypen, die sich in ihrem Fokus und Verhalten als Aktionär deut-

---

25 Geschäftsbericht 2009 der Infineon Technologies AG, S. 75.

26 Ad-hoc-Mitteilung der Pfleiderer AG vom 22.1.2008.

27 Handelsblatt vom 16.3.2009, „Klatten steigt bei SGL Carbon ein".

28 Mitteilung der Deutsche Telekom AG vom 24.4. 2006" Deutsche Telekom begrüßt Verkauf von T-Aktien durch KfW an Blackstone".

29 Ad-hoc-Mitteilung der Daimler AG vom 30.4.2008: „Daimler wird neuer Hauptaktionär von Tognum".

lich unterscheiden.[30] Ausgehend von den oben genannten Beispielen sind zunächst Private Equity-Investoren wie Blackstone und One Equity Partners zu nennen. Daneben treten in vielen Fällen vermögende Privatinvestoren oder Unternehmerfamilien wie die Brüder Herz, Strüngmann (Santo Holding GmbH) oder die Familie Klatten (SKion GmbH) in die Rolle eines Ankeraktionärs ein. Besonderes Interesse an Investitionen in börsennotierten Gesellschaften zeigen weiter staatliche Investment Fonds[31] wie Aabar Investments sowie strategisch motivierte Industrieunternehmen wie Daimler.

1. Private-Equity-Investoren

Bemerkenswert ist die besondere Rolle von Private Equity-Gesellschaften in PIPE-Transaktionen. Denn der Erwerb einer minderheitlichen Beteiligung an möglichen Zielgesellschaften gehört grundsätzlich nicht zur Kernstrategie dieser Investoren. Vielmehr streben Private Equity-Gesellschaften danach, das Zielunternehmen mehrheitlich zu erwerben, um die volle Kontrolle über die Unternehmensführung zu erlangen und so auf eine Steigerung des Unternehmenswertes hinwirken zu können.[32] Außerdem ist der für Private Equity-Übernahmen typische Mechanismus des *Debt Push Down* nur bei vollständigem Erwerb des Unternehmens oder bei Abschluss eines Beherrschungsvertrages möglich. Nur dann kann der Investor Zugriff auf den Cashflow des erworbenen Unternehmens nehmen, um die zum Erwerb aufgenommene Fremdfinanzierung zu tilgen. Ein schwieriges Marktumfeld für fremdfinanzierte Unternehmenskäufe befördert jedoch das Interesse von Investoren an Minderheitsbeteiligungen auf Eigenkapitalbasis.[33] Private Equity-Investoren sind daher zunehmend bereit, solche Minderheitsbeteiligungen einzugehen.[34] Nicht zuletzt eröffnen Minderheitsbeteiligungen Private Equity-Investoren den Einstieg zur Mehrheitsbeteiligung.[35]

Da Private Equity-Investoren insbesondere die gewinnbringende Weiterveräußerung der Beteiligung nach Restrukturierung des Unterneh-

30 *Fuchs/Fischer*, GoingPublic 2004, 54.

31 *Schiessl*, AG 2009, 385, 386.

32 *v. Werder/Braun/Fromholzer* in Eilers/Koffka/Mackensen, Private Equity, II. Rn. 3; *Bernhardt/Mark* in FS Schwark, S, 349, 350.

33 *v. Riegen*, CFL 2010, 1, 2; *Hess*, Sanierungshandbuch, Kap. 15 Rn. 30.

34 So auch bei *Hess*, Sanierungshandbuch, Kap. 15 Rn. 35.

35 *Hess*, Sanierungshandbuch, Kap. 15 Rn. 35.

mens und Verbesserung seiner Ertragsfähigkeit anstreben,[36] liegt eine der Herausforderungen bei PIPE-Investments darin, trotz der geringen Beteiligungshöhe Einfluss auf die Unternehmensführung zu gewinnen. Wie sich diese Einflussnahme gestaltet, hängt eng mit der generellen Investmentstrategie des Investors zusammen. Das Spektrum reicht hier von branchen- und regional spezialisierten Private Equity-Gesellschaften, die sich als aktive Berater und Weiterentwickler der Zielunternehmen mit langfristigem Investitionshorizont sehen, bis hin zu Investoren, deren Anlagestrategie ähnlich der von Hedgefonds auf die Realisierung kurzfristiger Gewinne ausgerichtet ist und oft mit einer aktivistischen Ausübung der Aktionärsrechte in der Hauptversammlung einhergeht.[37] Da die Beteiligung an börsennotierten Gesellschaften den Anlegern von Private Equity-Fonds auch direkt offensteht, macht die aktive Förderung der Unternehmensleistung den Mehrwert aus, den Private Equity-Gesellschaften zu erbringen haben.[38]

2. Family Offices

Eine weitere bei PIPE-Transaktionen in Erscheinung getretene Investorengruppe sind sogenannte *Family Offices*, mithin Unternehmen, die sich mit der Verwaltung und Betreuung privater Großvermögen beschäftigen,[39] wie die Beteiligungsgesellschaft SKion der Familie Klatten oder private Investoren, wie die Brüder Herz. Family Offices und private Investoren zeichnen sich ebenso wie Private Equity-Investoren zumeist durch einen langfristigen Anlagehorizont aus.[40] Häufig prägen diese Investoren auch eine unternehmerische Zielsetzung und besondere unternehmerische sowie Branchenerfahrung.[41]

---

36 *Eilers/Koffka* in Eilers/Koffka/Mackensen, Private Equity, Einleitung Rn.7.

37 *Eidenmüller*, DStR 2007, 2116; *Faber* in Hommelhoff/Hopt/v.Werder, Handbuch Corporate Governance, 219, 222 f.; zum aktivistischen Vorgehen von Hedgefonds vergleiche insbesondere *Schiessl*, ZIP 2009, 689 ff.

38 *Nussbaum/Rothenfußer* in Jesch/Striegel/Boxberger, Rechtshandbuch Private Equity, § 21 1.4.

39 BaFin, Merkblatt zur Erlaubnispflicht gemäß § 32 Abs. 1 KWG für Family Offices, 5. Abschnitt, Stand 10.2.2009.

40 *Hess*, Sanierungshandbuch, Kap. 15 Rn.38.

41 *Hess*, Sanierungshandbuch, Kap. 15 Rn.37 f.

3. Staatsfonds

Zu den eher langfristig orientierten Investoren gehören ferner Staatsfonds oder *sovereign wealth funds.*[42] Staatsfonds befinden sich im Eigentum eines Staates und verwalten und öffentliche Mittel.[43] Zu nennen ist etwa die Beteiligung von Aabar Investments an Daimler.[44]

4. Strategische Investoren

PIPE-Investoren können auch strategische Investoren sein, die im Hinblick auf den Ausbau und die Stärkung ihrer Kerngeschäftsfelder investieren.[45] Diese sind naturgemäß an einem möglichst großen Einfluss auf die Zielgesellschaft interessiert. Sie zielen daher auch eher auf einen mehrheitlichen Anteilserwerb ab. Zumindest visieren sie das Erreichen einer Sperrminorität an.[46] In diesen Fällen kann die PIPE-Beteiligung neben der Stabilisierung des Aktionärskreises der Schaffung von Synergien dienen, beispielsweise der Absicherung bestehender Lieferbeziehungen wie beim Einstieg von Daimler bei Tognum[47] oder Kostenersparungen wie beim Einstieg von Etihad bei Air Berlin.[48]

B. Zielgesellschaften

PIPE-Beteiligungen lassen sich nicht auf bestimmte Branchen oder Unternehmensgrößen beschränken. Als flexibles Finanzierungsinstrument kommen sie mittlerweile nicht mehr nur für PIPE-typische kleinere Gesellschaften aus den kapitalintensiven Bereichen Biotech, Pharma, Technologie und Telekommunikation in Frage, sondern gewinnen zunehmend auch an Reiz für größere, etablierte Unternehmen.[49]

---

42 *Hopt* in Hopt/Wohlmannstetter, Handbuch Corporate Governance von Banken, 1. Teil, B. II. 3.; *Nettesheim*, ZHR 172 (2008), 729, 731.

43 *Faber* in Hommelhoff/Hopt/v.Werder, Handbuch Corporate Governance, 219, 220.

44 Zu weiteren Beispielen von Investments durch Staatsfonds in deutschen Gesellschaften *Schiessl*, AG 2009, 385, 386.

45 *Faber* in Hommelhoff/Hopt/v.Werder, Handbuch Corporate Governance, 219, 220.

46 *Faber* in Hommelhoff/Hopt/v.Werder, Handbuch Corporate Governance, 219, 220.

47 Ad-hoc-Mitteilung der Daimler AG vom 30.4.2008.

48 *Klooß*, manager magazin online vom 7.6.2012, „Die rasante Integration von Air Berlin".

49 *Gerhard*, GesKR 2006, 286.

PIPE-Beteiligungen setzen die Börsennotierung der Zielgesellschaft begrifflich voraus. Demzufolge beziehen sich PIPE-Transaktionen auf Beteiligungen an Zielgesellschaften, die in der Rechtsform der Aktiengesellschaft organisiert sind.[50] Im Hinblick auf die Börsennotierung der Zielgesellschaft ergeben sich für die rechtliche Beurteilung der verschiedenen Transaktionsschritte Unterschiede je nachdem, in welchem der beiden gesetzlich definierten Marktsegmente – dem regulierten Markt (§§ 32 ff. BörsG)[51] oder dem Freiverkehr (§ 48 BörsG)[52] – die Zielgesellschaft zum Zeitpunkt der Durchführung der Beteiligungsstrukturierung notiert.

So treffen die strengsten kapitalmarktrechtlichen Anforderungen solche Zielgesellschaften, deren Aktien zum Handel am regulierten Markt zugelassen sind. Gesellschaften, die als Inlandsemittenten im Sinne des § 2 Nr. 7 WpHG gelten, haben wesentliche Publizitätspflichten zu erfüllen, wie die Pflicht zur Ad-hoc-Publizität (§ 15 Abs. 1 S. 1 WpHG), zur Veröffentlichung von Stimmrechtsmitteilungen (§§ 26 f. WpHG) sowie zur kapitalmarktrechtlichen Regelpublizität (§§ 37 v ff. WpHG). Darüber hinaus gelten für Zielgesellschaften mit Sitz im Inland oder einem anderen Staat des europäischen Wirtschaftsraums, deren Wertpapiere an einem organisierten Markt ausgegeben sind, die Vorschriften des Wertpapiererwerbs- und Übernahmegesetzes (§ 1 Abs. 1 WpÜG).

---

50 Börsenfähig sind neben der Aktiengesellschaft die Societas Europaea (SE) sowie die Kommanditgesellschaft auf Aktien (KGaA). Nur die Anteile an diesen Gesellschaften erfüllen die Voraussetzung der „freien Handelbarkeit" im Sinne der §§ 34 Nr. 1 b) BörsG i. V. m. § 5 Abs. 1 BörsZulV. *Ries* in Grunewald/Schlitt, Einführung in das Kapitalmarktrecht, § 2 II. 1.

51 Der regulierte Markt der Frankfurter Wertpapierbörse ist in zwei Untersegmente aufgeteilt: den Prime Standard und den General Standard. Im General Standard gelten die gesetzlichen Mindestanforderungen, im Prime Standard erhöhte Transparenzanforderungen, die sich an internationalen Standards orientieren. *J. Schäfer* in Grunewald/Schlitt, Einführung in das Kapitalmarktrecht, § 10 VI. 4. a); *Sudmeyer* in Schüppen/Schaub, MAH Aktienrecht, § 47 Rn. 28.

52 Innerhalb des Freiverkehrs hat die Frankfurter Wertpapierbörse mit dem Entry Standard ein Untersegment geschaffen, das insbesondere kleinen und mittleren Unternehmen einen kostengünstigen Zugang zum Kapitalmarkt mit gegenüber den regulatorischen Anforderungen des regulierten Marktes reduzierten, jedoch gegenüber dem „General" Open Market leicht erhöhten Transparenzpflichten bieten soll. *J. Schäfer* in Grunewald/Schlitt, Einführung in das Kapitalmarktrecht, § 10 VI. 4. b); *Sudmeyer* in Schüppen/Schaub, MAH Aktienrecht, § 47 Rn.31.

Dagegen unterliegt der rein privatrechtlich organisierte Freiverkehr lediglich den Regeln über den verbotenen Insiderhandel (§§ 12 ff. WpHG) und dem Verbot der Marktmanipulation (§ 20 a WpHG).[53]

C. Altaktionäre

Weiterer Akteure bei der Implementierung einer PIPE-Transaktion sind zuweilen die Altaktionäre der Zielgesellschaft. Ihnen kommt insbesondere dann besondere Bedeutung zu, wenn die Transaktionsstruktur eine Kapitalerhöhung vorsieht. Hierbei können Altaktionäre wertvolle Unterstützung leisten, wenn etwa Großaktionäre bei Bezugsrechtemissionen auf ihre Bezugsrechte verzichten oder diese auf den PIPE-Investor übertragen.

Demgegenüber kann ein PIPE-Investment zu einer Beteiligungsverwässerung der Altaktionäre führen und zudem aufgrund der besonderen Aushandlung der Beteiligungskonditionen mit dem Investor den Eindruck einer ungerechtfertigten Besserstellung des PIPE-Investors erwecken. Altaktionäre können diese Befürchtungen zum Anlass nehmen, um Kapitalmaßnahmen ihre Zustimmung zu versagen oder deren Umsetzung durch die in ihrer Macht stehenden Mittel aktiv zu verzögern oder gar zu verhindern. Der Erfolg eines PIPE-Investments hängt in diesem Fall maßgeblich von der grundsätzlichen Befürwortung des Investments durch die Altaktionäre ab.

PIPE-Beteiligungen lassen sich zudem auch durch den Erwerb bereits existierender Aktien strukturieren. Hier können insbesondere wesentlich beteiligte Altaktionäre als potentielle Veräußerer größerer Aktienpakete dazu beitragen, der Gesellschaft wertvolle Kernaktionäre zuführen.

D. Banken

In Abhängigkeit von der gewählten Transaktionsstruktur ist die mitgestaltende Rolle von Banken unterschiedlich stark ausgeprägt. Neben ihrer Funktion als Fremdkapitalgeber auf Investorenseite sind sie maßgeblich an der Begleitung von Aktienbezugsrechtsemissionen der Zielgesellschaft beteiligt. Hierbei übernehmen sie nicht nur die Planung des Emissionskonzepts. Wird zwischen Zielgesellschaft und Emissionsbank ein

53 *Meyer* in Marsch-Barner/Schäfer, Hdb börsennotierte AG, § 7 Rn.48.

sogenanntes *Hard* oder *Firm Underwriting* vereinbart, übernimmt die Bank etwa die Aktien im Zuge der Kapitalerhöhung unabhängig vom Erfolg der Weiterplatzierung.[54] Sie trägt in diesem Fall das Platzierungsrisiko[55] und hat infolgedessen ein eigenes Interesse am Gelingen der Platzierung. Dagegen verpflichtet sich die Bank beim sogenannten *Soft* oder *Best Efforts Underwriting* lediglich zur Übernahme von Aktien, soweit sich Investoren zur Abnahme bereit erklärt haben.[56] Gleichermaßen hat die Emissionsbank jedoch ein Interesse am Gelingen der Transaktion, da eine erfolgreiche Platzierung der neuen Aktien die Bank als wirkungsvolle Emissionsbegleiterin am Markt ausweist.

Nicht zuletzt können Banken bei der Vermittlung von PIPE-Transaktionen als M&A-Berater in Erscheinung treten.

III. Gesellschafts- und kapitalmarktrechtlicher Rechtsrahmen

Die Strukturierung von PIPE-Beteiligungen muss sich in erster Linie in den aktien- als auch den kapitalmarktrechtlichen Rechtsrahmen einfügen. In aktiengesetzlicher Hinsicht sind den Beteiligten insbesondere Grenzen durch die gesetzlichen Anforderungen an Kapitalerhöhungsmaßnahmen (§§ 182 ff., §§ 202 ff. AktG) gesetzt. Hier spielt insbesondere der Schutz der Altaktionäre vor einer Anteilsverwässerung im Zuge der Beteiligung des Investors eine Rolle. Je nach Ausgestaltung der Transaktion können die Vorschriften betreffend den Erwerb und die Verwendung eigener Aktien (§ 71 AktG) oder die Ausgabe von Wandelschuldverschreibungen (§ 221 AktG) virulent werden. Im Hinblick auf eine beabsichtigte Sonderbehandlung des Investors bedarf es stets einer Prüfung des aktienrechtlichen Gleichbehandlungsgebots der Aktionäre (§ 53a AktG). Weitere Grenzen im Hinblick auf die Einräumung von Investorenrechten durch die Gesellschaft bilden die Vorschriften über die aktienrechtliche Kompetenzordnung (§§ 76 ff. AktG) sowie die Kapitalerhaltungsvorschriften (§§ 57, 71a AktG).

---

54 *S. Schäfer* in Grunewald/Schlitt, Einführung in das Kapitalmarktrecht, § 8 I.*Sudmeyer* in Schüppen/Schaub, MAH Aktienrecht, § 47 Rn.130.

55 *Meyer* in Marsch-Barner/Schäfer, Handbuch börsennotierte AG, § 8 Rn. 187.

56 *S. Schäfer* in Grunewald/Schlitt, Einführung in das Kapitalmarktrecht, § 8 I.; *Sudmeyer* in Schüppen/Schaub, MAH Aktienrecht, § 47 Rn. 131.

Aufgrund der Börsennotierung der Gesellschaft prägt neben aktienrechtlichen Anforderungen vor allem der kapitalmarktrechtliche Regelungskanon von WpHG, WpÜG und WpPG die Transaktionsgestaltung eines PIPE-Investments. Für die weitere Darstellung soll das Regelungsanliegen dieser Gesetze daher kurz dargestellt werden.

Als Kernstück des deutschen Kapitalmarktrechts hat das WpHG ausweislich der zugrundeliegenden Finanzmarktrichtlinie den Zweck, die Anleger zu schützen und gleichzeitig ein reibungsloses Funktionieren der Wertpapiermärkte zu gewährleisten.[57] Das Vertrauen der Anleger in die Fairness und Integrität des Kapitalmarkts wird insbesondere durch Transparenz- und Informationspflichten der Marktteilnehmer gestärkt. Sie dienen der Information des Anlegers über Anlagemöglichkeiten und -risiken und erhöhen damit mittelbar die Attraktivität des Kapitalmarkts als Investitionsplattform und fördern somit die Kapitalallokation der Wirtschaft.[58] Im Einzelnen zielen etwa die Regelungen des Insiderrechts darauf ab, die Chancengleichheit der Anleger bezüglich der für die Anlageentscheidung relevanten Informationen herzustellen.[59] Ein genaues Bild über die Aktionärsstruktur eines Emittenten von Wertpapieren vermitteln die Regeln zur Beteiligungstransparenz und ermöglichen dem Anleger, die Machtverhältnisse der Gesellschafter im Vorfeld der Investition einzuschätzen.[60] Hohe Transparenz der wirtschaftlichen Verhältnisse des Emittenten wird zudem über umfangreiche Pflichten zu periodischer Finanzberichterstattung hergestellt.[61]

Mit dem WpÜG verfolgte der Gesetzgeber das Ziel, ein faires und geordnetes Verfahren für Unternehmensübernahmen und andere öffentliche Angebote zum Erwerb von Wertpapieren zu schaffen und insbesondere Minderheitsaktionären im Falle von Kontrollerwerben die Möglichkeit zu geben, ihre Beteiligung zu einem angemessenen Preis an den Erwerber zu veräußern und so zu fairen Bedingungen aus der Gesellschaft auszuscheiden.[62]

---

57 Erwägungsgrund Nr. 44 der Richtlinie 2004/19/EG des europäischen Parlaments und des Rates vom 21.4.2004 über Märkte für Finanzinstrumente (MiFID).

58 *Seyfried* in Kümpel/Wittig, Bank- und Kapitalmarktrecht, 3.1; *Zimmer* in Schwark/Zimmer, KMRK, § 1 WpHG Rn. 4 ff.

59 *Mennicke* in Fuchs, WpHG, vor § 12 bis § 14 Rn. 137.

60 *Dehlinger/Zimmermann* in Fuchs, WpHG, Vor 33 21 bis 30 Rn. 15 f.; *Schwark* in Schwark/Zimmer, KMRK, Vor § 21 WpHG Rn. 4.

61 *Zimmermann* in Fuchs, WpHG, Vor §§ 37 v bis 37 z Rn. 2 ff.

62 *Hirte/Heinrichs* in Kölner Kommentar WpÜG, Einl. Rn. 84 ff.

Das WpPG normiert die Pflicht zur Veröffentlichung eines Wertpapierprospekts – als umfassendes Dokument der Anlegerinformation – bei öffentlichen Angeboten von Wertpapieren und bei der Börsenzulassung.

IV. Ziel und Gang der Darstellung

Die vorliegende Arbeit wird rechtliche Probleme im Verlauf von PIPE-Transaktionen allgemein untersuchen, ohne eine spezielle PIPE-Transaktion hierfür zum Anlass zu nehmen. Konkrete Beispiele werden nur zur Illustration einzelner Punkte angeführt.

Im Anschluss an diese Einführung sollen die wesentlichen Parameter für die Strukturierung einer PIPE-Transaktion im Hinblick auf die Wahl der Transaktionsgestaltung und der Beteiligungshöhe aufgezeigt werden. Zu untersuchen sind der Umfang möglicher Rechte des Minderheitsgesellschafters in der Aktiengesellschaft sowie mögliche mit der Beteiligung einhergehende Rechtspflichten des Investors.

Anschließend erfolgt zunächst die Darstellung einer typischen PIPE-Struktur unter Durchführung einer Zehn-Prozent-Kapitalerhöhung mit erleichtertem Bezugsrechtsausschluss. Darauffolgend werden alternative Strukturierungen auf ihre Einsatzfähigkeit bei der Strukturierung von PIPE-Transaktionen untersucht.

Die Auseinandersetzung mit möglichen Inhalten der Investorenvereinbarung ist Gegenstand eines weiteren Teils.

Abschließend werden mögliche Szenarien für einen Ausstieg des Investors aus seiner Beteiligung dargestellt.

2. Teil: Strukturierung einer PIPE-Transaktion

Die Vorüberlegungen zur Strukturierung der PIPE-Transaktion werden regelmäßig von drei Aspekten bestimmt. An erster Stelle steht die Wahl einer Transaktionsstruktur, die möglichst zügig, kostengünstig und sicher zur Beteiligung des Investors führt. Daneben gilt es, die aus Investoren- wie Gesellschaftssicht den jeweiligen Interessen am ehesten gerecht werdende Beteiligungshöhe festzulegen. Zuletzt müssen die an eine Beteiligung anknüpfenden Rechtspflichten und daraus entstehenden möglichen Nachteile abgewogen werden.

I. Wahl der Transaktionsstruktur

Wie bereits angedeutet kann der Investor seine Beteiligung auf verschiedene Weise herstellen. Möglich sind die Zeichnung oder Übernahme neuer Aktien im Wege der Kapitalerhöhung sowie der Erwerb bereits existierender Aktien von Aktionären oder von der Zielgesellschaft selbst. Weiter kann der Investor ein Recht zum Bezug von Aktien der Gesellschaft erhalten, indem er Wandelschuldverschreibungen der Zielgesellschaft zeichnet.

Im Folgenden sollen die Vor- und Nachteile der verschiedenen Strukturierungsmöglichkeiten vergleichend einander gegenüber gestellt werden.

A. Kapitalerhöhungen bei PIPE-Transaktionen

Soll der Investor durch die Zeichnung neuer Aktien an der Gesellschaft beteiligt werden, kann dies entweder im Rahmen einer ordentlichen Kapitalerhöhung (§§ 182 ff. AktG) oder einer Kapitalerhöhung aus genehmigtem Kapital (§§ 202 ff. AktG) geschehen. Welche Faktoren die Wahl zwischen diesen beiden Kapitalerhöhungsvarianten bestimmen, soll nachfolgend untersucht werden.

1. Wahl zwischen der Ausnutzung genehmigten Kapitals und der Durchführung einer ordentlichen Kapitalerhöhung

Bei der ordentlichen Kapitalerhöhung entscheidet die Hauptversammlung über die Erhöhung des Grundkapitals. Der Beschluss der Hauptversammlung bedarf einer Dreiviertelmehrheit des bei Beschlussfassung vertretenen Grundkapitals, soweit die Satzung keine andere Mehrheit vorsieht (§ 182 Abs. 1 S. 1 AktG). Die Ausnutzung eines genehmigten Kapitals erfordert hingegen nicht die Befassung der Hauptversammlung. Vielmehr entscheidet hier der Vorstand mit Zustimmung des Aufsichtsrats über die Erhöhung des Grundkapitals durch Ausnutzen einer zuvor von der Hauptversammlung geschaffenen Ermächtigung. Durch die Ermächtigung wird der Vorstand regelmäßig berechtigt, neue Aktien unter mehr oder weniger detailliert von der Hauptversammlung festgelegten Bedingungen zu einem ihm günstig erscheinenden Zeitpunkt auszugeben.[63] Die Ermächtigung des Vorstands darf für eine maximale Dauer von fünf Jahren erteilt werden (§ 202 Abs. 1 AktG). Die Ausnutzung der Ermächtigung erfolgt durch einfachen Beschluss des Vorstands, zu dem der Aufsichtsrat seine Zustimmung erteilen soll (§ 202 Abs. 3 S. 2 AktG).

Während die Durchführung einer Hauptversammlung zur Beschlussfassung über eine ordentliche Kapitalerhöhung im Regelfall eine Vorlaufzeit von mindestens 37 Tagen in Anspruch nimmt,[64] kann die Ausnutzung eines genehmigten Kapitals vorbehaltlich der Verfügbarkeit der Mitglieder des Vorstands und des Aufsichtsrats innerhalb eines Tages beschlossen werden.

Ein weiterer Grund dafür, dass die Praxis – soweit möglich – die Ausnutzung genehmigten Kapitals der ordentlichen Kapitalerhöhung vorzieht, liegt in der geringeren rechtlichen Angreifbarkeit der gefassten Kapitalerhöhungsbeschlüsse. Während Aktionären gegen Beschlüsse der Hauptversammlung die Rechtsmittel der Anfechtungs- oder Nichtigkeitsklage (§§ 246, 249 AktG) offenstehen, sind die Rechtsschutzmöglichkeiten gegen eine Kapitalerhöhung aus genehmigtem Kapital mangels

---

63 *Wamser* in Spindler/Stilz, AktG, § 202 Rn.1.

64 *Drinhausen* in Hölters, AktG, § 123 Rn. 5; *Seibt/Voigt*, AG 2009, 133, 134. Neben der zwingenden Einberufungsfrist von 30 Tagen (§ 123 Abs. 1 S. 1 AktG) sehen die Satzungen börsennotierter Gesellschaften in den meisten Fällen zusätzlich vor, dass die Aktionäre sich vor der Hauptversammlung anmelden (§ 123 Abs. 2 S. 1 AktG). Die Anmeldefrist beträgt mindestens sechs Tage (§ 123 Abs. 2 S. 2 AktG) und ist der Einberufungsfrist hinzuzurechnen (§ 123 Abs. 2 S. 5 AktG). Die Einberufungsfrist verlängert sich weiter um den Tag des Zugangs der Einberufung (§ 123 Abs. 2 S. 4 AktG).

anfechtbaren Kapitalerhöhungsbeschlusses rechtlich von vornherein auf die Verfolgung von Unterlassungsansprüchen, zumeist im Wege vorläufigen Rechtsschutzes, gegen die Ausübungsbeschlüsse von Vorstands und Aufsichtsrat (§§ 202 Abs. 3 S. 2, 204 Abs. 1 AktG) beschränkt.[65] Zumeist werden die Aktionäre vor der Ausnutzung des genehmigten Kapitals mangels Vorabberichtspflicht gar nicht um die anstehende Kapitalerhöhung wissen.[66] Zudem droht antragstellenden Aktionären im Fall einer sich im Nachhinein als unrichtig erweisenden einstweiligen Verfügung eine verschuldensunabhängige Haftung (§ 945 ZPO).[67]

Während die Kapitalerhöhung aus genehmigten Kapital daher regelmäßig im Anschluss an die Beschlussfassung von Vorstand und Aufsichtsrat zur Eintragung in das Handelsregister angemeldet werden kann, muss im Nachgang zur ordentlichen Hauptversammlung regelmäßig damit gerechnet werden, dass Aktionäre die hierin gefassten Kapitalerhöhungsbeschlüsse mit Anfechtungs- oder Nichtigkeitsklage angreifen. Die Eintragung des Beschlusses über die Erhöhung des Grundkapitals und dessen Durchführung in das Handelsregister (§§ 184 Abs. 1 S. 1, 188 Abs.1 AktG) werden in diesem Fall erheblich verzögert. Zwar dürfte ein zur Eintragung in das Handelsregister angemeldeter Kapitalerhöhungsbeschluss auch noch nach Erhebung einer gegen ihn gerichteten Klage zulässigerweise eingetragen werden. Praktisch ziehen die zuständigen Registerrichter es jedoch vor, das Eintragungsverfahren bis zu einer rechtskräftigen Entscheidung im streitigen Verfahren auszusetzen (§§ 381, 21 Abs. 1 FamFG). Grund dafür ist, dass sie die eigene Haftung für den Fall fürchten, dass sich die Bewilligung der Eintragung bei Erfolg der Klage im Nachhinein als fehlerhaft erweist.[68] Denn das Spruchrichterprivileg (§ 839 Abs. 2 BGB)[69] gilt für den Registerrichter als Teil der freiwilligen Gerichtsbarkeit nicht, da der Richter insoweit keine Urteile in

---

65 Hierzu *Busch* in Marsch-Barner/Schäfer, Hdb börsennotierte AG, § 43 Rn.20; *Schlitt/Seiler*, ZHR 166 (2002), 544, 564 ff.

66 *Wamser* in Spindler/Stilz, AktG, § 203 Rn.116.

67 *Schlitt/Seiler*, ZHR 166 (2002), 544, 584; *v. Dryander/Niggemann* in Hölters, AktG, § 203 Rn. 60.

68 *Helm/Manthey*, NZG 2010, 415; noch zum alten § 127 FGG *Poelzig*, DStR 2008 1538; *Schulte*, ZIP 2010, 1166 ff.

69 Das Spruchrichterprivileg des § 839 Abs. 2 S. 1 BGB beschränkt die Haftung des Richters für amtspflichtwidriges Verhalten bei dem Urteil in einer Rechtssache auf die Fälle, in denen die begangene Pflichtverletzung eine Straftat (Rechtsbeugung, Richterbestechung) darstellt.

einer Rechtssache (§ 839 Abs. 2 S. 1 BGB) fällt.[70] Mangels Eintragung in das Handelsregister wird die Kapitalerhöhung in diesem Fall zunächst nicht wirksam (§ 189 AktG).

Zur Abwendung dieser durch die Klageerhebung bewirkten faktischen Registersperre kann die Gesellschaft zwar einen Antrag auf Freigabe des Beschlusses zur Eintragung in das Handelsregister beim örtlich zuständigen Oberlandesgericht stellen (§ 246a Abs. 1 AktG). Ergeht ein Freigabebeschluss des Oberlandesgerichts, ist dieser für den Registerrichter bindend (§ 246a Abs. 3 Satz 5 AktG) und schließt seine persönliche Haftung im Hinblick auf die Eintragung der Kapitalerhöhung aus, so dass die Eintragung trotz der anhängigen Klage vollzogen werden kann.[71] Indessen nimmt auch das Freigabeverfahren im Durchschnitt 46 bis 96 Tage in Anspruch.[72] Eine Verzögerung der Eintragung des Kapitalerhöhungsbeschlusses kann hiermit daher nicht vollends ausgeschlossen werden.

Rechtstatsächlich lässt sich jedoch ein Rückgang der Anfechtungsklagen gegen Kapitalerhöhungsbeschlüsse feststellen, seitdem das Freigabeverfahren im Jahr 2009 durch das ARUG[73] reformiert wurde.[74] Die Gründe dafür liegen insbesondere in den vereinfachten Voraussetzungen für den Erlass eines Freigabebeschlusses (§ 246a Abs. 2 AktG).[75] So darf ein Freigabebeschluss nunmehr bereits ergehen, wenn der Kläger nicht nachweisen kann, dass er seit der Einberufung der Hauptversammlung einen anteiligen Anteilsbesitz von mindestens 1000 Euro hält (§ 246a Abs. 2 Nr. 2 AktG). Bei der Berechnung des anteiligen Betrages ist der anteilige Nennbetrag des Grundkapitals maßgeblich.[76] Nach Ansicht des Gesetzgebers entspricht diese Schwelle bei normalen Börsenwerten im

---

70 *Lutter* in Kölner Kommentar AktG, § 184 Rn.19; *Peifer* in Münchener Kommentar AktG, § 184 Rn.34; *Simons* in Hölters, AktG, § 210 Rn.16.

71 *Englisch* in Hölters, AktG, § 246a Rn.1.

72 *Bayer/Hoffmann*, AG 2012, R59: Durchschnittsdauer von 78 Tagen; für eine Durchschnittdauer von 90,51 Tagen hingegen *Baums/Drinhausen/Keinath*, ZIP 2011, 2329, 2348.

Gesetz zur Umsetzung der Aktionärsrechterichtlinie v. 30.7.2009, BGBl I, 2479; zu den Änderungen des Freigabeverfahrens durch das ARUG *Lorenz/Pospiech*, BB 2010, 2515, 2516 ff.

74 Nach den Schätzungen von *Bayer/Hoffmann/Sawada*, ZIP 2012, 897, 901 hat sich die Zahl der angegriffenen Strukturbeschlüsse in den Jahren 2007 bis 2011 konstant verringert. Im Jahr 2010 wurden schätzungsweise 36 Strukturbeschlüsse angegriffen, im Jahr 2007 waren es noch 134. Siehe hierzu auch *Bayer*, AG 2012, 141, 142; *Seibert/Böttcher*, ZIP 2012, 12, 15.

75 *Kläsener/Wasse*, AG 2010, 202; *Lorenz/Pospiech*, BB 2010, 2515, 2517.

76 *Dörr* in Spindler/Stilz, AktG, § 246a Rn.26.

Mittelmaß und ohne Berücksichtigung von Extremfällen einem Anlagevolumen von etwa 10.000 bis 20.000 Euro.[77] Das Quorum trifft insbesondere solche Aktionäre, die in der Vergangenheit nur eine Aktie oder wenige Aktien einer Gesellschaft mit dem Ziel hielten, die Befugnis zur Anfechtung von Hauptversammlungsbeschlüssen der Gesellschaft zu erlangen und sich die Klagerücknahme nach Klageerhebung von der Gesellschaft teuer abkaufen zu lassen. Im Hinblick auf diese sogenannten „räuberischen Aktionäre" ist damit erhebliche Beschlusssicherheit eingetreten.[78]

Darüber hinaus kann eine Freigabe erfolgen, wenn das alsbaldige Wirksamwerden des Hauptversammlungsbeschlusses vorrangig erscheint, weil die Nachteile für die Gesellschaft und ihre Aktionäre schwerer wiegen als die des Klägers, es sei denn der vom Kläger geltend gemachte Rechtsverstoß wiegt besonders schwer (§ 246a Abs. 2 Nr. 3 AktG). Nach dem Willen des Gesetzgebers muss es sich hier um einen ganz gravierenden Rechtsverstoß handeln, etwa um absichtliche Verstöße gegen das Gleichbehandlungsgebot und die Treupflicht mit schweren Folgen.[79] Die Messlatte für eine Verweigerung der Freigabe liegt damit sehr hoch.[80] Die Freigabe wird somit häufig auch dann erteilt werden können, wenn die Klage in der Sache begründet ist.[81]

Trotz dieser Entwicklung besteht bei Kapitalerhöhungsbeschlüssen der Hauptversammlung stets das Risiko, dass diese durch Aktionäre angegriffen werden und in der Folge ein Freigabeverfahren durch die Gesellschaft mit entsprechenden Verzögerungsfolgen durchzuführen ist.

Vor diesem Hintergrund werden Kapitalerhöhungen bei einer PIPE-Transaktion in der Praxis im Regelfall unter Ausnutzung eines genehmigten Kapitals durchgeführt. Voraussetzung ist jedoch, dass die Satzung der Gesellschaft ein genehmigtes Kapital vorsieht und dass dieses im Zeitpunkt der geplanten Umsetzung der Transaktion noch nicht vollständig ausgenutzt wurde. Darüber hinaus ist der zulässige Höchstnennbetrag eines genehmigten Kapitals, der in der Satzung festgesetzt werden darf, gesetzlich auf die Hälfte des Grundkapitals begrenzt (§ 202 Abs. 3 S. 1 AktG). Maßgeblich für die Bemessung dieses Betrages ist das Grund-

---

77 Bericht des Rechtsausschusses, BT-Drucks 16/13098, S.41.

78 Hierzu *Schulte*, ZIP 2010, 1166.

79 Bericht des Rechtsausschusses, BT-Drucks 16/13098 S.42.

80 *Bayer/Hoffmann/Sawada*, ZIP 2012, 897, 898.

81 So *Lorenz/Pospiech*, BB 2010, 2515; *Schall/Habbe/Wiegand*, NJW 2010, 1789, 1790; *Verse*, NZG 2009, 1127, 1130; *Walter/Hoffmann/Sawada*, ZIP 2012, 897, 898.

kapital im Zeitpunkt der Eintragung der Satzungsänderung.[82] Soweit das satzungsmäßig vorgesehene und noch vorhandene genehmigte Kapital nicht ausreicht, um die gewünschte Beteiligung des Investors herzustellen, bleibt nur die Option der Durchführung einer ordentlichen Kapitalerhöhung. Die Transaktion kann in diesem Fall indes nur mit großem zeitlichem Aufwand umgesetzt werden.

2. Auswirkungen des Bezugsrechts auf die Strukturierung der Kapitalerhöhung

Sowohl bei ordentlichen Kapitalerhöhungen als auch bei Kapitalerhöhungen aus genehmigtem Kapital sind die Altaktionäre zum anteiligen Bezug der neu geschaffenen Aktien entsprechend ihrer bisherigen Beteiligungsquote berechtigt (§§ 186 Abs. 1 S. 1, 203 Abs. 1 S. 1 AktG). Um den PIPE-Investor allein oder vorrangig zu beteiligen, ist dieses Bezugsrecht der Aktionäre auszuschließen. Da das Bezugsrecht den Aktionären im Fall der Kapitalerhöhung den Erhalt ihrer Stimmrechtsquote ermöglichen und sie vor einer möglichen wertmäßigen Verwässerung ihrer Beteiligung bewahren soll,[83] unterliegt der Bezugsrechtsausschluss strengen formellen und materiellen Anforderungen.

Ein Bezugsrechtsausschluss ist nach der Rechtsprechung des BGH bei der ordentlichen Kapitalerhöhung nur zulässig, wenn er auch bei gebührender Betrachtung der Folgen für die ausgeschlossenen Aktionäre durch sachliche Gründe im Interesse der Gesellschaft gerechtfertigt ist.[84] Dabei solle eine Abwägung der Interessen und der Verhältnismäßigkeit von Mittel und Zweck stattfinden.[85] Der Bezugsrechtsausschluss muss demzufolge einem Zweck dienen, der im Interesse der Gesellschaft liegt und zur Verwirklichung des Zwecks geeignet und erforderlich sein.[86] Schließ-

---

82 *Hüffer*, AktG § 202, Rn.14, *Lutter* in Kölner Kommentar AktG, § 202 Rn.12; *Hirte* in GroßkommentarAktG, § 202 Rn.148; *Krieger* in Münch Hdb AG, § 58 Rn.8.

83 Statt vieler *Veil* in Schmidt/Lutter, AktG, § 186 Rn.1, 24.

84 BGHZ 71, 40, 46 („Kali & Salz")

85 BGHZ 71, 40, 46.

86 *Hüffer*, AktG, § 186 Rn. 25; *Lutter* in Kölner Kommentar AktG, § 186 Rn.61 ff.; *Peifer* in Münchener Kommentar AktG, § 186 Rn.72; *Veil* in Schmidt/Lutter, AktG, § 186 Rn.24 ff., 30; *Kraft/Krieger* in Münch Hdb AG, § 58 Rn.76; *Wiedemann* in Großkommentar AktG, § 186 Rn.134 ff.; *Servatius* in Spindler/Stilz, AktG, § 186 Rn 43 ff.

lich dürfen die durch den Bezugsrechtsausschluss eintretenden Nachteile nicht außer Verhältnis zu dem verfolgten Gesellschaftsinteresse stehen.[87]

Diese Grundsätze hat der BGH zunächst auch auf die Kapitalerhöhung aus genehmigtem Kapital übertragen. Die sachliche Prüfung sei zum einen durch den Vorstand im Zeitpunkt seines Beschlusses über die Ausnutzung des genehmigten Kapitals und den Ausschluss des Bezugsrechts durchzuführen.[88] Ebenso müsse auch die Hauptversammlung bei ihrer Beschlussfassung über die Ermächtigung des Vorstands zum Bezugsrechtsausschluss eine sorgfältige Prüfung der sachlichen Rechtfertigung des Ausschlusses anstellen.[89] Voraussetzung für die Ermächtigung des Vorstands sei daher, dass bereits im Zeitpunkt der Beschlussfassung der Hauptversammlung konkrete Anhaltspunkte dafür vorlägen, dass der Vorstand während der Dauer der Ermächtigung im Gesellschaftsinteresse zu einer Kapitalerhöhung mit Bezugsrechtsausschluss genötigt sein könnte.[90] Anderenfalls dürfe eine Ermächtigung des Vorstands nicht erfolgen.[91]

Da im Zeitpunkt der Ermächtigung des Vorstands durch die Hauptversammlung die konkreten Gegebenheiten der späteren Ausnutzung der Ermächtigung jedoch regelmäßig nicht absehbar waren, bereitete dieser Ansatz strukturelle Schwierigkeiten. Daher entschied der BGH später, dass die Hauptversammlung den Vorstand zum Ausschluss des Bezugsrechts ermächtigen könne, wenn die Kapitalerhöhungsmaßnahme, zu deren Durchführung der Vorstand ermächtigt werden solle, im wohlverstandenen Interesse der Gesellschaft liege und der Hauptversammlung vor ihrer Entscheidung über die Ermächtigung des Vorstands lediglich allgemein und in abstrakter Form bekannt gegeben werde.[92] Seitdem ist streitig, ob der BGH durch die Anknüpfung an das wohlverstandene Gesellschaftsinteresse von dem Erfordernis der sachlichen Rechtfertigung eines Bezugsrechtsausschlusses abgewichen ist. Vereinzelt wird nun vertreten, dass es für die Zulässigkeit des Bezugsrechtsausschlusses stets

---

87 *Hüffer*, AktG, § 186 Rn.25; *Lutter* in Kölner Kommentar AktG, §186 Rn.3; *Veil* in Schmidt/Lutter, AktG, § 186 Rn. 24 ff., 30; *Kraft/Krieger* in Münch Hdb AG, § 58 Rn.76; *Wiedemann* in Großkommentar AktG, § 186 Rn.134 ff.; *Servatius* in Spindler/Stilz, AktG, § 186 Rn. 43 ff.

88 BGHZ 83, 319, 321 („Holzmann")

89 BGHZ 83, 319, 321 f.

90 BGHZ 83, 319, 322, 325.

91 BGHZ 83, 319, 325.

92 BGHZ 136, 133 („Siemens/Nold").

nur auf ein vorhandenes Gesellschaftsinteresse ankomme.[93] Dies gelte sowohl für die Entscheidung der Hauptversammlung zum Bezugsrechtsausschluss (§ 203 Abs. 1 S. 1, § 186 Abs. 3 und 4 AktG) oder zur Ausschlussermächtigung (§ 203 Abs. 2 S. 1 AktG) als auch für die Entscheidung des Vorstands über den Bezugsrechtsausschluss bei Ausnutzen der Ermächtigung.[94]

Nach überwiegender Ansicht solle die Hauptversammlung bei ihrer Entscheidung stets nur das Kriterium der Vereinbarkeit der Maßnahme mit dem wohlverstandenen Gesellschaftsinteresse zugrundelegen, während der Vorstand im Rahmen der Ausübung der Ermächtigung zum Bezugsrechtsausschluss die sachliche Rechtfertigung nach den Maßstäben des Bezugsrechtsausschlusses bei der ordentlichen Kapitalerhöhung überprüfen müsse.[95]

Eine weitere Auffassung verlangt weiterhin, dass der Bezugsrechtsausschluss sachlich gerechtfertigt ist, wobei dies sowohl durch die Hauptversammlung – anhand abstrakter Beschreibungen – bei ihrer Entscheidung zum Bezugsrechtsausschluss oder Ausschlussermächtigung als auch durch den Vorstand im Rahmen der konkreten Ausübung der Ermächtigung überprüft werden muss.[96] Die letzte Ansicht überzeugt. Es ist nicht nachzuvollziehen, warum der Bezugsrechtsausschluss beim genehmigten Kapital einfacheren materiellen Voraussetzungen zu unterwerfen ist als bei der ordentlichen Kapitalerhöhung. Die Rechte der Aktionäre sind gerade in der Konstellation des genehmigten Kapitals strukturell eher gefährdet als bei der ordentlichen Kapitalerhöhung, bei der sie selbst abschließend über den Bezugsrechtsausschluss entscheiden.[97] Zumindest aus Vorsichtsgründen sollte dieser Auffassung daher weiterhin gefolgt werden.

Nach allen Auffassungen müsste die Beteiligung eines PIPE-Investors oder eines Ankeraktionärs bereits im Bericht des Vorstands an die

93 *Cahn*, ZHR 163 (1999), 554, 574 ff.; *Hofmeister*, NZG 2000, 713, 714, 718; wohl auch *Veil* in Schmidt/Lutter, AktG, § 203 Rn.25, 30.

94 *Cahn* ZHR 163 (1999), 554, 574 ff.; *Hofmeister*, NZG 2000, 713, 714, 718.

95 *Marsch-Barner* in Bürgers/Körber, AktG, § 203 Rn. 10 ff., 28 ff.; *Hüffer*, AktG, § 203 Rn.11, 27, 35; *v. Dryander/Niggemann* in Hölters, AktG, § 203 Rn.19; *Hirte* in Großkommentar AktG, § 203 Rn.72 ff.; *Krieger* in MünchHdb AG, § 58 Rn.19, 44.

96 *Wamser* in Spindler/Stilz, AktG, § 203 Rn.83; *Ekkenga*, AG 2001, 567, 572 f.; *Bayer* in Münchener Kommentar AktG, § 203 Rn.116 ff.; *Busch* in Marsch-Barner, Hdb börsennotierte AG, § 43 Rn.19.

97 So auch *Bayer* in Münchener Kommentar AktG, § 203 Rn.116.

Hauptversammlung (§ 186 Abs. 4 Satz 2 AktG) zumindest abstrakt als ein Grund für den Bezugsrechtsausschluss angeführt worden sein.

Zudem muss sich der Bezugsrechtsausschluss zugunsten des PIPE-Investors sachlich rechtfertigen lassen. Zwar liegt die Durchführung einer PIPE-Transaktion im Wege der Kapitalerhöhung insoweit im Gesellschaftsinteresse, als sie der Gesellschaft zusätzliche Finanzmittel zuführt. Voraussetzung ist jedoch weiter, dass keine für die Altaktionäre schonendere Finanzierungsform, etwa die Aufnahme von Fremdkapital oder die Durchführung einer Bezugsrechtskapitalerhöhung, durch die Gesellschaft gewählt werden kann. Schließlich müssten die Vorteile der PIPE-Transaktion für die Gesellschaft die Nachteile der dadurch eintretenden Anteilsverwässerung für die Altaktionäre überwiegen. Dies liegt regelmäßig bei der Kapitalerhöhung durch Erbringung einer Sacheinlage des Investors nahe, wenn die Gesellschaft ein konkretes Interesse an dem Erwerb gerade dieses Einlagegegenstands hat.[98] Im Übrigen sind die jeweiligen Vor- und Nachteile regelmäßig nicht eindeutig quantifizierbar, so dass eine solche Interessenabwägung rechtssicher nur schwer zu treffen ist. Dies gilt sowohl für die Entscheidung der Hauptversammlung zum Direktausschluss des Bezugsrechts oder zur Ausschlussermächtigung als auch für die Entscheidung des Vorstands über den Bezugsrechtsausschluss.

Im Hinblick auf die Transaktionssicherheit entscheidet sich die Praxis daher bei Kapitalerhöhungen gegen Bareinlagen fast ausnahmslos gegen den regulären Bezugsrechtsausschluss. Möglich ist indes, das Bezugsrecht rechtsicher im Wege einer Zehn-Prozent-Kapitalerhöhung nach den gesetzlichen Vorgaben des vereinfachten Bezugsrechtsausschlusses gemäß § 186 Abs. 3 S. 4 AktG auszuschließen.[99] Werden die gesetzlichen Voraussetzungen dieser Vorschrift gewahrt, kann die sachliche Rechtfertigung des Bezugsrechtsausschlusses nach herrschender Meinung unwiderleglich vermutet werden.[100] Bei PIPE-Transaktionen wird daher nach Möglichkeit diese Kapitalerhöhung gewählt.

---

98 BGHZ 71, 40, 46; *Peifer* in Münchener Kommentar AktG, § 186 Rn.90; *Hüffer*, AktG, § 186 Rn.34.

99 *Krause* in Habersack/Mülbert/Schlitt, Unternehmensfinanzierung, § 7 Rn. 8 ff.; *Meyer* in Marsch-Barner/Schäfer, Hdb börsennotierte AG, § 7 Rn. 31 f.; *Schlitt/Schäfer*, AG 2005, 67; *v.Riegen*, CFL 2010, 1, 5.

100 *Kraft/Krieger* in MünchHdb AG § 56 Rn. 92; *Schlitt/Schäfer*, AG 2005, 67; *Veil* in Schmidt/Lutter, AktG, § 186 Rn. 44; *Wamser* in Spindler/Stilz, AktG, § 186 Rn. 61; für lediglich widerlegliche Vermutung *Hüffer*, AktG, § 186 Rn. 39e; *Peifer* in Münchener

Soll die PIPE-Transaktion im Wege der Kapitalerhöhung in einem größeren Umfang als zehn Prozent durchgeführt werden, muss sie als Bezugsrechtskapitalerhöhung strukturiert werden. In diesem Fall erweitert sich der zeitliche Rahmen für die Durchführung der Kapitalerhöhung durch die zwingend einzuhaltende gesetzliche Bezugsfrist der Aktionäre von mindestens zwei Wochen (§ 186 Abs. 1 S. 2 AktG). Zusätzlich haben die Beteiligten die Unwägbarkeit des Bezugsverhaltens der Aktionäre einzuschätzen und nach Lösungen zu suchen, um die hieraus entstehende Unsicherheit für eine mögliche Beteiligung des Investors nach Möglichkeit aufzufangen.[101]

3. Prospektfreiheit der Zehn-Prozent-Kapitalerhöhung

Neben der Möglichkeit eines vereinfachten Bezugsrechtsausschlusses liegt ein weiterer Vorteil der Zehn-Prozent-Kapitalerhöhung darin, dass die neuen Aktien in diesem Umfang häufig zum Handel an einem regulierten Markt prospektfrei zugelassen werden können. Grundsätzlich wird für die Zulassung von Wertpapieren zum Handel an einem organisierten Markt die Vorlage eines gebilligten Wertpapierprospekts verlangt (§ 32 Abs. 3 Nr. 2 BörsG, § 3 Abs. 3 WpPG). Der notwendige Inhalt des Prospekts ergibt sich aus der Prospektverordnung[102] (§ 7 WpPG). Erforderlich wären bei reinen Zulassungsprospekten insbesondere Angaben nach den Schemata für Aktien (Anhänge I und III der ProspektVO), gegebenenfalls mit Erleichterungen je nach konkreter Ausgestaltung der Transaktion.[103] Regelmäßig gehören hierzu umfassende Angaben zu dem Emittenten betreffend unter anderem dessen Organisationsstruktur und Geschäftstätigkeit.

Im Hinblick auf die erforderlichen Angaben setzt die Erstellung eines Wertpapierprospekts im Regelfall zunächst voraus, dass eine umfassende Due Diligence der Gesellschaft durch eigene Rechtsberater und Rechtsbe-

---

Kommentar AktG, § 186 Rn. 88; *Wiedemann* in Großkommentar AktG, § 186 Rn. 150. Zu weiteren Einzelheiten des vereinfachten Bezugsrechtsausschlusses siehe 3.Teil, V. A.

101 Hierzu noch 4.Teil, I. B und C.

102 Verordnung 809/2004/EG, ABl. EG v. 18. 7. 2005, L 186, S. 3, geändert durch Verordnung (EU) Nr. 1787/2006, ABl. EU v. 5. 12. 2006, L 337, S. 17, durch Verordnung (EU) Nr. 1569/2007, ABl. EU v. 22. 12. 2007, L 340, S. 66 und durch Verordnung (EU) Nr. 211/2007, ABl. EU v. 28. 2. 2007, L 61, S. 24 sowie durch Delegierte Verordnung (EU) Nr. 486/2012, ABl. EU v. 9. 6. 2012, L 150, S. 1, zitiert „ProspektVO".

103 Etwa unter bestimmten weiteren Voraussetzungen im Fall von Bezugsrechtsemissionen (Art. 26a der ProspektVO).

rater der transaktionsbegleitenden Banken erfolgt.[104] Nach Fertigstellung des Entwurfs des Prospekts durch die Berater der Gesellschaft und der Banken muss der Entwurf der BaFin zur Billigung vorgelegt werden (§ 13 Abs. 1 WpPG). Im Regelfall folgt hierauf das Prospektabstimmungsverfahren mit der BaFin,[105] welches durchschnittlich einen Monat in Anspruch nimmt. Insgesamt ist für den Prozess der Prospekterstellung bis zur Veröffentlichung des Prospekts (§ 14 Abs. 1 Satz1 WpPG) ein zeitlicher Vorlauf von bis zu drei bis vier Monaten einzuplanen.[106]

Eine Pflicht zur Veröffentlichung eines Prospekts besteht für die Zielgesellschaft jedoch ausnahmsweise nicht, wenn die neuen zuzulassenden Aktien über einen Zeitraum von zwölf Monaten weniger als zehn Prozent der bereits zum Handel ausgegebenen Aktien derselben Gattung der Zielgesellschaft ausmachen (§ 4 Abs. 2 Nr. 1 WpPG). Sinn dieser Regelung ist es, die kurzfristige Aufnahme von Kapital am Kapitalmarkt durch geringvolumige Aktienemissionen zu ermöglichen, die durch den zeitaufwändigen Prozess der Prospekterstellung nicht möglich wären.[107] Besteht das Grundkapital der Gesellschaft nur aus Aktien derselben Gattung und sind alle Aktien der Gesellschaft börsennotiert, können neue Aktien im Umfang von 9,99 Prozent des Grundkapitals recht kurzfristig nach erfolgreicher Durchführung des Zulassungsverfahrens zum Handel an der Börse zugelassen werden. Für PIPE-Kapitalerhöhungen im Umfang von zehn Prozent des Grundkapitals ist diese Ausnahme regelmäßig von besonderer Bedeutung.

B. Bedienung mit eigenen Aktien

Außerhalb einer Kapitalerhöhung kann sich der Investor an der Zielgesellschaft durch den Erwerb bereits vorhandener und zugelassener Aktien der Gesellschaft beteiligen, sofern die Gesellschaft über eigene Aktien verfügt. Durch den Erwerb erhält die Gesellschaft ebenfalls Barmit-

---

104 *Meyer* in Marsch-Barner Hdb börsennotierte AG, § 7 Abs. 101 ff.; *Meyer* in Habersack/Mülbert/Schlitt, Unternehmensfinanzierung, § 36 Rn. 80ff.

105 *Meyer* in Marsch-Barner Hdb börsennotierte AG, § 7 Abs. 101; *Meyer* in Haber-sack/Mülbert/Schlitt, Unternehmensfinanzierung, § 36 Rn. 81.

106 Siehe die Zeitpläne bei *Meyer* in Marsch-Barner/Schäfer, Hdb börsennotierte AG, § 7 Rn. 94 und *Singhof/Weber* in Habersack/Mülbert/Schlitt, Unternehmensfinanzierung, § 4 Rn. 108.

107 *Schlitt/Schäfer* in Assmann/Schlitt/von Kopp-Colomb, WpPG/VerkProspG, § 4 WpPG Rn.38.

tel. Die Transaktion kann schnell durchgeführt werden, da die Aktien nicht erst geschaffen werden müssen und bereits zugelassen sind. Allerdings ist auch hier ein Ausschluss des Vorerwerbsrechts der Altaktionäre erforderlich, sodass sich der Umfang zulässigerweise von der Gesellschaft an den Investor zu veräußernder eigener Aktien auf zehn Prozent des Grundkapitals beschränkt (§ 71 Abs. 1 Nr. 8 Satz 5 i. V. m. § 186 Abs. 3 AktG).[108]

C. Ausgabe von Wandelschuldverschreibungen an den Investor

Für PIPE-Transaktionen eignet sich die Ausgabe von Wandelschuldverschreibungen im Regelfall nur als flankierendes Instrument. Wandelschuldverschreibungen verschaffen dem Investor keine sofortige Beteiligung an der Gesellschaft, sondern nur das Recht, Aktien der Gesellschaft zu einem bestimmten Ausübungspreis zu erwerben. Dabei verbriefen sie einen Rückzahlungs- und Zinsanspruch gegen die Gesellschaft, so dass der Investor bei einem Kursverfall noch eine Sicherheit behält. Der Nachteil der Wandelschuldverschreibung liegt in ihrer nicht unkomplizierten Struktur sowie der möglichen Nachrangigkeit des verbrieften Darlehensrückzahlungsanspruches in der Insolvenz, sofern der Investor bereits Aktien der Gesellschaft erworben hat.[109]

D. Beteiligungserwerb von Altaktionären

Aus Sicht der Zielgesellschaft besteht der Nachteil eines Aktienerwerbs des Investors von Altaktionären darin, dass die finanziellen Mitteln nicht ihr zufließen. Im Idealfall einer PIPE-Transaktion findet der Erwerb von Altaktionären daher ergänzend statt, um etwa die gewünschte Beteiligungshöhe nach oder parallel zur Zeichnung einer Zehn-Prozent-Kapitalerhöhungstranche zu erlangen. Besondere Schwierigkeiten entstehen im Rahmen einer solchen Struktur insbesondere im Hinblick auf das Insiderrecht, etwa wenn der Investor im Rahmen der Kapitalerhöhung von kursrelevanten Informationen in Bezug auf die Zielgesellschaft Kenntnis erlangt hat.[110]

108 Zu den Einzelheiten siehe 4. Teil, III.
109 Im Einzelnen siehe 4. Teil, IV.
110 Im Einzelnen siehe 4.Teil, V.

E. Fazit

Die einfachste, schnellste und transaktionssicherste Strukturierung der PIPE-Transaktion führt über die Barkapitalerhöhung aus genehmigtem Kapital mit vereinfachtem Bezugsrechtsausschluss im Umfang von zehn Prozent des Grundkapitals. Ebenso schnell kann eine Beteiligung in gleichem Umfang bei Veräußerung eigener Aktien der Gesellschaft an den Investor implementiert werden. Dagegen gestalten sich Barkapitalerhöhungen in größerem Umfang schwieriger, weil sie nur als Bezugsrechtsemissionen durchgeführt werden können und dadurch schwerfälliger im Hinblick auf sich bietende Gelegenheiten am Kapitalmarkt sind. Dabei kann eine Sachkapitalerhöhung im Einzelfall eine weitere Gestaltungsoption sein, da ein Bezugsrechtsausschluss hier eher zu rechtfertigen ist. Als ergänzende Strukturen eignen sich die Ausgabe von Wandelschuldverschreibungen an den Investor sowie Beteiligungserwerbe des Investors am Sekundärmarkt.

II. Kriterien für die Festlegung der Beteiligungshöhe und Einflussmöglichkeiten des Investors als Aktionär

Neben der Sicherstellung einer möglichst reibungslosen Abwicklung der Transaktion liegt dem Investor daran, im Umfang seiner Beteiligung auch das Maß der von ihm angestrebten Einflussnahme auf die Geschäftspolitik der Zielgesellschaft abgebildet zu sehen. Es stellt sich damit die Frage, welche rechtlichen Einflussmöglichkeiten dem Investor in seiner Rolle als Aktionär der Zielgesellschaft zur Verfügung stehen. In erster Linie nimmt der Aktionär seine Rechte in der Hauptversammlung der Gesellschaft wahr. In zweiter Linie stehen dem Aktionär außerhalb der Hauptversammlung insbesondere Minderheitskontrollrechte und Klagerechte zu. Umfang und Einflusswirkung dieser Rechte sind näher zu untersuchen. Zuletzt ist der Frage nachzugehen, inwiefern der Aktionär auf einen erfolgreich im Aufsichtsrat der Zielgesellschaft eingesetzten Vertreter einwirken darf und in welchem Umfang das betreffende Mitglied im Aufsichtsrat seinerseits Einfluss auf die Leitung der Gesellschaft nehmen kann.

A. Wahrnehmung der Rechte des Aktionärs in der Hauptversammlung

Wie bereits angedeutet kann es Ziel des Investors sein, die Höhe seiner Beteiligung so zu bestimmen, dass ihm größtmöglicher Einfluss auf die Geschicke der Zielgesellschaft zuteil wird. Da der Investor zunächst die Rolle des Aktionärs einnimmt, ist für ihn von Interesse, welche Funktion die Hauptversammlung als Organ der Aktionäre hat, welche Entscheidungskompetenzen ihr zugewiesen sind, mit welchen Mehrheiten welche Entscheidungen gefällt werden, sowie die Frage, in welchem Umfang der Aktionär unter Berücksichtigung seiner jeweiligen Beteiligungshöhe die Beschlussfassung und das Geschehen in der Hauptversammlung beeinflussen kann.

1. Stellung der Hauptversammlung in der Aktiengesellschaft

In der Aktiengesellschaft kommt der Hauptversammlung keine unternehmens- oder geschäftsleitende Funktion zu. Die Leitung der Gesellschaft obliegt allein dem Vorstand (§ 76 Abs. 1 AktG). Die Hauptversammlung ist von dieser Aufgabe ausgeschlossen.[111] Im Gegensatz zur Gesellschafterversammlung einer Gesellschaft mit beschränkter Haftung, die zur Erteilung von Weisungen gegenüber der Geschäftsführung befugt ist (§ 37 Abs. 1 GmbHG), steht den Aktionären kein Recht zu direkter Einflussnahme auf die Geschäftspolitik und Unternehmensführung zu. Die Hauptversammlung darf dem Vorstand keine Weisungen erteilen und hat auch kein Initiativrecht in Fragen der Geschäftsführung.[112] In Fragen der Geschäftsführung darf die Hauptversammlung nur entscheiden, wenn der Vorstand es verlangt (§ 119 Abs. 2 AktG).

Darüber hinaus besteht auch kein Recht der Hauptversammlung, Mitglieder des Vorstands zu bestellen oder abzuberufen.[113] In der Aktiengesellschaft wählt die Hauptversammlung lediglich die Vertreter der Aktionäre im Aufsichtsrat (§§ 119 Abs. 1 Nr. 1, 101 Abs. 1 AktG) und kann diese auch abberufen (§ 103 Abs. 1 S.1 AktG). Der Aufsichtsrat, der den Vorstand (§ 84 Abs. 1 Satz 1 AktG) bestellt und abberufen kann, ist an Weisungen der Hauptversammlung nicht gebunden. Insoweit besteht

---

111 *Hüffer*, AktG, § 76 Rn.2; *Fleischer* in Spindler/Stilz, AktG, § 76 Rn.7; *Seibt* in Schmidt/Lutter, § 76 Rn.11.

112 *Marsch-Barner* in Marsch-Barner/Schäfer, Hdb börsennotierte AG, § 31 Rn.10.

113 *Fleischer* in Spindler/Stilz, AktG, § 76 Rn. 7.

nur ein mittelbarer, stark abgeschwächter Einfluss der Aktionärsversammlung auf die Besetzung des Vorstands. Die einzige Möglichkeit der Hauptversammlung, die Position eines Vorstandsmitglieds im Einzelfall zu erschüttern, besteht darin, diesem im Beschlusswege das Vertrauen zu entziehen. In diesem Fall ist ein für die Abberufung des Vorstandsmitglieds durch den Aufsichtsrat erforderlicher wichtiger Grund gegeben (§ 84 Abs. 3 Satz 1 und 2 AktG). Ob der Aufsichtsrat die Abberufung aufgrund des Vertrauensentzugs durch die Hauptversammlung beschließt, steht allerdings in seinem Ermessen.[114] Der Aufsichtsrat hat bei seiner Ermessensentscheidung die Vor- und Nachteile eines Widerrufs der Bestellung für die Gesellschaft abzuwägen.[115]

Eine gewisse Kontrolle des Vorstands und des Aufsichtsrats durch die Hauptversammlung erfolgt einmal jährlich im Rahmen der Entscheidung der Hauptversammlung über die Entlastung von Vorstand und Aufsichtsrat (§§ 119 Abs. 1 Nr. 3 AktG, 120 AktG). Mit der Entlastung erklärt die Hauptversammlung nach herrschender Auffassung, die Verwaltung der Gesellschaft als im Großen und Ganzen gesetzes- und satzungsmäßig zu billigen.[116] Unmittelbare rechtliche Folgen für die Amtsstellung des betroffenen Vorstandsmitglieds sind an die Entlastung oder deren Verweigerung jedoch nicht geknüpft.[117] Die Entlastungsverweigerung stellt insbesondere keinen wichtigen Grund für die Abberufung des jeweiligen Vorstandsmitglieds dar.[118] Praktisch führt die Entlastungsverweigerung jedoch zu einer negativen Publizität für den Betroffenen[119] und kann bei diesem den Entschluss wecken, sein Amt niederzulegen.

2. Kompetenzen der Hauptversammlung

Während die Einflussmöglichkeiten der Hauptversammlung in Geschäftsführungs- und Personalangelegenheiten beschränkt sind, können bestimmte für die Gesellschaft wesentliche Entscheidungen nur mit Zu-

---

114 BGHZ 13, 188, 193; *Weber* in Hölters, AktG, § 84 Rn.72; *Mertens/Cahn* in Kölner Kommentar AktG, § 84 Rn.124, 127 ff; *Spindler* in Münchener Kommentar AktG, § 84 Rn.128.

115 OLG Stuttgart NZG 2002, 971, 972; *Spindler* in Münchener Kommentar AktG, § 84 Rn.115; *Mertens/Cahn* in Kölner Kommentar AktG, § 84 Rn.122.

116 BGH NJW 2003, 1032, 1033; *Zöllner* in Kölner Kommentar AktG, § 120 Rn. 47; *Hüffer*, AktG, § 120 Rn.12.

117 *Hoffmann* in Spindler/Stilz, AktG, § 120 Rn.28; *Drinhausen* in Hölters, AktG, § 120 Rn.26, 28.

118 *Hüffer*, AktG, § 120 Rn.16; *Semler* in MünchHdb AG § 34 Rn.29.

119 *Semler* in MünchHdb AG, § 34 Rn.30.

stimmung der Hauptversammlung getroffen werden. Insbesondere betrifft dies Grundlagengeschäfte wie Änderungen der Satzung der Gesellschaft (§ 119 Abs. 1 Nr. 5 AktG), alle Maßnahmen der Kapitalbeschaffung und der Kapitalherabsetzung (§ 119 Abs. 1 Nr. 6 AktG), die Auflösung der Gesellschaft (§ 119 Abs. 1 Nr. 8 AktG) sowie alle sonstigen Strukturentscheidungen wie die Ermächtigung zum Erwerb und zur Veräußerung eigener Aktien (§ 71 Abs. 1 Nr. 8 AktG), die Ausgabe von Gewinn- und Wandelschuldverschreibungen und Genussrechten (§ 221 Abs. 1 Satz 1 AktG), der Abschluss oder die Änderung von Unternehmensverträgen (§ 292 Abs. 2 AktG), Maßnahmen nach dem Umwandlungsgesetz, die vertragliche Verpflichtung zur Übertragung des gesamten Gesellschaftsvermögens (§ 179 a AktG), die Eingliederung der Gesellschaft in eine andere Aktiengesellschaft und die Beendigung der Eingliederung (§§ 319, 320, 327 Abs. 1 Nr. 1 AktG) sowie der Ausschluss von Minderheitsaktionären auf Verlangen des Hauptaktionärs (§ 327 a AktG).[120]

Darüber hinaus ist als ungeschriebene Kompetenz der Hauptversammlung in der Rechtsprechung eine Entscheidungsbefugnis in den Fällen anerkannt, in denen eine geplante Geschäftsführungsmaßnahme des Vorstands so tief in die Mitgliedsrechte der Aktionäre und deren Eigentum eingreifen würde, dass der Vorstand vernünftigerweise nicht annehmen kann, sie in eigener Verantwortung treffen zu können.[121] Die Geschäftsführungsmaßnahme muss in ihren Auswirkungen einem Zustand entsprechen, der allein durch eine Satzungsänderung herbeigeführt werden kann und insoweit die Zuständigkeit der Hauptversammlung berühren.[122] Praktisch relevant ist dies insbesondere bei Ausgliederungen von Unternehmensteilen im Umfang von 70 bis 80 Prozent des Konzernvermögens auf Tochter- oder Enkelgesellschaften.[123]

Ferner hat die Hauptversammlung über die Verwendung des Bilanzgewinns zu entscheiden (§ 119 Abs. 1 Nr. 2 AktG). Dabei ist sie allerdings an die Feststellungen der Verwaltung gebunden (§ 174 Abs. 1 S. 2 AktG). Insbesondere können Vorstand und Aufsichtsrat in Ermangelung einer anderslautenden Satzungsbestimmung den Jahresüberschuss bis zur Hälfte in andere Gewinnrücklagen einstellen und so der Verwendungsentscheidung durch die Hauptversammlung entziehen (§ 58 Abs. 2 S. 1

---

120 Umfassend hierzu *Drinhausen* in Hölters, AktG, § 119 Rn.5 ff.; *Spindler* in Schmidt/Lutter, AktG, § 119 Rn.7 ff.; *Hoffmann* in Spindler/Stilz, AktG, § 119 Rn.4 ff.

121 BGHZ 83, 122, 131 („Holzmüller"); OLG München AG 1995, 232, 233; LG Duisburg AG 2003, 390 f.

122 BGH NZG 2004, 571, 574 („Gelatine I").

123 Zu den Einzelheiten dieser Rechtsprechung siehe noch 3. Teil, I. B.

AktG).[124] Die Hauptversammlung entscheidet anschließend lediglich darüber, ob der festgestellte Bilanzgewinn ausgeschüttet, auf neue Rechnung vorgetragen oder in die Gewinnrücklagen eingestellt werden soll (§ 58 Abs. 3 AktG). Eine konkrete Verwendung der Gewinne kann die Hauptversammlung nicht wirksam beschließen.[125]

Weiter bestellt die Hauptversammlung auf Vorschlag des Aufsichtsrats den Abschlussprüfer für den Jahresabschluss und den Konzernjahresabschluss (§ 119 Abs. 1 Nr. 4 AktG), wobei sie an den Vorschlag des Aufsichtsrats (§ 124 Abs. 3 Satz 1 AktG) nicht gebunden ist.[126]

3. Mehrheiten und Sperrminoritäten

An die Frage, welche Entscheidungen zwingend durch die Hauptversammlung zu treffen sind, schließt sich die Frage an, welche Mehrheiten für welche Beschlüsse erforderlich sind. Im Grundsatz beschließt die Hauptversammlung mit der Mehrheit der abgegebenen Stimmen, wobei sich größere Mehrheiten und weitere Erfordernisse durch Gesetz oder die Satzung der Gesellschaft ergeben können (§ 133 Abs. 1 AktG). Qualifizierte Mehrheiten des Aktiengesetzes sind teils Stimmenmehrheiten, teils Kapitalmehrheiten. Soweit Beschlussgegenstände für das Mitgliedsrecht der Aktionäre von besonderer Bedeutung sind, sieht das Gesetz regelmäßig eine Kapitalmehrheit von mindestens drei Vierteln des bei Beschlussfassung vertretenen Grundkapitals vor.[127] Für nicht wenige Beschlussgegenstände stellen die qualifizierten gesetzlichen Mehrheitserfordernisse zwingende Untergrenzen dar, die nicht durch eine Satzungsbestimmung abgemildert werden können. Dies betrifft insbesondere alle strukturverändernden Maßnahmen wie die Änderung des Unternehmensgegenstands (§ 179 Abs. 2 AktG), die vertragliche Verpflichtung zur Übertragung des gesamten Vermögens der Gesellschaft auf einen anderen Rechtsträger (§ 179 a Abs. 1 AktG), die für die Praxis wesentlichen Maßnahmen der Schaffung von genehmigtem und bedingtem Kapital (§§ 202 Abs. 2 S. 2, 193 Abs. 1 S. 1 AktG) sowie den Ausschluss des Bezugsrechts (§§ 186 Abs. 3 S. 2, 203 Abs. 1 AktG), den Abschluss von Unternehmensverträgen (§ 293 Abs. 1 und 2 AktG) und die Eingliederung einer Toch-

---

124 *Marsch-Barner* in Marsch-Barner/Schäfer, Hdb börsennotierte AG, § 31 Rn. 14.
125 *Hoffmann* in Spindler/Stilz, AktG, § 119 Rn.8.
126 *Zitzelsberger* in Schüppen/Schaub, MAH Aktienrecht, § 19 Rn. 5.
127 *Rieckers* in Spindler/Stilz, AktG, § 133 Rn. 34.

teraktiengesellschaft (§§ 319 Abs. 2 S. 2, 320 Abs. 1 S. 3 AktG).[128] Auch Umwandlungsmaßnahmen wie die Verschmelzung, die Spaltung und der Formwechsel der Gesellschaft (§§ 65 Abs. 1, 73, 125, 233 Abs. 2, 240 Abs. 1 UmwG) erfordern das Erreichen einer nicht durch die Satzung abzumildernden gesetzlichen Dreiviertelmehrheit des bei Beschlussfassung vertretenen Grundkapitals.

Auch wenn in Hauptversammlungen börsennotierter Unternehmen gewöhnlich nur Präsenzwerte von lediglich 50 bis 60 Prozent des Grundkapitals erzielt werden,[129] bedeutet das Erfordernis einer Kapitalmehrheit von drei Vierteln des bei Beschlussfassung vertretenen Grundkapitals bei Strukturmaßnahmen für den Investor immer noch, dass er mindestens 38 bis 45 Prozent des Grundkapitals der Gesellschaft auf sich vereinigen muss, um das Ergebnis des jeweiligen Hauptversammlungsbeschlusses sicher in seinem Sinn entscheiden zu können. Für Beschlussgegenstände, die mit einfacher Stimmenmehrheit entschieden werden können, bedarf es noch einer Beteiligung von mindestens 25 bis 30 Prozent am Grundkapital der Gesellschaft. Ist der Investor nach Abschluss einer Zehn-Prozent-Kapitalerhöhung an der Zielgesellschaft mit einer Beteiligung im Umfang von knapp über neun Prozent des Grundkapitals beteiligt, wird er bei der Abstimmung über ihm wichtige Beschlussgegenstände die Unterstützung weiterer Aktionäre suchen müssen.

Vor dem Hintergrund der gesetzlichen Mehrheitserfordernisse liegt das wesentliche Gewicht einer Minderheitsbeteiligung damit darin, geplante Maßnahmen der Verwaltung oder anderer Aktionäre durch das Ausnutzen der gehaltenen Anteilsminorität verhindern zu können. Eine sichere Sperrminorität gegen die oben erwähnten strukturändernden Beschlüsse gewährt dabei der Besitz eines Aktienpakets von 25 Prozent des Grundkapitals zuzüglich mindestens einer Aktie. Investoren mit einer Beteiligung dieses Umfangs muss der Vorstand der Gesellschaft in der Praxis gezwungenermaßen bei jeder strukturändernden Entscheidung in die Planung einbeziehen, will er nicht mit wesentlichen Entscheidungen in der Hauptversammlung scheitern. Der Investor kann daher gewiss sein, dass der Vorstand im Vorfeld von für die Gesellschaft wesentlichen Beschlussfassungen, die qualifizierten Mehrheitserfordernissen unterlie-

---

128 Siehe Übersicht bei *Semler* in Münch Hdb AG, § 42 Rn.32 ff.

129 Für 2009 lag die durchschnittliche Hauptversammlungspräsenz der DAX-Unternehmen bei 57,46 %, im MDAX bei 63, 07 %, im SDAX bei 64,60 % und im TecDAX bei nur 51,28 %, SdK-Pressekonferenz 2009, abrufbar unter www.sdk.org/show attachment. php?anlageID=931; siehe auch Tabelle zu Hauptversammlungspräsenzen in Dax-Unternehmen bei *Hölters*, Handbuch Unternehmenskauf, Teil I Rn. 13.

gen, bestrebt ist, sich seiner Zustimmung als Aktionär der Gesellschaft zu versichern.[130] Soweit bei Hauptversammlungen börsennotierter Aktiengesellschaften jedoch lediglich 50 bis 60 Prozent der Anteilseigner vertreten sind, genügen selbst Beteiligungen unterhalb der Sperrminorität von 25 Prozent des Grundkapitals zuzüglich einer Aktie, um dieselbe Blockadewirkung zu erzielen. In der Praxis reichen häufig schon Beteiligungen von 12 bis 15 Prozent aus, um eine faktische Sperrminorität zu erlangen. Eine solche faktische Sperrminorität könnte der sich in einem ersten Schritt im Umfang von knapp über neun Prozent beteiligende Investor etwa durch Aufstockung seines Anteilsbesitzes oder die Verabredung mit weiteren Aktionären der Gesellschaft erreichen.

Erwähnenswert erscheint weiter die Möglichkeit von Aktionären, die zehn Prozent am Grundkapital der Gesellschaft halten, in verschiedenen Fällen zu verhindern, dass ein Verzicht der Gesellschaft auf Ersatzansprüche gegen die eigenen Verwaltungsorgane oder dritte Rechtsträger durch die Hauptversammlung beschlossen wird. Insbesondere kann eine solche Aktionärsminderheit verhindern, dass die Gesellschaft auf Ersatzansprüche gegen Mitglieder des Vorstands oder des Aufsichtsrats wegen Verletzung ihrer organschaftlichen Sorgfaltspflichten verzichtet (§§ 93 Abs. 4 S. 3, 116 AktG).[131]

Bestimmte Beteiligungen gewähren Minderheitsaktionären eine Sperrminorität gegenüber solchen strukturverändernden Maßnahmen, die einen Ausschluss aus der Anteilseignerschaft zur Folge hätten. Zu nennen sind zum einen die Eingliederung durch Mehrheitsbeschluss (§ 320 AktG) und der aktienrechtliche Squeeze-out (§ 327a AktG). Sonderformen des Squeeze-out kennt das Übernahmerecht („Übernahmerechtlicher Squeeze-out", § 39a WpÜG) und das Umwandlungsrecht („Ver-

---

130 Hierin ein Druckmittel des Investors sehend *Schaefer*, NZG 2007, 900, 902.

131 Weitere Vorschiften, nach denen ein Anspruchsverzicht durch eine mit 10 Prozent am Grundkapital der Gesellschaft beteiligte Aktionärsminderheit verhindert werden kann, sind § 117 Abs. 4 i.V.m. § 93 Abs. 4 AktG (Ersatzanspruch wegen missbräuchlicher Einflussnahme auf die Gesellschaft), § 302 Abs. 3 (Anspruch auf Verlustausgleich der abhängigen Gesellschaft bei Bestehen eines Unternehmensvertrags), §§ 309 Abs. 3, 310 Abs. 4 AktG (Ersatzanspruch der abhängigen Gesellschaft bei Bestehen eines Beherrschungsvertrages), §§ 317 Abs. 4, 309 Abs. 3 AktG (Ersatzanspruch gegen herrschendes Unternehmen und seine gesetzlichen Vertreter bei Fehlen eines Beherrschungsvertrags), §§ 318 Abs. 4, 309 Abs. 3 AktG (Ersatzanspruch gegen Organmitglieder eines abhängigen Unternehmens wegen fehlerhaften Abhängigkeitsberichts), § 323 Abs. 1, 309 Abs. 3 AktG (Ersatzanspruch wegen unzulässiger Weisungen an eine eingegliederte Tochtergesellschaft), vgl. hierzu Übersicht bei *Semler* in Münchener Handbuch des Gesellschaftsrechts, Band 4, § 42 Rn.32 ff.

schmelzungsrechtlicher Squeeze-out", § 62 Abs. 5 UmwG). Allen diesen Maßnahmen ist gemein, dass sie das Recht des Hauptaktionärs zum Ausschluss der Minderheitsaktionäre an das Erreichen einer bestimmten Beteiligung durch den Hauptaktionär binden. Spiegelbildlich verhindern somit Minderheitsbeteiligungen in einem bestimmten Umfang, dass eine solche Ausschlusssituation überhaupt entstehen kann.

So verhindert im Fall der Eingliederung durch Mehrheitsbeschluss eine Beteiligung von 5 Prozent zuzüglich einer Aktie, dass die Minderheitsaktionäre zugunsten einer Mutteraktiengesellschaft hinausgedrängt werden können (§§ 320 Abs. 1, 320 a S. 1 AktG). Ähnlich verhindert die Beteiligung im Umfang von 5 Prozent zuzüglich einer Aktie am Grundkapital den Ausschluss von Minderheitsaktionären durch Beschluss des im Übrigen am Grundkapital beteiligten Hauptaktionärs der Gesellschaft im Wege des aktienrechtlichen Squeeze-outs (§ 327 a Abs. 1 AktG).

Zu einer der oben beschriebenen Situationen kann es in einer börsennotierten Gesellschaft, deren Aktien sich zu einem großen Teil in Streubesitz befinden, praktisch nur kommen, wenn die Gesellschaft durch einen Bieter übernommen wird. Die Beteiligung eines PIPE-Investors im Umfang von fünf bis zehn Prozent zuzüglich einer Aktie an der Gesellschaft reduziert die Aussicht potentieller Bieter, nach Abschluss eines Übernahmeverfahrens die Gesamtheit der Aktien der Gesellschaft durch Maßnahmen zum Ausschluss der Minderheitsaktionäre zu erlangen.

4. Rechte des Aktionärs in der Hauptversammlung

Das wichtigste Aktionärsrecht ist zunächst das Stimmrecht in der Hauptversammlung (§ 134 AktG).[132] In Abhängigkeit von der Höhe seiner Beteiligung kann der Investor das Ergebnis von Hauptversammlungsbeschlüssen in seinem Sinn entscheiden oder durch das Innehaben von Sperrminoritäten etwaigen Verhandlungsdruck gegenüber dem Vorstand der Gesellschaft oder den übrigen Aktionären ausüben. Hält der Investor zunächst eine nur geringe Beteiligung, kann es ihm auch darauf ankommen, das Geschehen in der Hauptversammlung durch die Wahrnehmung anderer hauptversammlungsbezogener Aktionärsrechte mitzubestimmen.

Unabhängig von seiner Beteiligungshöhe hat der Aktionär das Rederecht,[133] das Recht, in der Hauptversammlung Beschlussanträge zu stel-

---

132 *Thaeter/Guski*, AG 2007, 301, 302.

133 *Spindler* in Schmidt/Lutter Rn.23; *Kubis* in Münchener Kommentar AktG, § 118 Rn.39.

len (§ 126 AktG)[134] und umfassend Auskunft vom Vorstand bezüglich der Gegenstände der Tagesordnung zu erhalten (§ 131 Abs. 1 AktG). Die Auskunft darf vom Vorstand in bestimmten gesetzlich genannten Fällen verweigert werden, zum Beispiel, wenn die Erteilung der Auskunft geeignet ist, der Gesellschaft einen nicht unerheblichen Nachteil zuzufügen (§ 131 Abs. 3 Satz 1 Nr. 1 AktG). Diese Rechte ermöglichen dem Aktionär jedoch nur, ein bestimmtes Anliegen in der Hauptversammlung zur Sprache zu bringen.

Erst eine Beteiligung von zehn Prozent am Grundkapital verschafft dem Aktionär die Möglichkeit, die Vorgehensweise bei einzelnen Beschlusspunkten zu bestimmen. Hält ein Aktionär einen Anteil von zehn Prozent des vertretenen Grundkapitals oder unterstützt ihn eine Aktionärsminderheit mit diesem Beteiligungsumfang, darf er einen Vorschlag zur Wahl eines Aufsichtsratsmitglieds vor dem Vorschlag des Aufsichtsrats zur Abstimmung bringen (§ 137 AktG). Auf diese Weise kann der jeweilige Aktionär die Erfolgsaussichten seines Kandidaten erhöhen.[135] Darüber hinaus steht Aktionären mit einer Beteiligung von zehn Prozent des Grundkapitals oder eines anteiligen Betrages von einer Million Euro das Recht zu, eine gesonderte Abstimmung über die Entlastung einzelner Mitglieder der Verwaltung zu verlangen (§ 120 Abs. 1 S. 2 AktG). Hierzu kommt es häufig, wenn Aktionäre einem bestimmten Verwaltungsmitglied die Entlastung mit dem Ziel verweigern wollen, dessen Bild in der Öffentlichkeit zu beschädigen.[136]

5. Rechte des Aktionärs in Vorbereitung der Hauptversammlung

Im Rahmen der Vorbereitung der Hauptversammlung ist der Aktionär – unabhängig von der Höhe seiner Beteiligung – berechtigt, gegen die mit der Einberufung der Hauptversammlung bekannt gemachten Beschluss- und Wahlvorschläge der Verwaltung Gegenanträge zu stellen (§§ 126, 127 AktG). Werden die Gegenanträge der Gesellschaft 14 Tage vor der Versammlung übersandt (§ 126 Abs. 1 S. 1 AktG) und begründet,[137] müssen sie auf der Internetseite der börsennotierten Gesellschaft veröffent-

---

134 *Kubis* in Münchener Kommentar AktG, § 118 Rn.41; *Hüffer*, AktG, § 118 Rn. 9; *Mülbert* in Großkommentar AktG, § 118 Rn 26.

135 *Hüffer*, AktG, § 137 Rn.1; *Hirschmann* in Hölters, AktG, § 137 Rn.1.

136 *Drinhausen* in Hölters, AktG; § 120 Rn.5; *Reger* in Bürgers/Körber, AktG, § 120 Rn.1; *Semler* in Münch Hdb AG, § 34 Rn. 3.

137 *Hüffer*, AktG, § 126 Rn.3; *Rieckers* in Spindler/Stilz, AktG, § 126 Rn.11; *Kubis* in Münchener Kommentar AktG, § 126 Rn.14.

licht werden (§ 126 Abs. 1 S. 3 AktG). Insoweit bieten sie dem Investor eine Möglichkeit, seine Argumente den übrigen Aktionären und der Öffentlichkeit im Vorfeld der Hauptversammlung zur Kenntnis zu bringen.

Darüber hinaus kann ein Aktionär ab einer Beteiligung von fünf Prozent des Grundkapitals die Tagesordnung der Hauptversammlung ergänzen und so die Beschlussfassung auf andere als die durch die Verwaltung vorgegebenen Themen erweitern. Das Recht zur Ergänzung der Tagesordnung steht auch Aktionären zu, die mit einem anteiligen Betrag am Grundkapital von 500.000 Euro beteiligt sind (§ 122 Abs. 1 S. 2 AktG). Als Tagesordnungspunkte kommen alle die Hauptversammlungszuständigkeit berührenden Beschlussgegenstände in Betracht.[138] Aus aktivistischer Perspektive virulent sind hier vor allem Satzungsänderungen mit dem Ziel des Absenkens aktienrechtlich nicht zwingender Mehrheitserfordernisse, etwa zur Abberufung des Aufsichtsrats (§ 103 Abs. 1 S. 1 und 3 AktG), oder der Vertrauensentzug gegenüber Mitgliedern des Vorstands (§ 84 Abs. 3 S. 2 AktG).[139] Dabei kann auch ein knapp gescheiterter Beschluss über den Vertrauensentzug die Position des betroffenen Vorstandsmitglieds erheblich erschüttern.[140]

Folgt der Vorstand dem Verlangen der Aktionärsminderheit nicht, kann diese sich gerichtlich ermächtigen lassen, den Gegenstand der Tagesordnung selbst bekanntzumachen (§ 122 Abs. 3 AktG). Darüber hinaus dürfen Aktionäre mit einer Beteiligung von fünf Prozent am Grundkapital, die Einberufung einer außerordentlichen Hauptversammlung verlangen (§ 122 Abs. 1 S. 1 AktG). Das Verlangen muss den Zweck und die Gründe der Einberufung zu erkennen geben, wobei der Zweck durch die Mitteilung der gewünschten Tagesordnung angegeben werden kann.[141] Auf diese Weise müssen Aktionäre nicht die ordentliche Hauptversammlung abwarten, um von ihnen gewünschte Beschlusspunkte zur Abstimmung zu bringen.

B. Antrag auf Durchführung einer Sonderprüfung

Ein wesentliches Kontrollmittel minderheitlich beteiligter Aktionäre liegt in der Möglichkeit, gegen den erklärten Willen der Hauptversammlung

138 *Kubis* in Münchener Kommentar AktG, § 122 Rn.31.

139 *Schiessl*, ZIP 2009, 689, 691.

140 *Schiessl*, ZIP 2009, 689, 691.

141 *Rieckers* in Spindler/Stilz, AktG, § 122 Rn.19; *Hüffer*, AktG, § 122 Rn. 4; *Kubis* in Münchener Kommentar AktG, § 122 Rn. 13.

die Bestellung von Sonderprüfern oder die Ersetzung eines von der Hauptversammlung bestellten Sonderprüfers durch das am Sitz der Gesellschaft örtlich zuständige Landgericht zu beantragen (§ 142 Abs. 2 S. 1 AktG).

Die Sonderprüfung dient in erster Linie der Vorbereitung von Schadensersatzansprüchen der Gesellschaft gegen den Vorstand, den Aufsichtsrat oder Verantwortliche im Rahmen der Gründung und Nachgründungssachverhalten, wenn der Verdacht besteht, dass diese ihre Sorgfaltspflichten bei der Geschäftsführung oder Gründung zum Schaden der Gesellschaft verletzt haben.[142] Da die Sonderprüfung auf die Aufklärung und Sicherung der tatsächlichen Grundlagen etwaiger Ersatzansprüche gerichtet ist, kann sie jedoch auch für andere rechtliche Schritte den Weg bereiten, etwa die Abberufung von Vorstands- oder Aufsichtsratsmitgliedern.[143] Angesichts der zunehmenden Bereitschaft von Aktionären, Organmitglieder persönlich auf Schadensersatz in Anspruch zu nehmen, kann bereits die Ankündigung einer Sonderprüfung geeignet sein, die Verwaltung unter Druck zu setzen.[144]

Das Recht, die gerichtliche Bestellung eines Sonderprüfers zu beantragen, steht einer Aktionärsminderheit zu, deren Anteile ein Prozent oder einen anteiligen Betrag von 100.000 Euro am Grundkapital der Gesellschaft erreichen, und damit einem vergleichsweise geringen Quorum. Voraussetzung für die Bestellung des Sonderprüfers durch das zuständige Landgericht ist jedoch, dass die Hauptversammlung der Gesellschaft zuvor einen Bestellungsantrag abgelehnt hat. Weiter müssen die Antragsteller ausreichende den Verdacht rechtfertigende Tatsachen glaubhaft machen können, die belegen, dass es bei dem von dem Antrag betroffenen Vorgang zu Unredlichkeiten oder groben Pflichtverletzungen des Gesetzes oder der Satzung gekommen ist (§ 142 Abs. 2 S. 1 AktG). Die Sonderprüfung kann für Vorgänge bei der Geschäftsführung beantragt werden, die bis zu zehn Jahre zurückliegen, sofern die Gesellschaft zum Zeitpunkt des Vorgangs börsennotiert war (§ 142 Abs. 2 S. 1 a. E. AktG). Die Ausübung des Antragsrechts darf sich nicht als missbräuchlich darstellen und insbesondere nicht überwiegenden Gründen des Gesellschaftswohls zuwiderlaufen.[145] Allerdings sollen hiervon hauptsächlich

---

142 *Hirschmann* in Hölters, AktG, § 142 Rn.3

143 *Hirschmann* in Hölters, AktG, § 142 Rn.4.

144 *Wilsing/Ogorek*, GWR 2009, 75.

145 *Hüffer*, AktG, § 142 Rn.21; *Mock* in Spindler/Stilz, AktG, § 142 Rn.129; 213 So ausdrücklich RegBegr UMAG, BR-Drucks 3/05, S. 18; zustimmend auch *Bork* in Hommelhoff/Hopt/Werder, Handbuch Corporate Governance, 743, 754; *Koch* ZGR 2006, 769, 780;

Anträge erfasst sein, bei denen der Antragsteller in illoyaler Weise ausschließlich privaten Interessen nachgeht.[146]

Neben der Initiierung einer Sonderprüfung können Minderheitsaktionäre mit dem erforderlichen Quorum auch auf die Geltendmachung der Ersatzansprüche der Gesellschaft hinwirken. Zwar können sie die Geltendmachung der Ansprüche durch die Gesellschaftsorgane zunächst nicht erzwingen.[147] Allerdings wurde Aktionären, deren Anteilsbesitz ein Prozent des Grundkapitals oder einen anteiligen Betrag von 100.000 Euro erreicht, das Recht eingeräumt, beim zuständigen Landgericht zu beantragen, zur Geltendmachung der in § 147 Abs. 1 S. 1 AktG bezeichneten Ersatzansprüche der Gesellschaft im eigenen Namen zugelassen zu werden (§ 148 Abs. 1 S. 1, Abs. 2 S. 1 AktG). Wird dem Antrag auf Zulassung bei Vorliegen bestimmter weiterer Voraussetzungen (§ 148 Abs. 1 S. 2 AktG) stattgegeben, können die antragstellenden Aktionäre die Ersatzansprüche der Gesellschaft im eigenen Namen ausklagen.[148] Eine Voraussetzung für die klageweise Geltendmachung der Ersatzansprüche ist, dass der Geltendmachung keine überwiegenden Gründe des Gesellschaftswohls entgegenstehen (§ 148 Abs. 1 Satz 2 Nr. 4 AktG). Ein Grund für die Ablehnung des Antrags ist etwa gegeben, wenn die Beitreibbarkeit der Forderung offensichtlich aussichtslos ist.[149]

C. Klagerechte

Von den verschiedenen Klagerechten, die das Aktiengesetz dem Aktionär unabhängig von seiner Beteiligungshöhe einräumt,[150] vermittelt das Recht, gegen Beschlüsse der Hauptversammlung Nichtigkeitsklage (§§ 241, 249 AktG) und nach erklärtem Widerspruch gegen den betreffenden Hauptversammlungsbeschluss (§ 245 Nr. 1 AktG) Anfechtungsklage zu erheben (§§ 243, 245 AktG), dem Aktionär den weitreichendsten

---

Mimberg in Marsch-Barner/Schäfer, Hdb börsennotierte AG, § 40 Rn 12; *Wilsing/Ogorek*, GWR 2009, 75, 76 f.

146 *Spindler* in Schmidt/Lutter, AktG, § 142 Rn. 59.

147 *Mimberg* in Marsch-Barner/Schäfer, Hdb börsennotierte AG, § 40 Rn.21.

148 *Hüffer*, AktG, § 148 Rn.15.

149 *Hirschmann* in Hölters, AktG, § 148 Rn.14; *Mock* in Spindler/Stilz, AktG, § 148 Rn.81.

150 Zu den Klagerechten gehören etwa das Recht auf gerichtliche Bestellung des Aufsichtsrats bei eingetretener Vakanz (§ 104 Abs. 1 S. 1 AktG) oder auf gerichtliche Entscheidung über das Auskunftsrecht in der Hauptversammlung (§§ 132 Abs. 2, 131 AktG). Vergleiche hierzu *Mimberg* in Marsch-Barner/Schäfer, Hdb börsennotierte AG, § 37 Rn. 2; *Wiesner* in MünchHdb AG, § 18 Rn.2.

Einfluss.[151] Wie bereits oben gesehen bedürfen wesentliche Strukturmaßnahmen zu ihrer Umsetzung eines Beschlusses der Hauptversammlung. Hat der Aktionär Erfolg mit seiner Klage, wird der angegriffene Beschluss der Hauptversammlung entweder für nichtig erklärt oder seine Nichtigkeit festgestellt. Mit der Klage kann der Aktionär jedoch auch bereits vor der gerichtlichen Entscheidung erhebliche Rechtswirkungen auslösen. Dies erklärt sich vor dem Hintergrund, dass Strukturmaßnahmen wie Satzungsänderungen, Kapitalmaßnahmen, der Abschluss von Unternehmensverträgen oder Maßnahmen des Umwandlungsgesetzes zu ihrer Wirksamkeit der Eintragung in das Handelsregister bedürfen. Bei der Anmeldung bestimmter Maßnahmen, insbesondere des Umwandlungsrechts wie Verschmelzungen, Spaltungen oder Formwechsel, hat der Vorstand bei der Anmeldung der Maßnahme zur Eintragung in das Handelsregister gegenüber dem Registergericht zu erklären, dass eine Klage gegen den einzutragenden Beschluss nicht oder nicht fristgemäß erhoben oder rechtskräftig abgewiesen oder zurückgenommen wurde, sogenannte Negativerklärung (z. B. §§ 16 Abs. 2, 125, 198 Abs. 3 UmwG).[152] Insoweit tritt eine „formale Registersperre" ein, die jedoch im Freigabeverfahren (§ 246a AktG) überwunden werden kann. Das gleiche gilt für die Beschlüsse, die zwar rechtlich trotz der anhängigen Klage eingetragen werden dürften, aber zumeist vom Registerrichter unter Hinweis auf das Recht zur Aussetzung des Verfahrens (§ 21 Abs. 1 FamFG) für die Dauer des streitigen Verfahrens nicht eingetragen werden.[153] Da auch das Verfahren bis zur Erteilung der Freigabe der Beschlüsse zur Eintragung in der Regel ein bis drei Monate in Anspruch nehmen kann,[154] kann der Aktionär die Umsetzung drängender Kapitalmaßnahmen immer noch in gewissem Maße verzögern.

D. Vertretung im Aufsichtsrat

Die Vertretung im Aufsichtsrat ist für den an einer Beeinflussung der Unternehmenspolitik der Zielgesellschaft interessierten Investor ein we-

---

151 *Mimberg* in Marsch-Barner/Schäfer, Hdb börsennotierte AG, § 37 Rn. 2.

152 Die Negativerklärung ist auch bei der Anmeldung der Eingliederung (§§ 319 Abs. 5, 320 Abs.1 S. 3 AktG) und des aktienrechtlichen Squeeze-out (§§ 319 Abs. 5, 327e Abs. 2 AktG) abzugeben.

153 Siehe hierzu im Einzelnen I.A.1.

154 *Bayer/Hoffmann/Sawada*, ZIP 2012, 897, 909 gehen von einer durchschnittlichen Verfahrensdauer von 46 bis 96 Tagen aus.

sentliches Ziel. Dabei erscheint sein Anspruch hierauf desto legitimer, je höher die jeweilige Beteiligung ausfällt. Zu untersuchen ist, in welchem Umfang eine Steuerung des Unternehmens durch Vertreter im Aufsichtsrat möglich ist. Hierzu sind die Mitwirkungsbefugnisse des Aufsichtsrats in Leitungsfragen in den Fokus zu nehmen sowie die rechtlichen Grenzen dieser mittelbaren Einflussnahme durch den Investor aufzuzeigen.

1. Einflussmöglichkeiten des Aufsichtsrates auf die Unternehmensleitung

Zunächst eröffnet die Befugnis des Aufsichtsrats, die Mitglieder des Vorstands zu bestellen und bei Vorliegen eines wichtigen Grundes abzuberufen, dem Aufsichtsrat in gewissem Maße einen Einfluss auf die Richtung des mutmaßlichen Vorstandshandelns, gewähren ihm aber keine unmittelbaren Einflussmöglichkeiten auf das Vorstandshandeln selbst.[155] Weiter hat der Aufsichtsrat gegenüber dem Vorstand das vorrangige Recht, eine Geschäftsordnung für den Vorstand zu erlassen (§ 77 Abs. 2 S. 1 AktG) und so die Möglichkeit, die Organisation der Geschäftsführung zumindest durch eine bestimmte Geschäftsverteilung zu regeln.[156]

Im Hinblick auf die Geschäftsführung steht dem Aufsichtsrat als Überwachungsorgan des Vorstands kein Recht zur Ausübung eigener Geschäftsführungsmacht zu (§ 111 Abs. 1, Abs. 4 S. 1 AktG). Die Leitung obliegt allein dem Vorstand (§ 76 Abs. 1 AktG). Im Rahmen dieser Aufgabenzuweisung bestehen keine Weisungsbefugnisse des Aufsichtsrats gegenüber dem Vorstand.[157] Einigkeit herrscht jedoch überwiegend darüber, dass die effektive Kontrolle der Rechtmäßigkeit und Wirtschaftlichkeit der Geschäftsführung eine aktive Beratungsfunktion des Aufsichtsrats im Sinne einer begleitenden und vorausschauenden Kontrolle erfordert.[158]

Deutlich wird dies insbesondere durch die bestehenden gesetzlichen Berichtspflichten des Vorstands gegenüber dem Aufsichtsrat (§ 90 AktG). So hat der Vorstand den Aufsichtsrat über die beabsichtigte Geschäftspolitik und Unternehmensplanung sowie die Rentabilität der Gesellschaft, insbesondere die Rentabilität des Eigenkapitals, mindestens einmal jährlich (§ 90 Abs. 1 S. 1 Nr. 1 und 2, Abs. 2 Nr. 1 und 2 AktG) und

---

155 *Pentz* in Fleischer, Handbuch des Vorstandsrechts, § 16 Rn. 106.

156 *Spindler* in Münchener Kommentar AktG, § 77 Rn. 47

157 *Lutter/Krieger*, Rechte und Pflichten des Aufsichtsrats, Rn. 62.

158 BGHZ 114, 127, 130; *Habersack* in Münchner Kommentar AktG, § 111 Rn. 12.

über den Gang der Geschäfte, insbesondere Umsatz und Lage der Gesellschaft, mindestens vierteljährlich zu unterrichten (§ 90 Abs. 1 S. 1 Nr. 3, Abs. 2 Nr. 3 AktG). Über Geschäfte von erheblicher Bedeutung für die Rentabilität oder Liquidität der Gesellschaft hat der Vorstand den Aufsichtsrat so rechtzeitig zu informieren, dass dieser vor Durchführung der Maßnahme hierzu noch Gelegenheit zur Stellungnahme hat (§ 90 Abs. 1 S. 1 Nr. 4, Abs. 2 Nr. 4 AktG). Das Recht, einen solchen Bericht anzufordern, steht jedem einzelnen Aufsichtsratsmitglied zu, wobei der Bericht dem Gesamtaufsichtsrat gegenüber zu erstatten ist (§ 90 Abs. 3 S. 2 AktG). Daneben hat der Aufsichtsrat als Gesamtorgan das Recht, Einsicht in den gesamten Datenbestand der Gesellschaft mit Ausnahme der Vorstandsprotokolle und Unterlagen verbundener Gesellschaften zu nehmen (§ 111 Abs. 2 S. 1 AktG).[159]

Einigkeit besteht weiter darüber, dass der Aufsichtsrat auch im Übrigen die Rolle eines Gesprächspartners und Ratgebers des Vorstands einnehmen soll, damit frühzeitig etwaige Fehler in der unternehmerischen Planung des Vorstands erkannt werden und noch eine schadensbegrenzende Korrektur möglich ist.[160] Den Vorstand trifft dann die Pflicht, die Anregungen des Aufsichtsrats sorgsam zu erwägen.[161] Beschließt der Vorstand, dem Beratungsergebnis des Aufsichtsrats nicht zu folgen, muss er dies im Aufsichtsrat begründen.[162] Insoweit erhöht die Beratungsfunktion des Aufsichtsrats die Argumentations- und Plausibilisierungslast des Vorstands in der Planungsphase.[163] Sie sorgt für einen Austausch von Aufsichtsrat und Vorstand und ist Ausdruck der auch vom Deutschen Corporate Governance Kodex geforderten engen Zusammenarbeit von Vorstand und Aufsichtsrat (Ziffer 3.1 DCGK).[164]

Begrenzt ist die Überwachungs- und Beratungsaufgabe des Aufsichtsrats auf Leitungsmaßnahmen in der Gesellschaft, sie betrifft also Fragen der Finanz-, Investitions- und Personalplanung, der künftigen Geschäftspolitik und Unternehmensstrategie, nicht Vorgänge des operativen Ge-

---

159 *Hüffer*, NZG 2007, 47, 53.

160 BGHZ 114, 127, 129 ff.; *Spindler* in Spindler/Stilz, AktG, § 111 Rn. 10; *Lutter/Krieger*, Rechte und Pflichten des Aufsichtsrats, § 3 Rn.97; *Habersack* in Münchener Kommentar AktG, § 111 Rn.39 f.; *Drygala* in Schmidt/Lutter, AktG, § 111 Rn.18.

161 *Lutter/Krieger*, Rechte und Pflichten des Aufsichtsrats, Rn. 95.

162 *Hambloch-Gesinn/Gesinn* in Höters, AktG, § 111 Rn. 26; KK-Mertens Rn.33.

163 *Habersack* in Münchener Kommentar AktG, § 111 Rn. 40.

164 *Habersack* in Münchener Kommentar AktG, § 111 Rn. 40.

schäfts.[165] Zu beachten ist zudem, dass die Beratungsfunktion des Aufsichtsrats sich lediglich auf die präventive Kontrolle von durch den Vorstand vorgesehenen und nicht durch den Aufsichtsrat selbst bestimmten Maßnahmen richtet.[166] Die Aufgabenteilung von Aufsichtsrat als Überwachungsorgan und Vorstand als Geschäftsführungsorgan muss stets gewahrt bleiben.[167] Gleichwohl stärkt die Beratungsfunktion die Möglichkeiten des Aufsichtsrats, einen gewissen unternehmerischen Einfluss auf die Leitung der Gesellschaft auszuüben.

Als wichtigstes Kontrollinstrument der Aufsichtsrat ist das Recht zur Begründung von Zustimmungsvorbehalten anzusehen (§ 111 Abs. 4 S. 2 AktG).[168] Geschäftsführungsmaßnahmen, die für das künftige Schicksal der Gesellschaft von herausragender Bedeutung sind, müssen der Zustimmung des Aufsichtsrats unterstellt werden.[169] Dies muss entweder durch Niederlegung eines Katalogs zustimmungspflichtiger Geschäfte in der Satzung oder der Geschäftsordnung für den Aufsichtsrat oder den Vorstand oder Beschlussfassung des Aufsichtsrats geschehen.[170] Verweigert der Aufsichtsrat seine Zustimmung zu einem zustimmungspflichtigen Geschäft, wirkt dies wie ein Veto gegen die in Aussicht genommene Maßnahme des Vorstands.[171] Die Maßnahme hat infolgedessen zu unterbleiben.[172] Die Umsetzung der Maßnahme darf nur erfolgen, wenn der Vorstand die Hauptversammlung um Erteilung der vom Aufsichtsrat verweigerten Zustimmung zu der geplanten Maßnahme ersucht (§ 111 Abs. 4 S. 3 AktG) und die Hauptversammlung der Maßnahme mit einer Mehrheit von drei Vierteln der abgegebenen Stimmen zustimmt. Darüber hinaus verpflichtet das Gesetz den Vorstand, die Zustimmung des Aufsichtsrats in Sondersituationen einzuholen, etwa vor der Ausnutzung der Ermächtigung zur Schaffung neuer Aktien aus genehmigtem Kapital (§ 204 Abs.1 S. 2 AktG). Dasselbe gilt für die Entscheidung des Vorstands über den Ausschluss des Bezugsrechts der Aktionäre (§ 204 Abs. 1 S. 2 AktG). Vor diesem Hintergrund wird deutlich, dass eine reibungslose

165 *Lutter/Krieger*, Rechte und Pflichten des Aufsichtsrats, Rn. 63; *Hambloch-Gesinn/Gesinn* in Höters, AktG, § 111 Rn. 27; *Spindler* in Spindler/Stilz, AktG, §111 Rn. 10.

166 *Spindler* in Spindler/Stilz, AktG, § 111 Rn. 11.

167 *Hambloch-Gesinn/Gesinn* in Hölters, AktG, § 111 Rn.28.

168 Hierzu noch 5. Teil, II. B.

169 *Vetter* in Marsch-Barner/Schäfer, Hdb börsennotierte AG, § 26 Rn. 29.

170 *Spindler* in Spindler/Stilz, AktG, § 111 Rn.69, 71; *Habersack* in Münchener Kommentar AktG § 111 Rn.104.

171 *Hüffer*, AktG, § 111 Rn. 18.

172 *Hüffer*, AktG, § 111 Rn.18.

Geschäftsführung und Leitung der Gesellschaft des Vorstands in der Praxis eine enge Zusammenarbeit von Vorstand und Aufsichtsrat erfordert.

Weiter kommen dem Aufsichtsrat erhebliche Mitwirkungskompetenzen am Jahresabschluss der Gesellschaft zu. Zum einen beauftragt der Aufsichtsrat die Abschlussprüfer (§ 111 Abs. 2 S. 3 AktG). Zum anderen prüft er den vom Vorstand erarbeiten Jahresabschluss nebst Lagebericht und Bilanzverwendungsvorschlag (§ 171 Abs. 1 S. 1 AktG). Mit Billigung des Jahresabschlusses durch den Aufsichtsrat ist dieser festgestellt (§ 172 Satz 1 AktG). Die Billigung des Jahresabschlusses durch den Aufsichtsrat bildet den Regelfall, die Hauptversammlung wird regelmäßig nicht damit betraut.[173] In der Praxis stellen Vorstand und Aufsichtsrat den Jahresabschluss in aller Regel gemeinsam fest. Ist der Aufsichtsrat mit dem Vorstand uneins über die Bilanzpolitik der Gesellschaft, etwa der Entscheidung über die Bildung von Rücklagen aus dem Jahresabschluss, wird der Vorstand im Hinblick auf eine einverständliche Feststellung zumeist zu Änderungen seiner Vorlage bereit sein.[174] In aller Regel gilt dies auch für den Gewinnverwendungsvorschlag des Vorstands. Da der Aufsichtsrat in seinem Bericht an die Hauptversammlung (§ 171 Abs. 2 AktG) zu dem Vorschlag Stellung nehmen muss, wird der Vorstand auch hier im Hinblick auf die Vermeidung offener Konflikte zu Zugeständnissen bereit sein. Der Aufsichtsrat gewinnt dadurch faktisch erheblichen Einfluss auf die Ausschüttungspolitik der Gesellschaft.[175]

2. Einflussmöglichkeiten einzelner Aufsichtsratsmitglieder im Aufsichtsrat

Neben der Frage der Kompetenzen und Einflussmöglichkeiten des Gesamtaufsichtsrats im Rahmen der Leitung der Gesellschaft, muss nun geklärt werden, inwiefern ein Aufsichtsratsmitglied Einfluss auf die Entscheidungsfindung im Aufsichtsrat nehmen kann. Dies hängt von verschiedenen Faktoren ab: der Größe des Aufsichtsrats, einer etwaigen Arbeitnehmermitbestimmung des Aufsichtsrats, den für den Aufsichtsrat geltenden Regeln für Beschlussfähigkeit und Beschlussmehrheiten, der Position des jeweiligen Aufsichtsratsmitglieds in einem für wesentliche

173 *Raiser/Veil*, Recht der Kapitalgesellschaften, § 15 Rn.7.
174 *Hennrichs/Pöschke* in Münchener Kommentar AktG, § 171 Rn.6 f.
175 *Hennrichs/Pöschke* in Münchener Kommentar AktG, § 171 Rn.10.

Entscheidungen zuständigen Ausschuss sowie der Rolle der übrigen Aufsichtsratsmitglieder.

a) Größe und Zusammensetzung des Aufsichtsrats

Im Hinblick auf die Größe und Zusammensetzung des Aufsichtsrats spielt es zunächst eine Rolle, ob der Aufsichtsrat mitbestimmungsrechtlichen Regelungen unterliegt oder nicht. Im Anwendungsbereich des Drittelbeteiligungsgesetzes (DrittelbG)[176] besteht ein Drittel des Aufsichtsrats, im Anwendungsbereich des Mitbestimmungsgesetz (MitbestG)[177] die Hälfte des Aufsichtsrats aus Vertretern der Arbeitnehmer.[178] Da die Arbeitnehmervertreter von den Arbeitnehmern oder deren Delegierten gewählt werden (vgl. §§ 5 DrittelbG, 9 MitbestG), sind für den Investor die durch die Arbeitnehmer eingenommenen Aufsichtsratsplätze von vornherein der Besetzung mit eigenen Vertrauenspersonen entzogen. Seine Einflussmöglichkeiten werden insoweit auch für die Zukunft eingeschränkt.

Die Größe des Aufsichtsrats wird in nicht mitbestimmten Gesellschaften durch die Größe des Grundkapitals bestimmt. Sofern die Aktiengesellschaft aufgrund ihrer Arbeitnehmeranzahl nicht paritätisch mitbestimmt ist, besteht der Aufsichtsrat aus mindestens drei Mitgliedern (§ 95 S. 1 AktG). Die zulässige Höchstzahl der Aufsichtsratsmitglieder richtet sich nach der Größe des Grundkapitals der Gesellschaft. Aktiengesellschaften mit einem Grundkapital von über 10 Millionen Euro können bis zu 21 Aufsichtsratsmitglieder haben. Die Mitgliederzahl eines paritätisch mitbestimmten Aufsichtsrats bestimmt sich nach der Anzahl der im Unternehmen beschäftigten Arbeitnehmer (§ 7 Abs. 1 MitbestG).[179] Dem paritätisch mitbestimmten Aufsichtsrat können maximal 20 Mitglieder angehören (§ 7 Abs. 1 Nr. 3 MitbestG).

---

176 Dem DrittelbG unterliegen Aktiengesellschaften mit in der Regel mehr als 500 Arbeitnehmern (§ 1 Abs. 1 Nr. 1 S. 1 DrittelbG).

177 Dem MitbestG unterfallen Aktiengesellschaften, die in der Regel mehr als 2000 Arbeitnehmer beschäftigen (§ 1 Abs. 1 MitbestG).

178 Besondere Regelungen gelten für Unternehmen, deren Unternehmensgegenstand den Bergbau oder die Stahlindustrie (Montan-Industrie) betrifft (Montan-Mitbestimmungsgesetz) oder die einen Konzern führen, der durch Unternehmen der Montanindustrie geprägt ist (Montan- Mitbestimmungsergänzungsgesetz). Letztere sind für PIPE-Transaktionen im Regelfall jedoch wenig relevant.

179 *Hüffer*, AktG, § 95 Rn.6; *Spindler* in Spindler/Stilz, AktG, § 95 Rn.9.

Für den PIPE-Investor bedeutet dies, dass er bei einer angestrebten Beteiligung in größeren Gesellschaften unter Umständen mehrere Vertreter in den Aufsichtsrat einsetzen muss, um das nötige Abstimmungsgewicht zu erlangen.

b) Beschlussmehrheiten im Aufsichtsrat

Im Hinblick auf die erforderliche Anzahl zu „entsendender" Aufsichtsratsmitglieder kommt es weiter maßgeblich auf die Beschlussmehrheiten im Aufsichtsrat an. Grundregel ist hier, dass Beschlüsse im Aufsichtsrat mit einfacher Mehrheit der abgegebenen Stimmen gefasst werden.[180] Bei Stimmengleichheit gilt ein Antrag als abgelehnt.[181] Allerdings kann die Satzung der Gesellschaft oder eine etwaige Geschäftsordnung für den Aufsichtsrat abweichende Regelungen vorsehen, so dass der Investor vor der Beteiligung diese im Hinblick auf etwaige Sonderregelungen, wie etwa ein Stichentscheidungsrecht des Aufsichtsratsvorsitzenden, oder etwaige Quoren für die Beschlussfassung prüfen sollte. In paritätisch mitbestimmten Gesellschaften hat der Aufsichtsratsvorsitzende qua Gesetz bei einem zweimal hintereinander entstehenden Entscheidungspatt ein Stichentscheidungsrecht (§ 29 Abs. 2 MitbestG).

Da es dem Investor gewöhnlich nicht gelingen wird, von Beginn an die Mehrheit der Mitglieder des Aufsichtsrats mit eigenen Kandidaten zu besetzen, wird es insbesondere in größeren Aufsichtsräten für den Investor schwierig sein, im Aufsichtsrat zu fassende Beschlüsse sicher in seinem Sinn zu entscheiden. Zudem kann er nicht darauf setzen, dass der Einfluss seines Kandidaten durch eine schwache Mitwirkung der übrigen Aufsichtsratsmitglieder bei der Beschlussfassung gesteigert wird, da Aufsichtsratsmitglieder verpflichtet sind, im Interesse des Unternehmens aktiv an der Arbeit und den Entscheidungen des Aufsichtsrats mitzuwirken.[182] Nicht zu unterschätzen ist jedoch die faktische Macht überzeugender Persönlichkeiten bei der Gewinnung erforderlicher Mehrheiten.

---

180 *Hüffer*, AktG, § 108 Rn. 6. Dies ist auch die Regelmehrheit des mitbestimmten Aufsichtsrats gemäß § 29 Abs. 1 MitbestG, *Hoffmann-Becking* in MünchHdb AG, § 31 Rn. 68.

181 *Raiser/Veil*, Recht der Kapitalgesellschaften, § 15 Rn. 60.

182 *Habersack* in Münchener Kommentar AktG, § 111 Rn.17, § 116 Rn.31; *Spindler* in Spindler/Stilz, AktG, § 116 Rn.34.

c) *Mitgliedschaft in Aufsichtsratsausschüssen*

Vor diesem Hintergrund stellt sich die Frage, ob die Mitwirkung in bestimmten Ausschüssen des Aufsichtsrats dem einzelnen Aufsichtsratsmitglied mehr Raum für Einflussmöglichkeiten bietet.

Über Zusammensetzung und Befugnisse der einzelnen Ausschüsse entscheidet das Aufsichtsratsplenum (§ 107 Abs. 3 S. 1 AktG). Vorbereitende Ausschüsse dürfen für alle Kompetenzbereiche des Aufsichtsrats eingesetzt werden.[183] Sie betreiben die nötige Sachverhaltsaufklärung für das mit der Beschlussfassung betraute Plenum und erarbeiten Beschlussvorschläge. Beschließende Ausschüsse lässt das Gesetz hingegen nur in bestimmten Fällen zu. So sind die maßgeblichen Entscheidungszuständigkeiten des Aufsichtsrats, wie die Bestellung und Abberufung des Vorstands, der Erlass der Geschäftsordnung für den Vorstand, die Prüfung des Jahresabschlusses, des Lageberichts und des Gewinnverwendungsvorschlags sowie die Bestimmung zustimmungspflichtiger Geschäfte gemäß § 111 Abs. 4 S. 2 AktG gerade nicht delegationsfähig (§ 107 Abs. 3 S. 3 AktG). Auch wenn der Entscheidungskompetenz der Ausschüsse insoweit Grenzen gesetzt sind, können Aufsichtsratsmitglieder ihre Zugehörigkeit zu vorbereitenden Ausschüssen jedoch dazu nutzen, die spätere Beschlussfassung durch ihre inhaltliche Vorarbeit zu beeinflussen. Dies gilt insbesondere für den in börsennotierten Aktiengesellschaften aufgrund der Empfehlung des Deutschen Corporate Governance Kodex regelmäßig bestehenden Nominierungsausschuss, der dem Aufsichtsrat für dessen Wahlvorschläge an die Hauptversammlung geeignete Kandidaten vorschlägt (Ziffer 5.3.3) sowie den Personalausschuss, dem die Vorbereitung von Vorschlägen zur Bestellung und zum Widerruf von Vorstandsmitgliedern obliegt.[184] Durch die getroffene Vorauswahl der zu besetzenden Kandidaten wird die Entscheidung des Gesamtaufsichtsrats maßgeblich beeinflusst, da sich der Gesamtaufsichtsrat darauf beschränken kann, die entsprechenden Kandidaten zu ernennen.[185] Im Hinblick auf ein mögliches Einflusspotential können darüber hinaus weitere regelmäßig bei größeren Aktiengesellschaften gebildete ständige Ausschüsse für den Investor interessant sein. Dazu gehören etwa der Prüfungsausschuss, insbesondere zur Überwachung des Rechnungslegungs-

183 *Habersack* in Münchener Kommentar AktG, § 107 Rn.144; *Vetter* in Marsch-Barner/Schäfer, Hdb börsennotierte AG, § 28 Rn.8.

184 *Habersack* in Münchener Kommentar AktG, § 107 Rn.106.

185 *Habersack* in Münchener Kommentar AktG, § 107 Rn.145.

prozesses, der Wirksamkeit des internen Kontroll- und Revisionssystems sowie der Abschlussprüfung (Ziffer 5.3.2 Satz 1 DCGK), das Aufsichtsratspräsidium, welches den Aufsichtsratsvorsitzenden bei der Aufgabenerfüllung unterstützt, der Personalausschuss, sowie der Investitionsausschuss für die Prüfung von Investitionsvorhaben. Für die Arbeitsweise in den Ausschüssen gelten die gleichen Grundsätze wie für den Gesamtaufsichtsrat.[186]

3. Grenzen der Interessenvertretung durch eingesetzte Aufsichtsratsmitglieder

Trotz der Bestellung eigener Vertreter in den Aufsichtsrat der Zielgesellschaft sind der Einflussnahme des Investors rechtliche Grenzen gesetzt. Zunächst beschränkt die Weisungsunabhängigkeit der Aufsichtsratsmitglieder den Einfluss des Investors und Aktionärs. Dieser folgt aus dem Grundsatz der höchstpersönlichen Amtswahrnehmung der Aufsichtsratsmitglieder (§ 111 Abs. 5 AktG).[187] Die Mitglieder des Aufsichtsrats haben ihr Amt ebenso wie der Vorstand allein am Unternehmensinteresse auszurichten.[188] An Weisungen der Anteilseigner, denen sie ihr Amt verdanken, sind sie nicht gebunden.[189] Rechtlich zulässigerweise darf das Aufsichtsratsmitglied die Interessen seiner Wähler oder Entsender in die Beratungen einbringen.[190] Bei seinen Entscheidungen darf sich das Aufsichtsratsmitglied jedoch nicht an von ihm vertretene Interessen gebunden fühlen oder einen bestehenden Interessenskonflikt zu Lasten des Unternehmensinteresses auflösen.[191] Soweit das Aufsichtsratsmitglied seine vorrangige Bindung an das Unternehmensinteresse der Gesellschaft respektiert, wird seine faktische Voreingenommenheit zugunsten des Aktionärs, dem es seine Mitgliedschaft verdankt, grundsätzlich toleriert.[192]

---

186 *Habersack* in Münchener Kommentar AktG, § 107 Rn.147; *Hopt/Roth* in Großkommentar AktG, § 107 Rn. 409.

187 BGHZ 36, 296, 306; BGH ZIP 2006, 2077, 2079; *Habersack* in Münchener Kommentar AktG, § 111 Rn.136.

188 BGHZ 64, 325, 331; *Habersack* in Münchener Kommentar AktG, § 116 Rn. 11; *Hüffer*, AktG, § 116 Rn. 5.

189 BGHZ 169, 98, 106; *Raiser/Veil*, Recht der Kapitalgesellschaften, § 15 Rn. 95.

190 *Habersack* in Münchener Kommentar AktG, § 111 Rn.136.

191 *Habersack* in Münchener Kommentar AktG, § 111 Rn.136; *Mertens/Cahn* in Kölner Kommentar AktG, § 116 Rn.29.

192 *Reichert/Ott* in FS Goette, S. 397, 405 f.

Darüber hinaus ist der kommunikative Austausch über Angelegenheiten der Gesellschaft zwischen dem Investor und dem von ihm eingesetzten Aufsichtsratsmitglied durch die Verschwiegenheitsverpflichtung des entsandten Aufsichtsratsmitglieds (§ 116 S. 1 i. V. m. § 93 Abs. 1 S. 3 AktG) beschränkt. Das Aufsichtsratsmitglied hat Stillschweigen über vertrauliche Gesellschaftsangelegenheiten, die ihm durch seine Tätigkeit bekannt geworden sind, zu wahren.[193] Verfügt der Investor nicht über den gleichen Kenntnisstand wie das von ihm entsandte Mitglied, kann er dieses im Hinblick auf bestimmte ihm wichtige Entscheidungen nicht von seinen Ansichten überzeugen und so auch nicht mehr indirekt auf die Unternehmensleitung einwirken.

4. Mögliche Annahme eines Interessenkonflikts

Aus nachvollziehbaren Gründen möchte der Investor den Aufsichtsrat mit ihm nahestehenden Personen besetzen. Zu berücksichtigen ist jedoch, dass das eingesetzte Aufsichtsratsmitglied in bestimmten Situationen aufgrund seiner Beziehung zum Investor als einem Interessenkonflikt unterliegend angesehen werden kann.

Besonders eindringlich hat sich diese Frage in der Praxis etwa bei der Besetzung des Aufsichtsrats der Continental AG mit dem anwaltlichen Berater der Schaeffler-Gruppe als Investorin gezeigt. Hier griff ein Aktionär der Continental AG die gerichtliche Bestellung des Beraters in den Aufsichtsrat mit der Begründung an, dass in der Person des Beraters wesentliche und nicht nur vorübergehende Interessenkonflikte bei der Ausübung des Aufsichtsratsamtes wegen dessen enger Verbundenheit zur und Interessenvertretung für die Schaeffler-Gruppe vorlägen.[194] Das Landgericht Hannover bejahte zunächst, dass bei Bestehen einer gravierenden, unlösbaren Pflichtenkollision der zu bestellenden Person eine Bestellung nicht erfolgen dürfe.[195] Im zugrundeliegenden Fall habe zwar eine Pflichtenkollision in der Person des Beraters bestanden, da dieser als maßgeblicher Rechtsberater der Schaeffler-Gruppe zur Wahrung von deren Interessen verpflichtet gewesen sei, während er zugleich als Aufsichtsratsmitglied der Continental AG allein das Unternehmensinteresse dieser Gesellschaft hätte wahren müssen.[196] Allerdings habe sich das Pro-

193 *Raiser/Veil*, Recht der Kapitalgesellschaften, § 15 Rn.97.
194 LG Hannover, AG 2009, 341, 342 f. (Tz.35).
195 LG Hannover, AG 2009, 341, 342 f.
196 LG Hannover, AG 2009, 341, 342 f. (Tz.29).

blem der bestehenden Pflichtenkollision dadurch lösen lassen, dass die Investorenvereinbarung die Einflussmöglichkeit der Vertreter der Schaeffler-Gruppe im Aufsichtsrat der Continental AG begrenzt habe.[197] So hätten sich die Gesellschafter der Schaeffler-Gruppe in der Investorenvereinbarung verpflichtet, ihre Beteiligung an der Gesellschaft auf maximal 49,99 Prozent des stimmberechtigten Grundkapitals zu beschränken und den paritätisch mitbestimmten Aufsichtsrat der Continental AG mit nicht mehr als vier von zehn Anteilseignervertretern zu besetzen. Zudem habe die Schaeffler-Gruppe erklärt, ohne Zustimmung des Vorstands der Continental AG bestimmte gegen die Eigenständigkeit der Gesellschaft gerichtete Struktur- und Geschäftsführungsmaßnahmen nicht vorzunehmen.[198]

Fraglich ist, wie mit derartigen Interessen- oder Pflichtenkollisionen umzugehen ist, wenn eine vergleichbare Abrede durch die beteiligten Gesellschaften nicht getroffen wird. Das Aktiengesetz gibt hierfür keine konkreten Verhaltensanforderungen vor. Allerdings haben sich bestimmte Grundsätze für Verhaltenspflichten von Aufsichtsratsmitgliedern aus deren organschaftlicher Treuepflicht herausgebildet. In diesem Rahmen gilt, dass Aufsichtsratsmitglieder zunächst zur Offenlegung bestehender verdeckter Interessenkonflikte verpflichtet sind.[199] Darüber hinaus haben sie sich bei der Ausübung ihres Mandates stets am Unternehmensinteresse zu orientieren.[200] Demzufolge ist im Fall zweier konfligierender Interessen stets dem Interesse des beaufsichtigten Unternehmens der Vorzug zu geben.[201] Wie der Interessenkonflikt im Rahmen der Tätigkeit des Aufsichtsratsmitglieds zu berücksichtigen ist, ist eine Frage des Gefährdungsgrads des betroffenen Unternehmensinteresses.[202] Handelt es sich um einen Interessenkonflikt, der nur einzelne Beschlussgegenstände betrifft, besteht die Möglichkeit der Stimmenthaltung des Aufsichtsratsmitglieds.[203] Unterliegt das einzelne Aufsichtsratsmitglied jedoch einem dauerhaften Konflikt aus zwei entgegenstehenden jeweils

---

197 LG Hannover, AG 2009, 341, 342 f. (Tz.32).

198 LG Hannover, AG 2009, 341, 342 f. (Tz.32).

199 *Habersack* in Münchener Kommentar AktG, § 100 Rn. 69; *Hoffmann-Becking* in Münch Hdb AG, § 33 Rn.64; *Fleischer*, WM 2003, 1045, 1040, *Hopt*, ZGR 2004, 24, 25; *Nordhues*, CFL 2010, 327, 328.

200 *Hüffer*, AktG, § 116 Rn. 5; *Hambloch-Gesinn/Gesinn* in Hölters, AktG, § 116 Rn. 13.

201 BGHZ 36, 296, 307; *Spindler* in Spindler/Stilz, AktG, § 116 Rn. 67.

202 *Nordhues*, CFL 2010, 327, 328; *Lutter /Krieger*, Rechte und Pflichten im Aufsichtsrat, Rn. 897 ff..

203 *Spindler* in Spindler/Stilz, AktG, § 116 Rn. 67.

rechtlich verpflichtenden Interessen, wird eine aus der organschaftlichen Treuepflicht des Aufsichtsratsmitglieds folgende Pflicht zur Amtsniederlegung angenommen.[204] Kommt das Aufsichtsratsmitglied seiner Pflicht zur Amtsniederlegung nicht nach, sind die übrigen Aufsichtsratsmitglieder verpflichtet, für sein Ausscheiden durch Antragstellung auf gerichtliche Abberufung (§ 103 Abs. 3 AktG) zu sorgen.[205]

Neben dem Pflichtenkreis aus organschaftlicher Treuepflicht, empfiehlt der Deutsche Corporate Governance Kodex ausdrücklich, dass Aufsichtsratsmitglieder ihre Entscheidungen ausschließlich am Unternehmensinteresse auszurichten und dabei keine persönlichen Interessen zu verfolgen haben (Ziff. 5.5.1 DCGK), Interessenskonflikte offenlegen (Ziff. 5.5.2 DCGK) und im Falle eines andauernden unlösbaren Interessenkonflikts das Amt niederlegen sollen (Ziff. 5.5.3 Satz 2 DCGK). Darüber soll der Aufsichtsrat über aufgetretene Interessenkonflikte und deren Behandlung in seinem Bericht an die Hauptversammlung berichten (Ziff. 5.5.3 Satz 1 DCGK). Nach der Rechtsprechung muss der aufgetretene Interessenkonflikt dabei genau bezeichnet werden.[206] Darzustellen ist, um welche Themen es bei den Beschlussfassungen ging und weshalb konkrete Mitglieder sich in einem Konflikt befanden.[207]

Da Interessenkonflikte bei pflichtgemäßem Organverhalten dem Anlegerpublikum bekannt werden und das Vertrauen der Anleger in die gute Unternehmensführung erschüttern können, ist bei der Auswahl der Kandidaten, die der Investor in den Aufsichtsrat entsenden möchte, sorgfältig vorzugehen. Wann ein Interessenkonflikt vorliegt, ist gesetzlich nicht definiert. Allerdings führt der DCGK in Ziffer 5.5.2 beispielhaft Fallgruppen auf, in denen Interessenkonflikte typischerweise entstehen können. Insbesondere wird hier die Beratung oder Organfunktion eines Aufsichtsratsmitglieds bei Kunden, Lieferanten oder Kreditgebern der Gesellschaft oder bei sonstigen Dritten genannt. Die Fallgruppe der Beratung oder Organfunktion bei sonstigen Dritten wurde im Zuge der Revision des Deutschen Corporate Governance Kodex im Mai 2012[208] eingeführt und könnte nach ihrem Wortlaut nun auch die Beratung oder Or-

---

204 *Habersack* in Münchener Kommentar AktG, § 103 Rn.60, § 100 Rn.72; *Hopt/Roth* in Großkommentar AktG, § 103 Rn. 96.

205 *Habersack* in Münchener Kommentar AktG, § 100 Rn.72.

206 OLG Frankfurt, AG 2011, 713, 715.

207 OLG Frankfurt, AG 2011, 713, 715.

208 Vergleiche Bekanntmachung des „Deutschen Corporate Governance Kodex“ (in der Fassung vom 15. Mai 2012) vom 15.6.2012 im Bundesanzeiger.

ganfunktion bei einem Aktionär erfassen.[209] Allerdings wird eine so weitgehende Interpretation im Schrifttum noch bezweifelt.[210] Angesichts der derzeit noch bestehenden Unsicherheit über die inhaltliche Weite der Kodex-Vorgabe, sollte der Investor darauf achten sollte, dass er keinen Kandidaten auswählt, der für ihn oder ein mit ihm verbundenes Unternehmen bereits eine Berater- oder Organfunktion erfüllt.

E. Fazit

Im Hinblick auf die Festlegung der Beteiligungshöhe lassen sich folgende Ergebnisse zusammenfassen. Einen direkten Einfluss auf die Geschäftsführung hat der Investor als Aktionär einer Aktiengesellschaft nicht. Im Rahmen der Hauptversammlung ist er jedoch in der Lage, wesentliche Strukturentscheidungen der Gesellschaft mitzubeeinflussen, soweit seine Beteiligung einen gewissen Umfang erreicht. Konkret sichert im Regelfall eine Beteiligung im Umfang von 35 bis 45 Prozent des Grundkapitals den Einfluss des Investors auf Beschlussergebnisse in wesentlichen Strukturentscheidungen der Gesellschaft ab. Beteiligungen von 25 bis 30 Prozent des Grundkapitals verschaffen dem Investor in aller Regel die faktische einfache Mehrheit in der Hauptversammlung und eine rechtliche Sperrminorität im Hinblick auf wesentliche Strukturentscheidungen der Gesellschaft. Eine faktische Sperrminorität bei Beschlussfassungen in wesentlichen Strukturfragen erlangt der Investor in der Praxis bereits mit einer Beteiligung von etwa 12 bis 15 Prozent des Grundkapitals. Unterhalb der Schwelle von zehn Prozent wird der Investor regelmäßig keinen Einfluss auf die Beschlussfassung ausüben können. Vor diesem Hintergrund wird deutlich, dass eine unternehmerisch relevante Beteiligung in der Aktiengesellschaft erst ab einer Beteiligungsschwelle von zehn Prozent beginnt. Erst ab dieser Schwelle wird der Investor die Stellung eines Ankeraktionärs haben.

Unterhalb der Zehn-Prozent-Schwelle beschränkt sich der Wirkungskreis des Investors im Regelfall auf die Ausübung von Minderheitsaktionärsrechten in oder außerhalb der Hauptversammlung. Dabei ist auch eine Beteiligung von fünf Prozent des Grundkapitals bereits geeignet, die wesentlichen Minderheitsaktionärsrechte wie die jederzeitige Einberu-

---

209 *Wilsing/von der Linden*, DStR 2012, 1391, 1393.

210 *Wilsing/von der Linden*, DStR 2012, 1391, 1393; DAV-Handelsrechtsausschuss, NZG 2012, 335, 338 Rn.14.

fung der Hauptversammlung und Ergänzung der Tagesordnung und Ausübung von Klage- und Sonderprüfungsrechten zu ermöglichen. Allerdings werden diese Instrumente, die gerade in Konfrontation mit der Verwaltung Handlungsspielräume eröffnen, für einen PIPE-Investor, der an einer dauerhaften und privilegierten Zusammenarbeit mit der Verwaltung der Zielgesellschaft interessiert, nicht interessant sein. PIPE-Investoren, die an einer Einflussnahme auf die Unternehmensführung interessiert ist, werden daher Beteiligungen über zehn Prozent anstreben.

Sofern der PIPE-Investor durch die angestrebte Beteiligungshöhe zu einem Ankeraktionär für die Zielgesellschaft wird, besteht mit hoher Wahrscheinlichkeit für den Investor die Möglichkeit, Aufsichtsratsposten in der Zielgesellschaft mit einem oder mehreren Vertretern zu besetzen. Auf diese Weise kann im Rahmen einer zukunftsgerichteten Beratung Einfluss auf den Vorstand und dessen Unternehmensleitung genommen werden. Dabei sind die Einwirkungsmöglichkeiten des eingesetzten Aufsichtsratsmitglieds innerhalb des Aufsichtsrats in hohem Maß von den rechtlichen und faktischen Verhältnissen im Aufsichtsrat abhängig. Zu beachten ist im Hinblick auf die Auswahl geeigneter Kandidaten, dass diese keine Beratungs- oder Organfunktion für den Investor wahrnehmen.

III. Erweiterte Rechtspflichten anlässlich der Beteiligung

Je höher die Beteiligung des Investors am Zielunternehmen ist, desto mehr regulatorische Anforderungen stellen sich an seinen Beteiligungserwerb. Denn mit einer starken Beteiligung verknüpfen sich aus gesetzgeberischer Sicht unterschiedliche Regelungsbedürfnisse. Diese betreffen die Information des Anlegerpublikums und der Aktionäre der Zielgesellschaft über die jeweiligen Anteilsverhältnisse sowie den Schutz des Wettbewerbs und außenwirtschaftliche Interessen. Ihre Umsetzung finden diese Anliegen in umfangreichen Publizitäts- und Anzeigepflichten. Zusätzlich schützt der Gesetzgeber das Interesse der übrigen Aktionäre der Gesellschaft, im Fall des übernahmerechtlichen Kontrollerwerbs ohne wirtschaftliche Verluste aus der Gesellschaft ausscheiden zu können. Konkret verbindet sich mit dem Kontrollerwerb die Pflicht zur Abgabe eines Pflichtangebots.

A. Wertpapierhandelsrechtliche Beteiligungstransparenz

Im Hinblick auf den Gesetzeszweck, ein besonders hohes Maß an Transparenz betreffend die Veränderungen von Aktienbeteiligungen und damit der Einflussverhältnisse in einer Gesellschaft zu erreichen,[211] stellt das Wertpapierhandelsgesetz mehrere Mitteilungs- und Veröffentlichungspflichten für den an einer börsennotierten Aktiengesellschaft unmittelbar oder mittelbar beteiligten Aktionär auf. Dabei bilden die Meldetatbestände der §§ 21 ff., 25, und 25a WpHG die „drei Säulen" der vorgenannten Pflichten.[212] Zusätzlich wird von einem Investor bei Unter- oder Überschreiten einer Beteiligungshöhe von 10 Prozent die Erstattung eines Strategie- und Mittelherkunftsberichts verlangt.[213] Die vorgenannten Pflichten hat der Investor zum einen anlässlich des Aufbaus seiner Beteiligung an der Zielgesellschaft zu berücksichtigen, insbesondere, wenn er seine Anteile nicht von der Zielgesellschaft im Rahmen einer ad-hoc-pflichtigen Investorenvereinbarung, sondern durch wiederholte Markt- oder Privatkäufe erwirbt. Zum anderen muss der Investor die Einhaltung der Mitteilungspflichten während der gesamten Dauer seines Investments und bei dessen Abbau sicherstellen.

1. Mitteilungs- und Veröffentlichungspflichten nach § 21 Abs. 1 S. 1, 22 WpHG

Mit der Beteiligung an einem Emittenten, dessen Herkunftsstaat die Bundesrepublik Deutschland ist (§ 2 Abs. 6 WpHG), hat der Investor jegliche Veränderung seiner Beteiligungsverhältnisse bei Über- oder Unterschreiten der gesetzlichen Schwellenwerte von 3, 5, 10, 15, 20, 25, 30, 50 und 75 Prozent der Stimmrechte an der Zielgesellschaft gegenüber der Gesellschaft und der BaFin unverzüglich anzuzeigen (§ 21 Abs. 1 und 2 WpHG). Maßgebend für das Über- oder Unterschreiten der jeweiligen Beteiligungsschwelle ist bei rechtsgeschäftlichen Erwerbs- oder Veräußerungsvorgängen jeweils die dingliche Zuordnung der Aktien, mithin das Eigentum an den Aktien.[214] Daneben kann sich die Beteiligungshöhe auch

---

211 *Bayer* in Münchener Kommentar AktG, § 21 WpHG Rn.1; *Teichmann/Epe*, WM 2012, 1213.

212 Der „Grundsatz der drei Säulen" wird in diesem Zusammenhang von *U. H. Schneider* in Assmann/U. H. Schneider, WpHG, § 21 Rn. 5 ff. verwendet.

213 *U. H. Schneider* in Assmann/U. H. Schneider, WpHG, § 27 a Rn.1.

214 *U. H. Schneider* in Assmann/U. H. Schneider, WpHG, § 21 Rn. 73 ff.

in sonstiger Weise ohne Zutun des Meldepflichtigen infolge von Erhöhungen oder Herabsetzungen des Grundkapitals verändern.[215]

Für die Berechnung der Schwellenwerte kommt es auf die Stimmrechte des Erwerbers an.[216] Der Stimmrechtsanteil entspricht bei deutschen börsennotierten Aktiengesellschaften in aller Regel dem Kapitalanteil.[217] Eine Ausnahme besteht für den Fall, dass stimmrechtslose Vorzugsaktien ausgegeben wurden (§ 139 AktG).[218] Sobald die Zielgesellschaft die Mitteilung vom beteiligten Investor erhalten hat, muss sie die Veränderung der Beteiligungsverhältnisse der Öffentlichkeit zugänglich machen und dem Unternehmensregister übermitteln (§ 26 Abs. 1 S. 1 WpHG). Die Veröffentlichung der Mitteilung durch die Gesellschaft muss durch verschiedene Medien erfolgen, die eine europaweite Veröffentlichung ermöglichen (§ 20 WpAIV[219] i.V.m. § 3 a WpAIV).[220]

Den Stimmrechten aus eigenen Aktien des Investors können Stimmrechte aus Aktien Dritter unter bestimmten Voraussetzungen hinzugerechnet werden (§ 22 Abs. 1 und 2 WpHG). Zuzurechnen sind dem Investor etwa Stimmrechte aus von eigenen Tochterunternehmen gehaltenen Aktien (§ 22 Abs. 1 S. 1 Nr. 1, S. 3 WpHG). Dabei gelten als Tochterunternehmen alle Unternehmen, auf die der meldepflichtige Aktionär einen beherrschenden Einfluss ausüben kann (§ 22 Abs. 3 WpHG). In der Stimmrechtsmitteilung sind gemäß § 21 Abs. 3 WpHG i. V. m. § 17 Abs. 2 S. 1 Nr. 2 WpAIV die Namen der kontrollierten Unternehmen anzugeben, über welche die Stimmrechte tatsächlich gehalten werden, wenn deren zugerechneter Stimmrechtsanteil jeweils mindestens drei Prozent beträgt. So kann die Mitteilungspflicht auf Ebene der Muttergesellschaft

---

215 *U. H. Schneider* in Assmann/U. H. Schneider, WpHG, § 21 Rn. 74.

216 *U. H. Schneider* in Assmann/U. H. Schneider, WpHG, § 21 Rn. 28.

217 *U. H. Schneider* in Assmann/U. H. Schneider, WpHG, § 21 WpHG Rn.29.

218 Stimmrechtslose Vorzugsaktien bleiben bei der Berechnung der Schwellenwerte sowohl im Nenner als auch im Zähler unberücksichtigt. *Hirte* in Kölner Kommentar WpHG, § 21 Rn. 85; *F. Schäfer* in Marsch-Barner/Schäfer, Hdb börsennotierte AG, § 17 Rn.10; nur im Zähler *U. H. Schneider* in Assmann/U. H. Schneider, WpHG, § 21 Rn. 45 ff.

219 Verordnung zur Konkretisierung von Anzeige-, Mitteilungs- und Veröffentlichungspflichten sowie der Pflicht zur Führung von Insiderverzeichnissen nach dem Wertpapierhandelsgesetz („WpAIV`").

220 Verlangt wird die Verwendung eines Medienbündels von wenigstens fünf verschiedenen Medien, wovon mindestens eines eine aktive europaweite Verbreitung gewährleistet. BaFin, Emittentenleitfaden v. 28.4.2009, S. 172 f.

zur weitgehenden Offenlegung der gesamten betroffenen Konzernstruktur führen.[221]

Weiter können dem Investor Stimmrechte Dritter zugerechnet, mit denen er oder eines seiner Tochterunternehmen sein Verhalten in Bezug auf die Zielgesellschaft aufgrund einer Vereinbarung oder in sonstiger Weise abstimmt (§ 22 Abs. 2 S. 1 WpHG). Ein abgestimmtes Verhalten im Sinne der Vorschrift setzt voraus, dass entweder eine Verständigung über die Stimmrechtsausübung oder ein Zusammenwirken mit dem Ziel einer dauerhaften und erheblichen Änderung der unternehmerischen Ausrichtung der Zielgesellschaft erfolgt (§ 22 Abs. 2 S. 2 WpHG). Entsprechend dem Wortlaut der Vorschrift bedarf es für die Annahme eines abgestimmten Verhaltens keiner ausdrücklichen Vereinbarung. Es genügt schon eine Abstimmung in sonstiger Weise. Letztere wird bereits dann bejaht, wenn keine rechtliche Verpflichtung der Beteiligten vorliegt, sondern etwa aufgrund eines gentlemen's agreement oder aufgrund kaufmännischen Anstands eine ausreichend sichere Grundlage für ein gemeinsames Vorgehen gegeben ist.[222]

Neben der Vereinbarung über die Ausübung von Stimmrechten kann auch die Abstimmung, auf die Verwaltungsorgane der Gesellschaft faktisch – außerhalb der Stimmrechtsausübung in der Hauptversammlung – Einfluss zu nehmen, zu einer Stimmrechtszurechnung führen. Erforderlich für diese Variante des abgestimmten Verhaltens ist, dass sie mit dem Ziel erfolgt, eine dauerhafte und erhebliche Änderung der unternehmerischen Ausrichtung der Gesellschaft zu erreichen.

Als Beispiele einer Änderung der unternehmerischen Ausrichtung einer Gesellschaft führen die Gesetzesmaterialien die grundlegende Änderung des Geschäftsmodells oder die Trennung von wesentlichen Geschäftsbereichen an.[223] Nach Ansicht der BaFin erfasst der Begriff der unternehmerischen Ausrichtung jedenfalls den satzungsmäßigen Gesellschaftszweck sowie weitergehend die Unternehmenspolitik der Gesellschaft.[224] Eine dauerhafte Änderung der unternehmerischen Ausrichtung ist nach Auslegung der Behörde gegeben, wenn ein Ende der Auswirkungen der initiierten Änderung bei der Zielgesellschaft noch nicht ab-

---

221 Nach § 17 Abs. 2 S. 2 WpAIV müssen die zugerechneten Stimmrechtsanteile Dritter in der Stimmrechtsmitteilung nach den Stimmrechtstatbeständen aufgeschlüsselt werden.

222 *U.H. Schneider* in Assmann/U. H. Schneider, WpHG, § 22 Rn. 173; *Vaupel*, AG 2011, 63, 67; *Schwark* in Schwark/Zimmer, KMRK, § 22 WpHG Rn. 23.

223 Bericht des Finanzausschusses, BT-DRucks. 16/9821, S. 12.

224 *Hoppe/Michel*, BaFin Journal 04/10, 3, 4; BaFin, Emittentenleitfaden v. 22. Juli 2013, S. 121.

sehbar ist.[225] Die Erheblichkeit der Änderung müsse im Rahmen einer einzelfallorientierten Prüfung anhand der wirtschaftlichen Gegebenheiten des jeweiligen Unternehmens beurteilt werden.[226] Zumindest werden hierfür gravierende und nicht nur graduelle Änderungen zu fordern sein.[227]

Weiter darf die Verhaltensabstimmung nicht nur im Einzelfall erfolgen (§ 22 Abs. 2 S. 1 2. Hs. WpHG). Fraglich ist, ob es hierbei auf eine rein formale oder eine inhaltliche Betrachtung ankommt. Nach formaler Anschauung ist ein Einzelfall stets zu bejahen, wenn die Verhaltensabstimmung nur einmal erfolgt, etwa die Vereinbarung über die Wahl eines bestimmten Aufsichtsratsmitglieds für eine Bestellperiode, unabhängig davon, welche Bedeutung die Wahl des betreffenden Aufsichtsratsmitglieds für das Unternehmen hat.[228] Nach materieller Ansicht solle dagegen darauf abgestellt werden, ob die jeweilige Verhaltensabstimmung einen für das Unternehmen wichtigen Abstimmungsinhalt betreffe und sich nachhaltig für das Unternehmen auswirke.[229] Allerdings führt diese Ansicht dazu, dass eine Stimmrechtsmacht nach ihrer materiellen Bedeutung für den Emittenten gewichtet würde und qualitative Kriterien als Unterscheidungsmerkmal eingeführt würden, was der kapitalmarktrechtlichen Beteiligungstransparenz fremd wäre.[230] Die Ansicht ist aus Rechtssicherheitsgründen abzulehnen.

Für den PIPE-Investor bedeutet dies jedoch, dass er bei Absprachen mit anderen Aktionären der Gesellschaft über die Abstimmung zu einzelnen Tagesordnungspunkten in der Hauptversammlung stets prüfen muss, ob langfristige Auswirkungen für das Unternehmen hieraus folgen können.

Sofern durch die Zurechnung eine maßgebliche Beteiligungsschwelle überschritten wird, sind die Tatsache der Verhaltensabstimmung sowie die Namen der jeweiligen Aktionäre offenzulegen, letztere jedoch nur, soweit die Aktionäre ihrerseits Stimmrechte in Höhe von mindestens drei

---

225 *Hoppe/Michel*, BaFin Journal 04/10, 3, 4; BaFin, Emittentenleitfaden v. 22. Juli 2013, S. 121.

226 *Hoppe/Michel*, BaFin Journal 04/10, 3, 4; BaFin, Emittentenleitfaden v. 22. Juli 2013, S. 121.

227 *Schwark* in Schwark/Zimmer, KMRK, § 22 WpHG Rn. 28.

228 *Kocher*, BB 2006, 2436; *Schockenhoff/Schumann*, ZGR 2005, 568, 588.

229 *Hoppe/Michel*, BaFin Journal 04/10, 3, 4 f.; BaFin, Emittentenleitfaden v. 22. Juli 2013, S.122; *Schwark* in Schwark/Zimmer, KMRK, § 22 WpHG Rn. 24; *Caspar/Bracht*, NZG 2005, 839; *Wackerbarth*, ZIP 2007, 2340, 2344.

230 So zutreffend *Dehlinger/Zimmermann* in Fuchs, WpHG, § 22 Rn. 100.

Prozent halten (§ 17 Abs. 2 WpAIV). Ist der PIPE-Investor noch nicht an der Zielgesellschaft beteiligt, scheidet eine Zurechnung aus, da es an einem Anknüpfungspunkt für eine Meldepflicht fehlt.

Fraglich ist, ob die Investorenvereinbarung zwischen dem Investor und der Zielgesellschaft zu einer Stimmrechtszurechnung der Stimmrechte aus eigenen Aktien der Gesellschaft führt. Dazu müsste sie sich inhaltlich auf eine dauerhafte und erhebliche Änderung der unternehmerischen Ausrichtung der Gesellschaft richten. Zwar können Absprachen zwischen Vorstand und Investor in Investorenvereinbarungen in einem bestimmten Umfang auch über die Ausrichtung der Unternehmenspolitik getroffen werden,[231] allerdings werden diese häufig die Beibehaltung der unternehmerischen Ausrichtung der Gesellschaft zum Gegenstand haben. Eine Zurechnung von Stimmrechten scheidet unabhängig davon jedoch schon aus dem Grund aus, dass die Gesellschaft keine Stimmrechte aus eigenen Aktien hat (§ 71b AktG) und diese daher begrifflich schon niemandem zugerechnet werden können.[232] Auch wenn eine Verhaltensabstimmung zwischen der Zielgesellschaft und dem Investor stattfindet, könnten daher die Stimmrechte aus den eigenen Aktien der Gesellschaft die Stimmrechtsmacht des Investors nicht erhöhen. Daher gebietet auch der Schutzzweck der Transparenzvorschriften keine Stimmrechtszurechnung.[233]

Unterlässt der Investor die Mitteilung oder ist seine Mitteilung unvollständig oder falsch, stellt dies bei vorsätzlichem oder leichtfertigem Handeln eine mit einem Bußgeld von bis zu einer Million Euro belegbare Ordnungswidrigkeit dar (§ 39 Abs. 2 Nr. 2 e), Abs. 4 WpHG). Wesentlichere Sanktion ist jedoch der Verlust der mitgliedschaftlichen Rechte aus der Aktie bis zur Nachholung der Mitteilung (§ 28 S. 1 WpHG).[234] Dieser tritt ein, wenn der Meldepflichtige seine Mitteilungspflichten schuldhaft verletzt.[235] Der Rechtsverlust erfasst sowohl das Stimmrecht als auch alle sonstigen Mitverwaltungs- und Mitwirkungsrechte in der Hauptver-

---

231 *Seibt* in Schmidt/Lutter, AktG, § 76 Rn. 10; *Fleischer* in Handbuch des Vorstandsrechts, § 1 Rn. 61; *Mertens/Cahn* in Kölner Kommentar AktG, § 76 Rn. 46 ff.

232 *Kocher/Widder*, AG 2007, 13, 19.

233 Ähnlich *Widder/Kocher*, AG 2007,13, 19; im Ergebnis ebenso *Busch*, AG 2009, 425, 430; *Gätsch/Bracht*, AG 2011, 813, 819.

234 Der Verlust der mitgliedschaftlichen Rechte aus der Aktie knüpft nur an die nach § 21 Abs. 1 S. 1 WpHG erforderliche Mitteilungspflicht an. *Dehlinger/Zimmermann* in Fuchs, WpHG, § 25 Rn. 18.

235 *U. H. Schneider* in Assmann/U. H. Schneider, WpHG, § 28 Rn. 20.

sammlung einschließlich der Befugnis zur Anfechtung von Hauptversammlungsbeschlüssen sowie die Vermögensrechte.[236]

Der Rechtsverlust bleibt bis zur Nachholung der Mitteilungspflicht bestehen.[237] Bezieht sich die Verletzung der Mitteilungspflicht auf die Höhe des Stimmrechtsanteils, ruhen die Mitverwaltungsrechte noch sechs Monate nach ihrer Nachholung, sofern die Mitteilung über die Beteiligungshöhe vorsätzlich unterlassen wurde oder infolge grober Fahrlässigkeit unterblieben ist (§ 28 S. 3 WpHG).[238] Der Rechtsverlust erfasst alle Rechte aus den Aktien, die dem Meldepflichtigen gehören.[239] Darüber hinaus führt die Verletzung von Meldepflichten durch den Meldepflichtigen zum Rechtsverlust bei Tochterunternehmen des Meldepflichtigen und Dritten, die Aktien für seine Rechnung halten, wenn deren Stimmrechte dem Meldepflichtigen zugerechnet werden.[240]

2. Mitteilungs- und Veröffentlichungspflichten nach §§ 25, 25 a WpHG

Während die Meldepflicht nach § 21 Abs. 1 S. 1 WpHG bezweckt, die aktuellen Beteiligungsverhältnisse in der Gesellschaft wiederzugeben, sind die Mitteilungspflichten nach §§ 25, 25a WpHG darauf gerichtet, einen möglichen zukünftigen Anteilserwerb für das Anlegerpublikum frühzeitig sichtbar zu machen.[241] Für den PIPE-Investor spielen diese Meldepflichten in zweierlei Hinsicht eine Rolle: zum einen im Vorfeld der Beteiligung, wenn es dem Investor darum geht, seine Beteiligung möglichst kursschonend ohne Mitwirkung der Zielgesellschaft am Markt aufzubauen und zum anderen nach dem Investment, wenn bei jedem geplanten Investmentvorhaben des Investors in Bezug auf Aktien der Gesellschaft eine mögliche Meldepflicht erwogen werden muss.

---

236 *U. H. Schneider* in Assmann/U. H. Schneider, WpHG, § 28 Rn. 24, 30, 32 ff.; *F.Schäfer* in Marsch-Barner/Schäfer, Hdb börsennotierte AG, § 17 Rn. 52 f.

237 *U. H. Schneider* in Assmann/U. H. Schneider, WpHG, § 28 Rn.27, 32.

238 Nach der Gesetzesbegründung (Begr. RegE, BT-Drucks. 16/7438, S. 13) sind hiervon nur die Verwaltungs- und nicht die Vermögensrechte betroffen. A. A. *U. H. Schneider* in Assmann/U. H. Schneider, WpHG, § 28 Rn. 27 f.

239 *U. H. Schneider* in Assmann/U. H. Schneider, WpHG, § 28 Rn. 42; *Dehlinger/Zimmermann*, in Fuchs, WpHG § 28 Rn. 30.

240 *U. H. Schneider* in Assmann/U. H. Schneider, WpHG, § 28 Rn. 42; *Dehlinger/Zimmermann*, in Fuchs, WpHG § 28 Rn. 30.

241 *Teichmann/Epe*, WM 2012, 1213, 1214.

Gemäß § 25 Abs. 1 S. 1 WpHG hat der Investor den Erwerb all jener Finanzinstrumente oder sonstiger Instrumente zu melden, die ihm das Recht verleihen, einseitig mit Stimmrechten verbundene und bereits ausgegebene Aktien der Gesellschaft zu erwerben. Die Mitteilungspflicht setzt bei Erreichen, Über- oder Unterschreiten eines Schwellenwerts von fünf Prozent der Stimmrechte der Gesellschaft ein. Sie wird bei jeder weiteren Anteilsveränderung, durch die ein in § 21 Abs. 1 S. 1 WpHG genannter Schwellenwert berührt wird, ausgelöst. Über den Erwerb von Finanzinstrumenten hinaus erstreckt sich der Tatbestand der Meldepflicht auf alle Instrumente, die ihrem Inhaber einen schuldrechtlichen Anspruch auf die Lieferung von Aktien der Gesellschaft gewähren. Voraussetzung für die Mitteilungspflicht ist, dass das Recht auf den Erwerb der Aktien unabhängig von dem Eintritt äußerer Umstände eingeräumt wird.[242] Praktische Anwendungsfälle hierfür sind etwa unbedingt schuldrechtliche Kaufoptionen mit physischer Lieferung[243] oder Rückforderungsansprüche aus einem Wertpapierdarlehen.[244]

Während sich die von § 25 Abs. 1 S. 1 WpHG erfassten Instrumente durch die engen tatbestandlichen Voraussetzungen noch einfach identifizieren lassen, birgt die durch das Anlegerschutz- und Funktionsverbesserungsgesetz[245] eingeführte Mitteilungspflicht des § 25 a Abs. 1 S. 1 WpHG schwierige Auslegungsfragen und wird für den Investor im Regelfall mit einem erhöhten Rechtsberatungsbedarf einhergehen. Tatbestandlich erfasst die Vorschrift Finanzinstrumente oder sonstige Instrumente, die es ihrem Inhaber oder einem Dritten auf Grund ihrer Ausgestaltung lediglich *ermöglichen*, mit Stimmrechten verbundene und bereits ausgegebene Aktien zu erwerben (§ 25 a Abs. 1 S. 1 WpHG). Ein rechtsverbindlicher Anspruch auf die Lieferung von Aktien der Gesellschaft ist im Gegensatz zu der Mitteilungspflicht aus § 25 Abs. 1 S. 1 WpHG hierfür gerade nicht erforderlich.[246] Die offene Formulierung der Regelung ist darauf gerichtet, alle Formen eines intransparenten Aufbaus von Stimmrechtspositionen zu verhindern.[247] Eine abschließende Liste aller meldepflichtigen Fi-

---

242 Begr. RegE, BT-Drucks. 16/2498, S. 36; *U. H. Schneider* in Assmann/U. H. Schneider, WpHG, § 25 Rn. 41.

243 *Krämer/Kiesewetter*, BB 2012, 1679, 1982.

244 *U. H. Schneider* in Assmann/U. H. Schneider, WpHG, § 25 Rn. 11.

245 Gesetz zur Stärkung des Anlegerschutzes und Verbesserung der Funktionsfähigkeit des Kapitalmarkts (Anlegerschutz- und Funktionsverbesserungsgesetz) v. 5.4.2011, BGBl. I 2011, S. 538 ff.

246 Begr. RegE, BT-Drucks. 17/3628, S. 19.

247 Begr. RegE, BT-Drucks. 17/3628, S.17.

nanzinstrumente und sonstigen Instrumente kann daher nicht gegeben werden,[248] sodass die Erfüllung des Tatbestands der Meldepflicht jeweils im Einzelfall geprüft werden muss. Zu beachten ist, dass die Meldepflicht auf der bloßen Möglichkeit eines Anteilserwerbs basiert.[249] Hier bestehen große Unsicherheiten über die Reichweite des Tatbestands.[250]

Als Regelbeispiel werden solche Instrumente angeführt, bei denen die Gegenseite des Inhabers ihre Risiken aus diesen Instrumenten durch das Halten von Aktien der Gesellschaft ausschließen oder vermindern könnte (§ 25a Abs. 1 S. 2 Nr. 1 WpHG). Typischerweise betrifft dies Aktienderivate mit Barausgleich wie Cash-Settled-Equity-Swaps, Contracts for Difference und Cash-Settled Options.[251] Bei diesen erwirbt der Inhaber zwar keinen rechtlichen Anspruch auf Aktienübertragung, er erhält jedoch eine Barauszahlung in Höhe der Differenz zwischen dem festgelegten Aktienwert und dem diesen übersteigenden Kurswert.[252] Der Aussteller des Derivats erwirbt dabei typischerweise zeitnah die zugrundeliegenden Aktien, um sein Zahlungsrisiko abzusichern. Bei Abwicklung des Geschäfts bietet er diese kursschonend zuerst dem Inhaber des Derivats an. Angesichts der wirtschaftlichen Logik dieses Geschäfts kann der Inhaber des Derivats darauf vertrauen, die Aktien am Ende durch den Aussteller des Derivats angeboten zu bekommen. Die Meldepflicht des Investors wird hier bereits mit Erwerb des Derivats, also mit Abschluss des Derivatgeschäfts ausgelöst. Unerheblich ist, ob die Gegenseite tatsächlich ihr Risiko absichert.[253] Daneben besteht eine Meldepflicht insbesondere bei Finanzinstrumenten oder sonstigen Instrumenten, die ein Recht zum Erwerb von Aktien der Gesellschaft einräumen oder eine Erwerbspflicht in Bezug auf solche Aktien begründen (§ 25 a Abs. 1 S. 2 Nr. 2 WpHG). Hiervon werden etwa bedingte Erwerbsoptionen und Erwerbspflichten des Stillhalters einer Verkauf-Option (*put option*) erfasst.[254] Da das tatbestandliche Vorliegen einer Mitteilungspflicht stark von dem zugrundeliegenden Erwerbsszenario abhängt, sollen die bei PIPE-Transaktionen

---

248 Bafin, Gesamtliste der häufigen Fragen zu den neuen Medlepflichten nach §§ 25 und 25a WpHG (Stand 9.1.2012).

249 *Heusel*, WM 2012, 291, 296.

250 *Heusel*, WM 2012, 291, 296; *Cascante/Bingel*, NZG 2011, 1086, 1087; *Teichmann/Epe*, WM 2010, 1477, 1481 f.

251 Begr. RegE, BT-Drucks. 17/3628, S. 19.

252 Hierzu *Fleischer/Schmolke*, NZG 2009, 401 ff.; *Voß*, BB 2010, 3099, 3102 f.; *Merkner/Sustmann*, NZG 2010, 681; *Teichmann/Epe*, WM 2012, 1213, 1217; *Krause*, AG 2011, 469, 477; *Heusel*, WM 2012, 291, 292; *Cascante/Bingel*, NZG 2011, 1086, 1090

253 Begr. RegE, BT-Drucks. 17/ 3628, S. 20.

254 *Teichmann/Epe*, WM 2012, 1213, 1218; *Cascante/Bingel*, NZG 2011, 1086, 1088.

möglicherweise entstehenden Mitteilungspflichten jeweils im Zusammenhang mit den verschiedenen Erwerbsmöglichkeiten des PIPE-Investors erörtert werden.[255]

Allgemein ist bei der Berechnung der relevanten Stimmrechtspositionen zu beachten, dass die nach §§ 21, 22 WpHG meldepflichtigen Positionen aus gehaltenen Aktien und die nach §§ 25 und 25 a WpHG meldepflichtigen Positionen aus Finanzinstrumenten oder sonstigen Instrumenten zusammengerechnet werden müssen (§§ 25 Abs. 1 Satz 3, 25 a Abs. 1 Satz 7 WpHG). Die Verletzung der Mitteilungspflichten kann als Ordnungswidrigkeit mit einer Geldbuße von bis zu einer Million Euro belegt werden (§§ 39 Abs. 2 Nr. 2 f, 39 Abs. 4 WpHG).

3. Mitteilungspflicht nach § 27a WpHG

Berücksichtigen müssen PIPE-Investoren die durch das Risikobegrenzungsgesetz[256] eingeführte und zum 31.5.2009 in Kraft getretene Mitteilungspflicht für Inhaber wesentlicher Beteiligungen nach § 27a Abs. 1 S. 1 WpHG. Hiernach hat der nach §§ 21 und 22 WpHG Meldepflichtige bei Erreichen einer Beteiligung von zehn Prozent oder einer höheren Schwelle im Sinne des § 21 Abs. 1 WpHG[257] der Stimmrechte des Emittenten, einen Strategie- und Mittelherkunftsbericht gegenüber dem Emittenten zu erstatten.[258] Die Regelung soll den bisherigen Aktionären und interessierten Investoren ein Bild darüber geben, welche Strategie beteiligte Finanzinvestoren im Hinblick auf die Gesellschaft verfolgen.[259] Allerdings steht es Zielgesellschaften mit Sitz im Inland frei, diese Mitteilungspflicht für Anleger satzungsmäßig abzubedingen (§ 27a Abs. 3 S. 1 WpHG). Erforderlich ist hierfür ein Hauptversammlungsbeschluss mit satzungsändernder Mehrheit (§ 179 Abs. 2 S. 1 AktG).

Im Einzelnen hat der meldepflichtige Aktionär dem Emittenten mitzuteilen, ob er mit der Investition strategische Ziele verfolgt oder lediglich Handelsgewinne mit ihr erzielen will, ob er innerhalb der nächsten zwölf Monate weitere Stimmrechte an der Gesellschaft erwerben will, ob er eine Einflussnahme auf die Besetzung der Organe der Gesellschaft und

---

255 Die verschiedenen Varianten der Beteiligung des Investors sind Gegenstand des dritten und vierten Teils.

256 Gesetz zur Begrenzung der mit Finanzinvestitionen verbundenen Risiken (Risikobegrenzungsgesetz) v. 12.8.2008, BGBl. I 2008, S. 1666.

257 Diese liegen bei 15 %, 20 %, 25 %, 30 %, 50 % und 75 %.

258 *U. H. Schneider* in Assmann/U. H. Schneider, WpHG, § 27 a Rn. 1.

259 *U. H. Schneider* in Assmann/U. H. Schneider, WpHG, § 27 a Rn.1.

eine wesentliche Änderung der Kapitalstruktur der Gesellschaft anstrebt (§ 27a Abs. 1 Satz 3 WpHG). Weiter hat der Investor anzugeben, ob er den Erwerb der Stimmrechte durch eigene oder fremde Mittel finanziert hat (§ 27a Abs. 1 Satz 4 WpHG).

Im Hinblick auf die erforderlichen Angaben ergibt sich für den PIPE-Investor das folgende Bild: Bei den anzugebenden Zielen des Investments (§ 27a Abs. 1 Satz 3 Nr. 1 WpHG) kann er sich auf die Aussage beschränken, dass ein strategisches Ziel verfolgt wird oder nicht oder dass der Erwerb lediglich der Erzielung von Handelsgewinnen dient oder nicht. Nähere Angaben zu der im Einzelfall angestrebten Investmentstrategie sind nicht erforderlich.[260] Die Praxis zeigt, dass auf weiterführende Angaben regelmäßig verzichtet wird.[261] Ein strategisches Ziel verfolgt der Meldepflichtige, wenn er beabsichtigt, auf die Geschäftspolitik des Emittenten Einfluss zu nehmen.[262] Dabei kennzeichnet ein strategisches Investment insbesondere ein mittel- oder langfristiger Anlagehorizont.[263] Dagegen werden Handelsgewinne angestrebt, wenn der Meldepflichtige sich nur auf die Ausübung seiner Mitverwaltungsrechte beschränkt und sonst lediglich an Dividenden und Veräußerungsgewinnen interessiert ist.[264] Da PIPE-Investoren regelmäßig Einfluss auf die Unternehmenspolitik der Gesellschaft nehmen wollen, werden sie anzugeben haben, dass sie strategische Interessen verfolgen. Gleichermaßen wird der PIPE-Investor angeben müssen, dass er eine Einflussnahme auf die Besetzung von Verwaltungsorganen der Zielgesellschaft anstrebt (§ 27a Abs. 1 S. 3 Nr. 3 WpHG), da im Rahmen der Investorenvereinbarung zumeist Absprachen über die Besetzung des Aufsichtsrats mit Kandidaten des Investors getroffen werden.

Mitzuteilen ist auch, ob mit der Beteiligung eine wesentliche Änderung der Kapitalstruktur der Zielgesellschaft, insbesondere im Hinblick auf das Verhältnis von Eigen- und Fremdfinanzierung und die Dividendenpolitik angestrebt wird (§ 27a Abs. 1 S. 3 Nr. 4 WpHG). Die Mitteilungspflicht zielt darauf, bestimmte Aktivitäten von Finanzinvestoren zu

---

260 *Greven/Fahrenholz*, BB 2009, 1487, 1491; *Pluskat*, NZG 2009, 206, 208.

261 Vergleiche etwa die Beispiele standardisierte Mitteilungen nach § 27a WpHG der Porsche Wolfgang 1. Beteiligungs GmbH & Co. KG im Hinblick auf die Beteiligung an der Volkswagen Aktiengesellschaft vom 29.10.2010, der Grenzebach-Gruppe im Hinblick auf ihre Beteiligung an der KUKA AG vom 09.07.2009.

262 *U. H. Schneider* in Assmann/U. H. Schneider, WpHG, § 27a Rn. 13 f.

263 *Fleischer*, AG 2008, 873, 878; *Schwark* in Schwark/Zimmer, KMRK, § 27a WpHG Rn.5.

264 *v. Bülow/Stephanblome*, ZIP 2008, 1797, 1802, *U. H. Schneider* in Assmann/U. H. Schneider, WpHG, § 27a Rn.14; *Schwark* in Schwark/Zimmer, KMRK, § 27a WpHG Rn.5.

erschweren oder zu verhindern, die den Vermögensinteressen der Gesellschaft zuwiderlaufen können.[265] Gerade Private Equity Investoren verfolgen häufig das Ziel, die für den Erwerb der Anteile an der Gesellschaft eingegangenen Kreditverbindlichkeiten im Wege eines sogenannten *Debt Push Down* auf die Gesellschaft abzuwälzen. In diesem Zusammenhang erklärt sich auch das Erfordernis der Offenlegung, ob die zum Erwerb der Beteiligung verwendeten Mittel aus Fremd- oder Eigenkapital herrühren (§ 27a Abs. 1 S. 4 WpHG). Das Ziel der Übertragung der Verbindlichkeiten der Erwerbergesellschaft auf die Zielgesellschaft kann etwa durch Schuldübernahme der Zielgesellschaft, durch Verschmelzung der Erwerber- auf die Zielgesellschaft oder Abschluss eines Beherrschungs- und Gewinnabführungsvertrags zwischen Erwerber- und Zielgesellschaft erreicht werden.[266] Bei einer als Aktiengesellschaft organisierten Zielgesellschaft ist diese Praxis durch die Kapitalerhaltungsvorschriften des Aktiengesetzes jedoch weitgehend ausgeschlossen. So sind insbesondere Rechtsgeschäfte nichtig, die auf die Gewährung eines Darlehens oder die Leistung einer Sicherheit durch die Gesellschaft an einen anderen zum Zweck des Erwerbs von Aktien dieser Gesellschaft gerichtet sind (§ 71a Abs. 1 S. 1 AktG). Insoweit ist die Übernahme der Verbindlichkeiten der Erwerbergesellschaft durch die Zielgesellschaft im Wege der Schuld- oder Vertragsübernahme unzulässig.[267] Das gleiche gilt nach verbreiteter Auffassung auch für die Abwärtsverschmelzung, wenn diese mit dem Ziel der Schuldübertragung auf die Zielgesellschaft und ohne angemessene Gegenleistung erfolgt.[268] Zulässigerweise kann der Investor Zugriff auf das Vermögen der Zielgesellschaft grundsätzlich nur nehmen, wenn er mit der Zielgesellschaft einen Gewinnabführungs- oder Beherrschungsvertrag schließt,[269] da in diesem Fall nach herrschender Ansicht das Verbot der finanziellen Unterstützung suspendiert wird (§ 71a Abs. 1 S. 3 AktG).[270] Allerdings müsste die Hauptversammlung der Zielgesellschaft dem Abschluss eines Gewinnabführungs- und Beherrschungsvertrages mit einer Dreiviertelmehrheit des bei Beschlussfassung

---

265 *U.H. Schneider* in Assmann/U. H. Schneider, WpHG § 27a Rn.1

266 *Ingenhoven* in Jesch/Striegel/Boxberger, Rechtshandbuch Private Equity, § 12 6.2.3 ff.

267 *Diem*, Akquisitionsfinanzierungen, § 45 Rn. 51 ff; *Eilers* in Eilers/Koffka/Mackensen, Private Equity, IV. Rn.59.

268 *Hüffer*, AktG, § 57 Rn. 2; *Klein/Stephanblome*, ZGR 2007, 351, 376 ff.; *Schröer* in Semler/Stengel, UmwG, § 5 Rn. 134; *Mayer* in Widmann/Mayer, UmwG, § 5 UmwG, Rn. 40.1.

269 *Nussbaum/Rothenfußer* in Jesch/Striegel/Boxberger, Rechtshandbuch Private Equity, § 21 Rn. 1.4. und 1.5

270 *Hüffer*, AktG, § 71a Rn.6a; *Cahn* in Spindler/Stilz, AktG, § 71a Rn.21.

vertretenen Grundkapitals zustimmen (§ 293 Abs. 1 AktG). Im Regelfall wird der PIPE-Investor jedoch nicht über eine solche qualifizierte Mehrheit in der Hauptversammlung verfügen.

Neben der Veränderung der Kapitalstruktur und der Mittelherkunft muss der Investor ferner offenlegen, ob er die Ausschüttung besonders hoher Dividenden anstrebt.[271]

Zu beachten ist die durch § 27a Abs. 1 S. 2 WpHG angeordnete fortlaufende Aktualisierungspflicht der Mitteilung bei Änderung der Erwerbsziele. Eine Sanktion ist für die Verletzung der Mitteilungspflicht aus § 27a Abs. 1 WpHG derzeit ausdrücklich nicht vorgesehen.[272] Der Emittent hat allerdings die Nichterfüllung der Mitteilungspflicht zu veröffentlichen (§ 27a Abs. 2 WpHG). Das damit bewirkte „Corporate Shaming"[273] erscheint geeignet, einen ausreichenden Anreiz für die Einhaltung der Mitteilungspflicht setzen.

B. Fusionskontrolle

Da PIPE-Transaktionen zu einer wesentlichen Beteiligung des Investors an der Zielgesellschaft führen können, können sie auch aus wettbewerbsrechtlicher Sicht prüfungsrelevant sein. Praktisch liegen wettbewerbsrechtliche Bedenken nahe, wenn der PIPE-Investor ein eigenes Unternehmen der gleichen Branche führt oder als Private Equity Investor über seine Portfoliogesellschaften Anteile an Unternehmen der gleichen Branche hält.[274] Eine wettbewerbsrechtliche Überprüfung kann auf nationaler und europäischer Ebene stattfinden. Im Folgenden sollen die Voraussetzungen dargestellt werden, unter denen es zu einer europäischen oder

---

271 *Pluskat*, NZG 2009, 206, 208; *U. H. Schneider* in: Assmann/U. H. Schneider, WpHG, § 27a Rn. 19. Vergleiche hierzu etwa das Beispiel der von dem Großaktionär Permira veranlassten Auszahlung einer Sonderdividende von 345 Mio. Euro an die Aktionäre der Hugo Boss AG neben einer regulären Dividende von 100 Mio. Euro zum Zweck der Rückzahlung seiner Kreditverbindlichkeiten, F.A.Z. v. 13. 3. 2008, S. 17. Hierzu *Knapp*, DStR 2008, 2371, 2374.

272 Begr. RegE, BT-Drucks. 16/7438, S. 13; die Nichterfüllung der Pflichten aus § 27a WpHG wird im Schrifttum allerdings als möglicher Verstoß gegen das Verbot von Insidergeschäften (§ 14 Abs. 1 Nr. 1 WpHG), das Verbot der Marktmanipulation (§ 20a WpHG) sowie als Anknüpfungspunkt für Schadensersatzansprüche aus § 826 und § 823 Abs. 2 BGB diskutiert.

273 *Fleischer*, AG 2008, 873, 880.

274 Hierauf verweisen v. *Rosenberg/Haus* in Eilers/Koffka/Mackensen, Private Equity, I. 6. Rn.12.

deutschen Fusionskontrolle mit der möglichen Folge der Untersagung der Transaktion kommen kann.

1. Europäische Fusionskontrolle

Auf europäischer Ebene wird die Fusionskontrolle durch Zusammenschlüsse von gemeinschaftsweiter Bedeutung im Sinne von Art. 1 Abs. 1 der Fusionskontrollverordnung (FKVO)[275] ausgelöst. Zusammenschlüsse von gemeinschaftsweiter Bedeutung sind bei der Europäischen Kommission nach Art. 4 Abs. 1 FKVO anzumelden. Ein solcher Zusammenschluss wird gemäß Art. 3 Abs. 1 b) FKVO dadurch bewirkt, dass nach dem Beteiligungserwerb von Personen oder Unternehmen an anderen Unternehmen eine dauerhafte Veränderung der Kontrolle innerhalb des Zielunternehmens stattfindet. Kontrolle ist die Möglichkeit, einen bestimmenden Einfluss auf die Tätigkeit eines Unternehmens auszuüben (Art. 3 Abs. 2 FKVO). Ob eine Kontrollveränderung durch den Beteiligungserwerb eintritt, beurteilt sich einerseits anhand rechtlicher, aber auch faktischer Gegebenheiten.[276] Nach Ansicht der Kommission kann daher auch der Erwerb nur einer Minderheitsbeteiligung im Einzelfall geeignet sein, den Kontrollerwerb herbeizuführen, wenn die Rolle der übrigen Gesellschafter sowie deren Hauptversammlungspräsenz den Einflussmöglichkeiten des Minderheitsgesellschafters zu wesentlichem Gewicht verhelfen.[277] Auch die Möglichkeit zur Blockade strategischer Entscheidungen durch die Ausübung von Vetorechten als Form der negativen Kontrolle wird als ausreichend erachtet.[278] Ob ein PIPE-Investor eine entsprechende Kontrolle über die Zielgesellschaft erlangt, ist eine Frage der Umstände des Einzelfalls. Wie oben gesehen, können Beteiligungen im Umfang von 12 bis 15 Prozent der Stimmrechte an der Gesellschaft einem Aktionär in der Hauptversammlung eine faktische Sperrminorität bei qualifizierten Mehrheitserfordernissen unterliegenden Beschlussgegenständen vermitteln. Insoweit sollte schon bei eher geringen

---

275 Verordnung des Rates der EG Nr. 139/2004 v. 20.1.2004 über die Kontrolle von Unternehmenszusammenschlüssen (EG-Fusionskontrollverordnung), Abl. 2004 L 24/1.

276 Konsolidierte Mitteilung der Kommission zu Zuständigkeitsfragen, Abl. 2008/C 95/01, Rn. 17.

277 Konsolidierte Mitteilung der Kommission zu Zuständigkeitsfragen, Abl. 2008/C 95/01, Rn. 59.

278 Konsolidierte Mitteilung der Kommission zu Zuständigkeitsfragen, Abl. 2008/C 95/01, Rn. 56.

Beteiligungen eine Anmeldung der Transaktion in Betracht gezogen werden.

Weiter besteht die Anmeldepflicht nur, wenn die Umsätze der beteiligten Unternehmen bestimmte Schwellenwerte überschreiten[279] und die Beteiligten gemeinsam weitere umsatzbezogene Voraussetzungen erfüllen.[280] Liegen die formellen Voraussetzungen der Anmeldung vor, prüft die Kommission in materieller Hinsicht, ob ernsthafte wettbewerbsrechtliche Bedenken gegen das Zusammenschlussvorhaben bestehen.[281] Dies ist der Fall, wenn der Zusammenschluss die Wirksamkeit des Gemeinsamen Marktes erheblich behindern würde, insbesondere durch Begründung oder Verstärkung einer marktbeherrschenden Stellung eines der beteiligten Unternehmen (Art. 2 Abs. 1 bis 3 FKVO).

Kommt sie zu dem Ergebnis, dass wettbewerbsrechtliche Bedenken nicht bestehen, gibt sie die Durchführung des Zusammenschlusses frei.[282] Die Prüffrist der Kommission beträgt in diesem Vorprüfungsverfahren in der Regel 25 Arbeitstage.[283] Vor der Erteilung der Freigabe darf das Zusammenschlussvorhaben grundsätzlich nicht vollzogen werden (Art. 7 Abs. 1 FKVO). Kommt die Kommission zu dem Ergebnis, dass der Zusammenschluss mit dem Gemeinsamen Markt unvereinbar ist, weil er den wirksamen Wettbewerb erheblich behindern würde, kann sie Aufla-

---

279 Die Umsatzschwellenwerte sind in Art. 1 Abs. 2 und 3 FKVO geregelt. Gemäß § 1 Abs. 2 FKVO genügt es, wenn die am Zusammenschluss beteiligten Unternehmen weltweit einen Gesamtumsatz von mehr als 5 Milliarden Euro und mindestens zwei der beteiligten Unternehmen einen gemeinschaftsweiten Umsatz von mehr als 250 Millionen Euro erreichen. Daneben reicht gemäß § 1 Abs. 3 FKVO ein weltweit erreichter Gesamtumsatz der Beteiligten von mehr als 2,5 Milliarden Euro, ein gemeinschaftsweiter Umsatz mindestens zweier Unternehmen von jeweils mehr als 100 Millionen, wenn der Umsatz aller Beteiligten jeweils in drei Mitgliedstaaten mehr als 100 Millionen Euro beträgt und der Umsatz von wenigstens zwei der beteiligten Unternehmen in jedem der drei vorstehend genannten Mitgliedstaaten mehr als 25 Millionen Euro beträgt.

280 Weitere Voraussetzung ist, dass die beteiligten Unternehmen nicht mehr als zwei Drittel ihres gemeinschaftsweiten Gesamtumsatzes in ein und demselben Mitgliedstaat erzielen (Art. 1 Abs. 2, Abs. 3 FKVO).

281 *Emberger/Peter* in Loewenheim/Meessen/Riesenkampff, Kartellrecht, Art. 6 FKVO Rn.1

282 Bis Ende Juni 2012 endeten von 5009 Anmeldungen 4362 Verfahren mit der Entscheidung, dass wettbewerbsrechtliche Bedenken nicht bestehen. Siehe Statistik der Europäischen Kommission abrufbar unter http://ec.europa.eu/competition/mergers/statistics.pdf

283 *Weber-Rey/Benzler* in Habersack/Mülbert/Schlitt, Kapitalmarktinformation, § 20 Rn. 248; *v. Rosenberg/Haus* in Eilers/Koffka/Mackensen, Private Equity, I. 6. Rn. 5.

gen oder Bedingungen erteilen oder den Beteiligungserwerb ganz untersagen.[284]

2. Fusionskontrolle nach dem GWB

Liegen die engeren Anmeldungskriterien der europäischen Fusionskontrolle nicht vor, müssen die Voraussetzungen der subsidiär anwendbaren[285] deutschen Fusionskontrolle beim Bundeskartellamt in Betracht gezogen werden.[286] Eine Anmeldepflicht besteht bei Vorliegen eines Zusammenschlusses im Sinne des § 37 Abs. 1 GWB. Ein Zusammenschluss liegt bereits vor, wenn 25 Prozent des Kapitals oder der Stimmrechte des Zielunternehmens erworben werden (§ 37 Abs. 1 Nr. 3 b GWB). Darüber hinaus wird jede sonstige Verbindung von Unternehmen, aufgrund deren ein Unternehmen unmittelbar oder mittelbar einen wettbewerblich erheblichen Einfluss auf ein anderes Unternehmen ausüben können, als Zusammenschluss erfasst (§ 37 Abs. 1 Nr. 4 GWB). Das Bundeskartellamt nimmt die Erlangung eines wettbewerblich erheblichen Einfluss in ständiger Praxis bereits bei einer Beteiligung in Höhe von 20 Prozent an einer Gesellschaft an.[287] Dabei können auch geringere Beteiligungen den Zusammenschlusstatbestand erfüllen, sobald weitere Umstände, sogenannte „Plus-Faktoren" hinzutreten, die dem Erwerber eine der eines Anteilsinhabers von 25 Prozent oder mehr gleichzusetzende Position verschaffen.[288] Auszugehen ist von einer Gesamtschau.[289] Plus-Faktoren sind etwa einem Erwerber eingeräumte Organpräsenzrechte, Sperrechte oder

---

284 Zu den Einzelheiten der materiellen Beurteilung *Rinne* in Jesch/Striegel/Boxberger, § 19 Rn.2.4 ff.; *Sedemund* in Hölters, Handbuch Unternehmenskauf, Teil IV Rn. 247 ff. Bis Ende Juni 2012 hat die Kommission erst 22 Zusammenschlussvorhaben untersagt. Siehe Statistik der Europäischen Kommission abrufbar unter http://ec.europa.eu/competition/mergers/statistics.pdf.

285 Die Subsidiarität des deutschen gegenüber dem europäischen Fusionskontrollregime ist § 35 Abs. 3 GWB zu entnehmen.

286 Gemäß § 35 Abs. 1 müssen die beteiligten Unternehmen hier nur einen weltweiten Umsatzerlös von mehr als 500 Mio. Euro im letzten Geschäftsjahr vor dem Zusammenschluss erzielt haben, wobei eines der beteiligten Unternehmen im Inland Umsatzerlöse von mehr als 25 Mio. Euro und ein anderes beteiligtes Unternehmen Umsätze von mehr als 5 Mio. Euro erwirtschaftet haben müssen.

287 BKartA, Beschluss vom 25.4.2002 – B6 159/01, Rn. 32, abrufbar unter www.bundeskartellamt.de.

288 OLG Düsseldorf, AG 2006, 504.

289 BKartA, Beschluss vom 25.4.2002 – B6 159/01, Rn. 32, abrufbar unter www.bundeskartellamt.de.

Vorkaufsrechte.[290] Aber auch faktische Sperrminoritäten, personelle Verflechtungen oder besondere Informationsrechte werden als Einfluss gewährende Faktoren angesehen.[291] Sofern die Beteiligung des PIPE-Investors das für eine faktische Sperrminorität in der Hauptversammlung ausreichende Maß erreicht, wird ein anmeldepflichtiger Zusammenschluss vorliegen. Bei geringeren Beteiligungen ist zu prüfen, ob die Investorenvereinbarung bestimmte Sonderrechte des Investors begründet oder sich aus einer faktisch privilegierten Stellung des Investors möglicherweise ein vergleichbarer Einfluss ergibt. Im Zweifelsfall sollte eine Anmeldung stattfinden. Das Bundeskartellamt prüft in diesem Fall, ob mit dem Zusammenschluss eine marktbeherrschende Stellung begründet oder verstärkt wird (§ 36 Abs. 1 1. Halbsatz GWB). Bestehen keine ernstlichen wettbewerbsrechtlichen Bedenken gegen das Vorhaben, gibt das Bundeskartellamt es nach Ablauf der einmonatigen Prüffrist (§ 40 Abs. 1 S. 1 GWB) frei.

C. Außenwirtschaftsrecht

Sofern der PIPE-Investor weder in der EU noch in den Mitgliedstaaten der Europäischen Freihandelsassoziation (Island, Liechtenstein, Norwegen, Schweiz) ansässig ist und sein Stimmrechtsanteil nach dem Beteiligungserwerb in der Zielgesellschaft 25 oder mehr Prozent erreicht, muss eine Unbedenklichkeitsbescheinigung des Bundesministerium für Wirtschaft und Technologie eingeholt werden. Hintergrund ist das Recht des Ministeriums, den Erwerb von Beteiligungen an gebietsansässigen Unternehmen durch Gemeinschaftsfremde darauf zu überprüfen, ob der betreffende Erwerb die öffentliche Ordnung oder Sicherheit der Bundesrepublik Deutschland gefährdet (§ 53 Abs. 1 AWV in Verbindung mit § 7 Abs. 2 Nr. 6 AWG). Für die Prüfung steht dem Ministerium eine gesetzliche Dreimonatsfrist beginnend mit dem Abschluss des schuldrechtlichen Vertrages über den Erwerb der Stimmrechte zu (§ 53 Abs. 1 S. 1 AWV), die es voll ausschöpfen darf. Während des gesamten Prüfverfahrens steht die Rechtswirksamkeit des schuldrechtlichen Rechtsgeschäfts, das dem Beteiligungserwerb zugrunde liegt, unter der auflösenden Bedingung,

290 BKartA, Beschluss vom 25.4.2002 – B6 159/01, Rn. 32, abrufbar unter www.bundeskartellamt.de.

291 *Riesenkampff/Lehr* in Loewenheim/Meessen/Riesenkampff, Kartellrecht, § 37 GWB Rn.31.

dass das Ministerium den Erwerb innerhalb der gesetzlichen Fristen untersagt (§ 31 Abs. 3 AWG). Um schneller Rechtssicherheit zu erlangen, wird in der Praxis daher regelmäßig eine Unbedenklichkeitsbescheinigung des Ministeriums beantragt, die bestätigt, dass dem Erwerb keine Bedenken hinsichtlich der öffentlichen Ordnung und Sicherheit entgegenstehen (§ 53 Abs. 3 AWV). Die Unbedenklichkeitsbescheinigung gilt als erteilt, wenn das Ministerium nicht innerhalb eines Monats nach Eingang des Antrags in das normale Prüfverfahren eintritt (§ 53 Abs. 3 Satz 2 AWV).

Der Antrag auf Erteilung der Bescheinigung darf bereits vor Beginn der Prüfungsfristen, mithin vor Abschluss des schuldrechtlichen Vertrages über den Erwerb der Stimmrechte, gestellt werden.[292] Erforderlich ist jedoch, dass die Transaktion in ihren wesentlichen Grundzügen feststeht, um die Prüfung der Unbedenklichkeit durch das Ministerium zu ermöglichen.[293] Beabsichtigt der PIPE-Investor, 25 oder mehr Prozent der Anteile an der Zielgesellschaft zu erwerben, sollte er alsbald nach Abschluss der Verhandlungen zur Investorenvereinbarung die Unbedenklichkeitsbescheinigung beantragen.

D. Vermeidung des Kontrollerwerbs

In übernahmerechtlicher Sicht erfüllt das Halten von 30 Prozent der Stimmrechte an der Zielgesellschaft den Tatbestand eines Kontrollerwerbs (§ 29 Abs. 2 WpÜG). Der Halter der Beteiligung muss den Kontrollerwerb veröffentlichen und den übrigen Aktionären der Zielgesellschaft ein Pflichtangebot zum Erwerb ihrer Aktien unterbreiten (§ 35 Abs. 1 und 2 i.V.m. § 29 Abs. 2 WpÜG). Für PIPE-Investoren, die eine Übernahme der Zielgesellschaft gerade vermeiden wollen, stellt die ein Pflichtangebot auslösende Beteiligungshöhe daher zumeist die Höchstbeteiligungsgrenze dar.

Im Hinblick auf die Kontrollschwelle von 30 Prozent der Stimmrechte an der Zielgesellschaft hat der Investor – wie bei den wertpapierhandelsrechtlichen Mitteilungspflichten – die mögliche Zurechnung von Stimmrechten Dritter zu berücksichtigen. So können ihm die Stimmrechte aus Aktien von Tochterunternehmen oder Treuhändern zugerechnet werden (§ 30 Abs. 1 Satz 1 Nr. und 2 WpÜG). Ebenso werden dem Investor

292 Begr. RegE BT-Drucks. 16/10730, S.15.

293 *Seibt/Wollenschläger*, ZIP 2009, 833, 843.

Stimmrechte Dritter zugerechnet, mit denen er oder eines seiner Tochterunternehmen sein Verhalten in Bezug auf die Zielgesellschaft auf Grund einer Vereinbarung oder in sonstiger Weise abstimmt, sogenanntes *Acting in concert* (§ 30 Abs. 2 WpÜG). Neben rechtsgeschäftlichen Vereinbarungen genügt für die Abstimmung auch – wie im Rahmen des § 22 Abs. 2 WpHG –, dass der Investor und der Dritte vereinbaren, bewusst zusammenzuwirken und beide einen entsprechenden Kooperationswillen haben, das eigene Verhalten mit dem des jeweils anderen zu koordinieren.[294]

Soweit sich die Abstimmung nicht auf die Stimmrechtsausübung in der Hauptversammlung richtet, muss das Zusammenwirken in sonstiger Weise zu einer dauerhaften und erheblichen Änderung der unternehmerischen Ausrichtung der Gesellschaft erfolgen. Auch hier führt die Investorenvereinbarung aus den oben genannten Gründen[295] zu keiner Zurechnung der Stimmrechte aus etwaigen eigenen Aktien der Gesellschaft beim Investor. Insoweit muss zusätzlich berücksichtigt werden, dass die Zurechnung von Stimmrechten im Übernahmerecht die schwerwiegende Rechtsfolge der Angebotspflicht des Erwerbers nach sich ziehen könnte, sodass nach zutreffender Ansicht eine restriktive Handhabung der tatbestandlichen Voraussetzungen noch eher geboten erscheint als im Rahmen der Zurechnung des § 22 Abs. 2 WpHG.[296]

In bestimmten gesetzlich geregelten Fällen kann die BaFin den Kontrollerwerber von der Pflicht zur Abgabe eines Pflichtangebots befreien (§ 37 Abs. 1 und 2 WpÜG i. V. m. § 9 WpÜG-AV). Von den gesetzlichen Fallgruppen kann für den PIPE-Investor insbesondere die Befreiung im Zusammenhang mit der Sanierung der Zielgesellschaft (§ 37 Abs. 2 i. V. m. § 9 Satz 1 Nr. 3 WpÜG-AV) bedeutsam werden. Die Sanierungsbefreiung soll es Investoren ermöglichen, ihre Beteiligungshöhe bei der Beteiligung an Sanierungsmaßnahmen flexibel zu wählen, und deren Bereitschaft erhöhen, sich an Sanierungsmaßnahmen überhaupt zu beteili-

---

294 *v. Bülow* in Kölner Kommentar WpÜG, § 30 Rn. 213 f: *U. H. Schneider* in Assmann/Pötzsch/Schneider, WpÜG, § 30 Rn.176.

295 Siehe hierzu 3. Teil, III. A. 1.

296 So *v. Bülow* in Kölner Kommentar WpÜG, § 30 Rn. 20; *Fleischer* ZGR 2008, 185, 197; *U. H. Schneider* in Assmann/Pötzsch/Schneider, WpÜG, § 30 WpÜG Rn. 14; *Seibt*, ZIP 2004, 1829, 1830; *Steinmeyer* in Steinmeyer/Häger, WpÜG, § 30 Rn. 3; *Eidenmüller*, DStR 2007, 2116, 2119 f.; a.A. *Wackerbarth* in Münchener Kommentar AktG, § 30 WpÜG Rn.6; *Zimmermann* in Fuchs, WpHG, Vor §§ 21-30 WpHG Rn. 26; *Spindler* in WM 2007, 2357, 2358. Zur Zurechnung gem. § 30 Abs. 2 WpÜG bei Stimmrechtsvereinbarungen im Vorfeld der PIPE-Transaktion siehe noch 5.Teil, V. B. 1 b).

gen.[297] Der zur Sanierung der Zielgesellschaft bereite Investor soll nicht damit belastet werden, zusätzliche Mittel für den Kauf der Aktien außenstehender Aktionäre aufwenden zu müssen.[298] Zwar werden PIPE-Investoren typischerweise in wirtschaftlich „gesunde" Gesellschaften investieren, die lediglich am Kapitalmarkt unterbewertet sind. Gleichwohl ist es denkbar, dass PIPE-Investoren auch als Sanierer in Erscheinung treten, wenn durch ihre Beteiligung eine drohende Insolvenz der Zielgesellschaft abgewendet werden kann und sich die Beteiligung an der Zielgesellschaft zu einem aussichtsreichen Investment entwickeln lässt.

Voraussetzung für die Erteilung einer Sanierungsbefreiung sind die Sanierungsbedürftigkeit der Zielgesellschaft, ihre Sanierungsfähigkeit sowie die Erbringung eines Sanierungsbeitrags durch den Bieter.[299] Für das Vorliegen der Sanierungsbedürftigkeit verlangt eine verbreitete Auffassung, dass die Zielgesellschaft bestandsgefährdenden Risiken im Sinne von § 322 Abs. 2 S. 3 HGB ausgesetzt ist.[300] Hierfür muss ernsthaft befürchtet werden können, dass das Unternehmen seinen Geschäftsbetrieb nicht mehr fortsetzen kann und damit die Gefahr einer Insolvenz besteht.[301] Nach anderer Auffassung soll es im Sinne einer befreiungsbegünstigenden Auslegung für die Annahme der Sanierungsbedürftigkeit ausreichen, dass sich die Vermögens-, Finanz- oder Ertragslage der Gesellschaft nachhaltig verschlechtert hat und zu ihrer Verbesserung Maßnahmen erforderlich sind, welche die Gesellschaft aus eigener Kraft nicht mehr umsetzen kann.[302] Die letzte Ansicht überzeugt, da sie am ehesten dem Schutzzweck der Befreiungsregelung Rechnung trägt und auch im Interesse der außenstehenden Aktionäre liegt. Allerdings sollte in der Praxis zur Vermeidung unnötigen Verwaltungsaufwands der ersten Ansicht gefolgt werden, da auch die BaFin diese Meinung vertritt.[303]

---

297 Begr. RegE BT-Drucks. 14/7034, S. 81.

298 *Schlitt/Ries* in Münchener Kommentar AktG, §§ 8-12 WpÜG-AVO, Rn. 16; *Geibel/Süßmann*, BKR 2002, 52, 54; *Thaeter* in Thaeter/Brandi, Teil 2 Rn. 622.

299 *Schlitt/Ries* in Münchener Kommentar AktG, §§ 8-12 WpÜG-AVO, Rn.17; *Meyer* in Geibel/Süßmann, WpÜG, § 37 Rn. 42.

300 BaFin Jahresbericht 2004, 209; *Holzborn/Israel*, WM 2004, 309, 316; *Klepsch* in Steinmeyer/Häger, WpÜG, § 37 Rn. 27; *Klepsch/Kiesewetter*, BB 2007, 1403, 1404; *Seiler*, CFL 2010, 102, 104.

301 *Zimmer* in Großkommentar HGB, § 321 Rn. 23; *Ebke* in Münchener Kommentar HGB, § 321 Rn. 41.

302 *Schlitt/Ries* in Münchener Kommentar AktG, §§ 8-12 WpÜG-AVO Rn. 18; *Versteegen* in Kölner Kommentar WpÜG, § 37 Anh. – § 9 AngebVO Rn.20; *Ekkenga* in Ehricke/Ekkenga/Oechsler, WpÜG § 37 Rn. 24.

303 So auch *Seiler*, CFL 2010, 102, 103 f.

Daneben muss die Sanierungsfähigkeit durch Vorlage eines zur Bewältigung der Krisenlage geeigneten Sanierungsplans unter Beweis gestellt werden.[304] Der Sanierungsplan sollte insbesondere durch einen Wirtschaftsprüfer oder einen Sanierungsberater ausgearbeitet und mit einer Plausibilitätsbestätigung versehen werden.[305]

Zuletzt hat der Bieter einen angemessenen Sanierungsbeitrag an die Zielgesellschaft zu leisten, der die Liquidität der Gesellschaft nicht nur kurzfristig wiederherstellt, sondern mittelfristig die Überschuldung und Zahlungsunfähigkeit der Gesellschaft verhindert.[306] Bei einer PIPE-Transaktion wird der Sanierungsbeitrag im Regelfall in den für die Zeichnung neuer Aktien aufgewendeten Barmitteln bestehen. Denkbar ist aber auch, dass der PIPE-Investor zugunsten der Gesellschaft auf eigene oder erworbene Forderungen verzichtet, Verbindlichkeiten der Gesellschaft übernimmt oder der Gesellschaft Kredite gewährt.[307]

Interessant für PIPE-Transaktionen könnte ferner auch die Befreiungserteilung aufgrund der Besonderheit der in der Zielgesellschaft vorherrschenden Aktionärsstruktur sein. So kann eine Befreiung durch die BaFin erteilt werden, wenn ein Dritter unabhängig vom Investor einen höheren Stimmrechtsanteil als der Investor hält oder die durchschnittlichen Präsenzen in der Hauptversammlung eine Mehrheit des Investors nicht erwarten lassen (§ 9 S. 2 Nr. 1 und Nr. 2 WpÜG-AV). Mangels eines kontrollierenden Einflusses auf die Zielgesellschaft ist die Schutzwürdigkeit der übrigen Aktionäre der Zielgesellschaft dann geringer einzustufen. Allerdings erscheinen diese Varianten bei einer PIPE-Beteiligung eher theoretisch. Sofern in der Gesellschaft bereits ein Großaktionär mit einem höheren Stimmrechtanteil vorhanden ist, wird die Gesellschaft für einen PIPE-Investor als Investitionsziel uninteressant sein. In diesem Fall wäre der tatsächliche und potentielle Einflussrahmen des Investors in der Hauptversammlung bereits von Beginn an stark eingeschränkt. Ebenso wird es eher selten vorkommen, dass ein mit über 30 Prozent der Stimmrechte an der Gesellschaft beteiligter Aktionär in der Hauptversammlung

---

304 *Schlitt/Ries* in Münchener Kommentar AktG, §§ 8-12 WpÜG-AVO Rn. 21; *Versteegen* in Kölner Kommentar WpÜG, § 37 Anh. – § 9 AngebVO Rn. 21; *Seiler*, CFL 2010, 102, 108.

305 *Versteegen* in Kölner Kommentar WpÜG § 37 Anh. § 9 AngebVO rn. 21; *Klepsch/Kiesewetter*, BB 2007, 1403, 1407.

306 *Schlitt/Ries* in Münchener Kommentar AktG, §§ 8-12 WpÜG-AVO Rn. 23 f.; *Versteegen* in Kölner Kommentar WpÜG, § 37 Anh. – § 9 AngebVO Rn. 22.

307 Zu den verschiedenen Möglichkeiten, durch die ein Sanierungsbeitrag geleistet werden kann, vergleiche *Versteegen* in Kölner Kommentar WpÜG § 37 Anh. – § 9 AngebVO, Rn. 22.

einer börsennotierten Gesellschaft aufgrund der Präsenz der übrigen Aktionäre keine Mehrheit erreicht. Im Einzelfall sollte der Investor sich über die Präsenzen der vorherigen Hauptversammlungen jedoch informieren und diese Befreiungsmöglichkeit in Betracht ziehen.

Der Verstoß gegen die Pflichten zur Veröffentlichung des Kontrollerwerbs und zur Abgabe eines Pflichtangebots (§ 35 Abs. 1 und 2 WpÜG) kann als Ordnungswidrigkeit mit einem Bußgeld bis zu einer Million Euro belegt werden (§ 60 Abs. 1 Nr. 1 a i. V. m. 60 Abs. 3 WpÜG). Darüber hinaus bestehen für die Zeit bis zur erfolgten Erfüllung der Pflichten keine Rechte aus den gehaltenen Aktien (§ 59 S. 1 WpÜG). Für die Dauer des Verstoßes ist der Kontrollerwerber verpflichtet, den Aktionären der Zielgesellschaft die im Rahmen des Pflichtangebots geschuldeten Gegenleistung zu verzinsen (§ 38 WpÜG).

E. Fazit

Zusammenfassend ergibt sich folgendes Bild: Strebt der Investor eine Beteiligung von 25 bis 30 Prozent an, die ihm zumeist eine faktische Mehrheit sowie eine rechtliche Sperrminorität bei wichtigen Strukturmaßnahmen verschafft, sind bei der Umsetzung des Beteiligungserwerbs regelmäßig sowohl kartellrechtliche als auch außenwirtschaftsrechtliche Prüfungsverfahren mit dem damit einhergehenden zeitlichen Aufwand zu berücksichtigen. Darüber hinaus hat der Investor ab einer Beteiligung von 30 Prozent der Stimmrechte an der Gesellschaft den Aktionären ein Pflichtangebot zu unterbreiten, soweit kein Befreiungstatbestand einschlägig ist. Unterhalb einer Beteiligungsschwelle von 25 Prozent des Grundkapitals beschränken sich die Rechtspflichten im Regelfall auf die wertpapierrechtlichen Mitteilungs- und Veröffentlichungspflichten im Hinblick auf die Beteiligungshöhe und Investmentstrategie.

IV. Vermeidung wirtschaftlicher Nachteile für die Zielgesellschaft durch einen bedeutenden Beteiligungserwerb

Eine wesentliche Beteiligung des PIPE-Investors kann für die Zielgesellschaft unter Umständen wirtschaftliche Nachteile mit sich bringen. Im Hinblick auf die Körperschaftssteuerpflicht der Zielgesellschaft kann es aufgrund der Beteiligung des Investors zu einem Verlust von Verlustvorträgen kommen. Zum anderen kann die Beteiligung des Investors zu einem Kontrollwechsel führen und Kündigungs- oder Vertragsänderungsrechte zugunsten der Vertragspartner der Zielgesellschaft auslösen.

A. Verlust von Verlustvorträgen

Im Hinblick auf das zu ermittelnde besteuerbare Einkommen gelten auch bei Körperschaften die einkommenssteuerlichen Regelungen zum Verlustausgleich und Verlustabzug (§ 8 Abs. 1 KStG).[308] Um sicherzustellen, dass die wirtschaftlichen Vorteile aus dem Verlustausgleich oder Verlustabzug auf Ebene der Körperschaft dem Gesellschafter zugutekommen, der auch den mittelbaren Nachteil aus den Verlusten der Körperschaft erlitten hat,[309] ordnet das Gesetz bei bestimmten Änderungen der Beteiligungsverhältnisse den totalen oder teilweisen Wegfall der ausgleichs- oder abzugsfähigen Verluste an. So führt der mittelbare oder unmittelbare Erwerb von mehr als 25 Prozent des gezeichneten Kapitals oder der Stimmrechte der Zielgesellschaft durch einen Erwerber zum quotalen Verlust der nicht genutzten Verluste entsprechend der Höhe des schädlichen Beteiligungserwerbs (§ 8 c Abs. 1 S. 1 KStG). Ein völliger Wegfall aller bis dahin nicht genutzten Verluste tritt ein, wenn der Erwerber mehr als 50 Prozent des Grundkapitals oder der Stimmrechte der Gesellschaft erwirbt (§ 8 c Abs. 1 Satz 2 KStG).[310] Der Wegfall der Verlustvorträge hat gerade für innovative junge Unternehmen, die typischerweise längere Verlustzeiten durchlaufen müssen, erhebliche Nachteile, da die Verluste nach Eintritt des Investors nicht mehr steuermindernd eingesetzt werden können.[311] Zielgesellschaft und Investor werden daher gleichermaßen versuchen, den Wegfall der Verlustvorträge durch Wahl einer entsprechend niedrigeren Beteiligung zu vermeiden. Lässt sich die unerwünschte Rechtsfolge des Wegfalls der Verlustvorträge je-

---

308 *Frotscher* in Frotscher/Maas, KStG, § 8 c Rn. 17.

309 *Frotscher* in Frotscher/Maas, KStG, § 8 c Rn. 1; *Olbing* in Streck, KStG, § 8c Rn. 1.

310 Hinzuweisen ist auf die Nichtanwendbarkeit der Sanierungsklausel in § 8c Abs. 1a KStG. Durch Beschluss der Europäischen Kommission vom 26.1.2011 wurde die Sanierungsklausel zu einer rechtswidrigen Beihilferegelung im Sinne der Artt. 107 Abs. 1, 108 Abs. 3 AEUV erklärt (C 7/2010, K(2011) 275). Eine Klage der Bundesregierung gegen den Beschluss wurde durch Beschluss der Gerichts der Europäischen Union (EuG) vom 18.12.2012 als verfristet abgewiesen (Rs. T-205/11, Deutschland/Kommission).

311 *Weitnauer*, BKR 2009, 18, 24.

doch nicht vermeiden, kann die Zielgesellschaft diesen Aspekt in den Verhandlungen zur Investorenvereinbarung aufgreifen und bei entsprechender Verhandlungsmacht zu ihren Gunsten verwerten, etwa im Gegenzug eine Leistung des Investors verlangen oder das eigene Entgegenkommen zu bestimmten Fragen davon abhängig machen, ob ein wirtschaftlicher Ausgleich der steuerlichen Nachteile erfolgt. Aufgabe des Vorstands ist es, die Vorteile der Beteiligung des Investors mit dem Nachteil des Wegfalls steuermindernder Verlustvorträge sorgsam abzuwägen, um dem Unternehmensinteresse Rechnung zu tragen.

B. Change of Control-Klauseln

Ein weiterer Aspekt, der geeignet ist, die Wahl der Beteiligungshöhe bei PIPE-Transaktionen mitzubestimmen, sind die praktisch häufig in Verträgen der Zielgesellschaft zu Dritten vorkommenden Kündigungs- und Gestaltungsrechte, die an einen Kontrollwechsel innerhalb der Zielgesellschaft anknüpfen. Dabei können bestehende Finanzierungs- oder Lizenzverträge, bei denen die Gesellschaft der Kredit- oder Lizenznehmer ist, im Regelfall für die Fortführung des operativen Geschäfts der Zielgesellschaft elementar sein. Dabei wird der Wegfall von Lizenzrechten oder die Beendigung von Lieferbeziehungen auch finanziell durch den Investor nicht zu kompensieren sein. Zu berücksichtigen ist, dass die Voraussetzungen des Kontrollwechsels in Change of Control-Klauseln sehr unterschiedlich definiert werden.[312] So wird teilweise allgemein an eine Änderung der Inhaberverhältnisse, teilweise an die Übernahme eines bestimmten Prozentsatzes der Anteilsrechte oder die Überschreitung bestimmter Beteiligungsschwellen angeknüpft.[313] Vor Abschluss der Investorenvereinbarung sind daher wesentliche Verträge der Zielgesellschaft auf ihre Vereinbarkeit mit der angestrebten Beteiligung des Investors zu überprüfen.[314] Auch hier bedarf es auch Sicht des Vorstands der Zielgesellschaft einer besonders sorgfältigen Abwägung, ob die Transaktion den wohlverstanden Gesellschaftsinteressen dient.[315]

---

312 *Mielke/Nguyen-Viet*, DB 2004, 2515.
313 *Mielke/Nguyen-Viet*, DB 2004, 2515.
314 Zur Frage der Zulässikeit der Due Diligence bei der Zielgesellschaft durch den Investor, 3. Teil, II.
315 So zutreffend *Seibt/Wunsch*, Konzern 2009, 199, 209.

3. Teil: Ablauf einer typischen PIPE-Transaktion: Die Kapitalerhöhung mit vereinfachtem Bezugsrechtsausschluss bei Übernahme aller neuen Aktien durch den Investor

Vor dem Hintergrund der Ausgangsdefinition einer PIPE-Transaktion als einer zwischen Investor und Zielgesellschaft abgestimmten Finanztransaktion mit dem Ziel einer strukturierten Minderheitsbeteiligung soll im Folgenden die Kapitalerhöhung mit vereinfachtem Bezugsrechtsausschluss als Transaktionsgrundmodell und Standardfall in ihrem Ablauf dargestellt werden. In der Praxis lässt sich eine Kapitalerhöhung dieses Umfangs unter Ausschluss der Mitwirkung der Altaktionäre in einem übersichtlichen Zeitrahmen und mit geringem Verfahrensaufwand seitens der Zielgesellschaft durchführen. Daher soll sie zum Anlass genommen werden, um die üblichen Transaktionsschritte – Anbahnung der Transaktion, Durchführung der Due Diligence und Vereinbarung mit anschließender Umsetzung – sowie die sich stellenden Rechtsfragen nachzuvollziehen.

I. Vorbereitungsphase

Nach der Kontaktaufnahme von Investor und Zielgesellschaft sind in Vorbereitung der PIPE-Transaktion verschiedene Fragen zu prüfen. Der Investor hat sicherzustellen, dass alle für ihn geltenden gesellschaftsrechtlichen Erfordernisse für einen Beteiligungserwerb – etwa die Zustimmung etwaiger Gesellschaftsorgane – gegeben sind. Darüber hinaus hat der PIPE-Investor gegebenenfalls einen Nachweis ausreichender Finanzierung zu erbringen. Auf der Seite der Zielgesellschaft stellt sich vor allem die Frage des gesellschaftsrechtlichen Handlungsspielraums des Vorstands bei der Auswahl eines geeigneten Ankerinvestors.

Ziehen die Beteiligten eine gemeinsame PIPE-Transaktion nach anfänglichen Gesprächen in Erwägung, schließen sie im Regelfall eine gemeinsamen Absichtserklärung in Form eines sogenannten Letter of Intent ab, auf dessen Inhalt abschließend kurz einzugehen ist.

A. Kontaktaufnahme zwischen PIPE-Investor und Zielgesellschaft

Die Möglichkeiten der Kontaktaufnahme von Investor und Zielgesellschaft sind so unterschiedlich wie die beteiligten Akteure und deren jeweilige Interessenlage. Abgesehen von der direkten Ansprache von Investoren bei Bestehen persönlicher Beziehungen auf Vorstands- oder Geschäftsführungsebene werden auf Seiten der Zielgesellschaft bei der Vermittlung von PIPE-Transaktionen Banken und Finanzberater eine entscheidende Rolle spielen. Verfügt die Zielgesellschaft nicht selbst über ein hinreichend breites Netzwerk zur Akquise neuer Investoren und hat sie keine personellen Ressourcen zu diesem Zweck abgestellt, bleibt ihr nur die Möglichkeit, sich an Investmentbanken oder Corporate Finance-Berater zu wenden. Diese sind darauf spezialisiert, Investoren für Beteiligungskäufe zu finden und die anschließende Transaktion unterstützend zu begleiten.[316] Alternativ kommt die Beauftragung der eigenen Geschäftsbank in Betracht.[317]

Auf Investorenseite ist zu differenzieren. Finanzinvestoren führen häufig selbst aktive Marktanalysen durch, bei der sie potentielle Zielgesellschaften sondieren, in Datenbanken erfassen und im Anschluss an eine intern abgestimmte Auswahl und vertiefte Recherche direkt ansprechen.[318] Allerdings beträgt auch hier der Anteil der durch externe Vermittlung zustande kommenden Private Equity-Transaktionen 60 bis 80 Prozent.[319] Strategische Investoren werden häufig ihre Zielgesellschaften bereits aus der im gewöhnlichen Geschäftsablauf erfolgenden Beobachtung des Konkurrentenumfeldes kennen. Auch hier können jedoch qualifizierte Berater aus Banken oder Wirtschaftsprüfungsgesellschaften wertvolle Investorenkontakte vermitteln.

B. Gesellschaftsrechtliche Anforderungen im Hinblick auf den Beteiligungserwerb auf Seiten des Investors

Neben den bei der Zielgesellschaft zu untersuchenden gesellschaftsrechtlichen Fragestellungen im Hinblick auf Auswahl und Information geeig-

---

316 *Feldhaus* in Frankfurter Kommentar, Private Equity, Kap. 1, Rn. 169.
317 *Feldhaus* in Frankfurter Kommentar, Private Equity, Kap. 1, Rn. 169.
318 *Feldhaus* in Frankfurter Kommentar, Private Equity, Kap. 1, Rn. 168.
319 *Brettel/Kaufmann/Kühn/Sobczak*, Private Equity-Investoren, S. 33.

neter Investoren (hierzu unter C., D. und II.), kann auf Seiten des Investors in der Phase der Transaktionsvorbereitung die Frage relevant werden, ob die Beteiligung an der Zielgesellschaft mit den eigenen gesellschaftsrechtlichen Grundlagen vereinbar ist und der Zustimmung bestimmter Gesellschaftsorgane bedarf. Die Frage soll für die praktisch relevanten Fälle der Rechtsform der AG, der GmbH sowie der Personenhandelsgesellschaften OHG und KG beantwortet werden.

1. Erwerber-AG

Sofern der Investor als Aktiengesellschaft organisiert ist oder eine Aktiengesellschaft als Erwerbergesellschaft einsetzt, muss die Beteiligung an der Zielgesellschaft zunächst mit dem satzungsmäßigen Unternehmensgegenstand der Erwerberaktiengesellschaft vereinbar sein. Sofern es sich um eine Holdinggesellschaft handelt, deren Unternehmensgegenstand auf den Erwerb und das Halten von Beteiligungen gerichtet ist, ist ein Beteiligungserwerb vom Unternehmensgegenstand gedeckt, sofern die Satzung die Anlagemöglichkeiten nicht auf bestimmte Sparten oder Industrien begrenzt und die Zielgesellschaft hierzu nicht gehört.[320] Darüber hinaus kann bei Finanzinvestoren eine faktische Bindung des Vorstands entstehen, wenn sich die Fondsgesellschaft im Rahmen des Fundraising und der Vorstellung ihrer Investmentstrategie gegenüber den Anlegern einem bestimmten Anlageprofil, etwa bezogen auf bestimmte Branchen oder Industrien, verschrieben hat.[321]

Ist die Erwerbergesellschaft – wie im Fall eines strategischen Investors denkbar – selbst operativ tätig, muss die Satzung den Vorstand auch zum Erwerb von Beteiligungen ermächtigen, sogenannte Konzernöffnungsklausel.[322] Der Vorstand hat zudem darauf zu achten, dass die Tochter- oder Beteiligungsgesellschaft im Kern den gleichen Unternehmensgegenstand verfolgt, sofern die Beteiligung die Möglichkeit beherrschenden Einflusses vermittelt.[323] Anderenfalls könnte der Vorstand mittelbar Geschäfte führen, die ihm die eigene Satzung verwehrt.[324]

---

320 *Stein* in Münchener Kommentar AktG, § 179 Rn.110.

321 *Feldhaus* in Frankfurter Kommentar, Private Equity, Kap. 1 Rn. 158

322 *Haberstock/Greitemann* in Hölters, aktG, § 179 Rn.21; *Hüffer*, AktG, § 179 Rn.4; *Holzborn* in Spindler/Stilz, AktG, § 179 Rn. 68; *Stein* in Münchener Kommentar AktG, § 179 Rn. 111.

323 *Krieger* in MünchHdb AG, § 69 Rn.5; *Holzborn* in Spindler/Stilz, AktG, § 179 Rn. 68; *Stein* in Münchener Kommentar AktG, § 179 Rn. 112.

324 Stein in Münchener Kommentar AktG, § 179 Rn.112.

Streitig ist, ob zusätzlich die Zustimmung der Hauptversammlung für den Beteiligungserwerb aufgrund einer ungeschriebenen Hauptversammlungszuständigkeit angenommen werden muss. Die Rechtsprechung verlangt die Zustimmung der Hauptversammlung zu Maßnahmen der Geschäftsführung jedoch nur in engen Grenzen.[325] Nach Ansicht des BGH bedarf es dafür einer Maßnahme, die so tiefgreifend in die Mitgliedsrechte der Aktionäre eingreift, dass der Vorstand vernünftigerweise nicht annehmen kann, sie ohne Zustimmung der Hauptversammlung vornehmen zu können.[326] Dies ist insbesondere der Fall, wenn die Maßnahme strukturell den Einfluss der Aktionäre in ihrem Organ – wie im Fall der Ausgliederung des wesentlichen Teils des Konzernvermögens auf eine Tochtergesellschaft – verringert oder mediatisiert.[327] Ebenso muss die Hauptversammlung zustimmen, wenn die in Aussicht genommene Maßnahme Veränderungen nach sich zieht, die einer Satzungsänderung nahekommen.[328] Auch quantitativ hat die Geschäftsführungsmaßnahme ein gewisses Maß zu erreichen. In der „Holzmüller"-Entscheidung des BGH betraf die geplante Ausgliederung von Betriebsteilen auf eine Tochtergesellschaft etwa 80 Prozent des Gesellschaftsvermögens.[329] Vor diesem Hintergrund sehen Rechtsprechung und Literatur den Eingriffsschwellenwert für die Mitgliedsrechte der Aktionäre bei einer Größenordnung von 75[330] bis 80[331] Prozent.

Nicht abschließend geklärt ist, ob der Erwerb unternehmerischer Beteiligungen nach diesen Grundsätzen die Zustimmung der Hauptversammlung erfordert. Insbesondere ist umstritten, ob hierbei ein Mediatisierungseffekt eintritt.[332] Dagegen spricht, dass im Gegensatz zur Aus-

325 BGHZ 83, 122 („Holzmüller"); BGHZ 159, 30 („Gelatine I").

326 BGHZ 83, 122, 131.

327 *Spindler* in Schmidt/Lutter, AktG, § 119 Rn. 30.

328 BGHZ 159, 30.

329 BGHZ 159, 30, 45; BGHZ 83, 122 ff. lag eine Ausgliederung des Herzstücks des Unternehmens der beklagten Aktiengesellschaft zugrunde, die rund 80 Prozent der Unternehmensaktiva betraf. Zahlenangaben nach den Feststellungen des Berufungsgerichts, OLG Hamburg, ZIP 1980, 1000, 1005.

330 LG München I ZIP 2006, 2036, 2040; *Hüffer*, AktG, § 119 Rn. 18b; *Spindler* in Schmidt/Lutter, AktG, § 119 Rn. 31

331 OLG Hamm AG 2008, 421, 422; OLG Frankfurt, NZG 2011, 62, 64; *Semler* in MünchHdb AG § 34 Rn 40; *Habersack* in Emmerich/Habersack, Aktien- und GmbH-Konzernrecht, Vor § 311 Rn. 46; *Schlitt* in Semler/Stengel, UmwG § 173 Anh. Rn. 35.

332 Für die Mediatisierungswirkung *Habersack* in Emmerich/Habersack, Aktien- und GmbH-Konzernrecht, Vor § 311 AktG Rn. 34, 42, 46; *Raiser/Veil*, Recht der Kapitalgesellschaften, § 16 Rn. 13; *Spindler* in Schmidt/Lutter, AktG, § 119 Rn. 33, dagegen *Krie-*

gliederung der Erwerb einer Beteiligung die Herrschaftsmöglichkeiten der Aktionäre in Bezug auf das bestehende Unternehmen nicht verkürzt.[333] Der Beteiligungserwerb ist vielmehr eine Maßnahme der Vermögensverwendung, ähnlich einer anderweitigen Investition.[334] Anderenfalls würde die Geschäftsführungskompetenz des Vorstands durch eine Mittelverwendungskontrolle der Hauptversammlung über Gebühr ausgehöhlt.

Nach Ansicht des OLG Frankfurt am Main kommt es auf diese Frage jedoch dann nicht mehr an, wenn die Satzung eine Konzernöffnungsklausel enthält, die zu allen Geschäften und Maßnahmen berechtigt, die geeignet sind, den Gesellschaftszweck, insbesondere durch den Erwerb von Beteiligungen an anderen Unternehmen, zu fördern.[335] Die Hauptversammlung weise damit den Beteiligungserwerb den vorstandsautonomen Geschäftsführungsangelegenheiten zu und enthebe sich unabhängig vom Umfang des späteren Erwerbsgeschäfts ihrer eigenen Zuständigkeit.[336]

Selbst wenn man den Unternehmenserwerb als eine hauptversammlungspflichtige Maßnahme ansehen wollte, wird der Erwerb einer PIPE-Beteiligung durch den Investor in der Regel nicht den Grad der Wesentlichkeit erreichen, der nach der Rechtsprechung bei etwa 80 Prozent des Konzernvermögens der Erwerbergesellschaft liegt. Ist dies jedoch einmal der Fall, sollte der Beteiligungserwerb der Hauptversammlung zur Entscheidung vorgelegt werden. Der Beteiligungserwerb wäre zwar auch ohne die Zustimmung der Hauptversammlung wirksam,[337] allerdings können Aktionäre die Rückgängigmachung des unzulässigen Beteiligungserwerbs verlangen.[338]

---

ger in Münch Hdb AG, § 69 Rn. 10; *Reichert* in Beck'sches Hdb AG, § 5 Rn. 32; *Kubis* in Münchener Kommentar AktG, § 119 Rn. 71.

333 *Drinhausen* in Hölters, AktG, § 119 Rn. 21; *Hölters/Hölters* in Hölters, Handbuch Unternehmenskauf, Teil X Rn. 140; *Kubis* in Münchener Kommentar, § 119 Rn.71.

334 OLG Frankfurt, NZG 2011, 62, 63; *Hölters/Hölters* in Hölters, Handbuch Unternehmenskauf, Teil X Rn. 140; *Reichert* in Beck'sches Hdb AG, § 5 Rn. 32.

335 OLG Frankfurt, NZG 2011, 62, 64.

336 OLG Frankfurt, NZG 2011, 62, 63 f.; OLG Frankfurt, NZG 2005, 558, 560; im Ergebnis ebenso *Decher* in FS U. H. Schneider, 261, 273; kritisch zu dieser Lösung *Kiefner* in ZIP 2011, 545, 547; *Priester*, AG 2011, 654, 660.

337 BGHZ 83, 122, 130, 132; BGH ZIP 2004, 993, 997; *Kubis* in Münchener Kommentar AktG, § 119 Rdn. 102; *Krieger* in Münch Hdb AG, § 69 Rn.5.

338 BGHZ 83, 122,133 ff.; BGHZ 136, 133, 141; OLG Stuttgart NZG 2003, 778, 785; LG Duisburg AG 2003, 390; *Seiler/Singhof*, Konzern 2003, 313, 315 ff.

2. Erwerber-GmbH

Auch bei der als GmbH organisierten Erwerbergesellschaft kommt es darauf an, dass die Beteiligung an der Zielgesellschaft von dem satzungsmäßigen Unternehmensgegenstand gedeckt ist. Es gelten die gleichen Grundsätze wie bei der Aktiengesellschaft.[339]

Im Hinblick auf die Frage, ob die Gesellschafterversammlung der Entscheidung über die Beteiligung an der Zielgesellschaft zustimmen muss, kommt es bei der GmbH zunächst darauf an, ob eine konkrete Zustimmungspflicht der Gesellschafterversammlung durch den Gesellschaftsvertrag oder Gesellschafterbeschlüsse für die Fallgruppe des Beteiligungserwerbs begründet wurde. Auf die oben dargestellten Grundsätze der Rechtsprechung des BGH kommt es nicht an, da die Geschäftsführung in der GmbH der Gesellschafterversammlung schon alle bloß ungewöhnlichen oder atypischen Maßnahmen zur Entscheidung vorlegen muss.[340] Dabei genügt es für die Vorlagepflicht, wenn im Hinblick auf den Umfang und die Risiken des Rechtsgeschäfts mit dem Widerspruch einzelner Gesellschafter zu rechnen ist.[341] Im Hinblick auf den Erwerb einer Unternehmensbeteiligung ist dies eine Frage des Einzelfalls.

3. Erwerber-OHG oder -KG

Sofern der Investor als OHG oder KG organisiert ist oder eine Gesellschaft dieser Rechtsform zum Erwerb einer Beteiligung an der Zielgesellschaft einsetzt, muss auch hier der Unternehmensgegenstand eingehalten werden. Es gelten auch hier die gleichen Grundsätze.[342]

Zusätzlich kann die Zustimmung der Gesellschafter erforderlich werden, wenn der Beteiligungserwerb eine außergewöhnliche Maßnahme darstellt (§§ 116 Abs. 2, 164 S. 1, 2. Hs. HGB). Solche gehen nach Inhalt, Zweck, Bedeutung oder Risiko über den üblichen Rahmen des Unternehmens hinaus.[343] Ob dies der Fall ist, muss anhand der konkreten Verhältnisse der Gesellschaft, insbesondere des Gesellschaftszwecks und Unternehmensgegenstands, des Zuschnitts der bisherigen Geschäftstä-

---

339 *Priester* in Scholz, GmbHG, § 53 Rn.120; *Wicke* in Münchener Kommentar GmbHG, § 3 Rn.19.

340 *Blasche*, DB 2011, 517, 522.

341 *Marsch-Barner/Diekmann* in Münch Hdb GmbH, § 44 Rn.59.; *Lenz* in Michalski, GmbHG, § 37 Rn. 15; *Kleindiek* in Lutter/Hommelhoff, GmbHG, § 37 Rn. 10 ff.

342 *Mülbert* in Münchener Kommentar HGB, KonzernR der PersGes, Rn. 76 ff.

343 BGH LM Nr. 1 zu § 116 HGB; *Wirth* in Münch Hdb KG, § 7 Rn. 51.

tigkeit und der Größe der Gesellschaft sowie den mit der Transaktion verbundenen Risiken, beurteilt werden.[344]

C. Sicherstellung der Finanzierung des Beteiligungserwerbs

Für das Gelingen der Transaktion ist es weiter erforderlich, dass der Investor über die für den Erwerb der Aktien notwendigen finanziellen Mittel verfügt und dies bereits vor Durchführung der Transaktion nachweisen kann.

Im Hinblick auf die Strukturierung der Akquisitionsfinanzierung hat der Investor die Kapitalerhaltungsvorschriften des Aktiengesetzes, insbesondere das Verbot der finanziellen Unterstützung beim Aktienerwerb (§ 71a AktG), zu beachten. Er kann daher rechtswirksam durch die Zielgesellschaft weder Darlehen zum Zweck des Erwerbs der Aktien erhalten,[345] noch dürfen zu seinen Gunsten Sicherheiten für etwaige Erwerbskredite durch die Gesellschaft bestellt werden.[346]

In einem gewissen Umfang können die erworbenen Aktien des Investors zugunsten etwaiger Kreditgeber besichert werden.[347] In der Praxis werden solche Finanzierungen häufig als sogenannte *Margin loans* gewährt.[348] Dabei werden die Aktien in der Weise beliehen, dass die kreditgebende Bank dem Investor einen bestimmten Prozentsatz des jeweils aktuellen Börsenwertes der verpfändeten Aktien als Fremdkapital zur Verfügung stellt.[349] Sinkt der Börsenkurs und damit der Beleihungswert der Aktien unter den vereinbarten Prozentsatz, muss der Investor Eigenkapital nachschießen. Anderenfalls darf der Kreditgeber den Kredit sofort fällig stellen. Diese Form der Finanzierung ist jedoch auf einen bestimmten Umfang von Aktien der Gesellschaft beschränkt, da die finanzierende Bank die verpfändeten Aktien im Verwertungsfall innerhalb kurzer Zeit über die Börse verkaufen können muss, ohne dass es zu allzu

---

344 *Ulmer* in Staub, HGB, § 116 Rn. 4.

345 *Cahn* in Spindler/Stilz, AktG, § 71a Rn.23ff.

346 *Diem*, Akquisitionsfinanzierungen, § 45 Rn.53; Oechsler in Münchener Kommentar AktG, § 71a Rn.18; *Cahn* in Spindler/Stilz, AktG, § 71a Rn. 26.

347 Einzelheiten bei *Nussbaum/Rothenfußer* in Jesch/Striegel/Boxberger, Rechtshandbuch Private Equity, § 21 1.5.

348 *Nussbaum/Rothenfußer* in Jesch/Striegel/Boxberger, Rechtshandbuch Private Equity, § 21 1.5.

349 *Nussbaum/Rothenfußer* in Jesch/Striegel/Boxberger, Rechtshandbuch Private Equity, § 21 1.5.

großen Kursabschlägen kommt.[350] Der Umfang eines Margin loan hängt damit von der jeweiligen Aktionärsstruktur und Handelsliquidität der Aktie ab.[351]

Im Rahmen von Unternehmens- und Beteiligungskäufen ist es üblich, dass der Investor mit Fortschreiten der Verhandlungen das Bestehen einer Finanzierung für den Beteiligungserwerb gegenüber der Zielgesellschaft nachweist, vor allem, wenn der Investor den Erwerb über eine für Private Equity-Transaktionen typische Akquisitionsvehikel-Erwerbergesellschaft abwickeln möchte.[352] Diese verfügt häufig nur über das gesetzlich geforderte Mindestkapital – soweit sie als Kapitalgesellschaft in der Rechtsform der GmbH oder der AG gegründet wurde. Typischerweise werden die für den Beteiligungserwerb erforderlichen Mittel zumeist erst kurz vor Vollzug des Erwerbs bei den Fondsinvestoren eingeworben.[353] Soweit der Investor eine Beteiligung durch Zeichnung neuer Aktien im Rahmen einer Zehn-Prozent-Kapitalerhöhung anstrebt, wird gleichermaßen im Hinblick auf die Durchführbarkeit der Transaktion ein Interesse des Vorstands der Zielgesellschaft bestehen, sich vor Durchführung der Kapitalerhöhung über die Zahlungsfähigkeit des Investors zu vergewissern und einen Nachweis des Investors über die bestehende Finanzierung zu erhalten. In der Praxis der Unternehmensbeteiligung wird der Nachweis etwa in Form einer Finanzierungszusage eines Kreditinstituts oder des Versprechens des Private-Equity Fonds, das Finanzierungsvehikel mit Mitteln auszustatten, sogenannter *Equity Commitment Letter*, erbracht.[354]

D. Handlungsspielraum des Vorstands der Zielgesellschaft im Hinblick auf die Auswahl des Investors

Hat ein Investor der Zielgesellschaft Interesse an der Durchführung einer PIPE-Transaktion signalisiert, muss der Vorstand der Zielgesellschaft entscheiden, ob der betreffende Investor für die Rolle eines PIPE-Inves-

---

350 *Nussbaum/Rothenfußer* in Jesch/Striegel/Boxberger, Rechtshandbuch Private Equity, § 21 1.5.

351 *Nussbaum/Rothenfußer* in Jesch/Striegel/Boxberger, Rechtshandbuch Private Equity, § 21 1.5.

352 *v. Rosenberg* in Eilers/Koffka/Mackensen, Private Equity, I. 5. Rn. 1 ff.

353 *Leyendecker/Mackensen*, NZG 2012, 129.

354 Ausführlich hierzu *Ingenhoven* in Jesch/Striegel/Boxberger, Rechtshandbuch Private Equity, § 12 4.1.; *v. Rosenberg* in Eilers/Koffka/Mackensen, Private Equity, I. 5. Rn. 2 ff.

tors in Frage kommt. Bei mehreren Investoren, hat der Vorstand eine Auswahlentscheidung zu treffen. Fraglich ist, ob diese Vorgehensweise aktien- oder kapitalmarktrechtlich aus dem Gesichtspunkt einer möglichen Neutralitätspflicht des Vorstands beanstandungswürdig ist und welche Anforderung an die Ausgestaltung des Auswahlverfahrens – sofern mehrere potentielle Investoren aus Sicht des Vorstands in Frage kommen – zu stellen sind.

1. Keine Neutralitätspflicht des Vorstands bei der Auswahl eines Ankeraktionärs

Die Suche und Auswahl eines Ankeraktionärs impliziert, dass der Vorstand aktiv Einfluss auf die Aktionärsstruktur der Gesellschaft nimmt. Dabei besteht jedoch die Gefahr, dass der Vorstand sich ihm genehme Aktionäre auch im Hinblick auf die eigene Wiederbestellung aussucht. Gerade dies würde der Funktion des Vorstands als Sachwalter der Eigentumsinteressen der Aktionäre widersprechen.[355] Zudem steht die Verletzung des Gleichbehandlungsgrundsatzes der Aktionäre (§ 53a AktG) im Raum, wenn der Vorstand einen Investor aus dem bestehenden Aktionärskreis auswählt. Es stellt sich somit die Frage, ob der Vorstand sich im Hinblick auf die Zusammensetzung des Aktionärskreises jeder Einwirkung enthalten muss und sich die eigenmächtige Auswahl eines bestimmten Investors für die PIPE-Transaktion als unzulässig darstellt.

Eine verbreitete Ansicht differenziert für die Frage des zulässigen Vorstandshandelns bei der Investorenauswahl danach, ob die Aktien dem Investor durch die Gesellschaft selbst etwa im Rahmen einer bezugsrechtsfreien Kapitalerhöhung oder bei der Wiederveräußerung eigener Aktien gewährt oder durch Aktionäre der Gesellschaft übertragen werden sollen.[356] Die Gewährung von Aktien durch die Gesellschaft obliege als Maßnahme der Gesellschaft dem Vorstand im Rahmen seiner Geschäftsführung.[357] Dieser habe bei seiner Entscheidung über die Person des Investors ein unternehmerisches Ermessen und sei dabei allein dem

355 *Hopt* in Großkommentar AktG, § 93 Rn.122.

356 *Weber* in Hölters, AktG, § 76 Rn. 49f.; *Mertens/Cahn* in Kölner Kommentar AktG, § 76 Rn. 25 ff. *Seibt* in Schmidt/Lutter, AktG, § 76 Rn.15.

357 *Hüffer*, AktG, § 76 Rn. 15d; *Kiem*, AG 2009, 301, 306; *Mertens/Cahn* in Kölner Kommentar AktG, § 76 Rn. 25; *Schiessl*, AG 2009, 385, 386 f.; *Seibt* in Schmidt/Lutter, AktG, § 76 Rn. 15; v. *Riegen*, CFL 2010, 1, 2; *Weber* in Hölters, AktG, § 76 Rn. 49.

Gesellschaftsinteresse verpflichtet.[358] Eine strikte Neutralitätspflicht des Vorstands bestehe nicht.[359]

In dem Fall, in dem Aktionäre ihre Aktien veräußerten, handele es sich dagegen nicht um eine Maßnahme der Gesellschaft, sondern der Aktionäre. Einflussnahmen des Vorstands könnten hier nur in begrenztem Maße gerechtfertigt sein, etwa wenn sich die Veränderung des Aktionärskreises infolge der Beteiligungsveräußerung auf die Gesellschaftsebene auswirke und das Gesellschaftsinteresse selbst berührt werde.[360]

Diese Auffassung überzeugt insofern, als sie dem Vorstand im Hinblick auf Geschäfte der Gesellschaft einen weitgehenden Handlungsspielraum zubilligt. Im Rahmen seiner ihm obliegenden Finanz- und Leitungsverantwortung hat der Vorstand gerade dafür zu sorgen, dass die Eigenkapitalbasis des Unternehmens durch Investoren gestärkt wird und die jeweiligen Kapitalgeber aufgrund ihrer Zielsetzung oder Herkunft den Gesellschaftsinteressen nicht schaden. Es kann dem Vorstand daher grundsätzlich nicht verboten sein, einen bestimmten Investor zu suchen und auszuwählen, wenn die Auswahl allein von sachlichen, im Interesse der Gesellschaft liegenden Gründen bestimmt ist.[361] Soweit es um Geschäfte der Aktionäre geht, überzeugt die Auffassung nicht ganz. Denn insbesondere übernahmerechtliche Vorschriften weisen darauf hin, dass der Vorstand hier nicht vorrangig zur Wahrung der Aktionärsinteressen verpflichtet ist.[362] So darf sich der Vorstand im Übernahmeverfahren um einen konkurrierenden Bieter bemühen (§ 33 Abs. 1 S. 2 WpÜG).[363] Weiter muss er im Rahmen seiner Stellungnahme zum Übernahmeangebot neben den Interessen der Aktionäre auch die Interessen der Gesellschaft und weiterer Stakeholder berücksichtigen (§ 27 Abs. 1 S. 2 Nr. 2 und 3 WpÜG). Auch im Aktiengesetz lassen sich zudem Vorschriften finden, die eine Einwirkung des Vorstands auf den Aktionärskreis zulassen. So erteilt etwa bei vinkulierten Namensaktien grundsätzlich der Vorstand die Zustimmung zur Anteilsübertragung (§ 68

---

358 *Weber* in Hölters, AktG, § 76 Rn. 49; *Mertens/Cahn* in Kölner Kommentar AktG, § 76 Rn. 25.

359 *Kort* in Großkommentar AktG, § 76 Rn.101; *Weber* in Hölters, AktG, § 76 Rn. 50; *Mertens/Cahn* in Kölner Kommentar AktG, § 76 Rn. 26.

360 *Hüffer*, AktG, § 76 Rn. 15d; *Weber* in Hölters, AktG, § 76 Rn. 50; *Mertens/Cahn* in Kölner Kommentar AktG, § 76 Rn. 26.

361 So auch *Kiem*, AG 2009, 301, 306.

362 *Schiessl*, Liber Amicorum Winter, S. 569, 571 f.

363 So der zutreffende Befund bei *Schiessl*, Liber Amicorum Winter, S. 569, 571 f.; ähnlich auch *v. Riegen*, CFL 2010, 1, 2.

Abs. 2 S. 2 AktG).[364] Gerade die Pflicht des Vorstands zur Wahrung des Gesellschaftsinteresses ist nicht mit einer strengen Neutralitätspflicht des Vorstands vereinbar, wenn der Gesellschaft durch einen bevorstehenden Anteilseignerwechsel Nachteile drohen.

2. Keine Pflicht zur Durchführung einer Auktion

Ähnlich gelagert ist die Frage, ob der Vorstand bei der Auswahl eines geeigneten Investors im Interesse der Steigerung des Kaufpreises und Verbesserung der Angebotsbedingungen verschiedene Interessenten in einen Wettstreit treten lassen und eine Art Auktion durchführen muss. Durch die PIPE-Transaktion erhält ein einziger Investor im Zuge der Zehn-Prozent-Kapitalerhöhung eine Beteiligung im Umfang von knapp über neun Prozent des Grundkapitals der Gesellschaft. Hierdurch werden sowohl die Beteiligungsquote[365] als auch der Wert der Beteiligung der übrigen Aktionäre verwässert, wenn der Ausgabebetrag für die neuen Aktien den anteiligen Unternehmenswert pro Aktie nicht ausreichend abbildet.[366] Es liegt daher im Interesse der Aktionäre, dass die PIPE-Beteiligung nur zu den bestmöglichen Konditionen für die Gesellschaft zustande kommt. Insoweit könnte der Vorstand verpflichtet sein, den Interessen der Altaktionäre an einem vorteilhaften Angebot durch die Durchführung einer Auktion Rechnung zu tragen.[367]

Allerdings muss die Investorenauswahl im Wege eines Auktionsverfahrens nicht in jedem Fall zu dem gewünschten Erfolg führen. So kann die Durchführung einer Auktion bei Investoren gerade den Eindruck erwecken, die Zielgesellschaft sei besonders auf neue Investoren angewiesen und so die Aussichten auf eine Investorenbeteiligung zunichtemachen.[368] Zudem kann bestimmten Investoren daran gelegen sein, als Ankeraktionär in einen intensiven Dialog mit der Verwaltung der Zielgesellschaft zu treten, der auf eine langfristige und ausgewogene Partnerschaft gerichtet ist. Das besondere Verhältnis zum Vorstand stellt dann einen maßgeblichen Grund für den Investor dar, überhaupt minderheit-

---

364 So ein weiteres Argument bei *Schiessl*, AG 2009, 385, 386.

365 Arithmetisch verringern sich ein Anteilsbesitz von 50 Prozent des Grundkapitals nach Durchführung der bezugsfreien Zehn-Prozent-Kapitalerhöhung auf 45,4 Prozent, ein Anteilsbesitz von 25 Prozent auf 22,5 Prozent, ein Anteilsbesitz von 10 Prozent auf 9,09 Prozent und ein Anteilsbesitz von 5 Prozent auf 4,5 Prozent.

366 Vergleiche hierzu *Langenbucher*, Aktien- und Kapitalmarktrecht, § 10 Rn.36 ff.

367 *Schiessl*, ZGR 2003, 814, 832.

368 *Schiessl*, AG 2009, 385, 387; *v. Riegen*, CFL 2010, 1, 2 f.

lich zu investieren. Zur Gewinnung eines solchen Ankeraktionärs ist ein Auktionsverfahren nicht förderlich, da die Vertraulichkeit der Transaktion, an der dem Investor in der Regel besonders gelegen ist, nicht mehr gewährleistet würde.[369]

Eine Verpflichtung des Vorstands zur Durchführung einer Auktion bei mehreren Erwerbsinteressenten lässt sich dem Aktiengesetz nicht entnehmen. Die Entscheidung über die Ausgestaltung des Auswahlverfahrens ist eine Geschäftsführungsmaßnahme des Vorstands, bei der dem Vorstand wiederum ein unternehmerisches Ermessen zukommt. Bei der Ausübung seines Ermessens hat der Vorstand sich grundsätzlich am Gesellschaftsinteresse zu orientieren.[370] Dabei hat er auch die Interessen der Aktionäre zu berücksichtigen.[371] Kommen somit mehrere Aktionäre für die PIPE-Beteiligung in Frage und erklären sich die Investoren zur Durchführung eines Bieterverfahrens bereit, muss der Vorstand grundsätzlich diesen Weg beschreiten. Ist eine Auktion nach der gegebenen Interessenlage nicht durchführbar und bietet ein Investor dem Vorstand angemessene Konditionen an, darf es dem Vorstand nicht verwehrt sein, allein mit diesem Investor in den Verhandlungsprozess einzutreten.

E. Abschluss eines Letter of Intent

Die Verhandlungen einer PIPE-Beteiligung werden sich trotz der am Ende recht zügig ausführbaren technischen Transaktion über mehrere Arbeitstage und gegebenenfalls Wochen erstrecken, vor allem aufgrund der zumeist im Vorfeld verbindlicher Vereinbarungen stattfindenden Due Diligence Prüfung. Der Abschluss eines sogenannten *Letter of Intent* während der Vorbereitungsphase erlaubt es den Beteiligten der Transaktion, den Stand ihrer Verhandlungen in Eckpunkten zu fixieren und so einerseits Transaktionssicherheit für die bevorstehenden Verfahrensschritte zu erreichen sowie andererseits die rechtlichen Grundlagen zulässiger Handlungsweisen abzustecken.[372] Regelmäßig unterzeichnen die Beteiligten den Letter of Intent daher, wenn sie sich über die kommerziellen Fragen der Transaktion geeinigt haben und nur noch technische Einzel-

369 So auch Schiessl, AG 2009, 385, 387.

370 *Weber* in Hölters, AktG, § 76 Rn.19; *Kort* in Großkommentar AktG, § 76 Rn.39; *Mertens/Cahn* in Kölner Kommentar AktG, § 76 Rn. 21.

371 *Hüffer*, AktG, § 76 Rn. 12.

372 *Inhester* in Jesch/Striegel/Boxberger, Rechtshandbuch Private Equity, § 11 2.1.; *Schlitt* in Semler/Volhard, Arbeitshandbuch für Unternehmensübernahmen, Bd 1, § 6 Rn. 1.

heiten ungeklärt sind.[373] In aller Regel tritt der Investor anschließend in die Due Diligence der Zielgesellschaft ein, wobei dieser Ablauf nicht festgelegt ist. Die Durchführung einer Due Diligence ist zu jedem Zeitpunkt der Transaktion, auch vor Abschluss des Letter of Intent, möglich.[374] Da dem Investor jedoch im Zuge einer Due Diligence vertrauliche Informationen zur Verfügung gestellt werden sollen, hat der Vorstand der Zielgesellschaft die Pflicht, sich der Ernsthaftigkeit der Erwerbsabsichten des Investors zu versichern und hierüber einen Nachweis einzuholen, sodass der Letter of Intent zumeist vor Durchführung der Due Diligence unterzeichnet wird.[375]

In einem Letter of Intent geben die beteiligten Parteien regelmäßig ihre Absicht kund, die Transaktion durchführen zu wollen, ohne jedoch eine rechtliche Bindungswirkung in Bezug auf den Vertragsschluss auszulösen.[376] In tatsächlicher Hinsicht entfaltet der Letter of Intent häufig jedoch eine nicht zu unterschätzende verhandlungspsychologische Wirkung.[377] Ausnahmsweise kann dem Letter of Intent auch vertragliche Bindungswirkung zukommen. Ob dies der Fall ist, muss im Wege der Auslegung unter Berücksichtigung des objektiven Empfängerhorizonts ermittelt werden.[378] Je nach dem Fortschritt der Verhandlungen kann der Letter of Intent bereits die wesentlichen Vertragsbestandteile, wie etwa Höhe und Bezugspreis der Anteile, festhalten.

Darüber hinaus enthält der Letter of Intent zumeist weitere Vereinbarungen über Verfahrensfragen im Zusammenhang mit der Due Diligence.[379] Diese haben in aller Regel rechtsverbindlichen Charakter, da sie die jeweiligen Interessen der Parteien im Vorfeld der Transaktion schützen sollen. Zu den wesentlichen Regelungen gehören etwa Vereinbarungen über die Offenlegung vertraulicher Dokumente im Zuge der Due Diligence, die Geheimhaltung der Transaktion, die Exklusivität der Verhandlungen sowie die Kostentragung im Falle eines Scheiterns des Hauptvertrages, hier der Investorenvereinbarung.

---

373 *Schlitt* in Semler/Volhard, Arbeitshandbuch für Unternehmensübernahmen, Bd. 1, § 6 Rn.31.

374 *Geyrhalter/Zirngibl* in Jesch/Striegel/Boxberger, Rechtshandbuch Private Equity, § 7 Rn. 1.1.

375 *v. Werder/Braun/Fromholzer* in Private Equity, II.2. Rn. 22 f.

376 *Inhester* in Jesch/Striegel/Boxberger, Rechtshandbuch Private Equity, § 11 2.1.

377 *Schlitt* in Semler/Volhard, Arbeitshandbuch für Unternehmensübernahmen, Bd. 1, § 6 Rn. 26

378 *v. Hoyenberg* in Münchener Vertragshandbuch, 2. Band, IV. 1, Anm. 2.

379 *Schlitt* in Semler/Volhard, Arbeitshandbuch für Unternehmensübernahmen, Bd. 1, § 6 Rn. 26.

In den Regelungen über die Due Diligence legen die Parteien fest, welche Personen zur Einsichtnahme in die zur Verfügung gestellten Dokumente berechtigt sind, auf welche Bereiche sich die Due Diligence beziehen soll und wo und wie lange Einsicht in die Dokumente genommen werden darf.[380] Zudem muss der Investor zur Geheimhaltung betreffend die ihm zur Kenntnis gelangenden Geschäftsinterna verpflichtet werden. Darüber hinaus werden die Parteien eine Regelung über die Wahrung der Vertraulichkeit der Transaktion selbst in den Letter of Intent aufnehmen, wenn sie nicht bereits zu Verhandlungsbeginn eine solche Vertraulichkeitsvereinbarung geschlossen haben, da sowohl auf Veräußerer- wie auch auf Erwerberseite regelmäßig Nachteile bei vorzeitigem Bekanntwerden der Transaktion zu befürchten sind.[381] Weiter dringt der Investor häufig auf eine zeitlich befristete Verhandlungsexklusivität mit der Zielgesellschaft.[382] Im Zuge der Due Diligence entstehen für den Investor zumeist erhebliche Beratungskosten, die nicht durch ein plötzliches Umschwenken der Zielgesellschaft auf einen anderen Investor nutzlos werden sollen. Zur Vermeidung späterer Unstimmigkeiten bei Scheitern des Hauptvertrages haben die Parteien die Möglichkeit, im Letter of Intent die Verteilung der für die Transaktionsvorbereitung aufgewendeten Kosten zu vereinbaren.[383] Neben den Kosten für die Durchführung der Due Diligence sind dies auch die Kosten für etwaige kartellrechtliche Anmeldeverfahren.[384]

II. Due Diligence

Auch wenn der Investor sich im Zuge der Auswahl seines Investitionsobjekts bereits anhand öffentlich zugänglicher Informationen wie veröffentlichten Jahresfinanzberichten oder Wertpapierprospekten ein Bild von der Zielgesellschaft gemacht hat, ist für ihn die Kenntnisnahme in-

380 *Schlitt* in Semler/Volhard, Arbeitshandbuch für Unternehmensübernahmen, Bd. 1, § 6 Rn. 73. Hierzu noch unter II. B. 2.

381 *Schlitt* in Semler/Volhard, Arbeitshandbuch für Unternehmensübernahmen, Bd. 1, § 6 Rn. 6 f.

382 Schlitt in Semler/Volhard, Arbeitshandbuch für Unternehmensübernahmen, Bd. 1, § 6 Rn. 76 ff. Siehe hierzu auch 5.Teil, III. B. 5. a).

383 *Schlitt* in Semler/Volhard, Arbeitshandbuch für Unternehmensübernahmen, Bd. 1, § 6 Rn.73 ff. Siehe hierzu auch 5.Teil, III.B. 5. b)

384 *Schlitt* in Semler/Volhard, Arbeitshandbuch für Unternehmensübernahmen, Bd. 1, § 6 Rn.79.

terner Daten bezüglich der wirtschaftlichen und rechtlichen Verhältnisse des Unternehmens unverzichtbar. Im Vordergrund steht hier der Wunsch, die mit dem Investment verbundenen Chancen und Risiken auf sicherer Grundlage einschätzen zu können. Zudem möchte der Investor sicher gehen, dass er nicht zu viel bezahlt, wenn er bei Kapitalerhöhungen bis zu zehn Prozent mit vereinfachtem Bezugsrechtsausschluss im Wesentlichen den Börsenkurs für die neuen Aktien ansetzen muss (§ 186 Abs. 3 S. 4 AktG). Außerdem beeinflussen die Ergebnisse der Due Diligence die Bereitschaft des Investors, über die Zeichnung der Aktien hinaus etwaige weitergehende Zusagen gegenüber der Zielgesellschaft abzugeben.

Im Folgenden soll der gesellschaftsrechts- und kapitalmarktrechtliche Rahmen der Due Diligence aus Sicht der zuständigen Organe der Beteiligten näher untersucht werden.

A. Interesse des Investors an der Durchführung einer Due Diligence

Die Durchführung einer Due Diligence im Vorfeld einer wesentlichen Beteiligung kann für den Investor schon aus rechtlichen Gründen geboten sein. Handelt es sich um den Vorstand einer Erwerberaktiengesellschaft, ist dieser verpflichtet, bei unternehmerischen Entscheidungen die Sorgfalt eines ordentlichen und gewissenhaften Geschäftsleiters walten zu lassen (§ 93 Abs. 1 S. 1 AktG).[385] Dabei wird eine Haftung für Pflichtverletzungen in diesem Rahmen nur ausgeschlossen, wenn der Vorstand annehmen durfte, auf der Basis angemessener Information zum Wohle der Gesellschaft zu handeln (§ 93 Abs. 1 S. 2 AktG). Insofern nimmt eine verbreitete Auffassung an, dass sich das Ermessen des Vorstands im Fall einer beabsichtigten Unternehmensübernahme auf die Verpflichtung reduziert, eine Due Diligence bei der Zielgesellschaft durchzuführen[386] oder zumindest deren Vermögensverhältnisse zu überprüfen.[387] Dasselbe gilt nach der Rechtsprechung für den Geschäftsführer einer GmbH, soweit ohne eine Due Diligence keine ausreichenden, gesicherten Erkenntnisse über das Unternehmen vorhanden sind.[388] Der Unternehmenskauf

385 *Krieger/Sailer-Coceani* in Schmidt/Lutter, AktG, § 93 Rn. 5.

386 *Böttcher*, NZG 2005, 49, 52; *Hemeling*, ZHR 169 (2005), 274, 276 f.; *Kiethe*, NZG 1999, 976, 983; *Wiesner* in Münch Hdb AG, § 19 Rn. 24.

387 LG Hannover, AG 1977, 198, 200.

388 OLG Oldenburg, GmbHR 2006, 1263.

stellt eine hohe Investition in ein Kaufobjekt dar, über dessen innere Struktur Informationen öffentlich nur eingeschränkt verfügbar sind. Das unternehmerische Risiko ist mithin sehr hoch. Es gehört daher in der Praxis mittlerweile zum Standard, im Hinblick auf die sorgsame Geschäftsleitung eine Due Diligence-Prüfung des Zielunternehmens durchzuführen.[389]

Fraglich ist, ob diese für Unternehmensübernahmen aufgestellten Grundsätze auch auf bedeutende Minderheitsbeteiligungen übertragen werden können. Hierfür spricht, dass sich die Interessenlage beim Erwerb von Beteiligungen im Zuge von Kapitalerhöhungen geringeren Umfangs an einer börsennotierten Zielgesellschaft nicht sehr viel anders gestaltet: Denn auch hier kommt es seitens der Erwerbergesellschaft zum Einsatz erheblicher Mittel und damit einem eigenen wirtschaftlichen Risiko. Ebenso besteht ein Wissensvorsprung der Zielgesellschaft im Hinblick auf mögliche Risiken des Unternehmens. Gleichwohl ist dieses Risiko aufgrund der weitergehenden Dokumentationspflicht börsennotierter Gesellschaften schwächer ausgeprägt. Der Erwerber kann hier sowohl den jährlich aufzustellenden Jahresfinanzberichten der Zielgesellschaft als auch den durch sie unterjährig zu veröffentlichenden Halbjahres- und Zwischenberichten (§§ 37 v ff. WpHG) Informationen über die wesentliche Geschäfte und Finanzlage des Unternehmens entnehmen.[390] Daneben hat er Einblick in die durch die Zielgesellschaft gegebenenfalls veröffentlichten Wertpapierprospekte und Ad-hoc-Mitteilungen.[391] Zu beachten ist jedoch, dass der Prospekt nur selten eine Gewähr für die Richtigkeit der darin enthaltenen Informationen bietet. Im Zuge der Due Diligence erhält der Erwerber zudem die Möglichkeit, seinen Prüfungsfokus in Absprache mit der Zielgesellschaft selbst zu bestimmen. Weiter besteht keine gesetzliche Pflicht der Gesellschaft, veröffentlichte Wertpapierprospekte nach Abschluss der jeweiligen Kapitalmaßnahme zu aktualisieren.[392] Die Ad-hoc-Mitteilungen sind ihrerseits auf Insiderinformationen begrenzt.

389 *Koffka* in Eilers/Koffka/Mackensen, Private Equity, I. 3. Rn. 18; Schiffer/Bruß, BB 2012, 847, 848.

390 Hierzu auch 5.Teil, III. B. 2. a).

391 Zu den öffentlich für einen Investor zugänglichen Informationen bei börsennotierten Gesellschaften *Krämer/Kiesewetter* in BB 2012, 1679ff.

392 Gemäß § 16 Abs. 1 WpPG endet die Nachtragspflicht bei Aktienemissionen für wesentliche Umstände mit dem endgültigen Schluss des öffentlichen Angebots oder der Einführung oder Einbeziehung in den Handel. Hierzu *Schlitt/Schäfer* in Assmann/Schlitt/v. Kopp-Colomb, WpPG/VerkProspG, § 16 WpPG Rn. 126.

Ihr Informationswert bleibt daher regelmäßig hinter dem Informationsgewinn durch die Due Diligence zurück.

B. Entscheidung über Gestattung einer Due Diligence auf Seiten der Zielgesellschaft

Im Rahmen einer Due Diligence erhält die Investorenseite nach Absprache mit der Zielgesellschaft weitreichende Einsichtnahmemöglichkeiten in nichtveröffentlichte Unternehmensvorgänge. Für die Zielgesellschaft entstehen dadurch erhebliche wirtschaftliche Risiken. Insbesondere kann die Preisgabe der Unternehmensinterna zu wettbewerblichen Nachteilen der Gesellschaft führen, wenn der Investor in einer ähnlichen Branche tätig ist oder die Verhandlungen nach Durchführung der Due Diligence scheitern. Dagegen hängt die Investitionsentscheidung des Investors maßgeblich davon ab, ob er das Investitionsobjekt auf mögliche Risiken im Vorfeld überprüfen kann.

Besondere Bedeutung kommt damit der Frage der Entscheidungszuständigkeit auf Seiten der Zielgesellschaft sowie der gesellschaftsrechtlichen Anforderungen, die im Fall der Gestattung der Due Diligence durch die zuständigen Organe zu beachten sind, zu. Anschließend muss geklärt werden, ob das Gebot der Gleichbehandlung der Aktionäre eine gleichwertige Einbeziehung der übrigen Aktionäre der Zielgesellschaft erforderlich macht.

1. Entscheidungszuständigkeit auf Seiten der Zielgesellschaft

Die Entscheidung über die Gestattung einer Due Diligence durch den Investor obliegt als Geschäftsführungsmaßnahme dem Vorstand der Zielgesellschaft.[393] Der Aufsichtsrat hat über Fragen der Geschäftsführung nur bei Bestehen eines Zustimmungsvorbehalts zu entscheiden. Diese können sich bereits aus der Satzung oder der Geschäftsordnung des Aufsichtsrats oder des Vorstands ergeben. Der Aufsichtsrat hat auch das Recht, einen Zustimmungsvorbehalt ad hoc zu begründen. Daher ist der Vorstand verpflichtet, den Aufsichtsrat rechtzeitig im Vorfeld der Entscheidung über die Gewährung der Due Diligence zu informieren. Eine Zuständigkeit der Hauptversammlung lässt sich nach überwiegender

---

393 *Hemeling*, ZHR 169 (2005), 274, 282; *Körber* in Fleischer, Handbuch des Vorstandsrechts, § 10 Rn. 19; *Linker/Zinger*, NZG 2002, 497.

Ansicht mangels ausdrücklicher Zuständigkeit und fehlender Mediatisierungswirkung nicht begründen.[394] Darüber hinaus müsste die Hauptversammlung für die Entscheidung die geheimhaltungsbedürftigen Tatsachen selbst erhalten, ohne wie Aufsichtsrat und Vorstand zur Geheimhaltung verpflichtet zu sein.[395]

2. Gesellschaftsrechtliche Zulässigkeit der Gestattung der Due Diligence

Im Rahmen der Leitung des Unternehmens ist der Vorstand verpflichtet, über vertrauliche Angaben und Geheimnisse der Gesellschaft, namentlich Betriebs- oder Geschäftsgeheimnisse, Stillschweigen zu bewahren (§ 93 Abs. 1 S. 3 AktG). Verletzen Mitglieder des Vorstands diese Pflicht, machen sie sich gegenüber der Gesellschaft schadensersatzpflichtig (§ 93 Abs. 2 S. 1 AktG) und strafbar (§ 404 Abs. 1 Nr. 1 AktG). Da die Verschwiegenheitspflicht aber Ausdruck der Pflicht zur Wahrung des Gesellschaftsinteresses ist,[396] kann sie gegenüber einem überwiegenden Gesellschaftsinteresse an der Weitergabe geheimhaltungsbedürftiger Informationen zurücktreten.[397] Bei der Abwägung, welchem Grundsatz der Vorzug zu geben ist, wird dem Vorstand ein unternehmerischer Beurteilungsspielraum zugebilligt, der nur eingeschränkt gerichtlich überprüfbar ist.[398] Steht diese Entscheidung im Vorfeld einer PIPE-typischen Kapitalerhöhung an, die allein durch den Investor getragen wird, wird das Interesse der Gesellschaft am Gewinn neuen Kapitals sowie an der Einbindung eines Ankeraktionärs den Ausschlag geben können.[399]

Vor der Durchführung der Due Diligence hat der Vorstand zudem sicherzustellen, dass das Erwerbsinteresse des Investors ernstlich[400] und

---

394 *Krämer* in Marsch-Barner/Schäfer, Hdb börsennotierte AG, § 10 Rn. 20: *Körber* in Fleischer, Handbuch des Vorstandsrechts, § 10 Rn. 19.

395 *Linker/Zinger*, NZG 2002, 497, 498.

396 *Krämer* in Marsch-Barner/Schäfer, Hdb börsennotierte AG, § 10 Rn. 18; *Nägele* in Habersack/Mülbert/Schlitt, Unternehmensfinanzierung, § 33 Rn. 51.

397 *Hüffer*, AktG, § 93 Rn. 8; *Wiesner* in Münch Hdb AG, § 25 Rn. 42; *Spindler* in Münchener Kommentar AktG, § 93 Rn. 102.

398 BGHZ 135, 244, 253 („ARAG/Garmenbeck"); *Körber* in Fleischer, Handbuch des Vorstandsrechts, § 100 Rn. 21 ff.

399 So auch *Nussbaum/Rothenfusser* in Jesch/Striegel/Boxberger, Rechtshandbuch Private Equity, § 21 Rn. 2.4.

400 Dies kann etwa durch den Abschluss eines Letter of Intent, in dem der Investor seine Pläne nach dem Beteiligungserwerb sowie seine Finanzierung der Transaktion in Eck-

die Wahrscheinlichkeit der erfolgreichen Durchführung der Transaktion im Übrigen gegeben ist.[401] Es sind darüber hinaus Vorkehrungen zu treffen, um die vertrauliche Behandlung der mitgeteilten Informationen durch den Investor abzusichern.[402] An erster Stelle steht hier der Abschluss einer Vertraulichkeitsvereinbarung, die den Zweck der Informationsweitergabe und den Kreis der auf Investorenseite Informationsberechtigten festlegt sowie die Verpflichtung des Erwerbers enthält, die erlangten Informationen weder an andere Personen weiterzugeben, noch für außerhalb der Transaktion stehende Zwecke zu verwenden. Im Hinblick auf die Treuepflicht des Vorstands gegenüber den Altaktionären wird teilweise gefordert, dem Investor hierin auch zusätzliche Aktienkäufe am Markt zu untersagen, da der Investor anderenfalls zulasten der Altaktionäre bei günstigen Käufen im Geheimen unterstützt würde.[403] Außerdem sollte die Vereinbarung die Rückgabe der Unterlagen im Fall des Scheiterns der Verhandlungen vorsehen.[404] Soweit in den Verhandlungen durchsetzbar, empfiehlt sich zudem aus Sicht der Zielgesellschaft die Vereinbarung einer Vertragsstrafe.[405] Daneben muss der Vorstand dafür sorgen, dass die Offenlegung je nach Sensibilität der Daten und bestehender Missbrauchsgefahr nur abgestuft erfolgen kann.[406] In zeitlicher Hinsicht dürfen mit fortschreitendem Verhandlungsstadium zunehmend sensiblere Informationen preisgegeben werden. In sachlicher Hinsicht sind Datenräume mit ausgewählten Unterlagen bereitzustellen, eine Vereinbarung über deren zeitliche Nutzung zu treffen und der Kreis der Zugangsberechtigten festzulegen. Handelt es sich bei dem Investor um einen Mitbewerber, muss die Bestellung einer neutralen Fachperson zur Durchführung der Due Diligence erwogen werden, die an den Erwerber lediglich einen Ergebnisbericht erstattet.

---

punkten darstellt, sichergestellt werden. *v.Werder/Braun/Fromholzer*, in Eilers/Koffka/Mackensen, Private Equity, II. Rn. 22.

401 *Krämer* in Marsch-Barner/Schäfer, Hdb börsennotierte AG, § 10 Rn. 22, etwa nach erfolgten kartellrechtlichen Genehmigungen.

402 *v. Werder/Braun/Fromholzer*, in Eilers/Koffka/Mackensen, Private Equity, II. Rn. 25.

403 *Schiessl*, AG 2009, 385, 390.

404 *v. Werder/Braun/Fromholzer*, in Eilers/Koffka/Mackensen, Private Equity, II. Rn. 24

405 Die Vereinbarung einer Vertragsstrafe ist jedoch keine zwingende Zulässigkeitsvoraussetzung für die Gestattung der Due Diligence, *Krämer* in Marsch-Barner/Schäfer, Hdb börsennotierte AG, § 10 Rn. 43; *Nussbaum/Rothenfusser* in Jesch/Striegel/Boxberger, Rechtshandbuch Private Equity, § 21 2.4.

406 *Krämer* in Marsch-Barner/Schäfer, Hdb börsennotierte AG, § 10 Rn. 45 f. und 48 ff.; *v. Werder/Braun/Fromholzer* in Eilers/Koffka/Mackensen, Private Equity, II. Rn. 25.

Erforderlich ist des Weiteren ein förmlicher Vorstandsbeschluss.[407] Dabei wird die Übertragung der Entscheidung auf einzelne Vorstandsmitglieder oder Ausschüsse überwiegend für unzulässig gehalten, da die Entscheidung über die Durchführung einer Due Diligence im Hinblick auf die Gefährdung der Unternehmensinteressen zum Kernbereich der Leitung der Gesellschaft zu zählen ist.[408] Trotz des Fehlens eines Formerfordernisses für Vorstandsbeschlüsse ist die Entscheidung schriftlich festzuhalten, wobei die maßgeblichen Erwägungen für die Weitergabe der Informationen sowie die Verfahrensanforderungen in Eckpunkten aufzuführen sind.[409] Der Vorstand kann so den Nachweis sorgfaltsgemäßer Ermessensausübung erbringen.[410]

3. Kein Informationsrecht der anderen Aktionäre nach § 131 Abs. 4 S. 1 AktG

Werden einem Aktionär außerhalb der Hauptversammlung Auskünfte wegen seiner Eigenschaft als Aktionär gegeben, so können die übrigen Aktionäre grundsätzlich gemäß § 131 Abs. 4 S. 1 AktG im Rahmen der nächsten Hauptversammlung dieselbe Auskunftserteilung verlangen. Hinsichtlich der dem Investor im Rahmen der Due Diligence gewährten Einsichtsrechte stellt sich die Frage des Bestehens eines erweiterten Auskunftsrechts der anderen Aktionäre ausweislich des Wortlauts des § 131 Abs. 4 S. 1 AktG jedoch nur, wenn der Investor bereits selbst Aktionär ist, da ihm nur dann die Auskunft „in seiner Eigenschaft als Aktionär" gegeben worden sein kann. Während daher ein bisher nicht beteiligter Investor die Due Diligence durchführen kann, ohne dass den übrigen Aktionären das erweiterte Auskunftsrecht zugutekommt,[411] soll im Fall des seinen Anteilsbesitz aufstockenden Altaktionärs nach differenzierender

---

407 *Linker/Zinger*, NZG 2002, 497; *v. Werder/Braun/Fromholzer* in Eilers/Koffka/Mackensen, Private Equity, II. Rn. 26.

408 *Hölters* in Hölters, AktG, § 93 Rn. 185; *Linker/Zinger*, NZG 2002, 497, 498; *Müller*, NJW 2000, 3452, 3455. *Hüffer*, AktG, § 77 Rn. 18; *Mertens/Cahn* in Kölner Kommentar AktG, § 77 Rn. 23

409 *Krämer* in Marsch-Barner/Schäfer, Hdb börsennotierte AG, § 10 Rn. 19.

410 *Linker/Zinger*, NZG 2002, 497, 499.

411 *Drinhausen* in Hölters, AktG, § 131 Rn. 38; *Krömker*, NZG 2003, 418, 423; *Reger* in Bürgers/Körber, AktG, § 131 Rn. 29; *v. Werder/Braun/Fromholzer* in Eilers/Koffka/Mackensen, Private Equity, II. Rn. 27.

Ansicht das erweiterte Auskunftsrecht uneingeschränkt Platz greifen, da eine Sonderbehandlung hier nicht gerechtfertigt sei.[412]

Gegen diese Ansicht sprechen jedoch zwei Überlegungen. Zum einen entsteht in beiden Konstellationen ein Wissensmonopol des Investors, vor dem § 131 Abs. 4 S. 1 AktG die Altaktionäre schützen möchte. Es kann daher nicht auf die formale Betrachtung ankommen, ob der Erwerber vor der Due Diligence bereits Aktionär war oder nicht.[413] Vielmehr ist entscheidend, dass ihm die Auskünfte in seiner Eigenschaft als Erwerbsinteressent erteilt wurden und die Gestattung der Due Diligence durch das Interesse der Gesellschaft am Zustandekommen der Transaktion insgesamt gerechtfertigt war.[414] Zum anderen ist den Gesetzesmaterialien zu entnehmen, dass § 131 Abs. 4 S. 1 AktG als Ausprägung des allgemeinen Gleichbehandlungsgrundsatzes zu verstehen ist.[415] Sachlich gerechtfertigte Ungleichbehandlungen wie die Informationserteilung an einen Erwerber im Zuge der Due Diligence, die vor § 53 a AktG bestehen, können daher kein Nachinformationsrecht auslösen.[416] Hierfür streitet auch der systematische Zusammenhang beider Normen, aus dem keine Spezialität des § 131 Abs. 4 S. 1 AktG gegenüber § 53 a AktG gefolgert werden kann. Denn § 53 a AktG befindet sich im Verhältnis zu § 131 AktG nicht in einem allgemeineren Teil. Vielmehr stehen die Normen in gleichrangigen verschiedenen Regelungsbereichen. Dabei trifft § 53 a AktG gegenüber § 131 Abs. 4 S. 1 AktG im Hinblick auf die Zulassung einer möglichen Ungleichbehandlung eine differenziertere Lösung, die durch eine strikte Anwendung des § 131 Abs. 4 S. 1 AktG konterkariert würde.

Ein erweitertes Auskunftsrecht der übrigen Aktionäre im Anschluss an die Due Diligence auch des aufstockenden Altaktionärs ist daher zu verneinen.

C. Kapitalmarktrechtliche Zulässigkeit der Durchführung der Due Diligence

Die Frage der Zulässigkeit der Due Diligence kann sich darüber hinaus aus kapitalmarktrechtlicher Sicht stellen, wenn die offengelegten Infor-

---

412 *Kubis* in Münchener Kommentar AktG, § 131 Rn. 145.

413 So auch *Kocher*, Konzern 2008, 611, 614.

414 So auch *Hüffer*, AktG, § 131 Rn. 37; *Semler* in Münch Hdb AG, § 37 Rn. 18; *v. Werder/Braun/Fromholzer* in Eilers/Koffka/Mackensen, Private Equity, II. Rn. 27.

415 Begr.RegE AktG bei *Kropff*, AktG, S. 187.

416 So auch *Verse*, Gleichbehandlungsgrundsatz, S. 510 ff.

mationen als Insiderinformationen im Sinne des § 13 Abs. 1 S. 1 WpHG qualifiziert werden müssen. Durch die Gestattung der Due Diligence könnte die Zielgesellschaft dann möglicherweise gegen das Verbot der unbefugten Weitergabe von Insiderinformationen nach § 14 Abs. 1 Nr. 2 WpHG verstoßen. Spiegelbildlich ist zu prüfen, ob im Erwerb der neuen Aktien von der Zielgesellschaft durch den Investor nach Abschluss der Due Diligence Prüfung ein verbotenes Verwenden von Insiderinformationen nach § 14 Abs. 1 Nr. 1 WpHG liegen könnte. Beide Fälle sind strafrechtlich relevant (§§ 38 Abs. 1, 39 Abs. 2 Nr. 3 und 4 WpHG). Voraussetzung dieser Verbotstatbestände ist jedoch zunächst, dass Insiderinformationen in dieser Transaktionsform überhaupt vorliegen.

1. Vorliegen von Insiderinformationen bei der Due Diligence

Insiderinformationen sind konkrete Informationen über nicht öffentlich bekannte Umstände, die sich auf einen Emittenten von Insiderpapieren oder auf die Insiderpapiere selbst beziehen und die geeignet sind, im Falle ihres öffentlichen Bekanntwerdens den Börsenpreis der betreffenden Insiderpapiere erheblich zu beeinflussen (§ 13 Abs. 1 S. 1 WpHG).[417] Diese Definitionsmerkmale werden häufig bei den durch die Due Diligence in Erfahrung gebrachten Unternehmensinterna erfüllt sein. Insbesondere die Eignung zur Kursbeeinflussung, die immer dann gegeben ist, wenn ein verständiger Anleger die Information bei seiner Anlageentscheidung berücksichtigen würde (§ 13 Abs. 1 S. 2 WpHG), ist für viele interne Entscheidungen vorstellbar. Beispiele hierfür könnten strategische Planungen des Zielunternehmens, bevorstehende Zahlungseinstellungen oder der Abschluss bedeutender Vertragsverhältnisse sein.[418]

Da die Zielgesellschaft als börsennotierte Emittentin jedoch zur Veröffentlichung aller sie unmittelbar betreffenden Insiderinformationen verpflichtet ist (§ 15 Abs. 1 S. 1 WpHG), kommen als Insiderinformationen, die im Rahmen einer Due Diligence Prüfung weitergegeben werden, nur solche Informationen in Frage, deren Veröffentlichung die Gesellschaft vergessen hat oder gemäß § 15 Abs. 3 S. 1 WpHG selbstbefreiend aufschieben durfte. Nach dieser Vorschrift ist die Zielgesellschaft von der

417 Dabei ist die Unterscheidung, ob sich die Information auf den Emittenten von Insiderpapieren oder die Insiderpapiere selbst bezieht, rein akademisch, weil die Informationen mit Insiderpapierbezug zumeist auch Emittentenbezug aufweisen, *Assmann* in Assmann/U. H. Schneider, WpHG, § 13 Rn. 47; *Schwark/Kruse* in Schwark/Zimmer, KMRK, § 13 WpHG Rn. 39.

418 Beispiele bei *Liefekett*, Due Diligence bei M&A-Transaktionen, S. 166.

Pflicht zur Veröffentlichung der sie betreffenden Insiderinformationen solange befreit, wie es der Schutz ihrer berechtigten Interessen erfordert, keine Irreführung der Öffentlichkeit zu befürchten ist und die Gesellschaft die Vertraulichkeit der Insiderinformation gewährleisten kann. Im Rahmen der ersten Voraussetzung kommt es maßgeblich auf eine Güterabwägung zwischen den Geheimhaltungsinteressen der Zielgesellschaft und dem Interesse des Kapitalmarktes an einer vollständigen und zeitnahen Veröffentlichung an (§ 15 Abs. 3 S. 1 WpHG i.V.m. § 6 S. 1 WpAIV).[419]

2. Kein Verstoß gegen das Weitergabeverbot nach § 14 Abs. 1 Nr. 2 WpHG

Mit der Gewährung der Einsicht in kursrelevante Unternehmensunterlagen könnte der Vorstand gegen das Verbot der Weitergabe oder Zugänglichmachung von Insiderinformationen gemäß § 14 Abs. 1 Nr. 2 WpHG verstoßen. Dazu müsste sich dieses Verhalten jedoch als „unbefugt" im Sinne dieser Vorschrift qualifizieren lassen. In Ermangelung einer Legaldefinition bedarf es für die Auslegung dieses Tatbestandsmerkmals einer Abwägung zwischen den Zielen des Insiderrechts – die Gewährleistung der informationellen Chancengleichheit der Marktteilnehmer und die präventive Beschränkung der Anzahl möglicher Insider[420] – und den Interessen der Beteiligten im Einzelfall, wobei hieran unterschiedlich strenge Anforderungen gestellt werden. Nach der strengsten auch vom EuGH vertretenen Auffassung kommt es darauf an, ob die Weitergabe der Insiderinformation für die Erfüllung einer Aufgabe unerlässlich ist und den Grundsatz der Verhältnismäßigkeit beachtet.[421] Übertragen auf die PIPE-Transaktion ist damit entscheidend, ob der PIPE-Investor für die Zeichnung der neuen Aktien darauf besteht, dass ihm die Möglichkeit zur Due Diligence eingeräumt wird. Ist dies der Fall, stellt sich aus Sicht der Zielgesellschaft die Frage, ob die wirtschaftlichen Vorteile der Transaktion die Schutzinteressen des Kapitalmarkts überwiegen. Da die PIPE-Transaktion der Zielgesellschaft elementare wirtschaftliche Vorteile bringt – den Erhalt der Einlagen sowie die Einbindung eines Ankeraktionärs –, wird eine Weitergabe von Insiderinforma-

---

419 Hierzu noch unter III.

420 *Assmann* in Assmann/U. H. Schneider, WpHG, § 14 Rn. 73; *Mennicke* in Fuchs, WpHG, § 14 Rn. 203; *Pawlik* in Kölner Kommentar WpHG, § 14 Rn. 46.

421 EuGH, WM 2006, 612, 615 Rn. 34 („Grongaard und Bang").

tionen im Rahmen der Due Diligence hier regelmäßig als rechtlich zulässig anzusehen sein. Darüber hinaus unterfällt der Erwerber mit Erhalt der Insiderinformation selbst dem Verbotstatbestand des § 14 Abs. 1 Nr. 1 bis 3 WpHG.

Daneben kann eine zivilrechtliche Haftung aufgrund einer mit dem Investor abgeschlossenen Vertraulichkeits- sowie Standstill-Vereinbarung zum Tragen kommen. Darin wäre der Investor zu verpflichten, die Informationen nicht weiterzugeben und innerhalb eines bestimmten Zeitraums keine weiteren Aktien der Zielgesellschaft zu erwerben. Der Abschluss der schon im Unternehmensinteresse gebotenen Vertraulichkeitsvereinbarung empfiehlt sich aus Sicht der Zielgesellschaft zudem zur Vermeidung der Veröffentlichungspflicht aus § 15 Abs. 1 S. 4 WpHG. Hiernach hätte die Zielgesellschaft bei befugter Weitergabe von Insiderinformationen die betreffenden Informationen zeitgleich zu veröffentlichen, es sei denn, der Empfänger ist rechtlich zur Vertraulichkeit verpflichtet, wofür eine ausdrückliche vertragliche Grundlage genügt.[422]

3. Kein Verstoß gegen das Verwendungsverbot nach § 14 Abs. 1 Nr. 1 WpHG

Während der Tatbestand der unbefugten Weitergabe von Insiderinformationen bereits durch das Mitteilen von internen Informationen über die Zielgesellschaft als Emittentin börsennotierter Aktien erfüllt werden kann,[423] erfordert das Verwenden von Insiderinformationen, dass Insiderpapiere des Emittenten unter Verwendung dieser Informationen erworben werden. Zu klären ist daher zunächst, inwiefern junge Aktien bei einer Kapitalerhöhung schon Insiderpapiere darstellen können. Als Insiderpapiere gelten gemäß § 12 S. 1 Nr. 1 WpHG nur solche Finanzinstrumente, die an einer inländischen Börse zum Handel zugelassen oder in den regulierten Markt oder den Freiverkehr einbezogen sind. Fraglich ist im Rahmen des Verbots des Verwendens von Insiderinformationen nach § 14 Abs. 1 Nr. 1 WpHG, ob die jungen Aktien im maßgeblichen Zeitpunkt des Erwerbs durch den selbst zeichnenden Investor bereits die erforderliche Handelszugehörigkeit aufweisen. Hierfür ist zunächst der insiderrechtliche Erwerbsbegriff zu klären.

---

422 *Mennicke* in Fuchs, WpHG, § 14 Rn. 308, 313 ff.; *F. Schäfer* in Marsch-Barner/Schäfer, Hdb börsennotierte AG, § 14 Rn. 32.

423 *Mennicke/Jakovou* in Fuchs, WpHG, § 13 Rn. 110.

Einer Ansicht nach genügt für den tatbestandsmäßigen Erwerb eine Vertragsgestaltung, mit der sichergestellt ist, dass der Insider den erwarteten Gewinn realisieren kann.[424] Andererseits soll es auf eine endgültige Änderung der dinglichen Rechtslage ankommen.[425] Solange der Erwerbsvorgang unter einer aufschiebenden Bedingung steht oder von einer Willenserklärung des Vertragspartners abhängt, liegt jedoch auch nach der weiteren ersteren Ansicht kein hinreichend gesicherter Erwerb vor.[426] Für die Zeichnung der Aktien durch den Investor bedeutet dies, dass der Erwerb der Aktien erst dann sicher angenommen werden kann, wenn die Durchführung der Kapitalerhöhung in das Handelsregister gemäß § 189 AktG eingetragen ist, da die Zielgesellschaft bis zum Vollzug der Eintragung die Anmeldung noch einseitig zurücknehmen[427] und so die Entstehung der Aktien verhindern kann.

Im Zeitpunkt der Eintragung sind die Aktien jedoch noch nicht zum Börsenhandel zugelassen. Gemäß § 12 S. 2 WpHG steht es jedoch der Zulassung gleich, wenn bereits der Antrag auf Zulassung der jungen Aktien durch die Zielgesellschaft gestellt oder öffentlich angekündigt ist. Öffentlich angekündigt ist die Antragstellung, wenn gegenüber einem nicht bestimmten Personenkreis erklärt wird, dass eine Notierung der Aktien in einem bestimmten Marktsegment beabsichtigt sei.[428] Während im Rahmen von Privatplatzierungen die öffentliche Ankündigung der Antragstellung regelmäßig entfällt, entspricht es der Handhabung in der Transaktionspraxis, dass der Zulassungsantrag bereits vor Eintragung der Kapitalerhöhung bei der Geschäftsführung der Börse gestellt wird.[429] Nur in diesem Fall stellen junge Aktien Insiderpapiere dar.

Liegen aufgrund der frühzeitigen Antragstellung bereits Insiderpapiere vor, ist fraglich, ob der Investor diese nach Durchführung der Due Diligence unter unzulässiger Verwendung von Insiderinformationen erwirbt (§ 14 Abs. 1 Nr. 1 WpHG). Hierfür müsste der Investor die erlangten Insiderinformationen in sein Handeln – den Erwerb von Insiderpa-

---

424 *Assmann*, in Assmann/U. H. Schneider, WpHG, § 14 Rn. 12; *Lösler* in Habersack/Mülbert/Schlitt, Kapitalmarktinformation, § 2 Rn. 68.

425 *Mennicke* in Fuchs, WpHG, § 14 Rn. 23.

426 OLG Karlsruhe, AG 2004, 512, 513; *Assmann* in Assmann/U. H. Schneider, WpHG, § 14 Rn. 18; *Pawlik* in Kölner Kommentar WpHG, § 14 Rn. 40.

427 *Hüffer*, AktG, § 188 Rn. 2; für dieses Ergebnis auch *Widder/Kocher*, AG 2009, 654, 655.

428 *Fischer zu Cramburg/Royé* in Heidel, Aktienrecht und Kapitalmarktrecht, § 12 WpHG Rn. 5.

429 Siehe etwa den Zeitplan einer Kapitalerhöhung im Zuge eines IPO bei *Singhof/Weber*, in Habersack/Mülbert/Schlitt, Unternehmensfinanzierung, § 4 Rn. 108.

pieren – mit einfließen lassen.[430] Einschränkend fordert die überwiegende Ansicht, dass die Kenntnis der betreffenden Insiderinformation kausal für den Erwerb der Aktien ist.[431] Mithin liegt kein verbotener Insiderhandel vor, wenn der Investor seinen ursprünglich gefassten Erwerbsplan nach der Due Diligence in gleichem Umfang weiterverfolgt, sogenannte *Masterplan*-Ausnahme.[432]

Dieselbe Auslegung lässt sich auch der Spector-Entscheidung des EuGH zur Auslegung der Marktmissbrauchsrichtlinie[433] entnehmen.[434] Nach dieser Entscheidung darf die verbotene Nutzung einer Insiderinformation im Sinne des Art. 2 Abs. 1 der Richtlinie vermutet werden, wenn eine Person, die über eine Insiderinformation verfügt, Finanzinstrumente, auf die sich die Information bezieht, erwirbt oder veräußert.[435] Hierin könnte eine Abkehr des EuGH vom Ursächlichkeitskriterium gesehen werden, da ein Insiderverstoß zunächst angenommen werden könne, ohne dass ein Ursachenzusammenhang zwischen Insiderkenntnis und dem Erwerb der betreffenden Insiderpapiere nachgewiesen werden müsste. Allerdings geht der EuGH in seinem Urteil an anderer Stelle von der Prämisse aus, dass bei einem Insidergeschäft die Insiderinformation für die das Geschäft tätigende Person integraler Bestandteil ihres Entscheidungsprozesses sei.[436] Insoweit scheint der EuGH weiterhin die Kausalität zwischen Insiderkenntnis und Insidergeschäft vorauszusetzen. Zudem kann die Vermutung des Verwendens nach Ansicht des EuGH durch den Erwerber widerlegt werden.[437] In Betracht kommt hierfür insbesondere der Nachweis, dass die Kenntnis nicht ursächlich für das Verwenden war.[438] Einhellige Meinung zu den Auswirkungen des Urteils auf die deutsche Rechtspraxis ist folglich, dass der

---

430 Begr. RegE, BT-Drucks. 15/3174, S. 34; BaFin, Emittentenleitfaden vom 15.7.2005, S. 37.

431 *Assmann* in Assmann/U. H. Schneider, WpHG, § 14 Rn. 25; *D. Beisel* in Unternehmenskauf, 2. Kap. Rn. 18; *Cascante/Bingel*, NZG 2010, 161, 162; *Mennicke* in Fuchs, WpHG, § 14 Rn. 52; *Schäfer* in Schäfer/Hamann, Kapitalmarktgesetze, Loseblatt (Stand: 6/2007), § 14 WpHG Rn. 7.

432 *Assmann* in Assmann/U. H. Schneider, WpHG, § 14 Rn. 31; *Cahn*, Konzern 2005, 5, 9; *Brandi/Süßmann*, AG 2004, 642, 644 f.; *Schwark/Kruse* in Schwark/Zimmer, KMRK, § 14 WpHG Rn. 23; *Schlitt/Ries* in Münchener Kommentar AktG, § 35 WpÜG Rn.249.

433 Richtlinie 2003/6/EG des Europäischen Parlaments und des Rates vom 28.1.2003 über Insider-Geschäfte und Marktmanipulation.

434 EuGH, NZG 2010, 107, 111 („Spector Photo Group").

435 EuGH, NZG 2010, 107, 111, (Tz. 54).

436 EuGH, NZG 2010, 107, 109, (Tz. 36).

437 EuGH, NZG 2010, 107, 111 (Tz. 54).

438 So zutreffend *Cascante/Bingel*, NZG 2010, 161, 163; *Widder*, BB 2010, 515, 517.

EuGH die Masterplan-Ausnahme nicht beseitigt wissen wollte.[439] Die Anforderungen an die Dokumentation der Transaktionsplanung und -umsetzung durch den Investor haben sich jedoch verschärft. Denn nur sie können den erforderlichen Nachweis liefern, dass der Erwerb der Aktien des Zielunternehmens nicht durch Insiderkenntnisse motiviert war.

In der hier vorliegenden Konstellation des Erwerbs der Aktien von der Zielgesellschaft im Rahmen einer Kapitalerhöhung sind darüber hinaus die Gefahren einer marktverzerrenden Informationsasymmetrie der Beteiligten weniger stark gegeben. Einerseits verfügen beide Vertragspartner am Ende der Due Diligence im Wesentlichen über den gleichen Informationsstand wie bei sogenannten *face-to-face*-Geschäften.[440] Darüber hinaus sind die jungen Aktien noch nicht „am Markt", die Transaktion wird vielmehr in privilegierter Abstimmung auf die speziellen Bedürfnisse von Investor und Zielgesellschaft zugeschnitten, sodass dieser Erwerb kapitalmarktrechtlich unbedenklich erscheint.

4. Auswirkungen des Reformvorschlags der Europäischen Kommission für eine Marktmissbrauchsverordnung

Am 20. November 2011 hat die Europäische Kommission ihre Reformvorschläge zur Änderung des Marktmissbrauchsrechts vorgestellt.[441] Mit dem Inkrafttreten der neuen Regelungen wird nicht vor Ende des Jahres 2014 gerechnet.[442] Die wesentlichste sich aus dem Kommissionsvorschlag

---

439 *Bussian*, WM 2011, 8, 12; *Cascante/Bingel*, NZG 2010, 161, 163; *Nikoleyczik/Gubitz*, GWR 2010, 159; *Widder*, BB 2010, 515, 517; *Bank*, NZG 2012, 1337, 1341; dafür, dass der EuGH die Masterplan-Aussage im Urteil gar nicht entschieden hat *Langenbucher/Brenner/Gellings*, BKR 2010, 133, 135 f.

440 So auch *Widder/Kocher*, AG 2009, 654, 658.

441 Europäische Kommission, Vorschlag für eine Verordnung des Europäischen Parlaments und des Rates über Insider-Geschäfte und Marktmanipulation (Marktmissbrauch) vom 20.11.2011, KOM (2011) 651 endgültig („MMVO"). Die erste Lesung im Europäischen Parlament ist bislang für Juni 2013 vorgesehen. Der vorbereitende Bericht des Wirtschafts- und Währungsausschusses des Europäischen Parlaments vom 22.10.2012 über den Vorschlag für eine Verordnung des Europäischen Parlaments und des Rates über Insider-Geschäfte und Marktmanipulation (Marktmissbrauch) ist einsehbar unter http://www.europarl.europa.eu/sides/getDoc.do?pubRef=-//EP//TEXT+REPORT+A7-2012-0347+0+DOC+XML+V0//DE. Zum Stand der Gesetzgebung vergleiche die Übersicht unter http://www.europarl.europa.eu/oeil/popups/ficheprocedure.do?reference=2011/0295(COD)#foreCast

442 *Merkner/Sustmann*, AG 2012, 315.

für das Insiderrecht ergebende Änderung[443] betrifft die Einführung einer zusätzlichen Kategorie von Insiderinformationen für den Bereich der Insiderverbote. Der neue Tatbestand umfasst Informationen, die einen oder mehrere Emittenten von Finanzinstrumenten betreffen und der Öffentlichkeit in der Regel nicht verfügbar sind, die jedoch, wenn sie einem verständigen Anleger verfügbar wären, der regelmäßig an dem betreffenden Markt und mit dem betreffenden Finanzinstrument handelt, von diesem als relevant bei der Entscheidung über die Bedingungen betrachtet würden, zu denen Geschäfte mit dem Finanzinstrument abgeschlossen werden sollten.[444]

Der Begriff der Insiderinformation wird durch diesen Regelungsvorschlag für den Bereich der Insiderverbote erheblich ausgeweitet.[445] Zunächst genügt es im Gegensatz zur derzeitigen Definition der Insiderinformation (§ 13 Abs. 1 S. 1 WpHG), wenn die Information der Öffentlichkeit *in der Regel* nicht verfügbar ist. Demnach könnten nach dem Wortlaut des Vorschlags auch Informationen, die der Öffentlichkeit tatsächlich bereits bekannt sind, dies aber im Regelfall nicht wären, Insiderinformationsqualität aufweisen. Die Auslegung dieses Merkmals bereitet erhebliche Schwierigkeiten.[446] Insbesondere ist unklar, nach welchen Kriterien sich bemisst, ob Informationen der Öffentlichkeit in der Regel nicht zur Verfügung stehen.

Weiter ist im Rahmen der neuen Kategorie unerheblich, ob die Information konkret, oder in der Sprache des Vorschlags, „präzise" ist.[447] Ob eine nicht öffentlich bekannte Information dem Insiderhandelsverbot unterfällt oder nicht, hängt nunmehr allein davon ab, ob sie für den verständigen Investor bei der Anlageentscheidung als relevant angesehen wird. Insbesondere werden keine Einschränkungen für in der Zukunft liegende Ereignisse gemacht, deren Eintrittswahrscheinlichkeit gering ist. Der Anwendungsbereich der Insiderverbote wird damit zeitlich nach vorn verlagert. Im Hinblick auf die von einem Investor im Zuge der Due Diligence offengelegten Informationen wäre hiernach genau zu prüfen, welche Informationen bereits für einen potentiellen Anleger als relevant erachtet werden könnten.

---

443 Es soll der Kommissionsvorschlag zugrundegelegt werden, da die finale Entscheiung des Europäischen Parlaments bislang noch aussteht.

444 Art.6 Abs. 1 e) MMVO.

445 *Veil/Koch*, WM 2011, 2297, 2300; *Viciano-Gofferje/Cascante*, NZG 2012, 968, 977.

446 Hierzu *Viciano-Gofferje/Cascante*, NZG 2012, 968, 970 f.

447 *Merkner/Sustmann*, AG 2012, 315, 320; *Veil/Koch*, WM 2011, 2297, 2300; *Teigelack*, BB 2012, 1361, 1362 f.

Keine wesentlichen Änderungen ergeben sich im Hinblick auf die verbotenen Handlungen.[448] Weiterhin sind verboten das Tätigen von Insidergeschäften einschließlich des Versuchs, die Empfehlung des Tätigens solcher Geschäfte oder die Anstiftung hierzu sowie die nicht ordnungsgemäße Offenlegung von Insiderinformationen.[449] Letzteres betrifft die unbefugte Weitergabe von Insiderinformationen. Es sind daher keine Anhaltspunkte dafür ersichtlich, dass sich für die Zulässigkeitsvoraussetzungen der Weitergabe von Insiderinformation im Zuge der Due Diligence eine geänderte Beurteilung aufgrund des Reformvorschlags ergibt.[450]

Dem Kommissionsentwurf ist insbesondere auch keine explizite Stellungnahme zu der Frage der weiteren Zulässigkeit der anerkannten Ausnahmefälle – Masterplan-Ausnahme und Face-to-face-Geschäft – zu entnehmen. Da diese Ausnahmen im Entwurf nicht ausdrücklich abgelehnt werden, ist davon auszugehen, dass sie nach dem derzeitigen Stand des Entwurfs weiterhin anerkannt werden dürfen.[451]

III. Vereinbarungsphase und Erfüllung der Ad-hoc-Mitteilungspflicht durch die Zielgesellschaft

Behält der Investor nach Durchführung der Due Diligence seinen Beteiligungsentschluss bei und erzielen die Beteiligten eine Einigung bezüglich der Bedingungen des PIPE-Investments im Rahmen der Investorenvereinbarung, kann diese unterzeichnet werden, sobald die abschlusszuständigen Gremien hierüber positiv entschieden haben. In diesem Zusammenhang stellt sich für die Zielgesellschaft, gegebenenfalls auch für den Investor – soweit er ebenfalls Inlandsemittent im Sinne des § 2 Abs. 7 WpHG anzusehen ist – die Frage, zu welchem Zeitpunkt die PIPE-Transaktion als solche gemäß § 15 Abs. 1 S. 1 WpHG der Öffentlichkeit mitzuteilen ist.

---

448 *Merkner/Sustmann*, AG 2012, 315, 322; *Veil/Koch*, WM 2011, 2297, 2300; *Teigelack*, BB 2012, 1361, 1363.

449 Art. 9 MMVO.

450 So auch *Veil/Koch*, WM 2011, 2297, 2300.

451 So zutreffend *Viciano-Gofferje/Cascante*, NZG 2012, 968, 975 ff.

A. Vorliegen einer ad-hoc-mitteilungspflichtigen Insiderinformation

Die Voraussetzungen einer ad-hoc-mitteilungspflichtigen Insiderinformation (§ 15 Abs. 1 S. 1 WpHG) werden bei einer bevorstehenden PIPE-Transaktionen bis auf das Merkmal der Konkretheit im Regelfall unproblematisch bejaht werden können. Insbesondere ergeben sich mit einer PIPE-Transaktion für die Zielgesellschaft wirtschaftliche Vorteile, die häufig erhebliches Kursbeeinflussungspotential aufweisen. Angesichts der verschiedenen Zwischenschritte bis zu ihrem Abschluss, bedarf es jedoch besonderer Klärung, ab wann die Durchführung der Transaktion als hinreichend konkret für die Begründung einer Mitteilungspflicht der Zielgesellschaft anzusehen ist und ob gegebenenfalls einzelne Zwischenschritte bereits vor Abschluss der Transaktion im Wege der Ad-hoc-Mitteilung veröffentlicht werden müssen. Zu denken wäre etwa an den Abschluss des Letter of Intent oder die Entscheidung über die Gestattung einer Due Diligence durch den Vorstand der Zielgesellschaft.

Gemäß § 13 Abs. 1 S. 3 WpHG sind zukünftige insiderrechtlich relevante Umstände zu einem früheren Zeitpunkt bereits ad-hoc-mitteilungspflichtig, wenn ihr Eintritt schon zu diesem früheren Zeitpunkt aus Anlegersicht mit hinreichender Wahrscheinlichkeit angenommen werden kann. Die Rechtsprechung verlangte bislang zur Bejahung der hinreichenden Wahrscheinlichkeit im Sinne der Vorschrift, dass eine Eintrittswahrscheinlichkeit von über 50 Prozent besteht.[452] Fraglich ist, ob nach einer jüngeren Entscheidung des EuGH zur Auslegung der Marktmissbrauchsrichtlinie[453] eine andere Auslegung der erforderlichen Wahrscheinlichkeit geboten ist. Der EuGH befasste sich hierin insbesondere mit der Vorlagefrage des BGH, ob die hinreichende Wahrscheinlichkeit künftiger Umstände eine überwiegende oder hohe Wahrscheinlichkeit erfordere.[454] Nach Ansicht des EuGH kommt es für die Auslegung der hinreichenden Wahrscheinlichkeit künftiger Umstände und Ereignisse darauf an, ob nach umfassender Würdigung der bereits verfügbaren Anhaltspunkte tatsächlich erwartet werden könne, dass diese Umstände oder Ereignisse in Zukunft existieren oder eintreten werden.[455] Insoweit setze der Begriff der hinreichenden Wahrscheinlichkeit nicht voraus, dass

---

452 BGH, ZIP 2008, 639.

453 EuGH, BB 2012, 1817 ff. („Geltl/Daimler AG").

454 Vergleiche hierzu Vorlagebeschluss des BGH, AG 2011, 84 f.

455 EuGH, BB 2012, 1817, 1819 (Tz. 42 ff.).

der Nachweis einer hohen Wahrscheinlichkeit der in Rede stehenden Umstände oder Ereignisse erforderlich wäre.[456] Konkrete Vorgaben für die Beurteilung der Eintrittswahrscheinlichkeit nennt der EuGH jedoch nicht.

Es stellt sich die Frage, ob der Eintritt eines Ereignisses weiterhin nur vernünftigerweise bei einer Wahrscheinlichkeit von mehr als 50 Prozent erwartet werden kann, mithin an der bislang üblichen Wahrscheinlichkeitsformel festzuhalten ist. Dies wird im Schrifttum zutreffend überwiegend bejaht.[457] Tatsächlich kann nur der Eintritt von Ereignissen erwartet werden, wenn ihr Eintritt wahrscheinlicher ist als ihr Ausbleiben. Insoweit ist weiter die „50 Prozent + x"-Formel anzuwenden.

In Anwendung dieser Definition ist die Durchführung der PIPE-Transaktion erst dann hinreichend wahrscheinlich, wenn der Vorstand die Durchführung der Transaktion beschlossen hat oder zumindest eine bindende Vereinbarung über die Durchführung der Transaktion durch die Gesellschaft unterzeichnet wurde.[458] Die Ad-hoc-Mitteilung müsste demzufolge nach dem positiven Vorstandsbeschluss über den Abschluss der Investorenvereinbarung veröffentlicht werden. Zu diesem Zeitpunkt könnten auch einzelne kurserhebliche Transaktionsbedingungen, wie Umfang der Kapitalerhöhung, Ausgabebetrag der Aktien oder weitere kursrelevante Vereinbarungsinhalte mitgeteilt werden.

Im zuvor genannten Urteil hat der EuGH ebenfalls bestätigt, dass auch Vorbereitungs- oder Zwischenschritte eines gestreckten Sachverhalts eigene Insiderinformationen darstellen können.[459] Es reicht demnach nicht aus, nur auf das zukünftige Ereignis des Entscheidungsprozesses abzustellen und die bereits eingetretenen Zwischenschritte für die insiderrechtliche Betrachtung außer Betracht zu lassen.[460] Insoweit muss der Vorstand fortlaufend jeden Vorbereitungs- und Verhandlungsabschnitt vor Abschluss der Investorenvereinbarung darauf überprüfen, ob er im Einzelfall bereits als Insiderinformation zu qualifizieren ist. Dabei hat er zu ermitteln, ob der jeweilige Zwischenschritt bereits für sich genommen kursrelevant ist. Im Rahmen der Prüfung der Kursrelevanz kommt es

---

456 EuGH, BB 2012, 1817, 1819 (Tz. 46).

457 *Kocher/Widder*, BB 2012, 1820, 1821; *Hitzer*, NZG 2012, 860, 862; *Schall*, ZIP 2012, 1286, 1288; *Kiesewetter*, BB 2012, 1741; *Wilsing/Goslar*, DStR 2012, 1709, 1711 f.

458 *Schlitt/Schäfer* in FS Hopt, Bd 2, 2469, 2480.

459 EuGH, BB 2012, 1817, 1819 (Tz. 38 ff.).

460 So die zutreffende Analyse des Urteils im Schrifttum *Apfelbacher/Polke*, CFL 2012, 275, 277; *Wilsing/Goslar*, DStR 2012, 1709, 1711f.; *Hitzer*, NZG 2012, 860, 862; *Kocher/Widder*, BB 2012, 1820, 1821.

dann insbesondere auch darauf an, ob das Endereignis, hier der Abschluss der Investorenvereinbarung oder die erfolgreiche Umsetzung einer PIPE-Beteiligung, hinreichend wahrscheinlich erscheint.[461] Insgesamt erhöht sich durch das Urteil der Prüfungs- und Dokumentationsaufwand des Vorstands.[462]

B. Befreiung von der Ad-hoc-Mitteilungspflicht

Gelangt der Vorstand im Hinblick auf vorbereitende Schritte zu der Überzeugung, dass die Voraussetzungen einer Ad-hoc-Pflicht erfüllt sind, muss er entweder deren Veröffentlichung veranlassen oder die rechtliche Möglichkeit einer Befreiung von der Ad-hoc-Mitteilungspflicht (§ 15 Abs. 3 WpHG) überprüfen. Unter Berufung auf die Befreiung von der Ad-hoc-Mitteilungspflicht kann ein Emittent die Mitteilung solange aufschieben, wie es der Schutz seiner berechtigten Interessen erfordert, keine Irreführung der Öffentlichkeit zu befürchten ist und der Emittent die Vertraulichkeit der Insiderinformation gewährleisten kann (§ 15 Abs. 3 S. 1 WpHG). Berechtigt sind die Interessen des Emittenten an der Geheimhaltung der Information, wenn sie die Interessen des Kapitalmarktes an einer vollständigen und zeitnahen Veröffentlichung überwiegen (§ 6 Abs. 1 S. 1 WpAIV). Für die Frage der Zulässigkeit der Befreiung kommt es damit in erster Linie auf eine Abwägungsentscheidung an.[463] Fraglich ist damit, mit welcher Begründung der Vorstand etwa die Mitteilung betreffend den Abschluss eines Letter of Intent zwischen Gesellschaft und Investor aufschieben dürfte.

Ein berechtigtes Interesse des Emittenten ist insbesondere dann gegeben, wenn die Veröffentlichung der betreffenden Insiderinformation den Gang laufender Verhandlungen wahrscheinlich erheblich beeinträchtigen und die Interessen der Anleger ernsthaft gefährdet würde (§ 15 Abs. 3 WpHG i. V. m. § 6 S. 2 Nr. 1 WpAIV). Als mögliche Beeinträchtigungen der Verhandlungen werden alle Umstände angesehen, die zu einer Verschlechterung des Verhandlungsergebnisses aus Sicht des Emittenten

---

461 *Hitzer*, NZG 2012, 860, 862; *Schall*, ZIP 2012, 1286, 1288; *Kocher/Widder*, BB 2012, 1820 f.

462 *Hitzer*, NZG 2012, 860, 862.

463 BaFin, Emittentenleitfaden, IV. 3. S. 65 f.; *Assmann* in Assmann/U. H. Schneider, WpHG, § 15 Rn. 155; *Langenbucher*, Aktien- und Kapitalmarktrecht, § 17 Rn. 34; *Simon*, Der Konzern 2005, 13, 19.

führen können.[464] Bei der PIPE-Transaktion kann ein vorzeitiges Bekanntwerden der Transaktion zu einem Kursanstieg führen, infolgedessen der Investor einen höheren Preis für die Aktien bezahlen müsste. Denn im Rahmen der Zehn-Prozent-Kapitalerhöhung darf der Ausgabepreis den Börsenkurs nicht wesentlich unterschreiten (§ 186 Abs. 3 S. 4 AktG). Der Preis der neuen Aktien wird hier unmittelbar durch die zum Abschluss der Transaktion vorherrschenden Kurswerte bestimmt. Droht im Fall eines Kursanstiegs ein Scheitern der Transaktion, ist in Anbetracht der mit der Kapitalerhöhung verbundenen Vorteile für die Gesellschaft ein überwiegendes Interesse am Aufschub der Veröffentlichung im Sinne des § 15 Abs. 3 S. 1 WpHG gegeben. Ebenso liegt es in dem Fall, dass die Ankündigung der Transaktion zu einem Kursverfall führen könnte. Hierdurch könnte sich der Eigenkapitalzufluss auf Seiten der Gesellschaft wegen des Erfordernisses der marktnahen Ausgabe der Aktien verringern. Auch in diesem Fall ist von einem Überwiegen der Interessen der Gesellschaft an einer Nichtveröffentlichung der beabsichtigten Kapitalerhöhung auszugehen. Da die Befreiung von der Ad-hoc-Mitteilungspflicht ein Korrektiv für die zeitlich erheblich vorverlagerten Veröffentlichungspflichten des Emittenten – insbesondere im Hinblick auf die oben dargestellten Vorbereitungsschritte – darstellt, ist es zudem gerechtfertigt, die Befreiungsvoraussetzungen eher weit als restriktiv auszulegen.[465]

Ein weiteres berechtigtes Interesse kann sich aus Sicht der Zielgesellschaft im Einzelfall daraus ergeben, dass Altaktionäre bei Veröffentlichung der bevorstehenden Transaktion die Eintragung der Kapitalerhöhung durch die Geltendmachung von Unterlassungsansprüchen gegen die Verwaltungsbeschlüsse im einstweiligen Rechtsschutz zu verzögern drohen. Bestehen aus Sicht des Vorstands der Zielgesellschaft indes keine Zweifel an der rechtlichen Zulässigkeit der Kapitalmaßnahme und verfolgen die Aktionäre lediglich Einzelinteressen, überwiegt auch hier das Geheimhaltungsinteresse der Zielgesellschaft die Interessen des Kapitalmarktes an einer vollständigen und zeitnahen Veröffentlichung.[466]

Streitig ist, ob es hierfür einer Befreiungsentscheidung durch die Zielgesellschaft bedarf[467] oder ob die Befreiungswirkung bei Vorliegen der

---

464 *Versteegen* in Kölner Kommentar WpHG, § 15 Anh. – § 6 WpAIV Rn.34.; *Assmann* in Assmann/U.H.Schneider, WpHG, § 15 Rn. 140.

465 BaFin, Emittentenleitfaden, IV. 3.1., S. 66 f.; *Pfüller* in Fuchs, WpHG, § 15 Rn. 352; *Krämer/Teigelack*, AG 2012, 20, 23.

466 So zutreffend *Seibt/Voigt*, AG 2009, 133, 145.

467 *Mennicke*, NZG 2009, 1059, 1061; *Pfüller* in Fuchs, WpHG, § 15 Abs. 404; *Widder*, BB 2009, 967, 972.

Voraussetzungen von selbst eintritt.[468] Die BaFin nimmt bei Fehlen eines Befreiungsbeschlusses trotz Vorliegens der gesetzlichen Voraussetzung einen Verstoß gegen § 15 Abs. 1 S. 1 WpHG an.[469] Vorsorglich sollte daher eine Befreiungsentscheidung durch den Vorstand der Zielgesellschaft getroffen und diese auch dokumentiert werden.

IV. Vereinbarungsphase und Erfüllung der Meldepflicht nach § 25 a WpHG durch den Investor

Im Hinblick auf die neue Mitteilungspflicht für das Halten von Instrumenten, die ihrem Inhaber aufgrund ihrer Ausgestaltung ermöglichen, mit Stimmrechten verbundene und bereits ausgegebene Aktien eines Emittenten zu erwerben (§ 25 a WpHG), stellt sich die Frage, ob der Investor nach Abschluss einer Investorenvereinbarung oder eines verbindlichen Letter of Intent die so erworbene Möglichkeit, Aktien der Zielgesellschaft zu erwerben, gegenüber der Zielgesellschaft und der BaFin veröffentlichen muss.

Dies ist zu verneinen. Die Meldepflicht bezieht sich nach ihrem Wortlaut auf bereits ausgegebene und zugelassene Aktien.[470] Maßgeblich für die Beurteilung, ob Aktien vorliegen, ist der Zeitpunkt der Konkretisierung der Möglichkeit zum Erwerb der Aktien.[471] Bei der PIPE-Transaktion im Wege der reinen Kapitalerhöhungen ohne Umplatzierungselement erwirbt der Investor die Möglichkeit zum Erwerb von Aktien der Gesellschaft mit Abschluss einer Vereinbarung, die ihm das Zeichnungsrecht im Hinblick auf die neuen Aktien einräumt. Zu diesem Zeitpunkt existieren die Aktien jedoch noch nicht, so dass die neue Mitteilungspflicht hier nicht Platz greift.[472]

---

468 *Assmann* in Assmann/U. H. Schneider, WpHG, § 15 Rn. 165d; *Versteegen* in Kölner Kommentar WpHG, § 15 Rn. 171.

469 BaFin, Emittentenleitfaden vom 28.4.2009, S. 65.

470 *Seibt*, CFL 2010, 502, 504; *U. H. Schneider* in Assmann/U. H. Schneider, WpHG, § 25a WpHG Rn. 34.

471 *U.H.Schneider* in Assmann/Schneider, WpHG, § 25a Rn. 34.

472 So ist auch *U. H. Schneider* in Assmann/U. H. Schneider, WpHG, § 25a WpHG Rn. 34 zu verstehen, nach dem die Mitteilungspflicht entfällt, wenn der künftige Anspruch des Meldepflichtigen ausschließlich auf die Lieferung künftig auszugebender Aktien gerichtet ist.

V. Vollzugsphase – Kapitalerhöhung

Nach Abschluss der Investorenvereinbarung müssen Zielgesellschaft und Investor die zur Schaffung des Beteiligungskapitals erforderlichen Schritte umsetzen. Die Voraussetzungen der Kapitalerhöhung mit vereinfachtem Bezugsrechtsausschluss sowie die zur Schaffung, Zulassung und Notierung der Aktien notwendigen Verfahrenshandlungen sind daher näher darzustellen.

A. Voraussetzungen der Zehnprozent-Kapitalerhöhung

Die zügige Umsetzung der Kapitalerhöhung setzt zunächst das Bestehen eines genehmigten Kapitals sowie einer Ermächtigung zum vereinfachten Bezugsrechtsausschluss voraus. Im Hinblick auf die Festlegung des Ausgabebetrages und des Umfangs der Kapitalerhöhung sind die gesetzlichen Vorgaben des vereinfachten Bezugsrechtsausschlusses zu beachten.

1. Bestehen genehmigten Kapitals und Ermächtigung zum vereinfachten Bezugsrechtsausschluss

Grundlage für die Bedienung der Kapitalerhöhung aus genehmigtem Kapital ist das Vorliegen einer Satzungsermächtigung, die den Vorstand der Zielgesellschaft zur Erhöhung des Grundkapitals im gewünschten Umfang berechtigt (§ 202 Abs. 1, Abs. 2 S. 1 AktG). Erforderlich ist weiter die Ermächtigung zur Ausnutzung des genehmigten Kapitals unter Ausschluss des Bezugsrechts gemäß § 186 Abs. 3 S. 4 AktG.

2. Voraussetzungen des vereinfachten Bezugsrechtsausschlusses

Um den Einflussverlust und die Verwässerung der Aktionäre infolge des Bezugsrechtsausschlusses möglichst gering zu halten, lässt der Gesetzgeber den vereinfachten Bezugsrechtsausschluss nur in engen Grenzen zu. Seine Anwendbarkeit beschränkt sich auf Kapitalerhöhungen gegen Bareinlagen, die zehn Prozent des Grundkapitals nicht übersteigen und bei denen der Ausgabebetrag den Börsenpreis nicht wesentlich unterschreitet (§ 186 Abs. 3 S. 4 AktG). Im Folgenden sollen die einzelnen Voraussetzungen dieser Vorschrift näher konturiert werden.

a) Börsennotierung der Aktien

Die Ausnahmevorschrift des § 186 Abs. 3 S. 4 AktG setzt zunächst voraus, dass die Aktien der Gesellschaft einen Börsenpreis haben. Unstreitig sind alle Aktien davon erfasst, die zum Handel an einem regulierten Markt zugelassen sind (§ 32 Abs. 1 BörsG).[473] Die überwiegende Auffassung lässt für die Anwendung der Vorschriften auch die Notierung der Aktien im Freiverkehr (§ 48 BörsG) ausreichen.[474] Nach einer Mindermeinung sollen Aktien, die lediglich zum Handel im Freiverkehr zugelassen sind, nicht für einen vereinfachten Bezugsrechtsausschluss in Betracht kommen.[475] Dies wird damit begründet, dass die für die Anwendung der Norm erforderliche korrekte Preisbildung nur im geregelten Markt gewährleistet sei.[476] Für diese Einschätzung könnte auch die Definition der Börsennotierung in § 3 Abs. 2 AktG sprechen, die zwar die Notierung im geregelten Markt, nicht jedoch die im Freiverkehr erfasst.[477] Allerdings spricht § 186 Abs. 3 S. 4 AktG nur vom Börsenkurs, verwendet insoweit nicht den Begriff der börsennotierten Gesellschaft wie § 3 Abs. 2 AktG. Zudem bezieht das Börsengesetz in den Begriff des Börsenpreises auch die während der Börsenzeit im Freiverkehr festgestellten Preise in die Definition des Börsenpreises ein (§ 24 Abs. 1 S. 2 BörsG). Die vorwiegend vor Inkrafttreten dieser Vorschrift vertretene Gegenauffassung erscheint damit überholt.[478]

b) Begrenzung auf zehn Prozent des Grundkapitals

Die Kapitalerhöhung darf 10 Prozent des Grundkapitals nicht übersteigen. Fraglich ist, auf welchen Zeitpunkt für die Berechnung der Zehn-

---

473 *Peifer* in Münchener Kommentar AktG, § 186 Rn.87; *Servatius* in Spindler/Stilz, AktG, § 186 Rn. 58; *Veil* in Schmidt/Lutter, AktG, § 186 Rn. 42; *Schlitt/Schäfer*, AG 2005, 67, 68; *Krause* in Habersack/Mülbert/Schlitt, Unternehmensfinanzierung, § 7 Rn.33; *Hüffer*, AktG, § 186 Rn. 39c; *Wiedemann* in Großkommentar AktG, § 186 Rn. 153; *Hirte*, ZIP 1994, 356, 358.

474 *Peifer* in Münchener Kommentar AktG, § 186 Rn.87; *Servatius* in Spindler/Stilz, AktG, § 186 Rn. 58; *Veil* in Schmidt/Lutter, AktG, § 186 Rn. 42; *Schlitt/Schäfer*, AG 2005, 67, 68; *Krause* in Habersack/Mülbert/Schlitt, Unternehmensfinanzierung, § 7 Rn.33; *Hüffer*, AktG, § 186 Rn. 39c; *Marsch-Barner* in Bürgers/Körber, § 186 Rn. 34;

475 *Wiedemann* in Großkommentar AktG, § 186 Rn. 153; *Lutter*, AG 1994, 429, 441; *Hirte*, ZIP 1994, 356, 358.

476 *Hirte*, ZIP 1994, 356, 358.

477 *Hüffer*, AktG, § 3 Rn.6; *Drescher* in Spindler/Stilz, AktG, § 3 Rn.5.

478 Darauf hinweisend von *Oppen/Menhart/Holst*, WM 2011, 1835, 1837.

prozent-Grenze abzustellen ist. Im Fall eines genehmigten Kapitals kommen als mögliche Zeitpunkte grundsätzlich die Eintragung der Ermächtigung des Vorstands durch die Hauptversammlung sowie die Ausnutzung der Ermächtigung durch den Vorstand in Betracht. Nach überwiegender und zutreffender Ansicht soll es kumulativ auf beide Zeitpunkte ankommen.[479] Dabei ist jeweils der niedrigere Wert maßgeblich.[480] So werden nach der Ermächtigung eintretende Kapitalherabsetzungen berücksichtigt, Kapitalerhöhungen dagegen nicht. Die weitreichende Rechtsfolge des erleichterten Bezugsrechtsausschlusses gebietet hier eine restriktive Auslegung der gesetzlichen Voraussetzungen.

c) Kein wesentliches Unterschreiten des Börsenkurses

Im Hinblick auf die Bestimmung des Preises für die durch den Investor zu zeichnenden Aktien stellt sich die Frage, welche Grenzen den Verwaltungsorganen der Gesellschaft bei der Preisbestimmung durch die gesetzliche Vorschrift gesetzt sind. Weiter ist zu untersuchen, wie sich die Festlegung des Preises vollzieht, den der PIPE-Investor für die Aktien zu zahlen hat.

Zunächst ist fraglich, welche Grenzen sich aus dem Erfordernis ergeben, dass der Ausgabebetrag den Börsenkurs nicht wesentlich unterschreiten darf. Konkrete gesetzliche Vorgaben nennt das Gesetz nicht. Der Bericht des Rechtsausschusses des Deutschen Bundestages geht in diesem Zusammenhang von einem zulässigen Regelabschlag auf den Börsenkurs von etwa drei Prozent aus. Der Wert von ca. fünf Prozent bilde die Obergrenze.[481] Allerdings müsse die zulässige Abweichung anhand des minimierten Volatilitätsrisikos und einer sehr geringen Kaufanreizmarge im Einzelfall bestimmt werden. Diese Auslegung befürwortend nimmt eine große Literaturmehrheit an, dass in Ausnahmesituatio-

---

479 *Schlitt/Schäfer*, AG 2005, 67, 69; *Veil* in Schmidt/Lutter, § 186 Rn. 10; *Busch* in Marsch-Barner/Schäfer, Hdb börsennotierte AG, § 43 Rn.22; *Ihrig/Wagner*, NZG 2002, 657, 660; *Krause* in Habersack/Mülbert/Schlitt, Unternehmensfinanzierung, § 7 Rn. 56; a. A. abstellend nur auf Zeitpunkt der Ausnutzung der Ermächtigung durch den Vorstand *Krieger* in Münch Hdb AG, § 58 Rn. 19; Lutter in Kölner Kommentar AktG, § 186 Rn. 34; *Groß*, DB 1994, 2431, 2439.

480 *Busch* in Marsch-Barner/Schäfer, Hdb börsennotierte AG, § 43 Rn. 22; *Hüffer*, AktG, § 203 Rn. 10a; *Krause* in Habersack/Mülbert/Schlitt, Unternehmensfinanzierung, § 7 Rn. 56; a. A. *Schlitt/Schäfer*, AG 2005, 67, 69 immer auf Ausübungszeitpunkt abstellend. Siehe zur Frage der Anrechnung anderweitiger Ermächtigungen zum erleichterten Bezugsrechtsausschluss 4. Teil, III. B.

481 Bericht des Rechtsausschusses, BT-Drucks. 12/7848, S. 9.

nen, etwa hoher Kursvolatilität oder nachteiliger Dividendenberechtigung der jungen Aktien, auch ein höherer Abschlag möglich sein könne.[482] Dem ist zuzustimmen, da dem Vorstand bei der Bestimmung des Ausgabebetrages ein Eingehen auf die Umstände des Einzelfalls möglich bleiben muss. Gerade bei schwierigem Marktumfeld und drängendem Kapitalbedarf kann das Setzen von Kaufanreizen in der Form höherer Abschläge auf den Börsenkurs unumgänglich sein, wenn andere Maßnahmen wegen fehlender Platzierungssicherheit ausscheiden.

Maßgeblicher Börsenkurs ist zunächst der am regulierten Markt oder im Freiverkehr ermittelte Preis, bei einer Notierung an mehreren Börsen darf die Börse mit den größten Umsätzen zugrunde gelegt werden, da hierdurch der marktgerechteste Preis erzielt werden kann.[483] Bestehen mehrere Handelssysteme an einem Börsenplatz ist ebenso auf den liquidesten Kurs abzustellen.[484]

Neben der zulässigen Höhe des Abschlags und dem maßgeblichen Börsenkurs und Marktsegment stellt sich weiter die Frage, auf welchen Zeitpunkt es für die Bestimmung des maßgeblichen Börsenkurses ankommt. Dies ist weder gesetzlich geregelt, noch ergeben sich hierfür Anhaltspunkte aus den Gesetzesmaterialien. In der Literatur ist die Frage umstritten. Die überwiegende Ansicht befürwortet die Bestimmung des Platzierungspreises anhand eines festen Stichtages, regelmäßig des Tages der Preisfestsetzung durch den Vorstand.[485] Dabei solle der volumengewichtete Durchschnittskurs an diesem Tag ermittelt werden.[486] Durch diese Vorgehensweise werde erreicht, dass der Ausgabebetrag möglichst nahe auf den Kurs zum Zeitpunkt der Ausnutzung der Ermächtigung bezogen und die Verwässerung der Aktionäre möglichst gering gehalten werde.[487] Dagegen halten andere Autoren die Berechnung eines Durchschnittspreises anhand einer Referenzperiode von wenigen Tagen vor der Preisfestsetzung für vorzugswürdig.[488] Nur auf diese Weise ließen

---

482 *Hüffer*, AktG, § 186 Rn. 39 d; *Krause* in Habersack/Mülbert/Schlitt, Unternehmensfinanzierung, § 7 Rn. 32; *Schlitt/Schäfer*, AG 2005, 67, 70.

483 *Kraft/Krieger* in Münch Hdb AG, § 56 Rn. 90; *Seibt*, CFL 2011, 74, 80.

484 An der Frankfurter Wertpapierbörse ist dies der im XETRA-Handel ermittelte Kurs, *Groß*, ZHR 162 (1998), 318, 338; *Seibt*, CFL 2011, 74, 80.

485 *Schlitt/Schäfer*, AG 2005, 67, 71; *Marsch-Barner*, AG 1994, 532, 537, *Trapp*, AG 1997, 115, 119 f.; *Seibt*, CFL 2011, 74, 80; *Aubel*, Bezugsrechtsausschluss, S. 70 ff.; *von Oppen/Menhart/Holst*, WM 2011, 1835, 1838.

486 *Busch* in Marsch-Barner/Schäfer, Hdb börsennotierte AG, § 42 Rn. 86.

487 *von Oppen/Menhart/Holst*, WM 2011, 1835, 1839.

488 *Hüffer*, AktG, § 186 Rn. 39d; *Lutter* in Kölner Kommentar AktG, § 186 Rn. 14; *Wiedemann* in Großkommentar AktG, § 186 Rn. 153.

sich Zufallsergebnisse vermeiden[489] und möglicherweise manipulierte Kursausschläge ausgleichen.[490]

Nach vermittelnder Auffassung soll der Vorstand zwischen den verschiedenen Varianten wählen können.[491] So werde der Vorstand grundsätzlich versuchen müssen, einen möglichst zeitnah zur Zuteilung der Aktien gelegenen Stichtag für die Bestimmung des Preises zu wählen. Bei starker Volatilität der Kurse müsse er erwägen, auf eine Referenzperiode abzustellen.[492] Die letztgenannte Auffassung überzeugt, da sie dem Vorstand die erforderliche Freiheit lässt, um die bestmögliche Platzierung zu hoher Transaktionssicherheit zu erreichen.[493]

Die Festlegung des Preises vollzieht sich bei einer PIPE-Transaktion strukturell anders als bei einer gewöhnlichen Zehn-Prozent-Kapitalerhöhung, bei der die Aktien einem Kreis verschiedener zumeist institutioneller Investoren zum Kauf angeboten werden. Im letzteren Fall kommt es regelmäßig zur Preisbildung im Rahmen eines beschleunigten Preisfindungsverfahrens oder *Accelerated Bookbuilding*. Bei diesem werden nach Beschlussfassung des Vorstands und Aufsichtsrats über die Ausnutzung eines genehmigten Kapitals typischerweise institutionelle Investoren[494] zur Abgabe von Angeboten innerhalb einer bestimmten Frist aufgefordert. Das Verfahren wird durch die hiermit beauftragten Konsortialbanken koordiniert, die je nach Ausgestaltung des Underwriting Agreements die neuen Aktien entweder unbedingt oder vorbehaltlich einer erfolgreichen Weiterplatzierung übernehmen und sie anschließend den Investoren übertragen.[495] Zu Beginn des Bookbuilding-Verfahrens wird als Untergrenze ein bestimmter Abschlag vom Börsenkurs vorgegeben.[496] Das sich anschließende Bookbuilding-Verfahren selbst dauert regelmäßig nur wenige Stunden.[497] An seinem Ende setzt der Vorstand den im Bookbuilding durch die Konsortialbanken ermittelten Preis fest.

---

489 *Hüffer*, AktG, § 186 Rn. 39d.

490 *Schröer*, Arbeitshandbuch für die Hauptversammlung, § 22 Rn.66.

491 So insbesondere *Seibt*, CFL 2011, 74, 80; für Wahlmöglichkeit auch *Aubel*, Bezugsrechtsausschluss, S. 75 f.; *Busch* in Marsch-Barner/Schäfer, Hdb börsennotierte AG, § 42 Rn. 83; *Krieger/Kraft* in Münch Hdb AG, § 56 Rn. 90.

492 *von Oppen/Menhart/Holst*, WM 2011, 1835, 1838.

493 So zutreffend *Seibt*, CFL 2011, 74, 80.

494 *von Oppen/Menhart/Holst*, WM 2011, 1835, 1836.

495 *von Oppen/Menhart/Holst*, WM 2011, 1835, 1836.

496 *von Oppen/Menhart/Holst*, WM 2012, 1835, 1836; *Schlitt/Schäfer*, AG 2005, 67, 72.

497 *Schlitt/Schäfer*, AG 2005, 67, 72.

Durch das Bookbuilding-Verfahren wird die Festsetzung eines marktnahen Emissionspreises erleichtert.[498]

Bei einem PIPE-Investment hingegen wird die gesamte Tranche bezugsrechtsfrei auszugebender Aktien einem Investor angeboten. Naturgemäß findet kein Bookbuilding-Verfahren statt. Vielmehr müssen sich Investor und Vorstand im Rahmen von Verhandlungen auf einen bestimmten Preis einigen. Dabei bildet ein Abschlag von fünf Prozent auf den jeweils maßgeblichen Börsenkurs im Regelfall die Grenze des geringstmöglichen Ausgabebetrages. Ein über dem Börsenkurs liegender Preis kann indessen unbeschränkt vereinbart werden. Im Hinblick auf die Festlegung des maßgeblichen Stichtages sollte der Tag des Abschlusses der Investorenvereinbarung gewählt werden, an dem auch der Vorstand und der Aufsichtsrat über die Ausnutzung des genehmigten Kapitals beschließen werden.

d) Bestehen ungeschriebener Voraussetzungen?

Fraglich ist, ob zusätzlich zu den ausdrücklichen Voraussetzungen für das Eingreifen des vereinfachten Bezugsrechtsausschlusses noch weitere ungeschriebene Voraussetzungen erfüllt sein müssen, damit der Ausschluss des Bezugsrechts der Aktionäre sachlich gerechtfertigt ist. Dies ist umstritten. Während der Gesetzgeber den Schutzzweck des Bezugsrechts der Aktionäre allein durch die festgelegten Anforderungen an Umfang der Kapitalerhöhung und Festlegung des Ausgabepreises gewahrt sieht,[499] hält eine nicht unerhebliche Anzahl von Autoren und Teile der Rechtsprechung diese Sichtweise in einzelnen Fällen für nicht gerechtfertigt.[500] Im Wesentlichen werden in diesem Zusammenhang drei Fallgruppen erörtert, in denen ein vereinfachter Bezugsrechtsausschlusses selbst bei Wahrung der gesetzlichen Voraussetzungen nicht zulässig sein

---

498 *Meyer* in Marsch-Barner/Schäfer, Hdb börsennotierte AG, § 8 Rn. 32.

499 Begr. GesE, BT-Drucks. 12/6721 S. 10:"Werden die Voraussetzungen des vereinfachten Bezugsrechtsausschlusses entsprechend dem Entwurf eingehalten, so bedarf es weder einer Interessenabwägung, wie sie für den Bezugsrechtsausschluss im Übrigen verlangt wird (vgl. BGHZ 71, 41, 46), noch weiterer sachlicher Rechtfertigungsgründe."

500 OLG München, AG 2007, 37, 40; *Hirte* in Großkommentar AktG, § 203 Rn. 114; *Lutter* in Kölner Kommentar AktG, § 186 Rn. 17; *Marsch-Barner* in Bürgers/Körber, AktG, § 186 Rn. 36; *Veil* in Schmidt/Lutter, AktG, § 186 Rn. 44; *Wamser* in Spindler/Stilz, AktG, § 203 Rn. 93; *Wiedemann* in Großkommentar AktG, § 186 Rn. 150; *Hüffer*, AktG, § 186 Rn. 39g; *Peifer* in Münchener Kommentar AktG, § 186 Rn. 88; *Servatius* in Spindler/Stilz, AktG, § 186 Rn. 61; *Seibt*, CFL 2011, 74, 82; *Kraft/Krieger* in MüchHdb AG, § 56 Rn.89; *Rebmann* in Heidel, Aktienrecht und Kapitalmarktrecht, § 186 AktG Rn. 57.

soll. Ein vereinfachter Bezugsrechtsausschluss sei insbesondere nicht möglich, wenn dem Börsenkurs aufgrund besonderer Umstände keine Aussagefähigkeit zukomme,[501] wenn die Altaktionäre keine oder nur unzureichende Zukaufmöglichkeiten zum Erhalt ihrer Beteiligungsquote hätten[502] oder der vereinfachte Bezugsrechtsausschluss rechtsmissbräuchlich zur Beeinträchtigung von Aktionärsrechten eingesetzt werde.[503] Letzteres wird etwa für den Fall der Platzierung aller Aktien bei nur einem Investor oder einem Aktionär diskutiert.[504] Im Folgenden soll zu den genannten Fallgruppen im Hinblick auf die Zulässigkeit einer PIPE-Transaktion Stellung genommen werden.

aa) Aussagefähigkeit des Börsenkurses

Einige Autoren zweifeln die Zulässigkeit des vereinfachten Bezugsrechtsausschlusses an, wenn der Börsenkurs aufgrund besonderer Umstände nicht aussagefähig ist.[505] Denn nach Ansicht des Gesetzgebers stelle gerade der Bezug des Ausgabebetrages zum Börsenkurs sicher, dass kein Kurswertverlust der Aktionäre bei Durchführung der Kapitalerhöhung entstehe. Ein solcher Verlust trete für Aktionäre stets dann ein, wenn sie von der Teilnahme an einer Kapitalerhöhung ausgeschlossen werden und die neuen Aktien zu einem Betrag ausgegeben werden, der unter dem Börsenkurs der alten Aktien liege.[506]

Fraglich ist, in welchen Situationen dem Börsenkurs nur eine verminderte Aussagefähigkeit zukommt. Im Hinblick auf die Gefahr des Kurswertverlusts der Aktionäre kann nur ein zu niedriger Börsenkurs hier relevant sein. Im Fokus stehen Fälle, in denen der innere oder wahre

---

501 *Hüffer*, AktG, § 186 Rn. 39g; *Wiedemann* in Großkommentar AktG, § 186 Rn. 150.

502 OLG München, AG 2007, 37, 40; *Hirte* in Großkommentar AktG, § 203 Rn. 114; *Lutter* in Kölner Kommentar AktG, § 186 Rn. 17; *Marsch-Barner* in Bürgers/Körber, AktG, § 186 Rn. 36; *Veil* in Schmidt/Lutter, AktG, § 186 Rn. 44; *Wamser* in Spindler/Stilz, AktG, § 203 Rn. 93; *Wiedemann* in Großkommentar AktG, § 186 Rn. 150; *Kraft/Krieger* in Münch Hdb AG, § 56 Rn.89; *Rebmann* in Heidel, Aktienrecht und Kapitalmarktrecht, § 186 AktG Rn. 57.

503 *Seibt*, CFL 2011, 74, 82; *Servatius* in Spindler/Stilz, AktG, § 186 Rn. 61; *Veil* in Schmidt/Lutter, § 186 Rn. 44; *Hüffer*, AktG, § 186 Rn. 39g; *Peifer* in Münchener Kommentar AktG, § 186 Rn. 88.

504 *Bayer* in Münchener Kommentar AktG, § 203 Rn. 137; *Lutter* in Kölner Kommentar AktG, § 186 Rn. 31; *Wiedemann* in Großkommentar AktG, § 186 Rn.150.

505 *Hüffer*, AktG, § 39g; *Wiedemann*, Großkommentar AktG, § 186 Rn. 150.

506 Begr. RegE, BT-Drucks. 12/6721, S. 10.

Wert der Aktie durch den Börsenkurs nicht mehr abgebildet wird.[507] Auslöser hierfür können eine eingeschränkte Handelsliquidität der Aktie durch geringen Free-Float oder eine Situation der Marktenge sein. Werden nur wenige Aktien der Gesellschaft in einem bestimmten Zeitraum gehandelt, können bereits einige größere Aufträge den Aktienkurs erheblich beeinflussen. Bei größeren Verkäufen kann der Kurs dann stark fallen und den wahren Wert des Unternehmens nicht mehr abbilden.[508]

Die Gegenauffassung möchte die Anwendbarkeit des vereinfachten Bezugsrechtsausschlusses jedoch nicht davon abhängig machen, ob eine ausreichende Handelsliquidität oder andere spekulative Kursbeeinflussungen gegeben sind.[509] Diese Ansicht überzeugt. Die Gefahr der Verwässerung sieht der Gesetzgeber ausreichend durch die börsenkursnahe Ausgabe der Aktien gewahrt. An keiner Stelle geht der Gesetzgeber in den Gesetzesmaterialien auf besondere Marktbedingungen ein. Zudem kann nicht rechtssicher abgegrenzt werden, bis zu welchem Kurs der wahre Wert der Aktie abgebildet wird. Der erleichterte Bezugsrechtsausschluss wäre damit praktisch schwer zu handhaben, der gesetzgeberische Zweck der Erleichterung der Kapitalaufnahme würde verfehlt. Zudem könnte der Altaktionär bei einer Unterbewertung der Aktie an der Börse Aktien zu vergleichbaren Konditionen erwerben und so den Kurswertverlust begrenzen.[510]

Ein etwas anders gelagerter Ansatz siedelt die Frage des wahren inneren Wertes der Aktien nicht auf der Ebene der Zulässigkeit des vereinfachten Bezugsrechtsausschlusses an. Vielmehr solle der vereinfachte Bezugsrechtsausschluss grundsätzlich zulässig sein, Vorstand und Aufsichtsrat könnten jedoch im Einzelfall verpflichtet sein, den Ausgabebetrag für die Aktien oberhalb des Börsenkurses festzulegen, wenn der

507 *Hüffer*, AktG, § 186 Rn. 39e, 39g; *Lutter* in Kölner Kommentar AktG, § 186 Rn. 4; *Wiedemann* in Großkommentar AktG, § 186 Rn.150; *Peifer* in Münchener Kommentar AktG, § 186 Rn. 88; *Kraft/Krieger* in Münch Hdb AG, § 56 Rn. 92

508 Zur Marktenge vgl. *Burger*, NZG 2012, 281, 282, 287. Einen Anhaltspunkt für die Definition der Marktenge kann § 5 WpÜG-AngebotsVO geben. Hiernach ist der Börsenkurs für die Bemessung der Gegenleistung nicht ausreichend aussagefähig, wenn für die Aktien der Zielgesellschaft während des Referenzzeitraumes an weniger als einem Drittel der Börsentage Börsenkurse festgestellt worden und mehrere nacheinander festgestellte Börsenkurse um mehr als 5 Prozent voneinander abweichen. Hierzu *Wackerbarth* in Münchener Kommentar AktG, § 31 WpÜG Rn. 46 ff.

509 *Groß*, DB 2431, 2434; *Schröer* in Arbeitshandbuch für die Hauptversammlung, § 22 Rn.35; *Krause* in Habersack/Mülbert/Schlitt, Unternehmensfinanzierung, § 7 Rn.34.

510 *Schröer* in Arbeitshandbuch für die Hauptversammlung, § 22 Rn.35.

wirkliche Wert der Aktie signifikant vom Börsenkurs abweiche.[511] Grundsätzlich ist dem Gedanken beizupflichten, dass Vorstand und Aufsichtsrat bei der Bestimmung des Ausgabebetrages auch die Interessen der Altaktionäre an der Vermeidung einer Vermögensverwässerung berücksichtigen müssen. Insoweit müssen sie auch im Interesse der Gesellschaft auf einen Ausgabepreis dringen, der dem wirklichen Wert der Aktien möglichst nahe kommt. Es sind jedoch Konstellationen denkbar, in denen eine Platzierung zum wirklichen Wert aufgrund der Verhandlungsposition der Zielgesellschaft möglicherweise nicht erreicht werden kann. In diesem Fall muss es dem Vorstand gleichwohl erlaubt sein, die neuen Aktien mit einem Abschlag auf den aktuellen Börsenkurs auszugeben.[512] Wenn der Mittelzufluss für die Gesellschaft dringend notwendig ist, profitieren auch die Altaktionäre von dieser Kapitalerhöhung.[513]

bb) Zukaufmöglichkeiten der Altaktionäre

Nach verbreiteter Auffassung soll ein vereinfachter Bezugsrechtsausschluss nur in Betracht kommen, wenn die Altaktionäre tatsächlich die Möglichkeit haben, ihren Einflussverlust in der Gesellschaft durch Zukäufe von Aktien am Markt auszugleichen.[514] Ist ein Zukauf etwa aufgrund der geringen Handelsliquidität in der Aktie nicht oder nur zu deutlich überhöhten Preisen möglich, käme ein vereinfachter Bezugsrechtsausschluss nicht in Betracht. In diesem Fall sei die Prämisse des Gesetzgebers nicht erfüllt, wonach der einzelne Aktionär stets Aktien zur Erhaltung seiner relativen Beteiligung über die Börse nachkaufen könne. Nur vor diesem Hintergrund habe der Gesetzgeber aber die Möglichkeit des vereinfachten Bezugsrechts vorsehen wollen.[515]

Die Gegenauffassung hält eine solche Einschränkung nicht für erforderlich, es komme vielmehr allein auf die gesetzlichen Voraussetzungen

---

511 *Seibt*, CFL 2011, 74, 82.

512 So auch *Englisch* in Hölters, AktG, § 255 Rn. 23.

513 *Schröer* in Arbeitshandbuch für die Hauptversammlung, § 22 Rn.35.

514 OLG München, AG 2007, 37, 40; *Lutter* in Kölner Kommentar AktG, § 186 Rn.17; *Wiedemann* in Großkommentar AktG, § 186 Rn.150; *Krieger* in MünchHdb AG, § 56 Rn.89; *Krause* in Habersack/Mülbert/Schlitt, Unternehmensfinanzierung, § 7 Rn. 34; *Peifer* in Münchener Kommentar AktG, § 186 Rn. 88; *Wamser* in Spindler/Stilz, AktG, § 203 Rn.93; *Veil* in Schmidt/Lutter, AktG, § 186 Rn. 44; *Rebmann* in Heidel, Aktienrecht und Kapitalmarktrecht, § 186 AktG Rn. 57.

515 *Lutter*, Kölner Kommentar AktG, § 186 Rn. 17; *Krieger* in Münch Hdb AG, § 56 Rn.89; *Rebmann* in Heidel, Aktienrecht und Kapitalmarktrecht, § 186 AktG Rn. 57.

des vereinfachten Bezugsrechtsausschlusses an.[516] Die Vorschrift des § 186 Abs. 3 Satz 4 AktG setze das Bestehen realer Zukaufmöglichkeiten der Aktionäre gerade nicht voraus. Zudem würde das Ziel des Gesetzgebers, erleichterte Bedingungen für die Eigenkapitalaufnahme zu schaffen, konterkariert.

Zwar klingt in der Gesetzesbegründung an, dass der Gesetzgeber bei der Schaffung des vereinfachten Bezugsrechtsausschlusses davon ausging, dass der Einflussverlust der Altaktionäre durch deren Möglichkeit zum freien Zukauf von Aktien über die Börse ausgeglichen werden könne.[517] Dabei unterstellt der Gesetzgeber, dass bei Kapitalerhöhungen im Umfang von zehn Prozent des Grundkapitals stets ein die relative Beteiligungshöhe erhaltender Nachkauf möglich ist.[518] Allerdings kann aus diesen Bemerkungen kein rechtssicherer Rückschluss auf den Willen des Gesetzgebers gezogen werden, der vereinfachte Bezugsrechtsausschluss möge nur bei bestehender Rückkaufmöglichkeit aller Altaktionäre zulässig sein.[519]

Zudem würde es den Vorstand einer Zielgesellschaft vor große praktische Schwierigkeiten stellen, müsste er im Vorfeld der Kapitalerhöhung prüfen, ob die am Markt vorhandene Handelsliquidität dafür ausreicht, dass den Aktionären über etwaige Zukäufe der Erhalt ihrer Beteiligungshöhe gesichert werden kann. Dies setzte zunächst voraus, dass der Vorstand die genauen Beteiligungsverhältnisse ermitteln könnte. Bei einer Notierung im regulierten Markt wird ihm dies zwar insoweit möglich sein, als Aktionäre das Über – oder Unterschreiten der Schwellenwerte von 3, 5, 10, 15, 20, 25, 30, 50 und 75 Prozent der Stimmrechte der Gesellschaft melden müssen. Jedoch besteht keine Gewähr dafür, dass die Mitteilungen rechtzeitig erfolgen. Zudem bleiben die Beteiligungsverhältnisse dem Vorstand bei einer Notierung der Aktien im Freiverkehr unbekannt. Zudem müsste der Vorstand weiter überprüfen, in welchem Umfang Aktien am Markt bewegt werden und gegebenenfalls Aktien zur Erfüllung etwaiger Nachkaufwünsche vorhalten. Dies würde einen Bezugs-

516 *Busch* in Marsch-Barner/Schäfer, Hdb börsennotierte AG, § 42 Rn. 89; *Hoffmann-Becking*, ZIP 1995, 1, 9f.; *Ihrig* in Liber Amicorum Happ, S. 109, 113 ff.; *Cahn*, ZHR 163 (1999), 554, 586 ff.; *Ihrig/Wagner*, NZG 2002, 657, 659; *Trapp*, AG 1997, 115, 119f.; *Goette*, ZGR 2012, 505, 512f.

517 Begr. RegE, BT-Drucks. 12/6721, S. 10.

518 Begr. RegE, BT-Drucks. 12/6721, S. 10.

519 So auch *Claussen*, WM 1996, 609, 614.

rechtsausschluss nach § 186 Abs. 3 S. 4 AktG nahezu unmöglich machen.[520]

Grundsätzlich kann es für die Zulässigkeit des vereinfachten Bezugsrechtsausschlusses daher nicht auf die realen Zukaufmöglichkeiten der Altaktionäre ankommen. Da der Vorstand jedoch verpflichtet ist, auch die Interessen der Aktionäre zu schützen, kann er in besonders gelagerten Ausnahmefällen, etwa besonderer Marktenge, in denen der Nachkauf nur zu deutlich überhöhten Kursen möglich ist, verpflichtet sein, von der Durchführung eines vereinfachten Bezugsrechtsausschlusses abzusehen.[521] Im Vorfeld der PIPE-Transaktion müssen Vorstand und Aufsichtsrat daher anhand der Handelsumsätze in der Aktie sowie des Kurses ermitteln, ob besondere Umstände gegeben sind, die den vereinfachten Bezugsrechtsausschluss als unverhältnismäßig erscheinen lassen können.

cc) Keine rechtsmissbräuchliche Anwendung zur Beeinträchtigung von Aktionärsrechten

Einigkeit besteht darüber, dass der vereinfachte Bezugsrechtsausschluss nicht rechtsmissbräuchlich eingesetzt werden darf.[522] Fraglich ist, in welchen Situationen ein Rechtsmissbrauch angenommen werden muss.

(1) Verlust von Beteiligungsquoten bei Altaktionären

Fraglich ist, ob der vereinfachte Bezugsrechtsausschluss bereits aus dem Grund als rechtsmissbräuchlich angesehen werden muss, dass Altaktionäre durch ihn bestimmte Minderheitsrechte verlieren. Konkret führt die Durchführung einer Kapitalerhöhung mit vereinfachtem Bezugsrechtsausschluss, bei der die Aktien keinem der Altaktionäre zugeteilt werden, zu einer Verwässerung der Stimmrechtsquoten der Altaktionäre. Soweit das Gesetz an Beteiligungsquoten bestimmte Rechtsfolgen knüpft, verlieren Aktionäre gegebenenfalls wesentliche Rechte. So ist etwa ein mit 5 Prozent am Grundkapital der Gesellschaft beteiligter Aktionär nach Durchführung der Kapitalerhöhung nur noch mit 4,5 Prozent am Grundkapital beteiligt. Gleichzeitig hätte er seine Sperrminorität im Hinblick

---

520 So zutreffend *Cahn*, ZHR 163 (1999), 554, 588.

521 *Hüffer*, AktG, § 186 Rn. 39 g; *Ihrig/Wagner*, NZG 2002, 657, 659; *Krause* in Habersack/Mülbert/Schlitt, Unternehmensfinanzierung, § 7 Rn. 34; *Schlitt/Schäfer*, AG 2005, 67, 68.

522 Begr.RegE, BT-Drucks. 12/6721, S. 10; *Peifer* in Münchener Kommentar AktG, § 186 Rn.88; *Seibt* in CFL 2011, 74, 82; *Servatius* in Spindler/Stilz, AktG, § 186 Rn.61; *Hüffer*, AktG, § 186 Rn. 39g; *v. Dryander/Niggemann* in Hölters, AktG, § 186 Rn.82.

auf den Ausschluss im Zuge einer Eingliederung (§ 320 AktG) oder eines Squeeze-out (§ 327a AktG) eingebüßt. Teilweise wird in der Literatur daher vertreten, dass der vereinfachte Bezugsrechtsausschluss in diesem Fall sachlicher Rechtfertigung bedürfe[523] oder nur unter zusätzlichen Bedingungen durchgeführt werden könne.[524] Der Vorstand müsse die betroffenen Aktionäre frühzeitig über die Kapitalerhöhung informieren, damit diese Aktien hinzukaufen könnten, ohne dass der Kurs unangemessen in die Höhe getrieben werde.[525] Oder es müsste erwogen werden, die Aktionäre von dem Bezugsrechtsausschluss auszunehmen.[526]

Mit der zutreffenden Gegenauffassung ist eine solche Pflicht des Vorstands jedoch abzulehnen.[527] Wie schon erläutert, hat der Vorstand schon nicht in jedem Fall Einblick in die tatsächlichen Beteiligungsverhältnisse der Gesellschaft. Zudem ist nicht ersichtlich, warum ein Aktionär, der 5 Prozent am Kapital hält, schutzwürdiger ist als ein mit 4,9 Prozent beteiligter Aktionär.[528] Die Pflichten des Vorstands können hier nicht rechtssicher konturiert werden.

Ebenso wenig bedarf es einer über die gesetzlichen Vorgaben hinausgehenden sachlichen Rechtfertigung für den Fall, dass Aktionäre bestimmte Beteiligungsquoten verlieren. Der Gesetzgeber hat mit der Einführung des vereinfachten Bezugsrechtsausschlusses eine Abwägungsentscheidung zugunsten der erleichterten Eigenkapitalaufnahme börsennotierter Gesellschaften getroffen und die Interessen der nicht beteiligten Aktionäre dahinter zurücktreten lassen.[529] Tritt eine Verschiebung der Machtverhältnisse mithin als Reflex einer im Übrigen unternehmerisch notwendigen Entscheidung des Vorstands ein, muss die Kapitalerhöhung im Hinblick auf den Gesetzeszweck zugelassen werden.[530] Unternehmerisch notwendig ist die Kapitalerhöhung dabei, wenn sie sich durch wirtschaftliche Erwägungen rechtfertigen lässt, also der Gewinnung von Finanzmitteln dient oder das Gesellschaftsinteresse auf andere Weise fördert. Unzulässig ist die Kapitalerhöhung nur, wenn mit ihr kein

523 *Peifer* in Münchener Kommentar AktG, § 186 Rn.88.

524 *Trapp*, AG 1997, 115, 116; *Claussen*, WM 1996, 609, 615; *Schwark* in Festschrift Claussen, S.357, 373 f.

525 *Trapp*, AG 1997, 115, 116; *Claussen*, WM 1996, 609, 615.

526 *Marsch-Barner*, AG 1994, 532, 538.

527 *Groß*, DB 1994, 2431, 2439; *Ihrig* in Liber Amicorum Happ, S. 109, 125.

528 So zutreffend *Ihrig* in Liber Amicorum Happ, S. 109, 125.

529 Für eine solche ex-lege-Abwägung *Lutter* in Kölner Kommentar AktG, § 186 Rn. 4, der allerdings die Zukaufmöglichkeit als ungeschriebene Voraussetzung zu deren zwingender Prämisse erhebt; ähnlich *Goette*, ZGR 2012, 505, 513.

530 So zutreffend *Seibt*, CFL 2011, 74, 82.

Finanzierungsziel, sondern lediglich die Absenkung bestimmter Beteiligungsquoten zum Zweck der Entziehung von Minderheitsrechten verfolgt wird.[531] In der Literatur wird als ein solcher Fall vor allem die Kapitalerhöhung zugunsten des Hauptaktionärs zum Zweck der Absenkung der Beteiligungsquote der Aktionärsminderheit unter die Schwelle von fünf Prozent des Grundkapitals und anschließender Durchführung des Squeeze-out diskutiert.[532] Diese Variante kann jedoch für PIPE-Transaktionen strukturell keine Rolle spielen, da der PIPE-Investor Minderheits- und nicht Hauptaktionär der Gesellschaft ist.

(2) Platzierung aller Aktien bei einem gesellschaftsfremden Investor

Teilweise wird verlangt, der vereinfachte Bezugsrechtsausschluss könne nur bei breiter Platzierung zugelassen werden.[533] Dies ist aus dem Grund verständlich, dass die Blockplatzierung bei nur einem Investor die Gefahr einer ungünstigen Veränderung der Machtverhältnisse zulasten der Altaktionäre erhöht. Denn mit einer Transaktion wird ein neuer Investor im Umfang von knapp über neun Prozent bei proportionaler Verwässerung der übrigen Aktionäre beteiligt. Es stellt sich daher die Frage, ob die Blockplatzierung bei einem vereinfachten Bezugsrechtsausschluss grundsätzlich zulässig ist.

Ein generelles Erfordernis einer breiten Platzierung der neuen Aktien findet in dem eindeutigen Wortlaut des § 186 Abs. 3 S. 4 AktG zunächst keine Stütze. Auch der Gesetzesbegründung ist eine solche Einschränkung nicht zu entnehmen.[534] Ein solches Erfordernis könnte nur aus dem Schutzzeck der Norm hergeleitet werden, wobei dieser zweigeteilt ist. In erster Linie soll der vereinfachte Bezugsrechtsausschluss die möglichst kosteneffiziente Eigenkapitalaufnahme ermöglichen.[535] Erst in einem zweiten Schritt schafft der Gesetzgeber den Ausgleich der Interessen der Aktionäre durch die Aufstellung besonderer gesetzlicher Voraussetzungen. Es liegen damit keine zwingenden Anhaltspunkte dafür vor, dass der Gesetzgeber eine Blockplatzierung ausschließen wollte, zumal die

531 *Seibt*, CFL 2011, 74, 82.

532 Beispiel bei *Zöllner*, AG 2002, 585, 592; *Fleischer* in Großkommentar AktG, § 327 a AktG Rn.81; *Goslar/von der Linden*, BB 2009, 1986, 1991.

533 *Bayer* in Münchener Kommentar AktG, § 203 Rn. 78; *Lutter* in Kölner Kommentar AktG, § 186 Rn. 31; *Wiedemann* in Großkommentar AktG, § 186 Rn. 150.

534 *Groß*, DB 1994, 2431, 2439; *Seibert/Köster/Kiem*, Handbuch der kleinen AG, 3. Aufl. 1996, Rn. 221.

535 BT-Drucks. 12/6721, S. 10

Platzierung bei nur einem Investor den Finanzierungsinteressen der Gesellschaft besonders entgegenkommen kann.[536] Im Regelfall wird eine solche Transaktion zügiger als bei einem breit gestreuten Anlegerkreis und zumeist ohne die Einschaltung einer Emissionsbank durch die Gesellschaft selbst abgewickelt. Zudem ist der einzelne Investor aufgrund der einflussgewährenden Beteiligung möglicherweise auch bereit, der Gesellschaft günstigere Konditionen einzuräumen. Dem Schutzzweck entsprechend sollte die Blockplatzierung bei einem Investor daher nur in den Fällen ausgeschlossen werden, in denen die Platzierung allein der Veränderung von Machtverhältnissen in der Gesellschaft dient.[537] PIPE-Transaktionen werden in aller Regel mit dem Ziel der Stärkung der Eigenkapitalbasis der Gesellschaft durchgeführt. Sie werden in der Regel nie ausschließlich die Veränderung von Machtverhältnissen bezwecken. Die Annahme eines Rechtsmissbrauchs aufgrund der Blockplatzierung liegt bei PIPE-Transaktionen daher fern.

(3) Platzierung aller Aktien bei einem Aktionär der Gesellschaft

Sofern die Kapitalerhöhung mit erleichtertem Bezugsrechtsausschluss dazu genutzt werden soll, einem bereits beteiligten Aktionär der Gesellschaft zu einer größeren Beteiligung zu verhelfen, kann sich die Frage der Zulässigkeit des vereinfachten Bezugsrechts unter einem neuen Blickwinkel stellen. In diesem Fall haben die Aktionäre neben der eigenen Verwässerung und dem Einflussverlust zusätzlich hinzunehmen, dass der zuteilungsberechtigte Aktionär seine Position zu ihren Lasten ausbaut.[538] Ist von zwei Aktionären einer im Umfang von 20 Prozent und ein anderer im Umfang von 25 Prozent an der Zielgesellschaft beteiligt, könnte dem ersten Aktionär durch Übertragung aller Aktien der Kapitalerhöhungstranche eine Beteiligung von 29 Prozent verschafft werden, während die Beteiligung des zweiten Aktionärs auf 22,5 Prozent des Grundkapitals zurückfiele. Zugleich hätte der erste Aktionär eine Sperrminorität erlangt, während der zweite Aktionär sie verloren hätte. In der bevorzugten Berücksichtigung eines Aktionärs könnte insbesondere auch ein Verstoß gegen das Gleichbehandlungsgebot der Aktionäre (§ 53a AktG) liegen.

536 *Seibert/Köster/Kiem*, Die kleine AG, 3. Aufl. 1996, S. 118, Rn. 221.
537 So letztendlich auch die Begr. GesE, BT-Drucks.12/6721, S. 10.
538 So zutreffend *Goette*, ZGR 2012, 505, 516.

Die Behandlung dieser Situation ist in der Literatur umstritten. Während eine Auffassung in der Ermächtigung des Vorstands zum Ausschluss des Bezugsrechts nach § 186 Abs. 3 S. 4 AktG zugleich den Gleichbehandlungsgrundsatz stets gewahrt sieht,[539] wird die Blockzuteilung an einen Aktionär in dieser Situation von einigen Autoren als gänzlich unzulässig angesehen.[540] Die überwiegende Auffassung fordert, dass die Platzierung aller Aktien bei einem Aktionär als Ungleichbehandlung der übrigen Aktionäre sachlich gerechtfertigt werden müsse,[541] wobei an die sachliche Rechtfertigung unterschiedliche Anforderungen gestellt werden.[542] Nach wiederum anderer Ansicht sei die Zulässigkeit des Bezugsrechtsausschlusses allein daran zu messen, ob eine rechtsmissbräuchliche Gestaltung vorliege, etwa die Blockzuteilung gezielt zur Beeinflussung der Macht- oder Beteiligungsverhältnisse vorgenommen werde.[543]

Der letztgenannten Auffassung ist aus mehreren Gründen zu folgen. Zunächst lässt sich im Gesetz kein Anhaltspunkt dafür finden, dass die Zuteilungsentscheidung von vornherein nur zugunsten gesellschaftsfremder Personen getroffen werden könnte. Ebenso wenig geht eine solche Einschränkung aus den Gesetzesmaterialien hervor. Einzige Grenze ist hiernach der Rechtsmissbrauch.[544] Rechtsprechung zu der Frage, ob dem Gleichbehandlungsgrundsatz der Aktionäre bei der Zuteilung nach einem vereinfachten Bezugsrechtsausschluss Bedeutung zukommt, existiert bislang nicht. Vor dem Hintergrund des gesetzgeberischen Anliegens, die Unternehmensfinanzierung durch eine erleichterte Form des Bezugsrechtsausschlusses zu fördern, stellt sich das zusätzliche Erforder-

---

539 *v.Dryander/Niggemann* in Hölters, AktG, § 186 Rn. 87.

540 *Ihrig* in Liber Amicorum Happ, S. 109, 124; *Lutter* in Kölner Kommentar AktG, § 186 Rn.31; *Bayer* in Münchener Kommentar AktG, § 203 Rn.119, wenn die Zuteilung an einen Mehrheitsaktionär erfolgt; *Hirte*, ZIP 1994, 356, 358.

541 *Goette*, ZGR 2012, 505, 515; *Servatius* in Spindler/Stilz, AktG, § 186 Rn.61; *Veil* in Schmidt/Lutter, AktG, § 186 Rn.44; *Marsch-Barner*, AG 1994, 532, 540; *Groß*, DB 1994; 2431, 2439, *ders.* in Happ, Aktienrecht, Anm. zu 12.07 Rn. 22; *Martens*, ZIP 1994, 669, 677; *Schockenhoff*, AG 1994, 45, 54.

542 Nur im Sanierungsfall *Busch* in Marsch-Barner/Schäfer, Hdb börsennotierte AG, § 42 Rn. 88; *Seibt/Voigt*, AG 2009, 133, 144 bei unternehmerischer Begründung; durch Gesellschaftsinteresse begründet *Goette*, ZGR 2012, 505, 517; sachliche Berechtigung, die nicht den Charakter der Willkür trägt, *Groß*, DB 1994, 2431, 2439.

543 *Schlitt/Schäfer*, AG 2005, 67, 72; *Trapp*, AG 1997, 115, 115f; *Marsch-Barner*, AG 1994, 532, 540; die Zuteilungsentscheidung falle in das unternehmerische Ermessen des Vorstands, *Krause* in Habersack/Mülbert/Schlitt, Unternehmensfinanzierung, § 7 Rn.34.

544 Begr. GesE, BT-Drucks. 12/6721, S.10.

nis sachlicher Rechtfertigung jedoch als hinderlich dar. Insoweit würde der Vorstand wieder in die bekannte „Grauzone" der sachlichen Rechtfertigung eines Bezugsrechtsausschlusses nach der „Kali + Salz"- Rechtsprechung des BGH geraten, über den der vereinfachte Bezugsrechtsausschluss gerade hinweghilft.

Da die Rechtsprechung jedoch bei der Zuteilungsentscheidung nach erfolgtem Ausschluss des Bezugsrechts – außerhalb der Konstellation des vereinfachten Bezugsrechtsausschlusses – die Anwendung des Gleichbehandlungsgrundsatzes grundsätzlich befürwortet,[545] sollte sich die Transaktion bei Zuteilung an einen Aktionär stets auch an den Anforderungen einer sachlich gerechtfertigten Ungleichbehandlung messen lassen können. Im Fall einer PIPE-Transaktion kommt es damit darauf an, ob die Bevorzugung des PIPE-Aktionärs durch sachliche Gründe gerechtfertigt ist. Dies läuft auf eine Abwägung der Interessen der Gesellschaft an der Durchführung der PIPE-Transaktion mit den hierdurch entstehenden Nachteilen der anderen Aktionäre hinaus. Dabei müssen an den Vorteil der Transaktion umso höhere Anforderungen gestellt werden, je größer der Einfluss des bevorzugten Aktionärs ausfällt.[546] Bei dieser Abwägung wird entscheidend sein, wie dringend die Gesellschaft die durch die Kapitalerhöhung zuzuführenden Mittel benötigt und welche Alternativen bei gleicher wirtschaftlicher Eignung ihr zur Verfügung stehen. Zusammenfassend lässt sich sagen, dass eine PIPE-Transaktion im „Aufstockungsszenario" wohl rechtssicher nur bei wirtschaftlicher Alternativlosigkeit durchführbar ist.

(4) Abwehr einer Übernahme

Fraglich ist, ob die Zuteilung aller Aktien an einen PIPE-Investor sich als rechtsmissbräuchlich darstellt, wenn sie zur Abwehr einer Übernahme der Gesellschaft durchgeführt wird. Die Eignung einer PIPE-Transaktion zur Verhinderung der Übernahme ergibt sich in mehrfacher Hinsicht. Zum einen werden dem Bieter die dem PIPE-Investor übertragenen Aktien entzogen, wenn der PIPE-Investor sich verpflichtet, seine Aktien nicht in das Angebot einzuliefern. Zum anderen wird das für den Bieter verbleibende Beteiligungsvolumen verwässert.[547]

---

545 BGHZ 33, 175, 186; dem folgend *Drygala* in Kölner Kommentar AktG, § 53a Rn. 62; *Henze* in Großkommentar AktG, § 53a Rn. 56.

546 *Groß*, DB 1994, 2431, 2439.

547 Der Verwässerungseffekt des Bieters steigt dabei mit seinem Anteil. Ein Anteil von 50 Prozent am Grundkapital würde durch die Zehn-Prozent-Kapitalerhöhung um rd. 4,45

Für die Phase ab der Veröffentlichung der Entscheidung zur Abgabe eines Übernahmeangebots im Sinne des Übernahmerechts (§ 10 WpÜG) hat der Gesetzgeber konkret geregelt, welche Maßnahmen des Vorstands zulässig sind, auch wenn sie geeignet sind, den Erfolg der Übernahme zu verhindern (§ 33 WpÜG). Es empfiehlt sich, die Zulässigkeit der Zehn-Prozent-Kapitalerhöhung im Zusammenhang mit einer drohenden Übernahme zunächst nach den übernahmerechtlichen Vorschriften zu überprüfen. Denn hieraus lässt sich eine grundsätzliche Wertung des Gesetzgebers ablesen, die sich gerade auf die besonders „gefahrenträchtige" Phase, in der ein Bieter bereits seine Bereitschaft zur Abgabe eines Übernahmeangebots signalisiert hat, bezieht. Anschließend soll die Frage aktienrechtlich untersucht werden.

(a) Übernahmerechtliche Bewertung

Übernahmerechtlich sind dem Vorstand ab der Veröffentlichung der Entscheidung zur Abgabe eines Angebots gemäß § 10 Abs. 1 S. 1 WpÜG Handlungen, die den Erfolg der Übernahme verhindern können, verboten (§ 33 Abs. 1 S. 1 WpÜG). Die Ausgabe von Aktien an einen kooperationsbereiten PIPE-Investor, der sich verpflichtet, das Angebot des Bieters nicht anzunehmen, ist verhinderungsgeeignet. Insbesondere wird dem Bieter die Möglichkeit eines Squeeze-out (§ 327a AktG) abgeschnitten, sobald ein PIPE-Investor mit über fünf Prozent an der Gesellschaft beteiligt wird.[548]

Verhinderungsgeeignete Maßnahmen sind nur in bestimmten Fällen zulässig (§ 33 Abs. 1 S. 2 WpÜG). Zulässig sind etwa Maßnahmen, die auch ein nicht von einem Übernahmeangebot betroffener ordentlicher und gewissenhafter Geschäftsleiter einer Gesellschaft vorgenommen hätte (§ 33 Abs. 1 S. 2 1. Alt. WpÜG), die Suche nach einem konkurrierenden Bieter (§ 33 Abs. 1 S. 2 2. Alt. WpÜG) oder Maßnahmen, denen der Aufsichtsrat der Gesellschaft zugestimmt hat (§ 33 Abs. 1 S. 2 2. Alt. WpÜG). Weiter kann der Vorstand durch die Hauptversammlung zur

---

Prozent verwässert. Dies kann den Bieter die Hauptversammlungsmehrheit kosten. Beispiel von *Süßmann*, NZG 2011, 1281,1286.

548 Zwar bleibt noch die Möglichkeit eines verschmelzungsrechtlichen Squeeze-out (§ 62 Abs. 5 UmwG), der eine Beteiligung des Hauptaktionärs in Höhe von 90 Prozent voraussetzt. Doch steht dieser Squeeze-out nur einem als AG, KGaA oder SE organisierten Hauptaktionär zur Verfügung. Überdies liegt der Verschmelzung eine andere rechtliche Strukturierung zugrunde.

Vornahme bestimmter verhinderungsgeeigneter Maßnahmen ermächtigt werden (§ 33 Abs. 2 WpÜG).

Fraglich ist, ob die Durchführung einer Zehn-Prozent-Kapitalerhöhung zur Beteiligung eines PIPE-Investors den Tatbestand einer der oben genannten Ausnahmevorschriften erfüllt.

Zunächst könnte die Zehn-Prozent-Kapitalerhöhung als Maßnahme, die ein ordentlicher und gewissenhafter Geschäftsleiter auch außerhalb einer Übernahmesituation vorgenommen hätte (§ 33 Abs. 1 S. 2 1. Alt. WpÜG), zulässig sein. Die Vorschrift soll es dem Vorstand insbesondere ermöglichen, das Tagesgeschäft sowie eine bereits eingeschlagene Unternehmensstrategie fortzuführen.[549] Dabei kommt es für die Zulässigkeit der betreffenden Maßnahme nach der überwiegenden Auffassung darauf an, ob der Vorstand diese zulässigerweise außerhalb einer Übernahmesituation hätte vornehmen dürfen.[550] Für das unternehmerische Ermessen des Vorstands gilt nach zutreffender Ansicht der aktienrechtliche Maßstab, wonach dem Vorstand grundsätzlich ein weites unternehmerisches Ermessen zukommt.[551] Nach den Grundsätzen der Rechtsprechung bedeutet dies, dass die unternehmerischen Entscheidungen des Vorstands nur darauf überprüfbar sind, ob die Grenzen verantwortlicher Unternehmensführung deutlich überschritten oder unverantwortliche Risiken eingegangen wurden.[552] Unzulässig ist das Vorstandshandeln nur dann, wenn es schlechthin unvertretbar und mit wirtschaftlichen Argumenten nicht zu rechtfertigen ist.[553]

Weiter ist nach überzeugender Auffassung für die Zulässigkeit von ungewöhnlichen Maßnahmen im Rahmen der eingeschlagenen Unternehmensstrategie – etwa die Beschlussfassung über die Durchführung einer Kapitalerhöhung – erforderlich, dass die betreffende Maßnahme unabhängig von dem Übernahmeangebot bereits in die Wege geleitet wurde.[554] Bloße abstrakte Planungen genügen nicht; vielmehr muss sich

549 Begr, RegE, BT-Drucks. 14/7034, S. 58.

550 *Schlitt/Ries* in Münchener Kommentar AktG, § 33 WpÜG Rn.132; *Winter/Harbarth*, ZIP 2002, 1,6; *Röh* in Haarmann/Schüppen, WpÜG, § 33 Rn. 70; *Grunewald* in Baums/Thoma, WpÜG, § 33 Rn.54; *Krause/Pötzsch* in Assmann/Pötzsch/Schneider, WpÜG, § 33 Rn.174.

551 *Schlitt/Ries* in Münchener Kommentar AktG, § 33 WpÜG Rn. 146 f.; *Winter/Harbarth*, ZIP 2002, 1,6; *Ekkenga* in Ehricke/Ekkenga/Oechsler, WpÜG Rn. 48 f.; *Hirte* in Kölner Kommentar WpÜG, § 33 Rn. 69; *Steinmeyer* in Steinmeyer/Häger, WpÜG, § 33 Rn. 22.

552 BGHZ 135, 244, 253 f.

553 BGHZ 135, 244, 253 f.

554 *Grunewald* in Baums/Thoma, WpÜG, § 33 Rn. 59; *Schlitt/Ries* in Münchener Kommentar AktG, § 33 Rn. 133, 138.

das Vorhaben etwa durch eine interne Dokumentation oder öffentliche Äußerungen bereits inhaltlich konkretisiert haben.[555]

Für die PIPE-Transaktion bedeutet dies, dass eine Zehn-Prozent-Kapitalerhöhung auch nach Bekanntgabe der Angebotsabsicht durchgeführt werden kann, wenn sie bereits zuvor konkret eingeleitet wurde. Jedenfalls mit der Beschlussfassung über den Abschluss der Investorenvereinbarung wird dies spätestens bejaht werden können. Darüber hinaus sind die bereits erläuterten aktienrechtlich bestehenden Grenzen für die Durchführung der Kapitalerhöhung mit vereinfachtem Bezugsrechtsausschluss durch den Vorstand zu beachten.

Die zweite Ausnahme vom Verhinderungsverbot kann die Durchführung einer Zehn-Prozent-Kapitalerhöhung zur Beteiligung des PIPE-Investors nicht rechtfertigen. Die Verschaffung einer Beteiligung an der Zielgesellschaft zugunsten eines konkurrierenden Bieters geht über die Suche nach einem konkurrierenden Angebot hinaus.[556]

Da der Aufsichtsrat der Kapitalerhöhung aus genehmigtem Kapital mit vereinfachtem Bezugsrechtsausschluss zustimmen muss (§ 204 Abs. 1 S. 2, 2. Hs. AktG), könnte die Durchführung der Zehn-Prozent-Kapitalerhöhung stets von der dritten Ausnahme vom Verhinderungsverbot gedeckt sein. Allerdings wird von einer verbreiteten Auffassung das Ermessen des Vorstands für solche Maßnahmen reduziert, die gerade keine Fortführung der bisherigen Unternehmensstrategie darstellen.[557] Denn typischerweise befindet sich der Vorstand in einem Interessenkonflikt, da seine Stellung bei Erfolg einer feindlichen Übernahme gefährdet ist.[558] Daher solle der Vorstand die Maßnahme nur vornehmen dürfen, wenn das Abwehrinteresse der Gesellschaft das Interesse der Aktionäre, über das Übernahmeangebot unbehindert von Maßnahmen des Vorstands entscheiden zu können, deutlich überwiege.[559] Zulässig seien demzufolge

---

555 *Grunewald* in Baums/Thoma, WpÜG, § 33 Rn. 59; *Schlitt/Ries* in Münchener Kommentar AktG, § 33 Rn. 133, 138.

556 *Röh* in Haarmann/Schüppen, WpÜG, § 33 Rn. 79; *Schlitt/Ries* in Münchener Kommentar AktG, § 33 WpÜG Rn.159; *Hirte* in Kölner Kommentar WpÜG, § 33 Rn.77.

557 *Winter/Harbarth*, ZIP 2002, 1, 9 f.; *Steinmeyer* in Steinmeyer/Häger, WpÜG, § 33 Rn. 29; *Röh* in Haarmann/Schüppen, WpÜG, § 33 Rn. 90 ff.; *Hirte* in Kölner Kommentar WpÜG, § 33 Rn. 83; *Ekkenga* in Ehricke/Ekkenga/Oechsler, WpÜG, § 33 Rn. 58 f. *Schlitt/Ries* in Münchener Kommentar AktG, § 33 WpÜG Rn.170.

558 *Hirte* in Kölner Kommentar WpÜG, § 33 Rn.83; *Schlitt/Ries* in Münchener Kommentar AktG, § 33 WpÜG Rn.169.

559 *Schlitt/Ries* in Münchener Kommentar AktG, § 33 WpÜG Rn. 171; *Winter/Harbarth* ZIP 2002, 1, 9 f.; *Steinmeyer* in Steinmeyer/Häger Rn. 29; *Röh* in Haarmann/Schüppen, WpÜG, § 33 Rn. 90 ff.; *Hirte*, ZGR 2002, 623, 642; *ders.* in Kölner Kommentar WpÜG,

nur Abwehrmaßnahmen, wenn ein qualifiziertes Unternehmensinteresse betroffen sei, etwa durch den Bieter eine Schädigung für die Gesellschaft drohe.[560] Diese Ansicht überzeugt hier insbesondere vor dem Hintergrund, dass die Hauptversammlung bei der Entscheidung über die Ausnutzung des genehmigten Kapitals nicht mehr beteiligt ist, sondern der Vorstand hier allein mit dem Aufsichtsrat über die Durchführung der Kapitalerhöhung beschließt. Eine PIPE-Transaktion wäre in diesem Kontext daher nur zulässig, wenn sie der Abwehr einer Übernahme diente, die schwere Nachteile für die Gesellschaft mit sich brächte.

Sofern die PIPE-Transaktion in den Grenzen der erläuterten Ausnahmetatbestände vom Verhinderungsverbot rechtlich zulässig ist, kann sie nur ausnahmsweise rechtsmissbräuchlich sein. Zu denken ist an den Fall, dass der Vorstand die Übernahme aus dem eigennützigen Motiv heraus verhindern möchte, die eigene Position zu sichern. Die PIPE-Transaktion wird jedoch hauptsächlich aus wirtschaftlichen Sachgründen durchgeführt. Für die Annahme eines Rechtsmissbrauchs ist kein Raum.

(b) Aktienrechtliche Bewertung

Für die Übernahmephase von der Veröffentlichung der Angebotsabsicht bis zur Veröffentlichung des Annahmeergebnisses ist nach herrschender Auffassung allein das Übernahmerecht (§§ 33 ff. WpÜG) für die Bewertung abwehrgeeigneten Vorstandsverhaltens maßgeblich.[561] Diese Auffassung überzeugt. Zum einen lässt sich der Gesetzesbegründung entnehmen, dass der Gesetzgeber das Verbot erfolgsverhindernder Maßnahmen abschließend regeln wollte.[562] Zudem wäre eine kapitalmarktrechtliche Kodifikation der Neutralitätspflicht unsinnig, würde diese Thematik aktienrechtlich überlagert und anders bewertet. Daher kann eine etwaige aktienrechtliche Neutralitätspflicht nur für die Phase vor Be-

---

§ 33 Rn. 83; *Hopt*, ZHR 166 (2002), 383, 428; *Habersack* in Emmerich/Habersack, Aktien- und GmbH-Konzernrecht, Vor § 311 Rn.19; *Ekkenga* in Ehricke/Ekkenga/Oechsler, WpÜG, Rn 58 f.

560 *Ekkenga* in Ehricke/Ekkenga/Oechsler, WpÜG, § 33 Rn.60; gegen das Erfordernis eines qualifizierten Untrenehmensinteresses *Grunewald* in Baums/Thoma, WpÜG, § 33 Rn. 72.

561 So auch *Hüffer*, AktG, § 76 Rn 15g; *Wolf*, ZIP 2008, 300, 301; *Kiem*, AG 2009, 301, 311; *Krause*, AG 2002, 133, 136; *v. Falkenhausen*, NZG 2007, 97; *Schlitt/Ries* in Münchener Kommentar AktG, § 33 WpÜG Rn. 51.

562 Krause, AG 2002, 133, 136.

kanntgabe der Angebotsabsicht relevant werden. Eine solche ist jedoch grundsätzlich abzulehnen.[563]

Ein rechtmissbräuchlicher Einsatz der Kapitalerhöhung mit Bezugsrechtsausschluss könnte hier etwa angenommen werden, wenn diese ausschließlich mit dem Ziel durchgeführt würde, den Aktionärskreis im Sinne des Vorstands neu zu ordnen oder die Beteiligungsquoten von Aktionären im Hinblick auf bestimmte Sperrminoritäten oder Aktionärsrechte abzusenken. Beides entspricht im Regelfall nicht der Interessenlage bei PIPE-Transaktionen.

(5) Umgehung des Pflichtangebots im Vorfeld des Uplisting

Weiter könnte sich der Einsatz des vereinfachten Bezugsrechtsausschlusses dann als rechtsmissbräuchlich darstellen, wenn gerade die Möglichkeit der zügigen Kapitalverschaffung genutzt wird, um Pflichten aus anderen Rechtsbereichen zu umgehen. Denkbar ist etwa der folgende Fall: Die Gesellschaft plant den Wechsel von einem nicht regulierten in ein reguliertes Marktsegment der Börse, etwa in den General oder Prime Standard der Frankfurter Wertpapierbörse, sogenanntes *Uplisting*. Kurz vor der Zulassung und Notierungsaufnahme im regulierten Markt wird einem Aktionär im Wege der Zehn-Prozent-Kapitalerhöhung erstmalig die Kontrolle an der Gesellschaft verschafft. Hätte die Gesellschaft die Kapitalerhöhung nach dem Segmentwechsel durchgeführt, wäre der Aktionär bei erstmaligem Überschreiten der für einen Kontrollerwerb relevanten Schwelle von 30 Prozent der Stimmrechte der Gesellschaft gezwungen gewesen, die Anteilsaufstockung zu veröffentlichen (§ 35 Abs. 1 WpÜG) und den übrigen Aktionären der Gesellschaft ein Pflichtangebot zu unterbreiten (§ 35 Abs. 2 WpÜG). Die Annahme einer rechtsmissbräuchlichen Gestaltung liegt hier nahe. Allerdings wird die Transaktion im Regelfall auch wirtschaftlichen Zwecken dienen, etwa der Stärkung der Eigenkapitalbasis der Gesellschaft. Zu bedenken ist dabei jedoch, dass die Kapitalerhöhung auch noch nach dem Segmentwechsel hätte durchgeführt werden können. Das wirtschaftliche Argument verfängt damit nicht. Vielmehr wirkt die Gesellschaft mit dem Aktionär zusammen, um diesem die Aufwendung zusätzlicher Kapitalmittel für den Erwerb der Aktien der übrigen Aktionäre zu ersparen. Dies wäre nach dem Willen des Gesetzgebers bei einer Notierung der Aktien im regulierten Markt

563 Vergleiche hierzu bereits I.D.

jedoch nur unter den zusätzlichen Voraussetzungen einer Befreiung von der Angebotspflicht, etwa im Sanierungsfall, zulässig.

Schwierig erscheint insbesondere die Abwägung in dem folgenden Fall. Die für die Erteilung einer Sanierungsbefreiung nach § 37 Abs. 2 WpÜG i. V. m. § 9 Nr. 3 WpÜG-AngebotsVO geforderten Voraussetzungen, insbesondere die Sanierungsbedürftigkeit, liegen noch nicht vor. Gleichwohl besteht ein dringendes Finanzierungsinteresse der Gesellschaft, der zeichnungsbereite Aktionär ist jedoch nicht in der Lage, die finanzielle Belastung bei Abgabe eines Pflichtangebots zu tragen. Insoweit müsste eine Abwägung zwischen dem Finanzierungsinteresse der Gesellschaft und dem Desinvestitionsinteresse der übrigen Aktionäre stattfinden. Je mehr sich die wirtschaftliche Situation der Gesellschaft einer Sanierungslage annähert, je weniger wird ein Rechtsmissbrauch angenommen werden können.

dd) Fazit für PIPE-Transaktionen

Im Hinblick auf die Ausgangsfrage lässt sich damit zusammenfassend sagen, dass es nach richtiger Ansicht keine ungeschriebenen Voraussetzungen des vereinfachten Bezugsrechtsausschlusses gibt. So muss der Börsenkurs im Zeitpunkt der Durchführung der Transaktion nicht den wahren Wert der Aktie der Gesellschaft abbilden. Nicht erforderlich ist weiter, dass Zukaufmöglichkeiten der Altaktionäre gesichert sind. Gleichwohl sollte die PIPE-Transaktion in extremen Situationen besonderer Marktenge vorsichtshalber nicht bezugsrechtsfrei durchgeführt werden. Die Platzierung aller Aktien bei einem PIPE-Investor der Gesellschaft ist unschädlich. Das gleiche gilt für eine Platzierung bei einem Aktionär der Gesellschaft. Aus Vorsichtsgründen sollte der Vorstand hier besonders prüfen, ob die Ungleichbehandlung der Aktionäre sachlich gerechtfertigt ist, die PIPE-Transaktion also Vorteile bringt, die nicht auf andere Weise zu erreichen sind. Erfolgt die PIPE-Transaktion nach Bekanntgabe der Entscheidung zur Abgabe eines Übernahmeangebots, kann sie nur durchgeführt werden, wenn sie bereits vor der Bekanntgabe eingeleitet wurde oder zum Schutz der Gesellschaft oder der Aktionäre vor einer bieterseitigen Schädigung erforderlich ist. Wird die PIPE-Transaktion kurz vor einem Segmentwechsel von einem nicht regulierten in ein reguliertes Segment vorgenommen, ist besonders zu prüfen, ob übernahmerechtlichen Pflichten genügt wird.

B. Notwendige Verfahrensschritte zur Schaffung liquider Aktien

Zur Schaffung der durch den Investor zu erwerbenden Aktien bedarf es seitens der Zielgesellschaft der Ausübung des genehmigten Kapitals sowie der Einleitung eines Register- und Zulassungsverfahrens.

1. Ausübung der Ermächtigung durch die Verwaltung

Über die Ausübung der Ermächtigung hat der Vorstand gemäß § 202 Abs. 1 AktG Beschluss zu fassen. In Ermangelung näherer Vorgaben durch die Hauptversammlungsermächtigung beschließt der Vorstand über die Bedingungen der Aktienausgabe, insbesondere Umfang der Kapitalerhöhung und Ausgabebetrag der Aktien (§ 204 Abs. 1 S. 1 AktG), sowie den Ausschluss des Bezugsrechts (§ 203 Abs. 2 S. 1 AktG). Die hierzu erforderliche Zustimmung des Aufsichtsrats kann vorher oder nachträglich erfolgen (§§ 202 Abs. 3 S. 2, 204 Abs. 1 S. 2 AktG).[564] Da sich bereits bei Verhandlung der Investorenvereinbarung herauskristallisiert, welche Beteiligungshöhe der Investor anstrebt und welche Gegenleistung ausgehend vom maßgeblichen Börsenkurs erbracht werden soll, werden die Verwaltungsbeschlüsse bezüglich der Kapitalerhöhung in der Regel unmittelbar im Anschluss an die Unterzeichnung der Investorenvereinbarung gefasst werden.

2. Zeichnung durch den Investor

Weitere Voraussetzung für die Kapitalerhöhung ist der Abschluss eines Zeichnungsvertrages zwischen der Gesellschaft und dem Investor. Dieser kann Teil der Investorenvereinbarung sein. Im Zeichnungsvertrag verpflichtet sich die Zielgesellschaft, dem Zeichner im festgelegten Umfang Aktien zuzuteilen, wenn die Kapitalerhöhung durchgeführt wird.[565] Der Zeichner verpflichtet sich zur Annahme der Aktien und zur Leistung der Einlagen (§§ 203 Abs. 1 S. 1, 188 Abs. 2 Satz 1, 36a Abs. 1 AktG).[566] Als Einlage leistet der Zeichner regelmäßig zusätzlich zu dem geringsten Ausgabebetrag der neuen Aktien (§ 9 Abs. 1 AktG) ein Aufgeld, da der Unternehmenswert den Betrag des erhöhten Grundkapitals im Regelfall

564 *Busch* in Marsch-Barner/Schäfer, Hdb börsennotierte AG, § 43 Rn. 32.

565 *Hüffer*, AktG, § 185 Rn. 4; *Peifer* in Münchener Kommentar AktG, § 185 Rn.34 f.; *Krieger* in Münch Hdb AG, § 56 Rn. 118.

566 *Hüffer*, AktG, § 203 Rn. 3; *v.Dryander/Niggemann* in Hölters, AktG, § 203 Rn. 6, § 185 Rn. 5.

übersteigt. Das Aufgeld kann als echtes gesellschaftsrechtliches Agio vereinbart werden. Ein solches echtes Agio muss in voller Höhe vor der Anmeldung der Kapitalerhöhung gemeinsam mit einem Viertel des geringsten Ausgabebetrages zur freien Verfügung des Vorstands eingezahlt werden (§ 36a Abs. 1 AktG).[567] Möglich ist auch, das Agio lediglich schuldrechtlich zu vereinbaren.[568] Dieses muss nicht schon vor der Anmeldung gezahlt werden.[569] Zudem können die Gesellschaft und der Investor nach verbreiteter Ansicht hier vereinbaren, das schuldrechtliche Agio in die freien Kapitalrücklagen einzuzahlen (§ 272 Abs. 2 Nr. 4 HGB).[570] Die Beträge sind in diesem Fall nicht für Gewinnausschüttungen an Aktionäre gesperrt (§ 150 AktG).

Um die zügige Abwicklung der Transaktion zu gewährleisten, wird der Investor im Anschluss an die Beschlussfassung der Verwaltung der Zielgesellschaft über die Kapitalerhöhung die Zahlung der erforderlichen Mindesteinlage auf ein Konto der Gesellschaft leisten (§§ 203 Abs. 1 S. 1, 188 Abs. 2, 36 a Abs. 1 AktG). Da nur ein Investor an der Transaktion teilnimmt, bedarf es keiner Zwischenschaltung einer Emissionsbank für die Übernahme der Aktien und Weiterleitung an den Investor. Lediglich an der technischen Abwicklung der Überweisung der Beträge werden Banken beteiligt sein. Anschließend können der Vorstand und der Vorsitzende des Aufsichtsrats die Kapitalerhöhung und ihre Durchführung zur Eintragung in das Handelsregister anmelden (§§ 203 Abs. 1 S. 1, 188 Abs. 4, 184 AktG). Im Hinblick auf eine rasche Eintragung wird der Vorstand regelmäßig eine frühzeitige Abstimmung mit dem für die Eintragung der Kapitalerhöhung zuständigen Registergerichts anstreben. Mit der Eintragung der Durchführung der Kapitalerhöhung in das Handelsregister ist das Grundkapital erhöht (§§ 203 Abs. 1 S. 1, 189 AktG) und der Investor Aktionär der Gesellschaft. Die Verbriefung der Aktien ist für die Mitgliedschaft nicht erforderlich.[571] Zumeist werden die Aktien bei entsprechender Satzungsbestimmung (§ 10 Abs. 5 AktG) in einer Globalurkunde verbrieft; die Globalurkunde wird bei der Wertpapiersammelbank Clearstream Banking AG hinterlegt.[572]

---

567 *Hüffer*, AktG, § 188 Rn. 6.

568 OLG München, WuB II B. § 54 1.07; *Hüffer* AktG, § 36a Rn.2a.

569 *Hüffer*, AktG, § 36a Rn.3; *v.Dryander/Niggemann* in Hölters, AktG, § 188 Rn. 7.

570 OLG München, WuB II B. § 54 1.07; *Krieger* in Münch Hdb AG, § 56 Rn 28.; a. A. *Becker*, NZG 2003, 510, 517.

571 *Hüffer*, AktG, § 13 Rn.3; *Heider* in Münchener Kommentar AktG, § 10 Rn.8.

572 Zu den Einzelheiten der Girosammelverwahrung *Vatter* in Spindler/Stilz, AktG, § 10 Rn.37.

3. Zulassungsverfahren und Prospektfreiheit der Transaktion

Neben der Sicherstellung der Eintragung der Kapitalerhöhung in das Handelsregister hat der Vorstand regelmäßig dafür zu sorgen, dass die neuen Aktien zum Handel an der Börse zugelassen werden. Damit die Liquidität der Aktie auch nach späteren Kapitalerhöhungen gewährleistet ist, sind Emittenten zugelassener Aktien für später ausgegebene Aktien derselben Gattung verpflichtet, die Zulassung zum regulierten Markt zu beantragen (§§ 32 Abs. 1, 40 BörsG, 69 Abs. 1 S. 1 BörsZulV).[573] Die Antragstellung muss innerhalb eines Jahres nach Ausgabe der Aktien erfolgen (§ 69 Abs. 2 S. 1 BörsZulV). Dabei verlängert sich die Frist, sofern die neuen Aktien aufgrund von schuldrechtlichen Haltevereinbarungen noch nicht gehandelt werden dürfen, bis zum Zeitpunkt ihrer freien Handelbarkeit (§ 69 Abs. 1 S. 2 i.V.m. § 7 Abs. 1 S. 1 BörsZulV).[574] Auch wenn Investorenvereinbarungen von PIPE-Beteiligungen zumeist Halteversprechen häufig über den Zeitraum von einem Jahr vorsehen, wird der PIPE-Investor gleichwohl daran interessiert sein, baldmöglichst über liquide zum Handel am regulierten Markt zugelassene Aktien zu verfügen. Will der Investor Sicherheit über den Zeitpunkt der Börsenzulassung der neuen Aktien haben, muss er diesen Punkt in der Investorenvereinbarung festschreiben.[575]

Das Zulassungsverfahren beginnt mit der Einreichung des Zulassungsantrags für die neuen Aktien bei der Geschäftsführung der Börse durch den Vorstand der Zielgesellschaft gemeinsam mit einem emissionsbegleitenden Kreditinstitut (§ 32 Abs. 2 S. 1 BörsG). Die Geschäftsführung der Börse darf die Zulassung bereits am darauffolgenden Handelstag erteilen (§ 50 BörsZulV). In der Praxis beträgt der Zeitraum von der Antragstellung bis zur Zulassung regelmäßig bis zu acht Tage.[576] Die Geschäftsführung der Börse veröffentlicht die Zulassung auf Kosten des Antragstellers im Bundesanzeiger (§ 51 BörsZulV). Am darauffolgenden Werktag können die zugelassenen Aktien in den Handel eingeführt werden (§ 38 Abs. 1 S. 1 BörsG, § 52 2. Alt. BörsZulV).

---

573 *Gebhardt* in Schäfer/Hamann, Kaptalmarktgesetze, Loseblattsammlung (Stand: 01/2006), § 69 BörsZulV Rn. 5; *Heidelbach* in Schwark/Zimmer, KMRK, § 40 BörsG Rn. 2.

574 *Heidelbach* in Schwark/Zimmer, KMRK, § 40 BörsG Rn. 5.

575 *Nussbaum/Rothenfußer* in Jesch/Striegel/Boxberger, Rechtshandbuch Private Equity, § 21 2.2.4.

576 Siehe hierzu etwa Zeitplan bei *Singhof/Weber* in Habersack/Mülbert/Schlitt, Unternehmensfinanzierung, § 4 Rn. 108.

Im Hinblick auf das Bestehen einer möglichen Prospektpflicht profitieren PIPE-Transaktionen von zwei Ausnahmetatbeständen. Zunächst ergibt sich für die Zielgesellschaft keine Prospektpflicht aufgrund des Vorliegens eines öffentlichen Angebots im Sinne des § 2 Nr. 4 WpPG (§ 3 Abs. 1 S. 1 WpPG), da die Kapitalerhöhungstranche bei der PIPE-Transaktion im Wege der Privatplatzierung ausschließlich dem PIPE-Investor angeboten wird. Es mangelt hier am Öffentlichkeitsbezug des Angebots.[577]

Weiter erlaubt die Strukturierung einer PIPE-Beteiligung im Umfang von zehn Prozent des Grundkapitals auch die prospektfreie Zulassung der neuen Aktien zum Handel am regulierten Markt unter Inanspruchnahme der Ausnahmevorschrift für Zehn-Prozent-Kapitalerhöhungen (§ 4 Abs. 2 Nr. 1 WpPG). Hiernach bedarf es für die Zulassung nicht des sonst nach § 3 Abs. 3 WpPG erforderlichen Wertpapierprospekts, wenn die zugelassenen Aktien über einen Zeitraum von zwölf Monaten weniger als zehn Prozent der bereits zum Handel ausgegebenen Aktien derselben Gattung der Zielgesellschaft ausmachen.[578] Diese Möglichkeit trägt entscheidend zur Beschleunigung des Beteiligungsvorgangs bei, denn die Erstellung eines Wertpapierprospekts erfordert im Regelfall einen zeitlichen Vorlauf von bis zu drei bis vier Monaten.[579]

Die Berechnung des zulässigen Volumens prospektfrei zuzulassender Aktien erfordert jedoch eine genaue Prüfung der bisherigen Aktienausgaben der Gesellschaft. Insbesondere ist sicherzustellen, dass die Zielgesellschaft die Ausnahmemöglichkeit prospektfreier Zulassung nicht bereits innerhalb der vorhergehenden Monate vollständig oder teilweise ausgenutzt hat.[580] Zu beachten ist auch, dass kein völliger Gleichlauf des § 4 Abs. 2 Nr. 1 WpPG mit seinem aktienrechtlichen Pendant der Zehnprozent-Kapitalerhöhung mit vereinfachtem Bezugsrechtsausschluss in § 186 Abs. 3 S. 4 AktG erreicht wurde.[581] Während die Befreiung vom Bezugsrecht auch für Kapitalerhöhungen von genau zehn Prozent des

---

577 *Groß*, Kapitalmarktrecht, § 2 WpPG Rn. 17; *Heidelbach* in Schwark/Zimmer, KMRK, § 2 WpPG Rn. 21.

578 Hierzu schon 2.Teil, I.A.3.

579 Vergleiche hierzu die Zeitpläne bei *Meyer* in Marsch-Barner/Schäfer, Hdb börsennotierte AG, § 7 Rn. 94 und *Singhof/Weber* in Habersack/Mülbert/Schlitt, Unternehmensfinanzierung, § 4 Rn. 108.

580 Zu der mitunter schwierigen Berechnung der prospektfrei auszugebender Aktien *Schlitt/Schäfer* in Assmann/Schlitt/von Kopp-Colomb, VerkProspG/WpPG, § 4 Rn. 40; *Lachner/von Heppe*, WM 2008, 576 ff.

581 *Schlitt/Schäfer* in Assmann/Schlitt/von Kopp-Colomb, VerkProspG/WpPG, § 4 Rn. 39.

Grundkapitals gilt, ermöglicht § 4 Abs. 2 Nr. 1 WpPG nur die prospektfreie Zulassung neuer Aktien, die maximal zehn Prozent der bereits zugelassenen Aktien derselben Gattung minus einer Aktie ausmachen.[582] Vor diesem Hintergrund empfiehlt sich für die PIPE-Transaktion die Vereinbarung einer Kapitalerhöhung in Höhe von lediglich 9,99 Prozent des Grundkapitals.

582 *Schlitt/Schäfer* in Assmann/Schlitt/von Kopp-Colomb, VerkProspG/WpPG, § 4 Rn. 39.

4. Teil: Modifikationen der typischen PIPE-Transaktion

Neben der typischen Kapitalerhöhungsstruktur einer PIPE-Transaktion als Zehn-Prozent-Kapitalerhöhung sind Konstellationen denkbar, in denen die Beteiligten für die Umsetzung der gewünschten PIPE-Beteiligung auf abweichende Strukturierungen zurückgreifen müssen oder abgewandelte Formen des Beteiligungsaufbaus den Interessen der Beteiligten eher entsprechen. Im Wesentlichen lassen sich als alternative Gestaltungen die Beteiligung an einer Barkapitalerhöhung um mehr als zehn Prozent des Grundkapitals (hierzu unter I.), die Beteiligung an einer Sachkapitalerhöhung (unter II.), der Erwerb eigener Aktien der Gesellschaft (unter III.), der Erwerb von Wandelschuldverschreibungen der Gesellschaft (unter IV.) sowie der Anteilserwerb von Altaktionären (unter V.) unterscheiden.

I. Barkapitalerhöhung um mehr als zehn Prozent des Grundkapitals

Strebt der Investor eine höhere Beteiligung als neun Prozent des Grundkapitals der Zielgesellschaft an oder liegt der Finanzierungsbedarf der Gesellschaft über zehn Prozent des Grundkapitals, können die Beteiligten nicht mehr von den gesetzlichen Erleichterungen für den Bezugsrechtsausschluss und die prospektfreie Zulassung Gebrauch machen. Da der Ausschluss des Bezugsrechts außerhalb des Eingreifens der gesetzlichen Privilegierung für die Zehn-Prozent-Kapitalerhöhung sachlicher Rechtfertigung bedarf und daher mit erheblicher Rechtsunsicherheit verbunden ist,[583] wird eine Kapitalerhöhung im Umfang von über zehn Prozent des Grundkapitals regelmäßig als Bezugsrechtsemission strukturiert. Hierdurch erweitert sich der Kreis der an der Kapitalerhöhung aktiv beteiligten Akteure um die bezugsberechtigten Altaktionäre sowie emissionsbegleitenden Banken. Bis zum Ende der Bezugsfrist bleibt es bei dieser Kapitalerhöhungsform ungewiss, in welchem Umfang die Altaktio-

583 Vergleiche hierzu 2. Teil, I.A.2.

näre ihre Bezugsrechte ausüben werden, beziehungsweise wie viele Aktien der PIPE-Investor von dem nicht ausgeübten Teil der Bezugsrechte, dem sogenannten *Rump*, selbst zeichnen kann. Eines der Zentralthemen der Bezugsrechtsemission bei PIPE-Transaktionen ist daher die Sicherstellung der gewünschten Beteiligungshöhe des Investors. Gleichzeitig muss die erfolgreiche Platzierung des neuen Kapitals am Markt abgesichert werden, falls die Bezugsrate der Aktionäre schwach ist und der PIPE-Investor nicht die Zeichnung des gesamten Restkapitals übernehmen will.

A. Ausgestaltung der Kapitalerhöhung als mittelbare Bezugsrechtsemission

Im Unterschied zur Zehn-Prozent-Kapitalerhöhung ist bei der Durchführung von Kapitalerhöhungen mit Bezugsrecht der Aktionäre die Einbeziehung einer Emissionsbank oder eines Konsortiums von Emissionsbanken, welche die jungen Aktien zunächst übernehmen und den Aktionären sodann zum Bezug anbieten, praktisch unumgänglich.[584] Dabei verpflichten sich die Banken gegenüber dem Emittenten im Übernahmevertrag, die gesamten jungen Aktien zunächst unter Ausschluss des Bezugsrechts der Aktionäre zu zeichnen und anschließend den Aktionären zum Kauf anzubieten, sogenannte mittelbare Bezugsrechtsemission (§ 186 Abs. 5 S. 1 AktG).[585] Die Zeichnung aller Aktien durch eine Emissionsbank verhindert, dass der Emittent eine technisch kaum zu bewältigende Anzahl von Zeichnungsscheinen beim Handelsregister zur Anmeldung der Kapitalerhöhung einzureichen hätte (§ 188 Abs. 3 Nr. 1 AktG). Darüber hinaus wird sichergestellt, dass im Zeitpunkt der Eintragung der Durchführung der Kapitalerhöhung sämtliche Einlagen geleistet sind (§§ 188 Abs. 2, 36 Abs. 2 AktG).[586] Das Gesetz fingiert daher für bestimmte in § 186 Abs. 5 S. 1 AktG bezeichnete Emissionsunternehmen, dass die Übernahme der jungen Aktien mit der Verpflichtung, sie den Aktionären zum Bezug anzubieten, nicht als Bezugsrechtsausschluss gilt.[587] Die Hauptversammlung muss die Zulassung der mittelbaren Be-

584 Dies stellt den praktischen Regelfall dar, *Hüffer*, AktG, § 186 Rn. 44; *Veil* in Schmidt/Lutter, AktG, § 186 Rn. 45.

585 *Ries* in Grunewald/Schlitt, Einführung in das Kapitalmarktrecht, § 3 I. 3. b).

586 *Schnorbus*, AG 2004, 113, 114.

587 *Peifer* in Münchener Kommentar AktG, § 186 Rn. 105; *Veil* in Schmidt/Lutter, AktG, § 186 Rn. 49.

zugsrechtsemission nach herrschender und zutreffender Ansicht nicht bereits im Ermächtigungsbeschluss zugelassen haben, damit der Vorstand bei der Entscheidung über die Ausnutzung des genehmigten Kapitals die mittelbare Emission der Bezugsrechte beschließen kann.[588] Dies überzeugt, da der Vorstand beim genehmigten Kapital in Ermangelung von Festlegungen durch die Hauptversammlung die Modalitäten der Aktienausgabe möglichst flexibel selbst bestimmen können soll.[589]

Bei der bankenbegleiteten Fremdemission legt der Übernahmevertrag die Pflichten der Emissionsbank im Hinblick auf die Zeichnung und Platzierung der im Zuge der Kapitalerhöhung zu schaffenden Aktien fest.[590] Hierbei sind für das weitere Verständnis zunächst zwei Modelle der Risikoverteilung zwischen Emissionsbank und emittierender Gesellschaft zu unterscheiden. Entweder die Bank sichert der Emittentin die Zeichnung der gesamten oder nur eines Teils der neuen Aktien zum Bezugspreis oder zu einem festgelegten Mindestbetrag unabhängig von der späteren Nachfrage zu, sogenanntes *Hard* oder *Backstop Underwriting*.[591] Oder sie übernimmt lediglich die Bemühungsverpflichtung, eine bestmögliche Platzierung der Wertpapiere zu erzielen, sogenanntes *Best Efforts Underwriting*.[592] In diesem Fall stehen weder ein festes Kapitalerhöhungsvolumen noch ein fester Preis für die Abnahme der neuen Aktien fest. Das Platzierungsrisiko liegt beim Best Efforts Underwriting bei der Emittentin, da die Bank die Aktien nur dann übernimmt, wenn ihr seitens der Investoren entsprechende bindende Abnahmeverpflichtungen unterbreitet wurden.[593] Die Zeichnungspflicht der Bank im Verhältnis zur Emittentin steht hier unter der aufschiebenden Bedingung, dass Abnehmer für das Emissionsvolumen gefunden werden.[594] Die Pflicht zur Zeichnung darf nach ganz herrschender Ansicht im Schrifttum in einem ersten Schritt auf die Leistung des geringsten Ausgabebetrags im Sinne von § 9 Abs. 1 AktG beschränkt werden (§§ 188 Abs. 2 S. 1 i.V.m. § 36 a

---

588 *Sickinger/Kuthe* in Schüppen/Schaub, MAH Aktienrecht,§ 34 Rn.19; *Hüffer*, AktG, § 204 Rn. 5; *Krieger* in Münch Hdb AG, § 58 Rn.48; *Lutter* in Kölner Kommentar AktG, § 204 Rn.8; *Hirte* in Großkommentar AktG, § 204 Rn. 9; a. A. *Seibt/Voigt*, AG 2009, 133, 136, die eine ausdrückliche Ermächtigung der Hauptversammlung für erforderlich halten.

589 So zutreffend *Sickinger/Kuthe* in Schüppen/Schaub, MAH Aktienrecht,§ 34 Rn.19.

590 *S. Schäfer* in Grunewald/Schlitt, Einführung in das Kapitalmarktrecht, § 8 I.

591 C. *Schäfer*, ZGR 2008, 455, 471.

592 *C. Schäfer*, ZGR 2008, 455, 471.

593 *Schanz*, Börseneinführung, § 9 Rn. 37.

594 *Pfüller/Flatten*, FB 2001, 388, 390

Abs. 1 AktG).[595] Erst nach Platzierung der Aktien zu dem regelmäßig darüber liegenden Bezugspreis sind die Emissionsbanken verpflichtet, den erzielten Mehrerlös an die Gesellschaft auszukehren.[596]

Weitere typische Inhalte des Übernahmevertrages sind umfangreiche Garantien des Emittenten gegenüber den beteiligten Banken in Bezug auf einzelne Verhältnisse des Geschäftsbetriebs, die Freistellung der Emissionsbanken von der Prospekthaftung, Regelungen zu Provisionen der Konsortialbanken sowie besondere Rücktrittsgründe im Fall wesentlicher nachteiliger Änderungen der Vermögenslage des Emittenten (*Material Adverse Change*) oder erheblicher negativer Entwicklungen der wirtschaftlichen oder politischen Verhältnisse (*Force Majeure*).[597]

B. Eindämmung des Nichtbeteiligungsrisikos des Investors

Bei der Strukturierung der Transaktion werden die beteiligten Akteure sich bemühen, das Risiko des Investors, nicht in der gewünschten Höhe beteiligt zu werden, einzudämmen. Als Mittel zur Absicherung einer bestimmten Beteiligungshöhe des Investors können Zielgesellschaft und Investor erwägen, wesentlich beteiligte Aktionäre für einen Bezugsrechtsverzicht oder die Bezugsrechtsübertragung zu gewinnen. Ferner könnte der Bezugspreis in einer Weise festgelegt werden, dass eine hohe Bezugsquote der Aktionäre nicht zu erwarten ist. Weiter könnte der Investor den Erhalt einer Mindestquote zur Bedingung seines Engagements machen. Die Zulässigkeit dieser Optionen soll im Folgenden untersucht werden.

1. Einbeziehung der Altaktionäre in die Durchführung der Emission

Möglich ist, dass wesentlich beteiligte Altaktionäre der Gesellschaft bereits im Vorfeld der PIPE-Transaktion auf die Ausübung oder Weiterver-

---

595 *Krieger* in Münch Hdb AG, § 56 Rn. 106; *Peifer* in Münchener Kommentar AktG, § 186 Rn.110; *Schlitt/Seiler*, WM 2003, 2175, 2182 f.; *Hüffer*, AktG, § 186 Rn.50; *Busch* in Marsch-Barner/Schäfer, Hdb börsennotierte AG, § 42 Rn.60; *Hoffmann-Becking* in FS Lieberknecht, S. 25/31 ff.; *Herfs* in Habersack/Mülbert/Schlitt, Unternehmensfinanzierung, § 6 Rn. 79; *v.Dryander/Niggemann* in Hölters, AktG, § 182 Rn.55.

596 *Haag* in Habersack/Mülbert/Schlitt, Unternehmensfinanzierung, § 29 Rn. 15; *Meyer* in Marsch-Barner/Schäfer, Hdb Börsennotierte AG, § 8 Rn. 129.

597 *Meyer* in Marsch-Barner/Schäfer, Hdb Börsennotierte AG, § 8 Rn. 136 ff.; *S. Schäfer* in Grunewald/Schlitt, Einführung in das Kapitalmarktrecht, § 8 IV 2. d).

äußerung ihrer Bezugsrechte verzichten. Zu einem Bezugsrechtsverzicht werden Großaktionäre in der Regel jedoch nur bereit sein, wenn das Bezugsrecht selbst keinen signifikanten Wert hat, etwa weil die Bezugsrechtsemission *at market*, also nah am Börsenkurs, erfolgt.[598]

Fraglich ist in diesem Fall, wie die frei werdenden Bezugsrechte rechtlich zu behandeln sind. Dies ist umstritten. Vereinzelt wird ein automatisches Anwachsen der Bezugsrechte bei den übrigen Aktionären angenommen.[599] Nach anderer Ansicht soll die Gesellschaft aus ihrer Treuepflicht verpflichtet sein, nicht ausgeübte Bezugsrechte erneut den Aktionären anzudienen, bevor sie an Dritte weitergegeben werden.[600] Dagegen verneint die überwiegende Auffassung sowohl das Anwachsen der Bezugsrechte bei den übrigen Aktionären[601] als auch das Bestehen eines Mehr- oder Überbezugsrechts der Altaktionäre.[602] Diese Ansicht überzeugt.

Das den Aktionären gesetzlich eingeräumte Bezugsrecht (§ 186 Abs. 1 S. 1 AktG) gewährt den Aktionären Schutz vor einer Verwässerung und einem Einflussverlust im Zuge der Kapitalerhöhung. Es zielt darauf ab, die Aktionäre vor einer Verkürzung ihrer Rechte zu schützen, nicht hingegen ihre Rechtsstellung zu erweitern.[603] Die Altaktionäre sind daher im Rahmen einer zweiten Tranche nicht mehr bevorrechtigt zu bedienen.[604] Der Vorstand ist vielmehr berechtigt, die von Verzichtserklärungen erfassten Bezugsrechte an Dritte grundsätzlich frei zuzuteilen.[605] Etwas anderes kann sich jedoch ergeben, wenn der Kapitalerhöhungsbeschluss, das Bezugsangebot oder die Satzung der Zielgesellschaft die vorrangige

598 *Schlitt/Seiler*, WM 2003, 2175, 2179; *Singhof* in FS U.H. Schneider, 1261, 1267.

599 So ohne nähere Begründung *Groß* ZHR 162 (1998), 318, 333.

600 *Servatius* in Spindler/Stilz, AktG, § 186 Rn.15.

601 *Busch* in Marsch-Barner/Schäfer, Hdb börsennotierte AG,§ 41 Rn. 46; *Schlitt/Seiler/Singhof*, AG 2003, 254, 262 Fn. 103; *Lutter* in Kölner Kommentar AktG, § 186 AktG Rn. 16.

602 *Hüffer*, AktG, § 186 Rn. 16; Lutter in Kölner Kommentar AktG, § 186 Rn. 25; *Wiedemann* in Großkommentar AktG § 186 Rn. 97; *Peifer* in Münchener Kommentar AktG, § 186 Rn.44; *Sickinger/Kuthe* in Schüppen/Staub, MAH Aktienrecht, § 33 Rn.87; *Seibt/Voigt*, AG 2009, 133, 137.

603 So zutreffend *Thomas* in GoingPublic „Kapitalmarktrecht 2009", S. 40.

604 *Peifer* in Münchener Kommentar AktG, § 186 Rn.44; *Sickinger/Kuthe* in Schüppen/Staub, MAH Aktienrecht, § 33 Rn.87; *Seibt/Voigt*, AG 2009, 133, 137.

605 *Meyer* in Marsch-Barner/Schäfer, Hdb börsennotierte AG, § 7 Rn. 38.; *v. Riegen*, CFL 2010, 1, 5; *Peifer* in Münchener Kommentar AktG, § 186 Rn.44; *Sickinger/Kuthe* in Schüppen/Staub, MAH Aktienrecht, § 33 Rn.87; *Seibt/Voigt*, AG 2009, 133, 137.

Zuteilung der nach Ablauf der Bezugsfrist verbleibenden Bezugsrechte an die Altaktionäre festlegen.[606]

Zur Vermeidung von Rechtsunsicherheit können die Nichtausübungserklärungen der verzichtenden Altaktionäre ausdrücklich die freie Platzierbarkeit der Bezugsrechte durch den Vorstand oder bereits die Zuteilung der Bezugsrechte an einen Dritten[607] – hier etwa den PIPE-Investor – vorsehen. Soweit derartige Verzichtserklärungen von Altaktionären vorliegen, kann der Vorstand dem PIPE-Investor bereits frühzeitig eine entsprechende Zuteilung zuzusagen. Ist der PIPE-Investor bereits Aktionär der Gesellschaft, muss der Vorstand bei der freien Zuteilung jedoch den Gleichbehandlungsgrundsatz der Aktionäre beachten (§ 53a AktG).[608] Denkbar ist weiter, dass Altaktionäre ihre Bezugsrechte an den PIPE-Investor direkt veräußern.

2. Festsetzung des Bezugspreises oberhalb des Börsenkurses

Über die Festsetzung des Bezugspreises können Zielgesellschaft und Investor ferner versuchen, das Bezugsverhalten der Altaktionäre indirekt zu beeinflussen. So lässt ein über dem Börsenkurs liegender Bezugspreis die Ausübung des Bezugsrechts aus Sicht der Altaktionäre wirtschaftlich nicht sinnvoll erscheinen. Denn diese könnten – sofern die Liquidität in der Aktie dazu ausreicht – Aktien günstiger am Kapitalmarkt erwerben. Ein über dem Börsenkurs festgelegter Bezugspreis könnte sich damit als ein Mittel darstellen, um die Bezugsquote der Aktionäre zu verringern und so den Rump zur Beteiligung des Investors zu vergrößern.[609]

Bereits bei der Aushandlung der Investorenvereinbarung werden sich Investor und Zielgesellschaft über die Grundsätze der Preisfestsetzung für die jungen Aktien einigen, sofern der Vorstand der Zielgesellschaft im Rahmen der Ausübung des genehmigten Kapitals noch frei über die Bedingungen der Aktienausgabe entscheiden kann.[610] Es stellt sich damit die Frage, welche gesetzlichen Schranken die Zielgesellschaft bei der Ermittlung des Bezugspreises im Hinblick auf die Interessen der Altaktio-

606 *Thomas* in GoingPublic „Kapitalmarktrecht 2009", S. 40, 41.

607 *Busch* in Marsch-Barner/Schäfer, Hdb börsennotierte AG, § 42 Rn. 46; *Krieger*, Münch Hdb AG, § 56 Rn. 65.

608 *Thomas* in GoingPublic „Kapitalmarktrecht 2009", S. 40, 41. Hierzu noch unter C.1.b).

609 So zutreffend *v. Riegen*, CFL 2010, 1, 6.

610 Die Entscheidung des Vorstands über den Ausgabebetrag gemäß § 204 Abs. 1 S. 1 AktG bildet den praktischen Regelfall. *Busch* in Marsch-Barner/Schäfer, Hdb börsennotierte AG, § 43 Rn. 30.

näre und der Gesellschaft zu beachten hat. Naturgemäß hegt die Zielgesellschaft ein großes Interesse an einem möglichst hohen Ausgabebetrag der jungen Aktien. So gehört die bestmögliche Verwertung auch zu den Pflichten sorgfaltsgemäßer Unternehmensleitung des Vorstands.[611] Fraglich ist jedoch, ob die Festlegung des Bezugspreises oberhalb des Börsenkurses aktienrechtlich zulässig ist oder ob hierdurch das Bezugsrecht der Aktionäre in einem unvertretbaren Maß beeinträchtigt wird. Denn für die Aktionäre wird nicht nur die Ausübung ihres Bezugsrechts wirtschaftlich sinnlos, auch die Möglichkeit, über den Verkauf des Bezugsrechts Gewinne zu erzielen, fällt praktisch weg, da das Bezugsrecht faktisch wertlos ist. Gestaltungen, bei denen die Ausübung des Bezugsrechts durch die Aktionäre unangemessen erschwert wird oder wirtschaftlich sinnlos ist, werden nach herrschender Meinung einem Bezugsrechtsausschluss gleichgestellt, sogenannter faktischer Bezugsrechtsausschluss.[612] Insbesondere wird eine solche Gestaltung in Fällen angenommen, in denen der Ausgabebetrag der neuen Aktien unangemessen hoch ist.[613] Nach überwiegender Ansicht ist die Festlegung eines Bezugspreises über dem Börsenkurs jedoch zulässig, soweit der über dem Börsenpreis liegende Bezugspreis den inneren Wert der Aktie abbildet.[614] Indizien für einen den Börsenkurs übersteigenden inneren Wert seien etwa indikative Kaufangebote von Investitionsinteressenten oder positive Unternehmensbewertungen.[615]

Anderer Auffassung im Schrifttum zufolge soll es darauf ankommen, ob die Festsetzung eines über dem Börsenkurs oder dem wahren Wert der Aktie liegenden Bezugspreises tatsächlich in die Rechtsstellung der Aktionäre eingreife.[616] Dies solle nicht der Fall sein, wenn ein Investor die Übernahme einer bestimmten Anzahl von Aktien zu einem bestimmten

---

611 *Hüffer*, AktG, § 204 Rn. 5; *Lutter* in Kölner Kommentar AktG, § 204 Rn. 11.

612 OLG Oldenburg, WM 1995, 924, 927; *Busch* in Marsch-Barner/Schäfer, Hdb börsennotierte AG, § 42 Rn. 91; *Hüffer*, AktG, § 186 Rn. 43; Lutter in Kölner Kommentar AktG, § 186 Rn. 87; *Peifer* in Münchener Kommentar AktG, § 186 Rn. 100; *Servatius* in Spindler/Stilz, AktG, § 186 Rn. 75; *Veil* in Schmidt/Lutter, AktG, § 186 Rn. 14; *Seibt/Voigt*, AG 2009, 133, 138; *Wiedemann* in Großkommentar AktG, § 186 Rn.176.

613 *Hüffer*, AktG, § 186 Rn. 43; *Lutter* in Kölner Kommentar AktG, § 186 Rn. 87; *Peifer* in Münchener Kommentar AktG, § 186 Rn. 100; *Servatius* in Spindler/Stilz, AktG, § 186 Rn. 75; *Seibt/Voigt*, AG 2009, 133, 138; *Busch* in Marsch-Barner/Schäfer, Hdb börsennotierte AG, § 42 Rn. 91.

614 *Groß*, AG 1993, 449, 455 f.; *Seibt/Voigt*, AG 2009, 133, 138; *Busch* in Marsch-Barner/Schäfer, Hdb börsennotierte AG, § 42 Rn.91; *Schlitt/Schäfer*, CFL 2011, 410, 413.

615 *Seibt*, Konzern 2009, 261, 266.

616 *Gehling*, ZIP 2011, 1699, 1700.

Preis im Vorfeld zusichere. Die hohe Einlageleistung komme hier der Gesellschaft zugute und erhöhe den vermögensmäßigen Wert der Beteiligung eines jeden Altaktionärs, auch wenn dieser sich nicht an der Kapitalerhöhung beteilige.[617] Den drohenden Verlust seines Stimmrechtes könne der Aktionär zudem über den Kauf von Aktien über die Börse ausgleichen. Allerdings bestünden Grenzen aus der Treuepflicht für die Gesellschaftsorgane. So könnte die Festsetzung eines zu hohen Bezugspreises im Einzelfall treupflichtwidrig sein, wenn Aktionäre durch die Erschwerung der Bezugsrechtsausübung am Erhalt bestimmter Minderheits- und Sperrpositionen gehindert seien.[618] Die Auffassung verfolgt eine einzelfallgerechte Problemlösung, stellt aber keine hinreichend sicheren Kriterien für die Verletzung von Treupflichten auf. Ihr kann daher nicht gefolgt werden. Aus Vorsichtsgründen sollte der Bezugspreis daher nur über dem Börsenkurs festgesetzt werden, wenn ausreichende Nachweise dafür vorliegen, dass der Ausgabebetrag den inneren Wert der Aktien abbildet.

3. Vereinbarung einer Mindestbeteiligung als Bedingung für den Beteiligungserwerb

Eine weitere Möglichkeit, dem Investor Rechtssicherheit im Hinblick auf den Ausgang der Kapitalerhöhung zu verschaffen, liegt darin, seine Beteiligung vom Erhalt einer bestimmten Mindestbeteiligung abhängig zu machen. Ein Beispiel für eine solche Vereinbarung lässt sich etwa dem Börsenzulassungsprospekt der Infineon Technologies AG vom 16.7.2009 entnehmen.[619] Hierin verpflichtete sich eine Tochtergesellschaft des Finanzinvestors Apollo Global Management LLC zum Erwerb sämtlicher nicht bezogener Aktien der Infineon Technologies AG bis zu einem maximalen Investitionsbetrag. Zur Vermeidung der übernahmerechtlichen Angebotspflicht (§ 35 Abs. 1 WpÜG) sollte die Maximalzahl der zu erwerbenden Aktien nicht zu einem Anteilsbesitz führen, der mehr als 30 Prozent minus einer Aktie am Grundkapital und den Stimmrechten der Gesellschaft entsprach.[620] Gleichzeitig war der Investor berechtigt, von einem Aktienerwerb gänzlich Abstand zu nehmen, sofern ihm nicht eine

---

617 *Gehling*, ZIP 2011, 1699, 1700 f.

618 *Gehling*, ZIP 2011, 1699, 1701.

619 Abrufbar im Internet unter http://www.infineon.com/cms/de/corporate/investor/bonds-and-debt/rights-offering-2009.html.

620 Börsenzulassungsprospekt der Infineon Technologies AG vom 16. Juli 2009, S. 32.

Beteiligung von mindestens 15 Prozent am Grundkapital und den Stimmrechten der Gesellschaft ermöglicht würde. Auf diese Weise konnte sichergestellt werden, dass sich der Investor bei hoher Bezugsquote der Altaktionäre nicht in einem für ihn unerwünscht niedrigen Umfang an der Gesellschaft hätte beteiligen müssen. Die Übernahmegarantie des Investors setzte indes einen erheblichen Anreiz für die Altaktionäre, sich an der Kapitalerhöhung zu beteiligen. Die Bezugsrechtsemission wurde so fast vollständig bei den Aktionären platziert; der Finanzinvestor erreichte infolgedessen nach Beendigung der Kapitalerhöhung lediglich eine Beteiligung am erhöhten Grundkapital von etwa 1,3 Prozent.[621]

C. Eindämmung des Platzierungsrisikos

Angesichts des ungewissen Bezugsverhaltens der Altaktionäre besteht ein weiteres Ziel der Zielgesellschaft sowie der risikotragenden Banken darin, die erfolgreiche Platzierung des neu geschaffenen Aktienvolumens sicherzustellen. Einen wesentlichen Beitrag zur Absicherung der Transaktion leistet der Investor, wenn er – wie bereits oben beschrieben – die Übernahme einer bestimmten Anzahl nicht bezogener Aktien im Vorfeld zu einem bestimmten Preis in Form einer sogenannten *Backstop*-Garantie zusichert.

1. Backstop Underwriting

Je nach Ausgestaltung des Platzierungsrisikos zwischen Gesellschaft und Emissionskonsortium, findet sich die investorenseitige Platzierungsgarantie entweder in der Investorenvereinbarung oder einer Vereinbarung zwischen Investor und festübernehmender Emissionsbank. Die Garantie kann durch einen gesellschaftsfremden Investor oder einen bereits beteiligten Aktionär abgegeben werden.

a) Platzierungsgarantie eines gesellschaftsfremden Investors

Die Verpflichtung eines gesellschaftsfremden Investors kann nur auf die Übernahme nicht bezogener Bezugsrechte gerichtet sein. Fraglich ist in

---

621 Presseinformation zum Ergebnis der Kapitalerhöhung vom 4. August 2009, abrufbar im Internet unter http://www.infineon.com/cms/de/corporate/investor/bonds-and-debt/rights-offering-2009.html.

diesem Zusammenhang, ob der Investor von der Gesellschaft oder der jeweiligen risikotragenden Bank eine Vergütung dieser Garantie, etwa in Form einer marktüblichen Übernahmegebühr, verlangen kann. Dies könnte im Hinblick auf die kapitalschützenden Vorschriften der § 57 und § 71a AktG rechtlich zweifelhaft sein.

§ 57 Abs. 1 S. 1, Abs. 3 AktG verbietet die Gewährung von Leistungen der Gesellschaft an Aktionäre außerhalb der Verteilung des Bilanzgewinns, soweit sie nicht ausnahmsweise gesetzlich zugelassen ist, als unzulässige Einlagenrückgewähr.[622] Dieses Verbot erfasst auch Leistungen an einen künftigen Aktionär, wenn zwischen der Erlangung der Aktionärsstellung und der Vornahme der Leistung ein enger sachlicher und zeitlicher Zusammenhang besteht oder die Zuwendung mit Rücksicht auf die zukünftige Aktionärsstellung erfolgt.[623] Ein solcher Zusammenhang kann auch bei der Vereinbarung einer Platzierungsgarantie mit dem Investor, der noch nicht Aktionär der Zielgesellschaft ist, angenommen werden, da hierdurch gerade die Zuteilung nicht bezogener Aktien in einem bestimmten Umfang sichergestellt werden soll.

Als Ausnahme vom Verbot der Einlagenrückgewähr werden jedoch Leistungen der Gesellschaft an einen Aktionär anerkannt, die durch eine angemessene Gegenleistung des Aktionärs kompensiert werden.[624] Als Orientierung kann die Frage dienen, ob das Geschäft unter sonst gleichen Umständen zu den gleichen Bedingungen auch mit einem Nichtaktionär abgeschlossen worden wäre,[625] sogenannter Dritt- oder *at arms length*-Vergleich.

Gewährt die Gesellschaft dem Investor für die Zusicherung einer Backstop-Garantie eine Gebühr, wie sie es auch im Verhältnis zu einer Emissionsbank bei der Festübernahme der Aktien im Rahmen eines Hard-Underwriting tun würde, kann hierin zunächst eine marktübliche und damit angemessene Leistungsgewährung der Gesellschaft gesehen werden.[626] Zweifel an diesem Ergebnis könnten jedoch insofern aufkom-

622 *Hüffer*, AktG, § 57 Rn. 2.

623 *Bayer* in Münchener Kommentar AktG, § 57 Rn. 57.

624 OLG Köln, AG 2009, 584, 587; *Cahn/v. Spannenberg* in Spindler/Stilz, AktG, § 57 Rn. 19; *Drygala* in Kölner Kommentar AktG, § 57 Rn. 49; *Hüffer*, AktG, § 57 Rn. 8.

625 *Bayer* in Münchener Kommentar AktG, § 57 Rn.31.

626 So auch *Seibt*, Konzern 2009, 261, 272; *Vaupel/Reers*, AG 2010, 93, 98; *v. Riegen*, CFL 2010, 1, 6. Die übliche Underwriting Fee wird mit 20 % der gesamten Platzierungsprovision angesetzt, *Bösl*, FB 2009, 608, 610; *C. Schäfer*, ZGR 2008, 455, 462. Die Platzierungsprovision beträgt üblicherweise drei bis fünf Prozent des Emissionsvolumens. Hierzu *Haag* in Habersack/Mülbert/Schlitt, Unternehmensfinanzierung, § 29 Rn. 30.

men, als der Investor im Gegensatz zur übernehmenden Bank gerade ein Interesse am Erhalt der Aktien hat und ein Bedürfnis nach der Vergütung eines Platzierungsrisikos nicht gleichermaßen besteht.[627] Indessen trägt der Investor das Risiko, im Falle der vollständigen Bezugsrechtsausübung durch die Altaktionäre überhaupt nicht oder nicht in dem von ihm gewünschten Maße beteiligt zu werden, während er aber durch die Zusicherung der Übernahme einer bestimmten Anzahl von Aktien der Gesellschaft erhebliche wirtschaftliche Vorteile verschafft. So hängt bereits die Bereitschaft der Emissionsbanken zur Transaktionsbegleitung im Regelfall vom Vorliegen einer Backstop-Garantie ab.[628] Darüber hinaus erspart der positive Signalling-Effekt dieser Platzierungsgarantie am Markt der Gesellschaft wie auch den Emissionsbanken erhebliche Marketingaufwendungen.[629] Auf diese Weise reduziert sich auch der Abschlag auf den Börsenkurs bei der Festlegung des Bezugspreises. Die Backstop-Garantie hat damit einen eigenen wirtschaftlichen Wert, der durch die Gesellschaft angemessen vergütet werden darf. Insoweit erscheint es gut vertretbar, dass sie auch vor dem Hintergrund der neueren Rechtsprechung des BGH,[630] nach der allein konkrete, bilanziell oder finanziell messbare Vorteile als ausgleichsfähige Leistungen in Betracht kommen, zulässig ist.

Bei der Bemessung der Provision könnte zusätzlich das Erhaltungsinteresse des Investors an den neuen Aktien eingepreist werden.[631] Zu weit geht nach zutreffender Ansicht eine Gebührenpauschale, durch die der Investor beim Erwerb von Aktien unterhalb der von ihm gewünschten Beteiligungshöhe eine größere Summe als Vergütung erhalten könnte, als er für die Aktien bezahlen musste.[632]

---

627 So *Singhof* in FS U. H. Schneider, 1261, 1275 f; *Vaupel/Reers*, AG 2010, 93, 98.

628 *Seibt*, Konzern 2009, 261, 272; Änderung des Backstop Agreements zwischen Gesellschaft und Investor als Rücktrittsgrund der Konsortialbanken vom Übernahmevertrag im Rahmen der Bezugsrechtsemission der Infineon AG, vgl. Prospekt vom 16.7.2009, S. 34.

629 So zutreffend *Singhof* in FS U. H. Schneider, 1261, 1277 f..

630 BGH, AG 2011, 548, 550 („Deutsche Telekom AG/KfW").

631 *Singhof* in FS U. H. Schneider, 1261, 1979.

632 *Gillessen*, F.A.Z. vom 16.9.2009, Nr. 215, 21; *Singhof* in FS U. H. Schneider, 1261, 1279. Ein Beispiel hierfür lieferte die Regelung der Vergütung der Backstop-Garantie des Finanzinvestors Apollo im Vorfeld der Bezugsrechtsemission der Infineon AG, bei der für den Fall einer Beteiligung unterhalb der angestrebten 25 Prozent plus einer Aktie am Grundkapital und den Stimmrechten der Gesellschaft eine Pauschalsumme zuzüglich eines Einzelbetrages für jede Aktie, um die die Erreichung der Beteiligung in Höhe

Auch das Verbot finanzieller Unterstützung beim Aktienerwerb (§ 71a Abs. 1 S. 1 AktG) steht bei genauerer Prüfung der Vereinbarung einer Übernahmegebühr nicht entgegen. Denn hiernach sind nur solche Finanzierungsgeschäfte der Gesellschaft verboten, mit denen Dritten der Erwerb ihrer Aktien ermöglicht werden soll.[633] Der Zweckzusammenhang zwischen Finanzierungs- und Aktienerwerbsgeschäft muss hierbei objektiv vorliegen.[634] Bei der Vergütung der Backstop-Garantie besteht ein solcher Funktionszusammenhang jedoch nicht: Im Fall der vollständigen Platzierung aller jungen Aktien bei den bezugsberechtigten Aktionären kommt es schon zu keinem Aktienerwerb durch den Investor.[635] Erwirbt der Investor Aktien in Ausübung der Platzierungsgarantie, dient die Vergütung aber weder objektiv – schon wegen des Fehlens marktgerechter Bedingungen – noch subjektiv – der Investor wird bereits angesichts der Variabilität der Vergütung diese nicht bei der Finanzierung des Aktienerwerbs in Ansatz bringen – der Finanzierung des Beteiligungserwerbs.[636]

Die gleichen Erwägungen müssen auch im Verhältnis der Emissionsbank zu dem garantierenden Investor gelten, wenn die Emissionsbank die jungen Aktien nur im Hinblick auf die Backstop-Verpflichtung eines Investors übernommen hat und deren Vergütung schon wegen der Durchleitung einer Subunderwriting Fee an den garantiegebenden Investor herabgesetzt war.[637] Denn dann wird das gleiche wirtschaftliche Ergebnis erzielt wie bei einer Direktvergütung durch die Gesellschaft.

b) Platzierungsgarantie eines Aktionärs

Ist der Investor bereits als Aktionär bezugsberechtigt, nimmt die Platzierungsgarantie die Form einer auf die Ausübung aller seiner Bezugsrechte gerichteten Festbezugserklärung an. Darüber hinaus kann der Aktionär auch die Übernahme nicht ausgeübter Bezugsrechte über die eigene Bezugsquote hinaus garantieren. Im Hinblick auf die Zulässigkeit einer

---

von 25 Prozent plus einer Aktie verfehlt wurde durch die Gesellschaft zu zahlen war. Prospekt der Infineon AG vom 16.7.2009, S. 33.

633 *Hüffer*, AktG, § 71 a Rn. 1, 3.

634 *T. Bezzenberger* in Schmidt/Lutter, AktG, § 71a Rn. 14; *Oechsler* in Münchener Kommentar AktG, § 71a Rn. 35.

635 So auch *Seibt*, Konzern 2009, 261, 272.

636 *Seibt*, Konzern 2009, 261, 272; *Singhof* in FS U. H. Schneider, 1261, 1279 f.

637 *Singhof* in FS U. H. Schneider, 1261, 1280.

Übernahmegebühr gelten die gleichen Grundsätze wie bei der Platzierungsgarantie des gesellschaftsfremden Investors.

Im Unterschied zur vorherigen Konstellation muss jedoch die Zuteilung von Aktien an einen Aktionär über dessen Bezugsquote hinaus vor dem Hintergrund des aktienrechtlichen Gleichbehandlungsgrundsatzes sachlich gerechtfertigt werden können (§ 53a AktG).[638] Die Frage stellt sich insbesondere, wenn sich im Einzelfall weitere Aktionäre der Gesellschaft zur Zeichnung aller oder eines Teils nicht bezogener Aktien aus dem Rump bereit erklären.

Eine Ungleichbehandlung ist nach allgemeiner Ansicht sachlich gerechtfertigt, wenn sie ein geeignetes und erforderliches Mittel zur Wahrung der Gesellschaftsinteressen darstellt und die betroffenen Aktionäre nicht unverhältnismäßig beeinträchtigt.[639] Die Ungleichbehandlung besteht hier in der bevorzugten Beteiligung des PIPE-Investors am Rump nicht bezogener Bezugsrechte. Fraglich ist, inwiefern die Ungleichbehandlung sachlich gerechtfertigt werden kann. Sofern die anderen Aktionäre ebenfalls bereit sind, die nicht ausgeübten Bezugsrechte voll oder teilweise, etwa entsprechend ihrer Beteiligungsquote zu übernehmen, kann der sachliche Grund nicht allein in dem Finanzierungsbeitrag des PIPE-Aktionärs gesehen werden. Es müssten vielmehr zusätzliche Gründe gegeben sein, die es für die Gesellschaft unverzichtbar erscheinen lassen, den PIPE-Aktionär vorrangig zu beteiligen. Diese könnten etwa in einer mit der PIPE-Beteiligung beabsichtigten Stabilisierung des Aktionärskreises oder der Verpflichtung des PIPE-Aktionärs liegen, die Verwaltung bei der Fortführung einer eingeschlagenen Unternehmensstrategie zu unterstützen oder die erworbenen Aktien nur im Konsens mit der Gesellschaft an Dritte weiterzuveräußern. Kann die Gesellschaft den Aktionär für die Rolle eines Ankeraktionärs nur im Wege der Zusage einer Back-Stop-Vereinbarung, die den Erhalt eines bestimmten Prozentsatzes des Rump ermöglicht, gewinnen, existiert auch keine mildere, die Interessen der anderen Aktionäre schonendere Handlungsoption. Im Hinblick auf die angesprochenen Vorteile kann in diesem Fall auch von einem überwiegenden Interesse der Gesellschaft an der vorrangigen Beteiligung des Ankeraktionärs ausgegangen werden. Die Gesellschaft muss dem PIPE-Aktionär entsprechend dessen angestrebter Beteiligungshöhe

---

638 Auf das Erfordernis einer sachlichen Rechtfertigung einer Ungleichbehandlung in diesem Fall hinweisend *Schlitt/Schäfer*, CFL 2011, 410, 416.

639 *Bungeroth* in Münchener Kommentar AktG, § 53a Rn. 15; *Hüffer*, AktG, § 53a Rn.10; *Cahn/v. Spannenberg* in Spindler/Stilz, AktG, § 53a Rn. 19; Fleischer in Schmidt/Lutter, AktG, § 53a Rn. 35.

entweder den gesamten oder den anteiligen Rump zuteilen dürfen. Gleichwohl ist in dieser Konstellation stets sorgsam zu prüfen, ob die PIPE-Beteiligung über den Kapitalzufluss hinaus weitere für die Gesellschaft unverzichtbare Vorteile mit sich bringt.

2. „Bis zu"-Kapitalerhöhung

Hat der PIPE-Investor nicht die Übernahme des gesamten neu zu schaffenden Aktienvolumens für den Fall zugesagt, dass die Altaktionäre ihre Bezugsrechte nicht ausüben, kann die Zielgesellschaft der Gefahr mangelnder Platzierbarkeit mit einer „Bis zu"-Kapitalerhöhung begegnen. Bei der Entscheidung über die Ausübung des genehmigten Kapitals legt der Vorstand hier anstelle eines bestimmten Kapitalerhöhungsbetrages lediglich einen Höchstbetrag fest, gegebenenfalls kombiniert mit einem Mindestbetrag. Nach Ablauf der Bezugsfrist kann das konkrete Kapitalerhöhungsvolumen an den erfolgten Zeichnungen ausgerichtet und die Durchführung der Kapitalerhöhung in diesem Umfang zur Eintragung in das Handelsregister angemeldet werden. Dieses Vorgehen verhindert ein Scheitern der gesamten Kapitalerhöhung, wenn sich, wie von §§ 188 Abs. 3 Nr. 1, 203 Abs. 1 S. 1 AktG vorausgesetzt, der im Ausübungsbeschluss angegebene Kapitalerhöhungsbetrag und das Zeichnungsergebnis nicht decken.[640]

Nach herrschender Ansicht kann auch die mittelbare Bezugsrechtsemission im Wege der „Bis zu"-Kapitalerhöhung strukturiert werden,[641] da § 186 Abs. 5 S. 1 AktG nicht voraussetzt, dass das Emissionsunternehmen bei Beginn der Bezugsfrist eine feste Anzahl von Aktien übernimmt und die Aktionäre zudem durch diese Form der Strukturierung nicht schlechter stehen als beim unmittelbaren Bezugsrecht. In beiden Fällen haben sie Anspruch auf die Übertragung eines ihrer bisherigen Beteiligungsquote entsprechenden Anteils von Aktien.

---

640 *Hüffer*, AktG, § 182 Rn. 12; *Peifer* in Münchener Kommentar AktG, § 182 Rn. 36.

641 *Busch* in Marsch-Barner/Schäfer, Hdb börsennotierte AG, § 42 Rn. 12; *Hüffer*, AktG, § 182 Rn. 12; *v. Dryander/Niggemann* in Hölters, AktG, § 186 Rn. 94; *Seibt/Voigt*, AG 2009, 133, 135 f. Dagegen *Herfs* in Habersack/Mülbert/Schlitt, Unternehmensfinanzierung, § 6 Rn. 30. Ohne eine Ermächtigung zur indirekten Platzierung können die Aktien gleichwohl im Wege des Vertreter-Modells platziert werden. Hierbei ermächtigen die bezugsberechtigten Aktionäre die Emissionsbank zur Zeichnung der Aktien. *Busch* in Marsch-Barner/Schäfer, Hdb börsennotierte AG, § 42 Rn. 12.

3. Festsetzung des Bezugspreises unterhalb des Börsenkurses

Eine weitere Möglichkeit, die Platzierung der neuen Aktien sicherzustellen, besteht darin, einen Bezugspreis mit einem Abschlag auf den Börsenkurs festzusetzen. Im Rahmen von Bezugsrechtsemissionen sind Abschläge auf den Börsenkurs zur Schaffung von Kaufanreizen grundsätzlich möglich.[642] Fraglich ist jedoch, ob auch erhebliche Abschläge auf den Börsenkurs zulässig sind, sogenannter *Deep Discount*.[643] In diesem Fall könnten Altaktionäre faktisch einem unzulässigen Bezugszwang unterliegen.[644] Denn nur durch die Ausübung ihrer Bezugsrechte können Aktionäre verhindern, dass der Wert ihrer Beteiligung vermögensmäßig verwässert wird und Dritte sich auf ihre Kosten billig einkaufen.[645] Eine solche Zwangswirkung widerspräche dem Grundsatz der Entscheidungsfreiheit der Aktionäre über die Ausübung ihres Bezugsrechts und käme einer Nachschusspflicht gleich. Nach zutreffender Ansicht ist jedoch das Verbot der Unterpari-Emission (§ 9 Abs. 1 AktG) die einzige vom Vorstand zu beachtende Grenze bei der Bemessung des Ausgabebetrages, sofern der Ermächtigungsbeschluss der Hauptversammlung dem Vorstand die Entscheidung über die Festlegung des Ausgabebetrages überlässt.[646] Die Festlegung des Ausgabebetrages für die neuen Aktien ist eine unternehmerische Entscheidung des Vorstands, bei der dieser das Finanzierungsinteresse der Gesellschaft berücksichtigen muss.[647] Kann eine erfolgreiche Platzierung nur gelingen, wenn die Aktien mit einem hohen Abschlag auf den aktuellen Börsenkurs ausgegeben werden und existiert keine gleichwertige andere Finanzierungsalternative, muss dies zulässig sein.[648]

Zweifeln an der Zulässigkeit einer Festsetzung des Bezugspreises unterhalb des Börsenkurses kann jedoch durch die Eröffnung eines börslichen Bezugsrechtshandels oder der Einrichtung eines Bezugsrechtshan-

---

642 *Herfs* in Habersack/Mülbert/Schlitt, Unternehmensfinanzierung, § 6 Rn. 69.

643 *Seibt/Voigt*, AG 2009, 133, 138; *Schlitt/Schäfer*, CFL 2011, 410, 413.

644 Die Grenze der Unbedenklichkeit liegt nach allgemeiner Ansicht bei Abschlägen im Umfang von 20 bis 50 Prozent. So *Seibt/Voigt*, AG 2009, 133, 139 Fn. 68.

645 *Langenbucher*, Aktien- und Kapitalmarktrecht, § 10 Rn. 36; *Stilz* in Spindler/Stilz, AktG, § 255 Rn. 16.

646 *Bayer* in Münchener Kommentar AktG, § 204 Rn.13; *Peifer* in Münchener Kommentar AktG, § 182 Rn.54; *Vaupel/Reers*, AG 2010, 93, 94.

647 *Bayer* in Münchener Kommentar AktG, § 204 Rn.13; *Peifer* in Münchener Kommentar AktG, § 182 Rn.54; *Vaupel/Reers*, AG 2010, 93, 94.

648 So zutreffend *Schlitt/Schäfer*, CFL 2011, 410, 413; *Vaupel/Reers*, AG 2010, 93, 94; *Wamser* in Spindler/Stilz, AktG, § 204 Rn.16.

dels im Aktionärskreis begegnet werden.[649] Da der Wert des Bezugsrechts im Idealfall die Differenz zwischen dem inneren Anteilswert und dem Bezugspreis darstellt, kann der Aktionär durch den Verkauf des Bezugsrechts seinen Wertverwässerungsnachteil zumindest kompensieren.[650] Einen Anspruch auf die Eröffnung eines Bezugsrechtshandels hat der Aktionär nach zutreffender Ansicht jedoch nicht.[651] Der Verkauf seiner Bezugsrechte bleibt dem Aktionär stets möglich, die Einrichtung des Bezugsrechtshandels stellt nur eine Erleichterung des Verkaufs dar.[652]

Die nicht ausgeübten Bezugsrechte müssen dem Investor zum gleichen Ausgabebetrag angeboten werden wie den Altaktionären im Rahmen des Bezugsangebots, da anderenfalls nach überwiegender Auffassung ein erneutes Bezugsangebot an die Aktionäre ergehen müsste.[653]

D. Prospektpflicht

Bei der zeitlichen Strukturierung einer Bezugsrechtsemission haben die Beteiligten die etwaige Verpflichtung der Zielgesellschaft zur Erstellung eines Wertpapierprospekts zu berücksichtigen. Die Erstellung eines Wertpapierprospekts kann aus zwei Gesichtspunkten erforderlich werden. Einerseits liegt möglicherweise ein öffentliches Angebot von Wertpapieren bei der praktischen Ausgestaltung des Bezugsangebots vor (§ 3 Abs. 1 S. 1 WpPG). Andererseits kann die erforderliche Zulassung der neu geschaffenen Aktien zum Handel am regulierten Markt (§ 3 Abs. 3 WpPG, § 32 Abs. 3 Nr. 2 BörsG) eine Prospektpflicht des Emittenten auslösen.

---

649 *Schlitt/Schäfer*, CFL 2011, 410, 413; *Seibt/Voigt*, AG 2009, 133, 139.

650 *Seibt/Voigt*, AG 2009, 133, 139.

651 *Busch* in Marsch-Barner/Schäfer, Hdb börsennotierte AG, § 42 Rn. 64; *Martens*, ZIP 1992, 1677, 1694; *Hüffer*, § 186 AktG Rn. 7; *Lutter* in Kölner Kommentar AktG, § 186 AktG Rn.76; *Schlitt/Seiler/Singhof*, AG 2003, 254, 262 Fn. 106. Kritisch zum Fehlen eines Bezugsrechtshandels bei Bezugsrechtsemissionen etwa *Schäcker/Brehm* in Habersack/Mülbert/Schlitt, Unternehmensfinanzierung, § 3 Rn. 61; *Wiedemann* in Großkommentar AktG, § 186 Rn. 176.

652 So zutreffend *Schlitt/Schäfer*, CFL 2011, 410, 413.

653 *Krieger* in Münch Hdb AG, § 56 Rn.73; *Sickinger/Kuthe* in Schüppen/Haarmann, MAH Aktienrecht, § 33 Rn.88; *Peifer* in Münchener Kommentar AktG, § 186 Rn. 44; Lutter in Kölner Kommentar AktG, § 186 Rn. 25; *Wiedemann* in Großkommentar AktG, § 186 Rn.97.

Nach bisheriger Verwaltungspraxis und herrschender Auffassung in der Literatur[654] wurden Bezugsrechtsangebote nur dann als öffentliche Angebote im Sinne des § 2 Nr. 4 WpPG angesehen, wenn hierbei ein Bezugsrechtshandel ermöglicht wurde, der auch Dritten offenstand. Fand der Bezugsrechtshandel hingegen lediglich unter den Altaktionären statt, konnte die Kapitalerhöhung prospektfrei erfolgen. Dem lag anknüpfend an die Legaldefinition des öffentlichen Angebots in § 2 Nr. 4 WpPG der Gedanke zugrunde, dass eine Prospektpflicht für ein Angebot von Wertpapieren nur dann bejaht werden müsse, wenn es das Schutzbedürfnis des Anlegers nach vollständiger Information erfordere.[655] Im Hinblick auf das bereits bestehende Informationsniveau bedürften Altaktionäre danach keiner zusätzlichen Aufklärung durch einen Prospekt.[656] Gleichlaufend konnten die neuen Aktien in entsprechender Anwendung der Ausnahmevorschrift des § 4 Abs. 2 Nr. 7 WpPG auch prospektfrei zugelassen werden, soweit die Aktien nur von Altaktionären gezeichnet wurden.[657] Möglich war dabei auch, dass ein Altaktionär die Aufnahme nicht platzierter Aktien garantierte.[658] Eine PIPE-Transaktion hätte hiernach mit einem Altaktionär in der Rolle des PIPE-Investors prospektfrei durchgeführt werden können.

Nach Inkrafttreten der ersten delegierten Verordnung zur Änderung der Prospektverordnung[659] hält die BaFin nun nicht mehr an ihrer bisherigen Rechtspraxis fest und betrachtet auch nur an Altaktionäre gerichtete Bezugsrechtsemissionen als öffentliche Angebote.[660] Hintergrund dieser Änderung ist die Einführung eines vereinfachten Prospektregimes

---

654 *Busch* in Marsch-Barner/Schäfer, Hdb börsennotierte AG, § 41 Rn.9; *Schlitt/Schäfer*, AG 2005, 498, 500; *Groß*, Kapitalmarktrecht, § 2 WpPG Rn. 18. *Schlitt/Ponick*, Kapitalmarktinformation, § 4 Rn. 36; *von Kopp-Colomb/Knobloch* in Assmann/Schlitt/von Kopp-Colomb, WpPG/VerkProspG, § 2 Rn. 38.

655 *Groß*, Kapitalmarktrecht, § 2 WpPG Rn. 16 f.; *Ritz/Zeising* in Just/Voß/Ritz/Zeising, WpPG, § 2 Rn.101.

656 *Ritz/Zeising* in Just/Voß/Ritz/Zeising, WpPG, § 2 Rn. 103.

657 *Angersbach/von der Chevallerie/Ulbricht*, ZIP 2009, 1302, 1307; *Schlitt/Schäfer* in Assmann/Schlitt/von Kopp-Colomb, WpPG/VerkProspG, § 4 WpPG Rn. 51; *Seibt*, Konzern 2009, 261, 267; kritisch *Vaupel/Reers*, AG 2010, 93, 104.

658 *Schlitt/Schäfer*, CFL 2011, 410, 416.

659 Delegierte Verordnung (EU) Nr. 486/2012 der Kommission vom 30. März 2012 zur Änderung der Verordnung (EG) Nr. 809/2004 in Bezug auf Aufmachung und Inhalt des Prospekts, des Basisprospekts, der Zusammenfassung und der endgültigen Bedingungen und in Bezug auf die Angabepflichten, veröffentlicht in ABl. EU L 150 vom 9.6.2012, S. 1, in Kraft getreten am 1.7.2012, („Änderungsverordnung"). Zu den Änderungen siehe *Lawall/Maier*, DB 2012, 2443 ff; 2503 ff.

660 *Henningsen*, BaFin Journal 09/12, S. 5, 7.

verhältnismäßiger Angabepflichten für Bezugsrechtsemissionen[661] (Art. 1 Nr. 13 der Änderungsverordnung), das durch zwei speziell für Bezugsrechtsemissionen geltende Schemata konkretisiert wird (Anhänge XXIII und XXIV der Änderungsverordnung). Die Existenz dieser neuen Anhänge setze nach Ansicht der BaFin voraus, dass es sich bei einer Bezugsrechtsemission um ein öffentliches Angebot handeln müsse, da sonst kein Prospekt erforderlich wäre.[662]

Bei der Strukturierung der PIPE-Transaktion muss damit die Erstellung eines Wertpapierprospekts auch dann eingeplant werden, wenn der PIPE-Aktionär bereits Aktionär der Gesellschaft ist und bei der Kapitalerhöhung ausschließlich Aktionäre angesprochen werden sollen, sofern nicht eine Ausnahme von der Prospektpflicht aufgrund anderer Vorschriften eingreift.[663] Auf die Anwendbarkeit etwaiger Ausnahmevorschriften im Hinblick auf die Prospektpflicht bei der Zulassung der Aktien kommt es somit nicht mehr an.

Der Prospekt muss spätestens einen Werktag vor Beginn des öffentlichen Angebots veröffentlicht werden (§ 14 Abs. 1 S. 1 WpPG), mithin einen Tag vor Bekanntgabe des Bezugsangebots an die Aktionäre.

Vor seiner Veröffentlichung ist der Prospekt von der BaFin zu billigen (§ 13 Abs. 1 S. 1 WpPG). Dabei prüft die BaFin die Vollständigkeit des Prospekts sowie die Kohärenz und Verständlichkeit der darin vorgelegten Informationen (§ 13 Abs. 1 S. 2 WpPG). Die Entscheidung über die Billigung hat innerhalb von zehn Werktagen zu erfolgen (§ 13 Abs. 2 S. 1 WpPG). Verlangt die BaFin die Ergänzung oder Veränderung des vorgelegten Entwurfs, beginnt die Frist von zehn Werktagen ab Erhalt der nachgereichten Unterlagen erneut zu laufen (§ 13 Abs. 3 WpPG). Um eine bessere Planbarkeit des Billigungsverfahrens zu erreichen, hat sich in der Praxis die Durchführung eines mit der BaFin abgestimmten Verfahrens durchgesetzt.[664] Dabei hat der Emittent nach Ersteinreichung des Prospekts den Prospekt nur ein zweites Mal unter Einarbeitung der Kommentierungen der BaFin einzureichen. Die Erstellung der Endversion kann nach abschließender Prüfung der BaFin kurzfristig erfolgen und die Billigung erteilt werden. Das Verfahren nimmt insgesamt etwa

661 Die Bezugsrechtsemission wird durch die Änderungsverordnung als jede Emission satzungsmäßiger Bezugsrechte definiert, in deren Rahmen neue Anteile gezeichnet werden können und die sich nur an bestehende Anteilseigner richtet (Art. 1 Nr. 2 der Änderungsverordnung).

662 *Henningsen*, BaFin Journal 09/12, S. 5, 7.

663 Hierzu etwa *Brocker/Wohlfarter*, BB 2013, 393, 395.

664 Hierzu *Meyer* in Habersack/Mülbert/Schlitt, Unternehmensfinanzierung, § 36 Rn.81.

einen Monat bis zur abschließenden Billigung durch die BaFin in Anspruch.[665] Mit der Prospekterstellung wird in der Praxis im Hinblick auf die erforderliche Due Diligence regelmäßig etwa vier Monate vor der erforderlichen Veröffentlichung des Wertpapierprospekts begonnen.[666]

Fraglich ist in diesem Zusammenhang, ob die Möglichkeit, von einem vereinfachten Prospektregime Gebrauch zu machen, zu einer Vereinfachung führt, die sich auch in einem reduzierten Aufwand für die Prospekterstellung niederschlägt. Zunächst wird das neue Prospektregime auch in dem hier interessierenden Fall der Bezugsrechtsemission mit anschließender Platzierung des Rumps bei einem Dritten oder der Bezugsrechtsübertragung von Altaktionären auf Dritte Anwendung finden.[667] Denn die Definition der Bezugsrechtsemission in der Verordnung enthält keine Beschränkung dergestalt, dass Altaktionäre ihre Bezugsrechte Dritten nicht übertragen könnten oder ein etwaiger Rump nicht bezogener Aktien nicht bei einem außenstehenden Investor platziert werden könnte. Auch aus Erwägungsgrund (12) der Änderungsverordnung ergibt sich, dass es für das Bestehen verhältnismäßiger Angabepflichten des Emittenten bei einer Kapitalerhöhung unerheblich ist, ob Aktionäre die Anteile zeichnen oder ihr Recht auf Zeichnung der Anteile veräußern.[668] Diese Ansicht teilt auch die BaFin. So solle das vereinfachte Prospektregime auch dann Anwendung finden, wenn sich die Bezugsrechtsemission zwar nur an Altaktionäre richte, jedoch ein öffentlicher Bezugsrechtshandel eingerichtet sei.[669]

Dass sich der Aufwand der Gesellschaft bei der Prospekterstellung durch die Anwendung des vereinfachten Prospektregimes verringert, wird von einer Ansicht im Schrifttum bislang angezweifelt.[670] Unklar sei insbesondere, in welchem Umfang Emittenten bei Anwendung der neuen Regelungen für eine etwaige Unvollständigkeit des Prospekts haften könnten (§§ 21, 22 WpPG). So sei nicht ausdrücklich klargestellt worden, dass die aufgrund der Neuregelung im Prospekt enthaltenen Angaben alle für den Anleger bei seiner Entscheidung relevanten Informationen

---

665 Vergleiche Zeitplan einer Bezugsrechtsemission bei *Meyer* in Marsch-Barner/Schäfer, Hdb börsennotierte AG, § 7 Rn.94.

666 Zeitpläne bei *Singhof/Weber* in Habersack/Mülbert/Schlitt, Unternehmensfinanzierung, § 4 Rn.108; *Meyer* in Marsch-Barner/Schäfer, Hdb börsennotierte AG, § 7 Rn.94.

667 So zutreffend *Berrar/Wiegel*, CFL 2012, 97, 102.

668 So zutreffend *Berrar/Wiegel*, CFL 2012, 97, 102.

669 *Henningsen*, BaFin Journal 09/12, S. 5, 7.

670 *Berrar/Wiegel*, CFL 2012, 97, 105 f.

enthielten.[671] Emittenten könnten daher zur Vermeidung von Haftungsrisiken an dem gewohnten Prospektregime festhalten. Zudem werde im Hinblick auf die verbleibenden Anforderungen auch an den vereinfachten Prospekt weiterhin ein erheblicher Zeit- und Kostenaufwand für Due Diligence und Rechtsberatung erforderlich sein.[672] Ebenso muss der Prospekt gleichermaßen durch die BaFin geprüft und gebilligt werden. Auch hier sei nicht mit signifikanten Zeiteinsparungen zu rechnen.[673]

E. Informationsrechtliches Gleichbehandlungsgebot

Da bei der Bezugsrechtskapitalerhöhung junge Aktien sowohl den bezugsberechtigten Aktionären als auch dem PIPE-Investor sowie möglicherweise weiteren institutionellen Anlegern angeboten werden, stellt sich die Frage, inwieweit das Gebot informationeller Gleichbehandlung nach § 15 Abs. 5 WpPG insbesondere die Anbahnungsphase des PIPE-Investments beeinflussen kann. Denn nach § 15 Abs. 5 S. 1 WpPG hat der Anbieter[674] bei prospektfreier Transaktion wesentliche Informationen über den Emittenten oder ihn selbst, die sich an qualifizierte Anleger oder besondere Anlegergruppen richten, allen qualifizierten Anlegern oder allen besonderen Anlegergruppen, an die sich das Angebot ausschließlich richtet, mitzuteilen. Ist ein Prospekt zu veröffentlichen, sind diese Informationen in den Prospekt aufzunehmen (§ 15 Abs. 5 S. 2 WpPG).

Fraglich ist, wie sich dieses Gleichbehandlungsgebot mit dem Interesse des PIPE-Investors an der Durchführung einer Due Diligence vereinbaren lässt. Im Rahmen von Bezugsrechtsemissionen führen üblicherweise die weiterplatzierenden Emissionsbanken eine Due Diligence in Bezug auf die emittierende Gesellschaft durch. Damit beabsichtigen sie, sich einerseits gegen das Risiko der Prospekthaftung bei unrichtigem oder unvollständigem Prospekt (§§ 21, 22 WpPG) abzusichern und andererseits mögliche Risiken aus der Sphäre der Gesellschaft im Hinblick auf die

671 *Berrar/Wiegel*, CFL 2012, 97, 105 f.

672 *Berrar/Wiegel*, CFL 2012, 97, 108 f.

673 *Berrar/Wiegel*, CFL 2012, 97, 108 f.

674 Anbieter im Sinne des § 2 Nr. 10 WpPG ist die Person oder Gesellschaft, die Wertpapiere öffentlich anbietet. Anbieter kann auch die übernehmende Emissionsbank sein, sofern sie den Anlegern nach außen gegenüber erkennbar etwa in Zeitungsanzeigen als Anbieter auftritt, *von Kopp-Colomb/Knobloch* in Assmann/Schlitt/von Kopp-Colomb, WpPG/VerkProspG, § 2 WpPG Rn. 71.

Weiterplatzierung der Aktien und die Kursentwicklung abschätzen zu können.[675] Trotz dieser bankenseitigen Überprüfung der Risiken kann der PIPE-Investor ein unabhängiges Interesse an der Durchführung einer M&A-Due Diligence haben, insbesondere, wenn er an der Auswahl der beteiligten Banken nicht beteiligt war. Wenn er jedoch wie bei der Bezugsrechtsemission nicht der einzige Anleger ist, dem die neuen Aktien angeboten werden, ist eine bevorzugte Informationserteilung im Rahmen einer Due Diligence dann nicht mit § 15 Abs. 5 WpPG zu vereinbaren, wenn die gewährten Informationen nicht allen Adressaten des Angebots im Prospekt oder in anderer Art zugänglich gemacht werden. Eine Due Diligence dürfte jedoch dann durch den Vorstand der Gesellschaft nicht mehr gestattet werden.

F. Sanierungsbefreiung

Erfolgt die PIPE-Transaktion zu Sanierungszwecken der Zielgesellschaft, geht hiermit häufig eine umfangreichere Beteiligung des Investors von über 30 Prozent der Stimmrechte der Zielgesellschaft einher. Übernahmerechtlich ist der Investor bei einem Kontrollerwerb von mindestens 30 Prozent der Stimmrechte an der Gesellschaft (§ 29 Abs. 2 WpÜG) zur Abgabe eines Pflichtangebotes an die Altaktionäre verpflichtet (§ 35 Abs. 2 WpÜG). Für den Fall, dass die Kapitalbeteiligung des Investors zur Sanierung erfolgt, hat sich der Investor daher im Vorfeld der Transaktion um die Erteilung einer Sanierungsbefreiung zu bemühen, wenn er die Angebotspflicht verhindern will. Der Antrag auf Sanierungsbefreiung darf schon vor der Erlangung des Kontrollerwerbs gestellt werden (§ 8 S. 2 WpÜG-AV). Das Bescheidungsinteresse bejaht die BaFin, sofern die baldige Kontrollerlangung schon hinreichend wahrscheinlich dargelegt werden kann, etwa durch Vorlage entsprechender Maßnahmepläne für die Durchführung der Kapitalerhöhung.[676]

Bei Erteilung der Sanierungsbefreiung nach § 9 S. 1 Nr. 3 WpÜG-AV müssen Sanierungsbedürftigkeit und Sanierungsfähigkeit der Zielgesell-

675 Zum Unterschied der Due Diligence bei Kapitalmarkttransaktionen und der klassischen M&A-Due Diligence *Krämer* in Marsch-Barner/Schäfer, Hdb börsennotierte AG, § 10 R. 52 ff.

676 *Seiler*, CFL 2010, 102, 103. Hierfür genügt auch die Backstop-Verpflichtung, bei der der Umfang des Beteiligungserwerbs noch nicht abgesehen werden kann. So *Seiler*, CFL 2010, 102, 103.

schaft gegeben sein.[677] Die BaFin verlangt für das Vorliegen der Sanierungsbedürftigkeit, dass die Zielgesellschaft bestandsgefährdenden Risiken im Sinne von § 322 Abs. 2 S. 3 HGB ausgesetzt ist.[678] Daneben muss die Sanierungsfähigkeit durch Vorlage eines zur Bewältigung der Krisenlage geeigneten Sanierungsplans unter Beweis gestellt werden.[679] Zuletzt hat der Bieter einen angemessenen Sanierungsbeitrag an die Zielgesellschaft zu leisten, der für deren Fortbestand entscheidend ist.[680] Die Abgabe einer Backstop-Garantie bei einer Bezugsrechtsemission wäre hierfür ausreichend.[681]

II. Sachkapitalerhöhung

Eine weitere Möglichkeit für die Umsetzung einer Beteiligung kann darin bestehen, dass der Investor seinen Beteiligungserwerb nicht mit Barmitteln unterlegt, sondern stattdessen Aktien der Gesellschaft gegen die Einbringung von Sachwerten erwirbt. Als einlagefähige Sachwerte kommen insbesondere auch gegen die Gesellschaft gerichtete Forderungen in Betracht.[682] So erwerben PIPE-Investoren zuweilen eine Beteiligung an der Gesellschaft im Zuge eines Debt-Equity-Swaps, nachdem sie zuvor eine Forderung gegen die Gesellschaft erworben haben. Vereinfacht geht es bei einem Debt-Equity-Swap um den Tausch einer gegen die Zielgesellschaft bestehenden Forderung (Debt) in Aktien dieser Gesellschaft (Equity).[683] Ein günstiges Umfeld für derartige Strukturen entsteht, wenn Banken und andere Finanzinstitute bestrebt sind, sich ihrer notleidenden

---

677 *Meyer* in Geibel/Süßmann, WpÜG, § 37 Rn. 42. Zu den Voraussetzungen der Sanierungsbefreiung siehe 2. Teil, III.D.

678 *Seiler*, CFL 2010, 102, 103; weitere Nachweise im 2. Teil, III.D.

679 Bestandsgefährdung und Sanierungsprognose sind durch unabhängige Gutachter zu bestätigen, zumeist durch externe Wirtschaftsprüfer, *Seiler*, CFL 2010, 102, 108; weitere Nachweise im 2. Teil, III.D.

680 *Klepsch* in Steinmeyer/Häger, WpÜG, § 37 Rn. 30; *Schlitt/Ries* in Münchner Kommentar AktG, §§ 9-12 WpÜG-AV Rn.23 f.

681 *Seiler*, CFL 2010, 102, 106.

682 Die Einbringung der gegen die Gesellschaft gerichteten Forderungen muss im Wege der Sacheinlage erfolgen, BGHZ 110, 47, 60 f.; BGHZ 113, 335, 341 f.; BGH, NJW 2006, 1726, 1737.

683 *Carli/Rieder/Mückl*, ZIP 2010, 1737; *Schmidt/Schlitt*, Konzern 2009, 279. Die Einbringung einer gegen die Gesellschaft selbst gerichteten Forderung wird allgemein als Sacheinlage beurteilt, BGHZ 132, 141, 143; *Hüffer*, AktG, § 27 Rn. 18; *Pentz* in Münchener Kommentar AktG, § 27 Rn. 29; *Röhricht* in Großkommentar AktG, § 27 Rn. 80.

Forderungen durch Verkauf zu entledigen, wie dies etwa im Zuge der Finanz- und Wirtschaftskrise mit der Folge weltweit erschwerter Einbringlichkeit gewährter Kredite zu beobachten war.[684] Aufgrund des hohen Abschlags zum Nominalwert bieten diese Forderungen, auch *Distressed Debts* genannt, Finanzinvestoren möglicherweise attraktive Investitionschancen.[685] Die Möglichkeit der Umwandlung von Fremd- in Eigenkapital wird der Zielgesellschaft dabei regelmäßig willkommen sein. Ist die Zielgesellschaft lediglich aufgrund hoher Schulden zeitweilig unterbewertet und verfügt ansonsten über ein gesundes operatives Geschäft mit stabilem Cash-flow, kann der Investor bei späterer Entschuldung und damit einhergehener Unternehmenswertsteigerung zusätzlich als Anteilseigner profitieren.[686] Für PIPE-Investments eignet sich diese Transaktion daher vor allem dann, wenn Investor und Zielgesellschaft gemeinsam die Stärkung der Eigenkapitalbasis der Gesellschaft als ein Ziel ihrer Kooperation definieren.[687]

Eher seltener werden PIPE-Investoren bereits Gläubiger der Gesellschaft aus erster Hand sein. Denn dies setzt voraus, dass PIPE-Investor und Zielgesellschaft bereits vertragliche Beziehungen unterhalten und hieraus Forderungen gegen die Gesellschaft entstanden sind. Ein Debt-Equity-Swap durch originäre Gläubiger der Gesellschaft fand etwa bei der Conergy AG im Juli 2011 statt.[688] Hier willigten bestimmte Kreditgeber der Gesellschaft in die Teilnahme an einem Sanierungskonzept ein, nachdem die Refinanzierbarkeit der bestehenden Kreditverbindlichkeiten von der Gesellschaft nicht mehr bestätigt werden konnte. Das Sanierungskonzept sah vor, dass die Kreditgeber ihre Darlehensforderungen gegen eine Beteiligung am Aktienkapital der Conergy AG eintauschten. Der Debt-Equity-Swap erfolgte dabei im Anschluss an eine Bezugsrechtsemission, bei der die Aktionäre ihre Bezugsrechte ausüben konnten. Die nicht ausgeübten Bezugsrechte konnten von den Kreditgebern

---

684 *Rödding*, Börsenzeitung vom 19.11.2008, S.2 „Finanzkrise eröffnet Chancen für neue Transaktionen"; *Carli/Riedel/Mückl*, ZIP 2010, 1737, 1738; *Löbbe* in Liber Amicorum Winter, S. 423, 424 f.

685 *Rödding*, „Finanzkrise eröffnet Chancen für neue Transaktionen", Börsenzeitung vom 19.11.2008, S. 2; *Aleth/Böhle*, DStR 2010, 1186.

686 *Becker*, „Der Debt Equity Swap ist ein wirkungsvolles Sanierungsinstrument", Börsenzeitung vom 26.4.2010, S. 4; *Westphal* in Eilers/Koffka/Mackensen, Private Equity, III. 2 Rn. 1 ff.

687 Zu den weiteren Vorteilen des Debt-Equity-Swaps für die beteiligte Gesellschaft *Schmidt/Schlitt*, Konzern 2009, 279, 280.

688 Vergleiche hierzu Ad-hoc-Mitteilung der Conergy AG vom 14.Juli 2011 sowie das Bezugsangebot vom 28. Juni 2011.

anschließend gegen Einbringung ihrer Darlehensverbindlichkeiten gezeichnet werden.[689] Sofern PIPE-Investoren der Gesellschaft als Gläubiger gegenüberstehen, ist dies eine mögliche Struktur.

Neben dem Tausch von Forderungen in Aktien der Gesellschaft ist weiter denkbar, dass PIPE-Investoren als Gegenleistung für die Aktien der Gesellschaft andere Gegenstände wie Unternehmensbeteiligungen, Immaterialgüterrechte oder sonstige Güter als Sacheinlage einbringen. Dies wird jedoch den Ausnahmefall bilden. Da die Einbringung von Forderungen für PIPE-Investoren im Zuge eines Debt-Equity-Swap die für PIPE-Transaktionen wohl häufigste Strukturierung einer Sachkapitalerhöhung darstellt, sollen an erster Stelle die Voraussetzungen eines solchen Vorgehens erläutert werden.

A. Voraussetzungen einer Sachkapitalerhöhung zur Durchführung eines Debt-Equity-Swap

Beim Debt-Equity-Swap bringt der Gläubiger der Gesellschaft seine Forderung gegen die Gesellschaft gegen Gewähr neuer Aktien im Wege einer Sachkapitalerhöhung als Sacheinlage in die Gesellschaft ein.[690] Für die Durchführbarkeit spielen insbesondere das Vorliegen eines ausreichenden Ermächtigungsbeschlusses der Hauptversammlung sowie die Möglichkeit der sachlichen Rechtfertigung des Bezugsrechtsausschlusses eine Rolle.

1. Voraussetzungen an den Ermächtigungsbeschluss der Hauptversammlung

Für die Zulässigkeit der Einbringung eines Vermögensgegenstandes im Wege der Sacheinlage bedarf es zunächst einer diesbezüglichen Ermächtigungsgrundlage in dem der Kapitalerhöhung zugrundeliegenden Hauptversammlungsbeschluss der Zielgesellschaft (§§ 183 Abs. 1 S. 1, 205 Abs. 1 AktG).

---

689 Vergleiche Bericht des Vorstands über die Restrukturierung der Conergy AG und zu den vorgeschlagenen Kapitalmaßnahmen von Januar 2011, abrufbar im Internet unter http://www.conergy-group.com/Portaldata/1/Resources/group/pdf/hauptversammlung/3._Bericht_des_Vorstands_ueber_Restrukturierung.pdf

690 *Schlitt/Ries* in Theiselmann, Praxishandbuch des Restrukturierungsrechts, Kap. 9 Rn. 16; *v. Dryander/Niggemann* in Hölters, AktG, § 183 Rn. 19.

Zudem geht mit der Beteiligung eines Investors oder Altaktionärs im Wege einer Sachkapitalerhöhung stets ein Bezugsrechtsausschluss für die übrigen Aktionäre einher, da diese bei der Ausgabe der neuen Aktien an den Investor nicht zum Zuge kommen. Nach den Grundsätzen der Rechtsprechung des BGH muss das Vorhaben, das zu dem Bezugsrechtsausschluss führt, der Hauptversammlung im Vorfeld der Entscheidung über die Ermächtigung zumindest allgemein und in abstrakter Form beschrieben worden sein.[691] Hierfür wird es zumindest erforderlich sein, dass der Bericht des Vorstands an die Hauptversammlung (§ 186 Abs. 4 Satz 2 AktG) als einen Grund für den Bezugsrechtsausschluss die Ermöglichung der Einbringung von Forderungen gegen Aktien nennt.[692] Häufig enthalten jedoch weder die Satzungen noch die Vorstandsberichte börsennotierter Gesellschaften solche ausdrücklichen Ermächtigungen zu einem Debt-Equity-Swap.[693] Oder die Ermächtigungen zur Ausnutzung des genehmigten Kapitals gegen Sacheinlagen sind volumenmäßig auf 10 bis 20 Prozent des vorhandenen Grundkapitals begrenzt.[694] Dies geht nicht zuletzt auch auf die Initiativen internationaler Stimmrechtsvertreterorganisationen zurück, die Investoren eine Zustimmung zu Kapitalerhöhungen mit möglichem Bezugsrechtsausschluss nur empfehlen, wenn das Volumen der Kapitalerhöhung auf 20 Prozent des Aktienkapitals begrenzt ist.[695] Genügt die vorhandene Ermächtigung in sachlicher oder quantitativer Hinsicht nicht, erfordert die Umsetzung des Debt-Equity-Swap daher unter Umständen die Durchführung einer zeitaufwändigen ordentlichen Kapitalerhöhung.[696]

2. Sachliche Rechtfertigung des Bezugsrechtsausschlusses

Darüber hinaus bedarf der Ausschluss des Bezugsrechts auch bei der Sachkapitalerhöhung einer sachlichen Rechtfertigung. In materieller Hinsicht ist erforderlich, dass der Bezugsrechtsausschluss im Gesellschafts-

---

691 BGH 136, 133.

692 So zutreffend *Schmidt/Schlitt*, Konzern 2009, 279, 281.

693 So der Befund bei *Schmidt/Schlitt*, Konzern 2009, 279, 281.

694 So beschränken Satzungen zahlreicher Emittenten das genehmigte Kapital für Sachkapitalerhöhungen auf 10-20 % des vorhandenen Grundkapitals, *Seibt/Voigt*, AG 2009, 133, 143.

695 *v. Dryander/Niggemann* in Hölters, AktG, § 202 Rn. 29 unter Verweis auf die Empfehlungen der Risk Metrics Group.

696 Hierzu ausführlich *Schlitt/Ries* in Theiselmann, Praxishandbuch des Restrukturierungsrechts, Kap. 9 Rn. 18 ff.

interesse liegt, zur Verwirklichung des Gesellschaftsinteresses geeignet und erforderlich ist und in einem angemessenen Verhältnis zu den Nachteilen der betroffenen Aktionäre steht.[697] Teilweise wird die sachliche Rechtfertigung im Hinblick auf den Zweck der Entschuldung der Gesellschaft beim Debt-Equity-Swap stets angenommen.[698] Richtigerweise sind die Geeignetheit, Erforderlichkeit und Angemessenheit des Bezugsrechtsausschlusses auch hier in jedem Einzelfall zu prüfen.[699] Dabei muss die Gesellschaft insbesondere darlegen können, dass andere Sanierungsmöglichkeiten, die ohne einen Bezugsrechtsausschluss auskommen, nicht bestehen oder der Bezugsrechtsausschluss unter mehreren Möglichkeiten als der zur Erreichung des Sanierungszwecks am besten geeignete Weg erscheint.[700] Insbesondere dürfen die Mittel zur Tilgung der Forderungen nicht durch eine Barkapitalerhöhung mit Bezugsrecht beschafft werden können, etwa weil eine Platzierung nicht gesichert ist.[701] Sofern lediglich die Gläubiger der Gesellschaft bereit sind, durch Einbringung ihrer Forderungen einen Sanierungsbeitrag zu leisten, wird die sachliche Rechtfertigung jedoch regelmäßig gegeben sein.[702]

Zur Begrenzung des verbleibenden Risikos der fehlenden sachlichen Rechtfertigung bieten sich zwei Strukturierungsalternativen an. Zum einen könnte eine gemischte Bar- und Sachkapitalerhöhung durchgeführt werden, bei der neben dem Investor auch die Altaktionäre gegen Bargeld Aktien entsprechend ihrer Beteiligungshöhe zeichnen könnten.[703] Auf diese Weise können die Aktionäre ihre relative Stimmrechtsmacht aufrechterhalten. Es verbleibt dann lediglich die Gefahr einer möglichen Vermögensverwässerung, sofern die einzubringenden Forderungen über-

---

697 BGHZ 71, 40, 44; BGHZ 83, 319, 321; *Hüffer*, AktG, § 186 Rn.25 ff.; *Peifer* in Münchener Kommentar AktG, § 186 Rn. 71 f.; *Veil* in Schmidt/Lutter, AktG, § 186 Rn. 34; *Servatius* in Spindler/Stilz, AktG, § 186 Rn. 40 ff.

698 *Kraft/Krieger* in Münch Hdb AG, § 56 Rn. 85; stets für die Zulässigkeit eines Debt-Equity-Swap zu Sanierungszwecken *Sydow/Beyer*, AG 2005, 635, 637; *Redeker*, BB 2007, 673, 675.

699 So zutreffend *Löbbe* in Liber Amicorum Winter, S. 423, 433.

700 *Löbbe* in Liber Amicorum Winter, S. 423, 433 f.

701 *Löbbe* in Liber Amicorum Winter, S. 423, 434.

702 *Schmidt/Schlitt*, Konzern 2009, 278, 281; *Hüffer*, AktG, § 186 Rn. 35; *Westphal* in Eilers/Koffka/Mackensen, Private Equity, III. 2. Rn.12; eingehend zur Frage der sachlichen Rechtfertigung beim Debt-Equity-Swap *Löbbe* in Liber Amicorum Winter, S. 423, 431 ff.

703 Die Zulässigkeit der gemischten Bar- und Sachkapitalerhöhung ist im Schrifftum allgemein anerkannt. Sickinger/Kuthe in Schüppen/Schaub, MAH Aktienrecht, § 33 Rn.58; *Peifer* in Münchener Kommentar AktG, § 183 Rn. 7; *Hüffer*, AktG, § 186 Rn. 34; *v. Dryander/Niggemann* in Hölters, AktG, § 183 Rn.17.

bewertet sind. Allerdings ist die gemischte Bar- und Sachkapitalerhöhung nur dann eine taugliche Gestaltungsalternative zur Sachkapitalerhöhung mit Bezugsrechtsausschluss, wenn der Investor bereits vor der Sachkapitalerhöhung in einem bestimmten Umfang am Grundkapital der Gesellschaft beteiligt ist.[704] Dabei wird häufig das genehmigte Kapital zur Bedienung des Investors und der übrigen Aktionäre im Hinblick auf das zulässige Höchstvolumen von 50 Prozent des Grundkapitals (§ 202 Abs. 3 S. 1 AktG) nicht ausreichen, so dass eine ordentliche Kapitalerhöhung durchgeführt werden müsste.

Zum anderen könnte die bereits im Fall der Conergy AG angesprochene Bezugsrechtsemission mit anschließender Sachkapitalerhöhung bei Nichtausübung der Bezugsrechte gewählt werden. Hier ist nicht erforderlich, dass der Investor bereits an der Gesellschaft beteiligt ist. Allerdings besteht Ungewissheit über das Bezugsverhalten der Aktionäre und damit den verfügbaren Rahmen für eine mögliche Beteiligung des Investors.[705] Entschließt sich der PIPE-Investor jedoch zur Beteiligung in einer Sanierungssituation, besteht die Erwartung einer niedrigen Bezugsquote der Aktionäre.[706] Dem verbleibenden Platzierungsrisiko kann mit einer Bis-zu-Kapitalerhöhung begegnet werden.[707]

3. Wahrung des Gleichbehandlungsgrundsatzes (§ 53a AktG)

Allen drei Strukturierungsvarianten ist gemein, dass einem Investor oder Aktionär die Möglichkeit gewährt wird, Aktien gegen die Einbringung von Forderungen zu erwerben, während die übrigen Aktionäre ihre relative Beteiligungshöhe nur durch die Leistung von Barmitteln aufrechterhalten können. Fraglich ist daher, ob hierin eine rechtfertigungsbedürftige Ungleichbehandlung liegt. Allerdings verlangt das Gleichbehandlungsgebot lediglich eine relative Gleichbehandlung von Aktionären unter gleichen Bedingungen.[708] Sofern Aktionäre Inhaber von Forderungen gegen die Gesellschaft sind, durch deren Umwandlung in Eigenkapital für die Gesellschaft ein erheblicher Sanierungsbeitrag geleistet wird, können sie nicht mit Aktionären gleichgesetzt werden, die entweder gar nicht oder nur in geringem Umfang Gläubiger der Gesellschaft sind. So-

---

704 *Löbbe* in Liber Amicorum Winter, S. 423, 443 f.; *Busch* in Marsch-Barner/Schäfer, Hdb börsennotierte AG, § 42 Rn. 37.

705 Vergleiche hierzu die Ausführungen zur Beteiligung eines Investors unter I. B.

706 So zutreffend *Löbbe* in Liber Amicorum Winter, S. 423, 445 f.

707 *Löbbe* in Liber Amicorum Winter, S. 423, 444.

708 *Henze/Notz* in Großkommentar AktG, § 53a Rn.69.

fern man jedoch eine Ungleichbehandlung bei der Zulassung eines Aktionärs oder Investors zum Debt-Equity-Swap unter Ausschluss der übrigen Aktionäre erkennen möchte, so wird diese Ungleichbehandlung regelmäßig sachlich zu rechtfertigen sein.

Sachlich gerechtfertigt ist eine Ungleichbehandlung, wenn die zur Ungleichbehandlung führende Maßnahme im Interesse der Gesellschaft liegt, zum Schutz oder zur Förderung des Gesellschaftsinteresses geeignet und erforderlich ist und nach umfassender Abwägung das angemessene Mittel darstellt, um einen Teil der Aktionäre gegenüber einem anderen Teil zurückzusetzen.[709] Zunächst führt die Umwandlung von Fremdkapital in Eigenkapital der Gesellschaft nicht nur eine teilweise Entschuldung der Gesellschaft herbei, sie verbessert deren Fremdkapitalquote und damit auch deren Rating im Hinblick auf spätere Finanzierungen. Der Debt-Equity-Swap liegt demnach im Interesse der Gesellschaft. Er ist geeignet, dem Interesse der Gesellschaft an einer Verbesserung der Kapitalstruktur zu dienen. Sofern der Gesellschaft keine anderen Wege zur Entschuldung offenstehen, hat die Gesellschaft keine in die Mitgliedsrechte der übrigen Aktionäre weniger eingreifenden Handlungsmöglichkeiten. Schließlich überwiegt in diesem Fall das Interesse der Gesellschaft an der Durchführung der Transaktion das Interesse der übrigen Aktionäre auf Gleichbehandlung. Etwas Anderes ergibt sich auch nicht aus dem Gesichtspunkt, dass es sich bei den umzuwandelnden Forderungen im Regelfall um keine originären, sondern durch den Investor als Distressed Debt erworbene Forderungen gegen die Gesellschaft handelt.[710] Denn dies ist im Hinblick auf den Abwägungsparameter des Gesellschaftsinteresses unerheblich.[711] Im Einzelfall kann es geboten erscheinen, anderen Aktionären der Gesellschaft, die ebenfalls Forderungen gegen die Gesellschaften innehaben, die Teilnahme an einem Debt-Equity-Swap anzubieten, bevor der Debt-Equity-Swap allein mit dem PIPE-Investor durchgeführt wird, sofern dies mit dem Sanierungskonzept vereinbar ist.

---

709 *Drygala* in Kölner Kommentar AktG, § 53a Rn.17; *Hüffer*, AktG, § 53a Rn.10; *Henze/Notz* in Großkommentar AktG, § 53a Rn.70 ff.

710 So zu Recht *Löbbe* in Liber Amicorum Winter, 423, 441 f; entgegen KG, AG 2010, 494, 497.

711 Zutreffend *Löbbe* in Liber Amicorum Winter, 423, 441 f.; *Burg/Marx*, CFL 2010, 364, 369 f.

4. Bewertung der Forderungen

Die Gläubiger können ihre Forderungen im Wege des Erlassvertrages (§ 397 BGB) oder der Abtretung an die Gesellschaft (§ 398 BGB) mit der Folge ihres Erlöschens durch Konfusion einbringen.[712] Grundlage der Ermittlung des dem Gläubiger zu übertragenden Aktienvolumens bildet auch hier die Bewertung der Forderung als Einlagegegenstand, wobei neuerdings umstritten ist, ob der tatsächliche Zeitwert der Forderung unter Berücksichtigung der Liquidität der Gesellschaft[713] oder der Nennwert der Forderung[714] in Ansatz zu bringen ist. Die letztere Ansicht ist vorzugswürdig. Denn sie trägt dem Umstand Rechnung, dass der Debt-Equity-Swap zu einer bilanziellen Entlastung der Gesellschaft gerade in Höhe des Nominalwerts der Forderung führt, da die Gesellschaft unabhängig von der möglichen Uneinbringlichkeit der Forderung diese zum Nennwert passivieren muss.[715] Darüber hinaus werden hierdurch weder die Altgesellschafter noch die Gläubiger der Gesellschaft benachteiligt. Den Altaktionären droht keine Verwässerung ihrer Anteile, da im Fall des Debt-Equity-Swap ein vorrangig zu befriedigender Gläubiger wegfällt und sich der den Gesellschaftern zustehende Residualwert damit erhöht.[716] Eine Benachteiligung der Altgläubiger besteht ebenso nicht, weil bei einer Einlage zum Nennbetrag keine Überbewertung mit der Folge einer künstlichen Aufblähung der Bilanz droht. Ebenso kann es zu keiner Minderung des Gesellschaftsvermögens dadurch kommen, dass eine Sacheinlage mit negativem Wert eingebracht wird, denn die Forderung wird gerade in Höhe des Nennwertes getilgt.[717] Der Erwerbsvorgang gestaltet sich zudem aus Sicht des einbringenden Gläubigers günstiger, da er im Gegenzug für die Abtretung seiner Forderung mehr Aktien erhält, was dieses Entschuldungsinstrument für mögliche Investoren zukünftig noch interessanter machen kann. Eine Bewertung der Forderung zum realen Wert liefe außerdem auf das Ergebnis hinaus, dass der Schuldner

---

712 *Eilers*, GWR 2009, 3; *Ekkenga*, ZGR 2009, 581, 589.

713 So die bislang herrschende Meinung BGHZ 90, 370, 373; *Westphal* in Eilers/Koffka/Mackensen, Private Equity, III. 2. Rn.14; *Priester*, DB 2010, 1445, 1447 ff.; *Schmidt/Schlitt*, Konzern 2009, 279, 282; *Ekkenga* ZGR 2009, 581, 599.

714 So *Karollus*, ZIP 1994, 589, 595 f.; *Cahn/Simon/Theiselmann*, CFL 2010, 238, 240 ff; *dies.*, DB 2010, 1629, 1631 ff; zustimmend auch *Burg/Marx*, CFL 2010, 364, 367; *Wansleben*, WM 2012, 2083, 2086 ff.

715 *Cahn/Simon/Theiselmann*, CFL 2010, 238, 243.

716 *Cahn/Simon/Theiselmann*, CFL 2010, 238, 246.

717 *Cahn/Simon/Theiselmann*, CFL 2010, 238, 244.

das eigene Ausfallrisiko bei der Bilanzierung seiner Verbindlichkeiten berücksichtigen kann, gewissermaßen von der eigenen Zahlungsunfähigkeit profitierte.[718] Zudem setzt die herrschende Auffassung voraus, dass ein Markt für die jeweiligen Forderungen tatsächlich existiert, was jedoch nur für einen kleinen Teil von Gesellschaften tatsächlich zutrifft.[719]

Gleichwohl befürwortet die herrschende Auffassung in Rechtsprechung[720] und Literatur[721] die Einbringung von Forderungen gegen die Gesellschaft zum Verkehrswert. Zwar haben Aktionäre beim genehmigten Kapital wie bereits dargestellt nur geringe Rechtsschutzmöglichkeiten. Jedoch können sie die vermögensmäßige Verwässerung ihrer Anteile bei Anwendung der Nennwertanrechnung der Forderungen gegebenenfalls im Wege einstweiliger Verfügung gegen die Kapitalerhöhungsbeschlüsse der Verwaltung geltend machen. Im Hinblick auf eine möglichst sichere Transaktion sollte die Forderung daher zum tatsächlichen Wert eingebracht werden. Die Forderung ist in diesem Fall durch einen gerichtlich bestellten Sachprüfer zu bewerten (§§ 33 Abs. 2 Nr. 4, Abs. 4 und 5, 34, 205 Abs. 5 AktG) und die Ergebnisse der Prüfung in einem Wertgutachten zur Vorlage beim eintragenden Registergericht festzuhalten.[722]

5. Besonderheiten beim Bond-Equity-Swap

Ist der Investor nicht Inhaber einer Kreditforderung, sondern Anleihegläubiger, weist die Umsetzung eines Debt-Equity-Swaps zusätzliche Schwierigkeiten auf. Denn Anleihen unterliegen als handelbare Wertpapiere der kollektiven Bindung aller Gläubiger an die insoweit einheitlich ausgestalteten Anleihebedingungen (§§ 1 Abs. 1, 4 SchVG).[723] Handelt es sich um Anleihen, die im Geltungsbereich des alten Schuldverschreibungsgesetz (SchVerschrG) ausgegeben wurden,[724] bedürfte es für die Durchführung eines Debt-Equity-Swaps eines einstimmigen Beschlusses

718 *Cahn/Simon/Theiselmann*, CFL 2010, 238, 243 f.

719 *Cahn/Simon/Theiselmann*, CFL 2010, 238, 243 f.

720 BGHZ 110, 47, 60; BGHZ 113, 335, 341.

721 Pentz in Münchener Kommentar AktG, § 27 Rn 29; *Heidinger/Benz* in Spindler/Stilz, § 27 Rn. 38; *Lutter* in Kölner Kommentar AktG, § 183 Rn. 29; *Bayer* in Schmidt/Lutter, AktG, § 27 Rn. 18; *Hüffer*, AktG, § 27 Rn. 18; *Röhricht* in Großkommentar AktG, § 27 Rn.80; *Ekkenga*, DB 2012, 331, 336.

722 *Busch* in Marsch-Barner/Schäfer, Hdb börsennotierte AG, § 42 Rn. 31.

723 *Horn*, ZHR 173 (2009), 12, 17 f.; *Schlitt/Schäfer*, AG 2009, 477, 480.

724 Stichtag ist hier der 5.8.2009 (§ 24 Abs. 1 SchVG).

aller beteiligten Anleihegläubiger.[725] Zusätzlich wird dieser Weg dadurch erschwert, dass die Anzahl der Gläubiger typischerweise sehr hoch liegt und die Beschlussfassung im Rahmen einer physischen Versammlung erfolgen müsste.[726]

Erleichterungen bestehen für Anleihen, die dem neuen Schuldverschreibungsgesetz (SchVG) unterfallen. In diesem Fall kann der Debt-Equity-Swap schon mit einfacher Mehrheit beschlossen werden, vorausgesetzt die Anleihebedingungen der emittierenden Gesellschaft sehen die Möglichkeit zu einer späteren Änderung der Anleihebedingungen im Wege des Mehrheitsbeschlusses vor (§§ 5 ff. SchVG), sogenannte *Opt-in-Klausel*.[727] Das gleiche gilt für Gläubiger von Altanleihen, die einer Änderung der Anleihebedingungen gemäß § 24 Abs. 2 SchVG zugestimmt haben. Allerdings wird nach neuerer Rechtsprechung die Möglichkeit eines solchen Opt-in nur für Altanleihen als zulässig erachtet, die bereits dem alten Schuldverschreibungsgesetz unterlagen,[728] mithin von einem deutschen Emittenten ausgegeben wurden. In der Praxis haben deutsche Unternehmen Anleihen jedoch vorwiegend über ausländische Finanzierungstöchter emittiert.[729] Für Altanleihen, die vor dem 5.8.2009 begeben wurden, scheidet die Durchführung eines Debt-Equity-Swaps daher regelmäßig aus.[730]

6. Risiken

Der Debt-Equity-Swap ist für den Investor als Forderungsgläubiger mit zwei wesentlichen Risiken verbunden. Zum einen haftet er nach zwar abzulehnender, bislang jedoch herrschender Auffassung verschuldensunabhängig für die Wertdifferenz in Geld, wenn der Wert der eingebrachten Forderung nicht unwesentlich hinter dem geringsten Ausgabebetrag der dafür ausgegebenen Aktien zurückbleibt und die Kapitaler-

---

725 Zu den engen Voraussetzungen einer Änderung der Anleihebedingungen nach § 11 Abs. 1 SchVerschrG *Lorenz/Pospiech*, DB 2009, 2419; *Schmidt/Schlitt*, Konzern 2009, 279, 287.

726 *Schmidt/Schlitt*, Konzern 2009, 279, 287; hierzu auch *Schlitt/Schäfer*, AG 2009, 477, 486.

727 *Schmidt/Schlitt*, Konzern 2009, 279, 287.

728 OLG Frankfurt, BB 2012, 1305; LG Frankfurt am Main, Beschl. V. 23.01.2012 – 3-05 O 142/11, abrufbar unter www.beck-online.beck.de.

729 *Lürken*, GWR 2012, 227.

730 Zu den Praxisfolgen des Urteils, *Friedl*, BB 2012, 1305, 1309 f.; *Meier/Schauenburg*, CFL 2012, 161, 167 ff.

höhung durch Eintragung wirksam geworden ist.[731] Das Risiko von Bewertungsfehlern mit der Folge der Differenzhaftung trifft den Gläubiger nicht, wenn der Wert der Forderung wie nach hier vertretener Auffassung durch den Nominalwert bestimmt wird. Jedoch können im Zeitpunkt der Einbringung erstellte Wertgutachten das Differenzhaftungsrisiko gering halten. Da das Risiko einer Differenzhaftung des vormaligen Gläubigers sich regelmäßig erst bei Insolvenz der Gesellschaft realisiert, ist der Nachweis der Überbewertung der Forderung im Zeitpunkt des Debt-Equity-Swaps im Nachhinein zudem nur schwer nachweisbar.[732]

Zum anderen sind nicht umgewandelte Forderungen des Investors gegen die Gesellschaft nach Durchführung des Debt-Equity-Swaps als Gesellschafterdarlehen gemäß § 39 Abs. 1 Nr. 5 InsO nachrangig im Insolvenzfall. Diese Rechtsfolge bleibt zu seinen Lasten auch bei Ausscheiden aus der Gesellschafterstellung bestehen.[733] Eine Ausnahme hiervon gilt allenfalls für den Anteilserwerb zum Zweck der Sanierung der Gesellschaft (§ 39 Abs. 4 S. 2 InsO), wobei dieses Privileg zeitlich nur bis zur nachhaltigen Sanierung Wirkung entfaltet.[734]

B. Sachkapitalerhöhung unter Einbringung anderer Sachwerte

Wie schon angedeutet werden Sachkapitalerhöhungen gegen Einbringung sonstiger Sachwerte bei PIPE-Transaktionen nur eine untergeordnete Rolle spielen. PIPE-Investoren werden jedenfalls im Regelfall nicht über Sachgegenstände verfügen, die für die Gesellschaft von Interesse sind. Zudem sind die Anforderungen an die sachliche Rechtfertigung des Bezugsrechtsausschlusses bei der Sachkapitalerhöhung hoch. Die strengste Auffassung verlangt hierfür, dass die Gesellschaft gerade ein hinreichendes Interesse am Erhalt des Sacheinlagegegenstands hat und dieser nicht unter Einsatz von Barmitteln – etwa nach Durchführung einer Barkapitalerhöhung – durch einfachen Kaufvertrag zu vergleichbaren Konditionen erworben werden kann.[735] Voraussetzung dafür wäre wie-

---

731 BGH, NZG 2007, 513; *Hüffer*, AktG, § 27 Rn. 21, § 183 Rn. 21.

732 *Schmidt/Schlitt*, Konzern 2009, 279, 285.

733 *Habersack*, ZIP 2007, 2145, 2149; *Schmidt/Schlitt*, Konzern 2009, 279, 289.

734 Zum Sanierungsprivileg näher *Schlitt/Ries* in Theiselmann, Praxishandbuch des Restrukturierungsrechts, Kap. 9 Rn. 178 ff.

735 *Hüffer*, AktG, § 186 Rn. 34; *Lutter* in Kölner Kommentar AktG, § 186 Rn. 79; *Peifer* in Münchener Kommentar AktG, § 183 Rn. 39 f., § 186 Rn. 90; *Wiedemann* in Großkommentar AktG, § 186 Rn. 168, 171; *Marsch-Barner* in Bürgers/Körber, § 186 Rn.38; a. A. *Kraft/Krieger* in Münch Hdb AG, § 56 Rn.85.

derum, dass die Gesellschaft eine Kapitalerhöhung nach den tatsächlichen Gegebenheiten des Kapitalmarktes nicht erfolgreich durchführen kann und auch sonst über keinerlei Barmittel verfügt, um die Gegenstände zu erwerben.

Allerdings hält eine verbreitete Auffassung die sachliche Rechtfertigung bei einem Erwerb von Unternehmen oder Unternehmensbeteiligungen durch die Gesellschaft im Wege der Sachkapitalerhöhung stets für gegeben.[736] Dabei wird die Gewährung von Aktien als Gegenleistung für den Erwerb von Unternehmensbeteiligungen auch als Möglichkeit für die Gewinnung eines Ankeraktionärs in Betracht gezogen.[737] Eine solche Ankerbeteiligung sei etwa mit dem Erwerb von BONITA durch die TOM TAILOR Holding AG zustande gekommen, durch den die Inferentin BONITA International GmbH & Co. KG eine Beteiligung von 24,5 Prozent am Grundkapital der TOM TAILOR Holding AG erwarb.[738] Nach Äußerungen der Gesellschaft war der Unternehmenserwerb hierbei Teil eines gemeinsamen Wachstumsplans im Wege der Integration der Marken und Nutzung der jeweiligen Expertise.[739]

Gleichwohl werden für die Bejahung der sachlichen Rechtfertigung des Bezugsrechtsausschlusses von den Befürwortern der sachlichen Rechtfertigung im Rahmen dieser Fallgruppe verschiedentlich Einschränkungen gemacht. So sei der Bezugsrechtsauschluss nur zulässig, wenn der Unternehmenserwerb lediglich zu einer Minderheitsbeteiligung des Sacheinlegers führe,[740] wenn er im Hinblick auf die Interessen der übrigen Aktionäre verhältnismäßig erscheine, also nicht mit dem Verlust von Sperrminoritäten oder Minderheitsrechten verbunden sei[741] oder wenn es sich um eine Unternehmenskooperation handele, die dem Gesellschaftsinteresse diene und bei der der jeweilige Partner die Beteiligung verlange.[742]

---

736 *Busch* in Marsch-Barner/Schäfer, Hdb börsennotierte AG, § 42 Rn. 83; *Wiedemann* in Großkommentar AktG, § 186 Rn. 173; *Bayer* in Münchener Kommentar AktG, § 203 Rn.132; *Strauß*, AG 2010, 192,197 f.; im Hinblick auf Unternehmenskooperationen auch *Hüffer*, AktG, § 186 Rn. 31; ebenso *Peifer* in Münchener Kommentar AktG, § 186 Rn. 97.

737 So etwa *Seibt*, CFL 2012, 313, 319.

738 So *Seibt*, CFL 2012, 313, 319. Vergleiche zum Sachverhalt die Mitteilung der TOM TAILOR Holding AG v. 9.8.2012.

739 Mitteilung der TOM TAILOR Holding AG v. 9.8.2012.

740 *Busch* in Marsch-Barner/Schäfer, Hdb börsennotierte AG, § 42 Rn. 83; *Wiedemann* in Groß-kommentar AktG, § 186 Rn. 173.

741 *Bayer* in Münchener Kommentar AktG, § 203 Rn. 132.

742 *Hüffer*, AktG, § 186 Rn. 31; *Peifer* in Münchener Kommentar AktG, § 186 Rn. 97.

Insofern wird auch bei einer PIPE-Beteiligung im Wege der Einbringung einer Unternehmensbeteiligung das Erfordernis der sachlichen Rechtfertigung nicht ohne weiteres angenommen werden können.

III. Bedienung mit eigenen Aktien

Liegen die Voraussetzungen für eine Kapitalerhöhung unter Rückgriff auf ein genehmigtes Kapital zur Bedienung des PIPE-Investors nicht vor, können auch eigene von der Zielgesellschaft gehaltene Aktien zur Beteiligungsverschaffung genutzt werden. Der Erwerb eigener Aktien durch eine Aktiengesellschaft wird durch das Aktienrecht eng geregelt. Eigene Aktien darf die Aktiengesellschaft im Gründungszeitpunkt oder bei Kapitalerhöhungen nicht selbst zeichnen (§ 56 Abs. 1 AktG). In erster Linie sichert dies die reale Kapitalaufbringung und wahrt die innere Ordnung der Aktiengesellschaft, in der bestehende Beteiligungsverhältnisse nicht willkürlich durch den Eintritt der Gesellschaft in den Gesellschafterkreis verändert werden sollen.[743] Eigene Aktien kann die Zielgesellschaft daher nur durch den Rückkauf bereits existierender Aktien am Markt erwerben. Da auch mit dem entgeltlichen Erwerb eigener Aktien für die Zielgesellschaft Gefahren verbunden sind – darunter vor allem die Verminderung des Gesellschaftsvermögens, die unzulässige Einflussmöglichkeit der Verwaltung auf den Aktionärskreis sowie eine mögliche Ungleichbehandlung und Wertverwässerung zulasten einzelner Aktionäre[744] –, erlegt das Gesetz diesem Vorgang ebenfalls Grenzen auf. Im Folgenden sollen diese kurz erläutert werden.

A. Voraussetzungen für die Veräußerung eigener Aktien an den PIPE-Investor durch die Zielgesellschaft

Sollen dem PIPE-Investor eigene Aktien übertragen werden, muss die Hauptversammlung den Vorstand im Vorfeld zum Erwerb eigener Aktien – durch den Rückkauf der Aktien von Altaktionären – ermächtigt haben. Eine Ermächtigung zum Erwerb eigener Aktien durch die Gesellschaft zur zweck*un*gebundenen Verwendung ist nur nach Maßgabe des

---

743 *Bungeroth* in Münchener Kommentar AktG, § 56 Rn. 2.

744 *Cahn* in Spindler/Stilz, AktG, § 71 Rn. 14 ff.

§ 71 Abs. 1 Nr. 8 AktG möglich.[745] Hiernach darf die Gesellschaft zum Erwerb eines maximalen Aktienvolumens von zehn Prozent des Grundkapitals, das im Zeitpunkt der Beschlussfassung durch die Hauptversammlung bestand, ermächtigt werden.[746] Zusätzlich begrenzt § 71 Abs. 2 S. 1 AktG das zulässige Erwerbsvolumen. Hiernach darf der Bestand eigener nach § 71 Abs. 1 Nr. 1-3, 7 und 8 AktG erworbener Aktien insgesamt zu keinem Zeitpunkt mehr als zehn Prozent des Grundkapitals der Gesellschaft betragen.[747] Zudem müsste die Gesellschaft im Zeitpunkt des Erwerbs der eigenen Aktien in der Lage sein, in Höhe der Aufwendungen für den Erwerb eine Rücklage zu bilden, ohne das Grundkapital oder eine nach Gesetz oder Satzung zu bildende Rücklage zu mindern, die nicht zur Zahlung an Aktionäre verwandt werden darf (§ 71 Abs. 2 S. 2 AktG). Auf diese Weise soll sichergestellt werden, dass die Aktien durch die Gesellschaft nur mit Mitteln zurückerworben werden, die auch zur Ausschüttung als Dividenden an die Aktionäre zur Verfügung stehen, und das Kapital der Gesellschaft erhalten bleibt.[748] Die Ermächtigung darf wie im Fall des genehmigten Kapitals (§ 202 Abs. 1 AktG) nur für einen Zeitraum von fünf Jahren erteilt werden. Der Vorstand hat im Zeitpunkt der Verwendung der eigenen Aktien die im Rahmen der Rückkaufermächtigung durch die Hauptversammlung vorgegebenen Zwecke des Aktienerwerbs zu berücksichtigen.[749] Diese dürfen der Zuteilung an einen PIPE-Investor nicht entgegenstehen.

Darüber hinaus kann die Zuteilung des gesamten Bestands eigener Aktien der Gesellschaft an einen neuen Investor oder einen Altaktionär mit dem Vorerwerbsrecht der Altaktionäre an den eigenen Aktien kolli-

---

745 *Hüffer*, AktG, § 71 Rn. 19c; *Schäfer/Gätsch* in Marsch-Barner/Schäfer, Hdb börsennotierte AG, § 50 Rn. 20.

746 *Cahn* in Spindler/Stilz, AktG, § 71 Rn. 103; *Oechsler* in Münchener Kommentar AktG, § 71 Rn. 204.

747 Umstritten ist, ob eine nachträgliche Kapitalherabsetzung die zulässige Bestandsgröße eigener Aktien verringert, also den Umfang des von der Ermächtigung gedeckten Erwerbs berührt. Dagegen *Cahn* in Spindler/Stilz, AktG, § 71 Rn. 100; dafür *Hüffer*, AktG, § 71 Rn. 21; *Lutter/Drygala* in Kölner Kommentar AktG, § 71 Rn. 206; *Oechsler* in Münchener Kommentar AktG, § 71 Rn. 204, 310.

748 *Bezzenberger* in Schmidt/Lutter, AktG, § 71 Rn.54; *Hüffer*, AktG, § 71 Rn.21a. Weitere Voraussetzung ist, dass der gesamte Ausgabebetrag der zu erwerbenden Aktien voll eingezahlt ist (§ 71 Abs. 2 S. 3 AktG). Dies schließt insbesondere ein etwaiges Agio ein. *Hüffer*, AktG, § 71 Rn. 20; *Bezzenberger* in Schmidt/Lutter, AktG, § 71 Rn.62.

749 *Maul* in Beck'sches Hdb AG, § 3 Rn. 160; *Hüffer*, AktG, § 71 Rn. 19 f.; *Lutter/Drygala* in Kölner Kommentar AktG, § 71 Rn. 139; *Oechsler* in Münchener Kommentar AktG, § 71 Rn. 206 f.

dieren. Vergleichbar mit dem bereits beschriebenen Bezugsrecht bei Kapitalerhöhungen besteht nach herrschender Auffassung ein Vorerwerbsrecht zugunsten der Altaktionäre, wenn die Gesellschaft eigene Aktien veräußert (§§ 71 Abs. 1 Nr. 8 S. 5 2. Hs., 186 Abs. 3 und 4 AktG).[750] Denn auch bei der Wiederveräußerung eigener Aktien kann für die Altaktionäre eine wertmäßige Beteiligungsverwässerung eintreten, wenn die Aktien zu einem zu niedrigen Ausgabepreis wieder veräußert werden.[751] Zudem wachsen den bislang durch die Gesellschaft gehaltenen Aktien wieder volle Aktionärsrechte zu (§ 71b AktG), sodass sich auch die Beteiligungsverhältnisse nach der Wiederveräußerung der eigenen Aktien neu darstellen.[752] Außerdem wirkt ein quotales Vorerwerbsrecht der Aktionäre einer willkürlichen Einflussnahme des Vorstands auf die Beteiligungsstruktur der Gesellschaft entgegen.[753]

Das Vorerwerbsrecht der Altgesellschafter kann jedoch durch eine entsprechende Anwendung der Grundsätze des vereinfachten Bezugsrechtsausschlusses nach § 186 Abs. 3 S. 4 AktG ausgeschlossen werden.[754] Dafür müssen zum einen der Ermächtigungsbeschluss der Hauptversammlung zum Rückerwerb der Aktien sowie der Beschluss über die Ermächtigung zum vereinfachten Ausschluss des Vorerwerbsrechts der Aktionäre gemeinsam und mit Dreiviertelmehrheit des bei Beschlussfassung vertretenen Grundkapitals gefasst worden sein.[755] Zum anderen dürfen die veräußerten Aktien nicht mehr als zehn Prozent des Grundkapitals im Zeitpunkt des Ermächtigungsbeschlusses oder – bei Verminderung der Grundkapitalziffer – im Zeitpunkt der Veräußerung ausmachen.[756] Zuletzt darf der Veräußerungsbetrag der Aktien den Börsenkurs nicht wesentlich unterschreiten.[757]

---

750 *Bezzenberger* in Schmidt/Lutter, AktG, § 71 Rn. 79 f.; *Hüffer*, AktG, § 71 Rn. 19m; *Lutter/Drygala* in Kölner Kommentar AktG, § 71 Rn. 176 ff.

751 *Oechsler* in Münchener Kommentar AktG, § 71 Rn. 247.

752 *Cahn* in Spindler/Stilz, AktG, § 71 Rn. 16.

753 *Lutter/Drygala* in Kölner Kommentar AktG, § 71 Rn. 177.

754 *Cahn* in Spindler/Stilz, AktG, § 71 Rn. 136; *Hüffer*, AktG, § 71 Rn. 19m.

755 *Lutter/Drygala* in Kölner Kommentar AktG, § 71 Rn. 180; *Oechsler* in Münchener Kommentar AktG, § 71 Rn. 256.

756 *Ihrig/Wagner*, NZG 2002, 657, 660; a. A. *Cahn* in Spindler/Stilz, AktG, § 71 Rn. 136; *Reichert/Harbarth*, ZIP 2001, 1441, 1443, die allein auf den Veräußerungszeitpunkt abstellen.

757 Es gelten die gleichen Grundsätze wie bei der Kapitalerhöhung mit erleichtertem Bezugsrechtsausschluss. Die hier streitigen Voraussetzungen werden im 3.Teil, IV. A. erörtert.

B. Kombination der direkten und entsprechenden Anwendung des vereinfachten Bezugsrechtsausschlusses – Erforderlichkeit gegenseitiger Anrechnung

Grundsätzlicher Klärung bedarf im Hinblick auf die verschiedenen Möglichkeiten der Ausnutzung des vereinfachten Bezugsrechtsausschlusses in direkter und entsprechender Anwendung bei PIPE-Transaktionen die Frage, inwiefern die jeweiligen Ermächtigungen nebeneinander bestehen dürfen und welche Grenzen ihrer Ausübung gesetzt sind.

Zunächst bestehen nach zutreffender Ansicht keine Bedenken im Hinblick auf die Zulässigkeit parallel von der Hauptversammlung beschlossener Ermächtigungen zur Ausgabe von Aktien unter vereinfachtem Ausschluss des Bezugsrechts (§§ 203 Abs. 1 S. 1, 186 Abs. 3 S. 4 AktG) und zur Wiederveräußerung eigener Aktien unter Ausschluss des Vorerwerbsrechts (§§ 71 Abs. 1 Nr. 8 S. 4, 186 Abs. 3 S. 4 AktG).[758] Allein das Vorliegen abstrakter Ermächtigungen begründet noch keine Verwässerungsgefahr für die Altaktionäre.[759] Fraglich ist jedoch, ob zwei Ermächtigungen gleichzeitig ausgenutzt werden können. Möglich ist dies, wenn die Ermächtigungen keine gegenseitige Anrechnung der ausgeübten Volumina der jeweils anderen Ermächtigung vorsehen. Konkret stellt sich die Frage, ob etwa parallel zur Durchführung einer Zehn-Prozent-Kapitalerhöhung unter vereinfachtem Ausschluss des Bezugsrechts eigene von der Zielgesellschaft gehaltene Aktien in gleichem Umfang an einen PIPE-Investor übertragen werden können oder ob vielmehr nur eine der Maßnahmen zulässig ist. Ob eine Anrechnung der Volumengrenzen bei der Ausübung paralleler Ermächtigungen zu erfolgen hat, ist nicht abschließend geklärt. Den gesetzlichen Vorschriften ist eine Antwort hierauf nicht zu entnehmen.[760] Auch die Gesetzesbegründung zu § 71 Abs. 1 Nr. 8 AktG ist in diesem Punkt nicht eindeutig. Der Gesetzgeber bejaht zwar die entsprechende Anwendbarkeit des vereinfachten Bezugs-

---

758 *Krause* in Habersack/Mülbert/Schlitt, Unternehmensfinanzierung, § 7 Rn. 57; *Schlitt/Schäfer*, AG 2005, 67, 70. Für eine Anrechnungsklausel in den der ersten Ermächtigung nachfolgenden Ermächtigungen der Hauptversammlung, *Busch* in Marsch-Barner/Schäfer, Hdb börsennotierte AG, § 44 Rn. 19; *Ihrig/Wagner*, NZG 2002, 657, 662.

759 *Krause* in Habersack/Mülbert/Schlitt, Unternehmensfinanzierung, § 7 Rn. 57; *Schlitt/Schäfer*, AG 2005, 67, 70. Für eine Anrechnungsklausel in den der ersten Ermächtigung nachfolgenden Ermächtigungen der Hauptversammlung, *Busch* in Marsch-Barner/Schäfer, Hdb börsennotierte AG, § 44 Rn. 19; *Ihrig/Wagner*, NZG 2002, 657, 662.

760 So zutreffend *Groß*, DB 1994, 2431, 2432; *Krause* in Habersack/Mülbert/Schlitt, Unternehmensfinanzierung, § 7 Rn. 30.

rechtsausschlusses bei der Wiederveräußerung eigener Aktien und stellt fest, dass die dortige Zehn-Prozent-Schwelle insgesamt nur einmal ausgeschöpft werden könne.[761] Ungeklärt bleibt jedoch, ob sich diese einschränkende Feststellung lediglich auf die Ermächtigung zur Wiederveräußerung eigener Aktien richtet oder ob sämtliche parallele Ermächtigungen zum Ausschluss eines Bezugs- oder Vorerwerbsrechts der Aktionäre eingeschlossen sind. In der Literatur ist die Frage umstritten. Während eine Auffassung die gegenseitige Anrechnung mit der Begründung verneint, dass jeder Ermächtigung eine eigene Willensbildung der Hauptversammlung zugrunde liege und eine Anrechnung gesetzlich nicht ausdrücklich vorgesehen sei,[762] befürwortet die überwiegende Ansicht grundsätzlich, dass eine volumenmäßige Anrechnung stattzufinden habe.[763] Die letzte Ansicht überzeugt. Zunächst stellt der vereinfachte Bezugsrechtsausschluss eine Ausnahmevorschrift dar, die eine Beeinträchtigung der Rechte der Altaktionäre nur in einem beschränkten Umfang zulässt. Hierbei bietet gerade die Zehn-Prozent-Grenze der bezugsrechtsfreien Kapitalmaßnahme den Aktionären Schutz vor einer unverhältnismäßigen Verwässerung ihrer Beteiligungsquote. Würde diese Schwelle durch eine Kombination direkter und entsprechender Anwendung der Ausnahmevorschrift des § 186 Abs. 3 S. 4 AktG auf 20 Prozent erhöht, wäre der Erhalt der Beteiligung für die Altaktionäre durch einen Nachkauf von Aktien wesentlich erschwert. Da der Gesetzgeber mit der Festlegung der Tatbestandsvoraussetzungen für den vereinfachten Bezugsrechtsausschluss den Rahmen der Rechtsbeeinträchtigung begrenzen wollte, käme eine solche Kombination einer Gesetzesumgehung gleich. Sie ist daher als unzulässig anzusehen.

Steht fest, dass eine Anrechnung zu erfolgen hat, stellt sich weiter die Frage, in welchem Umfang die volumenmäßigen Beschränkungen einer Ermächtigung bei der Anwendung einer anderen Ermächtigung zu berücksichtigen sind. Konkret stellt sich die Frage, ob etwa ein bereits zur bezugsrechtsfreien Kapitalerhöhung ausgenutztes genehmigtes Kapital

---

761 Begr. RegE, BT-Drucks. 13/9712, S. 14; gegen die gleichzeitige Ausnutzung der Ermächtigungen nach § 186 Abs. 3 S. 4 AktG *Cahn* in Spindler/Stilz, AktG, § 71 Rn. 143; *Ihrig/Wagner*, NZG 2002, 657, 662; *Lutter/Drygala* in Kölner Kommentar AktG, § 71 Rn. 183; *Merkt* in Großkommentar AktG, § 71 Rn. 285; *Krause* in Habersack/Mülbert/Schlitt, Unternehmensfinanzierung, § 7 Rn. 30.

762 *Oechsler* in Münchener Kommentar AktG, § 71 Rn. 256.

763 *Lutter/Drygala*, in Kölner Kommentar Aktg, § 71 Rn.183; *Cahn* in Spindler/Stilz, AktG, § 71 Rn. 143; *Merkt* in Großkommentar AktG, § 71 Rn. 285; *Reichert/Harbarth*, ZIP 2001, 1441, 1443 f.

für die gesamte Dauer seiner Laufzeit die Ausübung einer Ermächtigung zur Wiederveräußerung eigener Aktien außerhalb der Börse sperrt. Dies wird teilweise vertreten.[764] Allerdings wäre danach die bezugsrechtsfreie Ausgabe eigener oder junger Aktien möglicherweise nur einmal innerhalb von fünf Jahren möglich. Diese Auffassung erscheint daher zu weitgehend. Eher überzeugt die Ansicht, die eine Ausübung der Ermächtigung nach jeder Erneuerung der Ermächtigung durch die Hauptversammlung – in der Regel erfolgt diese einmal jährlich, auch kürzere Abstände sind aber möglich – zulassen will.[765] Da das Bezugsrecht die Aktionäre schützt, sollen diese auch über die Reichweite des Schutzes disponieren können. Insoweit ist auch die teilweise vertretene Ansicht abzulehnen, es sei zwingend ein Abstand von einem Jahr nach der Ausnutzung einer Ermächtigung zum vereinfachten Bezugsrechtsausschluss einzuhalten.[766]

Für die Ausnutzung entsprechender Ermächtigungen durch den Vorstand bedeutet dies, dass im Rahmen der PIPE-Transaktion Ermächtigungen zum vereinfachten Bezugsrechtsausschluss nur einmal bis zur Zehn-Prozent-Grenze ausgenutzt werden dürfen und etwaige seit der letzten ermächtigenden Hauptversammlung unter vereinfachtem Bezugsrechtsausschluss vorgenommene Transaktionen in Anrechnung zu bringen sind.

C. Durchführung

Liegen die oben geschilderten Voraussetzungen vor, kann der Vorstand die Zuteilung des gehaltenen Aktienpakets an den Investor oder aufstockenden Altaktionär beschließen. Da dem Beschluss kursbeeinflussende Wirkung im Hinblick die Wiederveräußerung der Aktien sowie den Eintritt eines strategischen Investors zuwächst, löst er gemäß § 15 Abs. 1 S. 1 WpHG Ad-hoc-Mitteilungspflichten der Zielgesellschaft aus. Da der Beschluss jedoch zeitlich mit dem Abschluss der Investorenvereinbarung

764 So wohl OLG München, AG 1995, 518; *Busch* in Marsch-Barner/Schäfer, Hdb börsennotierte AG, § 44 Rn. 20.

765 *Schlitt/Schäfer*, AG 2005, 67, 70. Für die gleich gelagerte Frage der mehrfachen Ausübung der Ermächtigung nach § 186 Abs. 3 S. 4 AktG im Zusammenhang mit Kapitalerhöhungen ebenso *Busch* in Marsch-Barner/Schäfer, Hdb börsennotierte AG, § 42 Rn. 85; *Krieger* in MünchHdb AG, § 56 Rn. 88; *Lutter* in Kölner Kommentar AktG, § 186 Rn. 9.

766 So etwa *Aubel*, Bezugsrechtsausschluß, S. 95 f.

zusammenfallen wird, ist eine gesonderte Ad-hoc-Mitteilung praktisch nicht erforderlich.

Die Erstellung eines Prospekts ist weder aus Gründen der Zulassung der Aktien, da diese bereits zugelassen sind, noch aus Gründen eines öffentlichen Angebots erforderlich. Die Transaktion kann damit zügig und mit wenig Aufwand seitens der Zielgesellschaft durchgeführt werden.

IV. Ausgabe von Wandelanleihen an den Investor

In bestimmten Fällen – etwa wenn die Zielgesellschaft nicht oder nicht in ausreichender Höhe über genehmigtes Kapital verfügt, um dieses dem Investor im Rahmen einer Kapitalerhöhung direkt zuzuteilen – kann der Aufbau der PIPE-Beteiligung zunächst durch die Ausgabe von Wandelschuldverschreibungen gemäß § 221 Abs. 1 S. 1 AktG vorangetrieben werden.[767] Denkbar ist auch die Kombination einer Kapitalerhöhung mit der Ausgabe von Wandelschuldverschreibungen. Diese in der Regel als verzinsliche Anleihen ausgestalteten Instrumente räumen dem Gläubiger ein Wandlungsrecht in Aktien der Gesellschaft ein und bieten beiden Seiten besondere wirtschaftliche Vorteile. Die Gesellschaft erhält hierdurch Zugang zu günstiger Fremdfinanzierung, da das Zinsniveau angesichts der Wandlungsmöglichkeit – im Verhältnis zu gewöhnlichen Anleihen – niedriger ist und die Anleiheschuld im Fall ihrer Wandlung in Aktien durch den Investor nicht mehr zurückgezahlt werden muss.[768] Der Investor profitiert zum einen von dem sicheren Anlagecharakter der Anleihe, ausgedrückt im Erhalt regelmäßig fester Zinsen und Innehaben eines Rückzahlungsanspruches gegen die Zielgesellschaft (sogenannte *downward protection*). Zum anderen erhält er die Möglichkeit, günstig Aktien zu erwerben, wenn der Börsenkurs den in den Anleihebedingungen festgelegten Wandlungspreis seiner Anleihe übersteigt.[769] Gleichzeitig wird der Weg für eine mögliche Beteiligung des Investors in vereinbarter Höhe bereitet.

Da die Wandelschuldverschreibung bis zur Wandlung als echte Schuldverschreibung[770] einen Darlehensanspruch gegen die Gesellschaft

---

767 *Seibt*, CFL 2010, 165, 166.

768 *Schlitt/Seiler/Singhof*, AG 2003, 254; *Schlitt/Hemeling* in Habersack/Mülbert/Schlitt, Unternehmensfinanzierung, § 12 Rn. 5; *v. Riegen*, CFL 2010, 1, 7 f.

769 *Schlitt/Seiler/Singhof*, AG 2003, 254; *Schlitt/Hemeling* in Habersack/Mülbert/Schlitt, Unternehmensfinanzierung, § 12 Rn. 2, 5; *v. Riegen*, CFL 2010, 1, 7 f.

770 *Schanz*, CFL 2012, 26.

verbrieft,[771] kann dem Investor, der bereits Aktien der Gesellschaft hält, mithin Gesellschafter ist, die Nachrangigkeit des Darlehensrückzahlungsanspruches in der Insolvenz indessen zum Nachteil gereichen (§ 39 Abs. 1 Nr. 5 InsO).

A. Voraussetzungen für die Ausgabe von Wandelanleihen seitens der Zielgesellschaft

Für die Ausgabe von Wandelschuldverschreibungen an einen PIPE-Investor sind insbesondere das Vorliegen einer diesbezüglichen Ermächtigungsgrundlage der Hauptversammlung sowie die Zulässigkeit des für die Zuteilung an den Investor erforderlichen Ausschlusses des Bezugsrechts der Aktionäre von Bedeutung.

1. Ermächtigung zur Ausgabe von Wandelschuldverschreibungen

In gesellschaftsrechtlicher Hinsicht bedarf die Ausgabe von Wandelschuldverschreibungen im Hinblick auf deren mögliche Umwandlung in Eigenkapital und die damit einhergehende Veränderung der Beteiligungsstruktur einer Ermächtigung durch die Hauptversammlung (§ 221 Abs. 1 S. 1 AktG). Üblicherweise ermächtigt die Hauptversammlung den Vorstand zur Ausgabe der Wandelschuldverschreibungen, anstatt die Ausgabe selbst zu beschließen (§ 221 Abs. 2 S. 1 AktG).[772] Die zulässige Ermächtigungsdauer ist auf fünf Jahre begrenzt. Ebenso muss der Höchstbetrag der Anleihe festgesetzt werden.[773] Die Ausgestaltung der Anleihe und der Anleihebedingungen wird in der Praxis häufig dem Vorstand überlassen.[774] Voraussetzung einer PIPE-Transaktion unter Ausgabe von Wandelschuldverschreibungen an den Investor ist daher das Vorliegen einer ausreichenden Ermächtigung des Vorstands.

2. Bezugsrechtsausschluss

Da die Ausgabe der Wandelschuldverschreibungen bei der PIPE-Transaktion charakteristischerweise nur zur Beteiligung eines einzigen Inves-

---

771 *Ziriakus* in Grunewald/Schlitt, Einführung in das Kapitalmarktrecht, § 5 I., S. 72.
772 *Schlitt/Hemeling* in Habersack/Mülbert/Schlitt, Unternehmensfinanzierung, § 12 Rn. 25; *Seibt*, CFL 2010, 165, 167.
773 Statt vieler *Hüffer*, AktG, § 221 Rn. 10.
774 *Hüffer*, AktG, § 221 Rn. 10f; *Seibt*, CFL 2010, 165, 168.

tors führen soll, muss in erster Linie das auch bei Wandelschuldverschreibungen existierende Bezugsrecht der Altaktionäre (§ 221 Abs. 4 S. 1 AktG) ausgeschlossen werden. Auch wenn die Ausgabe von Wandelanleihen im Regelfall nicht sofort zu einer Kapitalerhöhung und damit einer Verwässerung der Altaktionäre führt, so gewährt sie den Anleihegläubigern doch das Recht auf den späteren Bezug von Aktien zu bestimmten Konditionen, die für die Altaktionäre mit unterschiedlich hohen Verwässerungsrisiken verbunden sein können. Besondere Bedeutung erlangt daher die Frage, unter welchen Voraussetzungen das Bezugsrecht der Altaktionäre ausgeschlossen werden kann und wie eine entsprechende Anwendung des § 186 AktG auf die Ausgabeentscheidung der Hauptversammlung auszusehen hat.

In formeller Hinsicht muss die Aktionärsversammlung auf Grundlage des Vorstandsberichts nach §§ 221 Abs. 4 S. 2, 186 Abs. 4 S. 2 AktG über den Bezugsrechtsausschluss entweder selbst entschieden oder den Vorstand analog § 203 Abs. 2 S. 1 AktG hierzu ermächtigt haben.[775] Darüber hinaus ist ebenso wie bei der bezugsrechtsfreien Aktienemission in materieller Hinsicht Voraussetzung, dass der Bezugsrechtsausschluss sachlich gerechtfertigt ist.[776] Im Hinblick auf die Anforderungen an die sachliche Rechtfertigung ergibt sich ein Gleichlauf mit der Rechtslage bei der Kapitalerhöhung.[777] Die Rechtsprechung wendet hier die gleichen Grundsätze an, die für die Ermächtigung zum Bezugsrechtsausschluss beim genehmigten Kapital entwickelt wurden.[778] Die über die Erteilung der Ermächtigung beschließende Hauptversammlung muss entscheiden, ob die Ermächtigung des Vorstands zur Ausgabe von Wandelschuldverschreibungen unter Bezugsrechtsausschluss bei abstrakter Beurteilung unter Zugrundelegung des Vorstandsberichts im Interesse der Gesellschaft liegt.[779]

Sofern die Hauptversammlung die Ermächtigung bereits beschlossen hat und Anfechtungsklagen gegen den Ermächtigungsbeschluss aufgrund des Zeitablaufs nicht mehr erhoben werden können, ergeben sich aufgrund dieses Erfordernisses nur noch geringe Rechtsschutzrisiken für die aktuell zu strukturierende Transaktion. Soweit jedoch im Vorfeld der Transaktion eine Ermächtigung zur Ausgabe von Wandelschuldver-

---

775 BGH, AG 2006, 246, 247; *Hüffer*, AktG, § 221 Rn. 39.

776 Hüffer, AktG, § 221 Rn.44.

777 BGH, AG 2007, 863, 864; *Habersack* in Münchener Kommentar AktG, § 221 Rn. 185, 188; *Hüffer*, AktG, § 221 Rn. 42.

778 BGH, AG 2007, 863, 864 unter Verweis auf BGHZ 136, 133.

779 BGH, AG 2007, 863, 864.

schreibungen noch durch die Hauptversammlung beschlossen werden muss, entstehen die gleichen Anfechtungsrisiken für die Zielgesellschaft wie im Fall des Bezugsrechtsausschlusses im Rahmen einer ordentlichen Kapitalerhöhung.[780] Zwar wird teilweise im Eingehen einer strategischen Partnerschaft der Zielgesellschaft mit dem Investor die Erforderlichkeit und Verhältnismäßigkeit eines Bezugsrechtsausschlusses der Altaktionäre bejaht.[781] Jedoch ist das jeder Abwägungsentscheidung immanente Risiko andersartiger gerichtlicher Beurteilung nach Möglichkeit gering zu halten. Insoweit rückt die Frage in den Mittelpunkt, ob eine Ermächtigung zur Ausgabe von Wandelschuldverschreibungen unter Anwendung des vereinfachten Bezugsrechtsausschlusses gemäß § 186 Abs. 3 S. 4 AktG möglich ist.[782]

Die Anwendbarkeit scheint sich zunächst unproblematisch daraus zu ergeben, dass in § 221 Abs. 4 AktG allgemein auf § 186 AktG verwiesen wird. Allerdings ist sie in Rechtsprechung[783] und Literatur[784] umstritten. So schließt eine Auffassung die Nichtanwendbarkeit des vereinfachten Bezugsrechtsausschlusses bei Wandelschuldverschreibungen aus dem Umstand, dass ein aussagefähiger Börsenkurs wie bei Aktien für Wandelschuldverschreibungen naturgemäß nicht existiere, sodass die Voraussetzung einer börsenkursnahen Ausgabe bei Wandelschuldverschreibungen (§ 186 Abs. 3 Satz 4 AktG) niemals erfüllt sein könne.[785] Sofern Wandelschuldverschreibungen überhaupt an einer Börse gehandelt würden, würden sie niemals vergleichbare Konditionen aufweisen. Der Wert einer Wandelschuldverschreibung bestimme sich durch eine Vielzahl verschiedener Elemente, wie Zinssatz, Laufzeit, Wandlungsverhältnis,

---

780 *Habersack* in Münchener Kommentar AktG, § 221 Rn. 194; *Hüffer*, AktG, § 221 Rn. 44.

781 So *Seiler* in Spindler/Stilz, AktG, § 221 Rn. 88.

782 Eine entsprechende Ermächtigung der Hauptversammlung zum erleichterten Bezugsrechtsausschluss wurde von den meisten DAX und MDAX-Unternehmen eingeholt und vielfach genutzt, *Seiler* in Spindler/Stilz, AktG, § 221 Rn. 91. Sie gehört beinahe zum Standard, *Groß* in Marsch-Barner/Schäfer, Hdb börsennotierte AG, § 51 Rn. 54; *Seibt*, CFL 2010, 165, 167 f.

783 Dafür OLG München, WM 2006, 1525, 1528 f.; dagegen OLG Braunschweig, AG 1999, 84; offen gelassen von BGH, WM 2007, 2110, 2111.

784 Dafür *Singhof*, ZHR 170 (2006), 673, 680; *Schlitt/Hemeling* in Habersack/Mülbert/Schlitt, Unternehmensfinanzierung, § 12 Rn. 49; *Groß* in Marsch-Barner/Schäfer, Hdb börsennotierte AG, § 51 Rn. 54; *Seiler* in Spindler/Stilz, AktG, § 221 Rn. 92 ff.; dagegen *Hüffer*, AktG, § 221 Rn. 43a; *Klawitter*, AG 2005, 792, 795; *Lutter* in Kölner Kommentar AktG, § 186 Rn. 39.

785 *Hüffer*, AktG, § 221 Rn. 43a; *Klawitter*, AG 2005, 792, 795; *Lutter* in Kölner Kommentar AktG, § 186 Rn. 39.

Verwässerungsschutzrechte oder vorzeitige Kündigungsrechte.[786] Eine Vergleichbarkeit mit anderen Wandelanleihen scheide daher aus.

Gegen diese Auffassung spricht, dass sich für Wandel- und Optionsschuldverschreibungen anerkannte Bewertungsverfahren herausgebildet haben, die eine Ermittlung von deren fiktiven Marktpreis ermöglichen und § 221 Abs. 4 S. 2 AktG nur eine „sinngemäße Anwendung" des § 186 AktG verlangt.[787] Dabei kommt es für die Ermittlung des fiktiven Marktwertes der Wandelschuldverschreibung entgegen einer in der Rechtsprechung vereinzelt gebliebenen Ansicht nicht auf den in den Anleihebedingungen vorgesehenen Wandlungspreis an.[788] Denn der Wandlungspreis vermag allein keine Aussage über die Gefahr der Wertverwässerung der Altanteile zu treffen.[789] Nicht berücksichtigt werden dabei die bereits erwähnten weiteren wertbildenden Elemente der Wandelanleihe sowie die Volatilität der Aktie, da die Wandelanleihe ein Aktienerwerbsrecht zu einem festgelegten Preis beinhaltet. Vorzugswürdig ist daher der Ansatz der herrschenden Auffassung, nach der es für das Kriterium der börsenkursnahen Ausgabe auf den fiktiven Marktwert der Wandelanleihe ankommt.[790] Dieser hypothetische Marktpreis darf bei Ausgabe der Wandelschuldverschreibungen nicht wesentlich unterschritten werden. Im Hinblick auf die Höhe des zulässigen Abschlags und den maßgeblichen Berechnungszeitraum für den Marktwert kann auf die Ergebnisse bei der direkten Aktienemission verwiesen werden.[791]

Im Hinblick auf die entsprechende Anwendung der weiteren Voraussetzungen des vereinfachten Bezugsrechtsausschlusses (§ 186 Abs. 3 S. 4 AktG) dürfte der rechnerische Nennbetrag der ausgegebenen Aktien bei einer unterstellt vollständigen Ausübung der Wandlungsrechte zehn

---

786 *Klawitter*, AG 2005, 792, 797.

787 *Schlitt/Seiler/Singhof*, AG 2003, 254, 259; *Habersack* in Münchener Kommentar AktG, § 221 Rn. 191.

788 OLG Braunschweig, ZIP 1998, 1585, 1586 ff.

789 OLG München, WM 2006, 1525, 1528; *Schlitt/Seiler/Singhof*, AG 2003, 254, 261.

790 *Habersack* in Münchener Kommentar AktG, § 221 Rn. 191; *Seiler* in Spindler/Stilz, AktG, § 221 Rn. 101; Schlitt/Seiler/Singhof, AG 2003, 254, 259; *Krieger* in Münch Hdb AG, § 63 Rn.15.

791 Hierzu 3. Teil, IV. A. Der maximal zulässige Abschlag auf den Börsenkurs liegt bei der direkten Aktienemission bei drei Prozent und darf fünf Prozent nicht übersteigen. Der maßgebliche Börsenkurs darf sowohl anhand eines Stichtags als auch anhand einer Referenzperiode ermittelt werden. Für einen Abschlag von lediglich einem bis drei Prozent aufgrund der geringeren Volatilität der Wandelanleihe sowie das Abstellen auf einen Stichtag für die Bestimmung des Marktwertes *Seiler* in Spindler/Stilz, AktG, § 221 Rn. 103 ff; *Singhof*, ZHR 170 (2006), 673, 694.

Prozent des Grundkapitals der Gesellschaft nicht übersteigen.[792] Maßgebend für die Ermittlung des Grundkapitals ist nach überwiegender Ansicht der Zeitpunkt der Beschlussfassung der Hauptversammlung über die Ausgabe der Wandelanleihen oder der Zeitpunkt der Ausnutzung der Ermächtigung, sollte sich das Grundkapital in der Folge verringert haben.[793]

Zu berücksichtigen ist im Zeitpunkt der Ausnutzung durch den Vorstand, dass bereits erfolgte Aktienausgaben aufgrund paralleler Ermächtigungen zum vereinfachten Bezugsrechtsausschluss etwa nach §§ 203 Abs. 1 S. 1, 186 Abs. 3 S. 4 AktG oder §§ 71 Abs. 1 Nr. 8 S. 5, 186 Abs. 3 S. 4 AktG anzurechnen sind.[794]

Fraglich ist, ob für die Zulässigkeit des vereinfachten Bezugsrechtsausschlusses zu fordern ist, dass den Altgesellschaftern zum Erhalt ihrer Quote der Zukauf von Aktien oder Wandelschuldverschreibungen an der Börse möglich ist.[795] Im Zusammenhang mit der Aktienausgabe unter vereinfachtem Bezugsrechtsausschluss ist dieser Aspekt im Ergebnis nicht als ungeschriebene Voraussetzung angesehen worden, da die gesetzlichen Voraussetzungen des § 186 Abs. 3 S. 4 AktG als grundsätzlich ausreichend für den Verwässerungsschutz der Altanteile befunden wurden.[796] Bei Wandelschuldverschreibungen muss insofern dasselbe gelten. Da der Wert der Wandelanleihe sowie des Wandlungsrechts finanzmathematisch errechenbar ist,[797] genügt auch hier die sinngemäße Einhaltung der gesetzlichen Voraussetzungen.[798] Darüber hinaus bestehen keine grundsätzlichen Bedenken an der Möglichkeit des Altaktionärs, den eigenen Quotenerhalt durch Nachkäufe an der Börse auch bei Wandelschuldverschreibungen absichern zu können. Zwar wird sich bei Zuteilung der gesamten Wandelanleihen an einen Investor ein Handel in

---

792 *Schlitt/Seiler/Singhof*, AG 2003, 254, 259; *Habersack* in Münchener Kommentar AktG, § 221 Rn. 190 f.; *Seibt*, CFL 2010, 165, 168.

793 *Krause* in Habersack/Mülbert/Schlitt, Unternehmensfinanzierung, § 7 Rn. 56; *Singhof*, ZHR 170 (2006), 673, 686; *Seiler* in Spindler/Stilz, AktG, § 221 Rn. 114; nur auf Zeitpunkt der Ausübungsentscheidung abstellend *Hüffer*, AktG; § 186 Rn. 39c; *Kraft/Krieger*, Münch Hdb AG, § 56 Rn. 87; *Schlitt/Schäfer*, AG 2005, 67, 69.

794 Zu dieser Problematik 4. Teil, III. B,

795 Dafür OLG München, WM 2006, 1525, 1529 f; *Klawitter*, AG 2005, 792, 799; *Schlitt/Hemeling* in Habersack/Mülbert/Schlitt, Unternehmensfinanzierung, § 12 Rn. 49.

796 Siehe 3. Teil, IV. A. 2. a).

797 *Schlitt/Seiler/Singhof*, AG 2003, 254, 259.

798 *Singhof*, ZHR 170 (2006), 673, 696 f.; *Seiler* in Spindler/Stilz, AktG, § 221 Rn. 110.

Wandelschuldverschreibungen regelmäßig nicht entwickeln.[799] Einer Wertverwässerung kann der Aktionär aber grundsätzlich durch den Erwerb von Aktien über die Börse entgegenwirken, auch wenn er die Aktien regelmäßig nicht zu den gleichen Bedingungen wie der wandelnde Investor erwerben kann.[800] Denn verlangt werden kann lediglich, dass die Erwerbsbedingungen für den Aktionär beim erleichterten Bezugsrechtsausschluss annähernd gleich und zumutbar sind, unbedeutende Beeinträchtigungen sind hinzunehmen.[801]

Ebenso wenig ist als ungeschriebenes Erfordernis die breite Streuung der Wandelschuldverschreibung zu verlangen.[802]

3. Absicherung der Wandlungsrechte

Gleichzeitig mit dem Beschluss über die Ausgabe der Wandelschuldverschreibungen oder die Ermächtigung des Vorstands hierzu ist es in der Praxis üblich,[803] dass die Hauptversammlung die zur Unterlegung des Wandlungsrechts erforderliche Kapitalerhöhung beschließt. Denn mit der Ausgabe der Wandelschuldverschreibung geht die Gesellschaft bei Einräumung eines Wandlungsrechts die vertragliche Verpflichtung ein, den Umtauschanspruch des Anleihegläubigers zu einem späteren Zeitpunkt durch die Zuteilung von Aktien zu erfüllen.[804] Der sicherste und einfachste Weg zur Absicherung der Wandlungsrechte führt über die Schaffung eines bedingten Kapitals (§ 192 Abs. 2 Nr. 1 AktG).[805] Wurde ein bedingtes Kapital zur Absicherung der Wandlungsrechte aus der Wandelschuldverschreibung in das Handelsregister eingetragen, bedarf es für die Entstehung der jungen Aktien – anders als beim genehmigten Kapital – keiner weiteren Beschlussfassung durch die Verwaltungsorgane und auch keiner Eintragung der Durchführung der Kapitalerhöhung

799 Dies gilt auch für Wandelanleiheemissionen außerhalb des PIPE-Beispiels, da Wandelanleihen regelmäßig bei institutionellen Anlegern platziert werden, *Singhof*, ZHR 170 (2006), 673, 698.

800 Hierzu ausführlich *Singhof*, ZHR 170 (2006), 673, 699 ff.; *Seiler* in Spindler/Stilz, AktG, § 221 Rn. 112.

801 *Groß* in Marsch-Barner/Schäfer, Hdb börsennotierte AG, § 51 Rn. 56, Fn. 6.

802 Ausdrücklich für Wandelschuldverschreibungen *Seiler* in Spindler/Stilz, AktG, § 221 Rn. 113. Es kann im Übrigen auf die Ergebnisse im 3.Teil, IV. A. b) verwiesen werden.

803 *Groß* in Marsch-Barner/Schäfer, Hdb börsennotierte AG, § 51 Rn. 35, 59; *Schlitt/Hemeling* in *Habersack*/Mülbert/Schlitt, Unternehmensfinanzierung, § 12 Rn. 33.

804 *Habersack* in Münchener Kommentar AktG, § 221 Rn.213 f.

805 *Habersack* in Münchener Kommentar AktG, § 221 Rn.216; *Haberstock/Greitemann* in Hölters, AktG, § 221 Rn.67.

in das Handelsregister.[806] Vielmehr entstehen die neuen Aktien allein nach Ausübung des Wandlungsrechts durch den Anleihegläubiger und Ausgabe der entsprechenden Aktienmenge durch den Vorstand (§ 200 AktG).[807] Ein weiterer Vorteil des bedingten Kapitals aus Sicht der Wandlungsberechtigten liegt darin, dass die Hauptversammlung den Beschluss über das bedingte Kapital nicht nachträglich aufheben kann (§ 192 Abs. 4 AktG). Schließlich gilt bei der bedingten Kapitalerhöhung der Umtausch der Wandelschuldverschreibung in Aktien der Gesellschaft nicht als Sacheinlage (§ 194 Abs. 1 S. 2 AktG). Ob diese Vorschrift auch beim genehmigten Kapital Anwendung findet, ist nicht abschließend gesichert.[808] Vielmehr müsste die Ermächtigung zur Ausnutzung des genehmigten Kapitals hier die Leistung von Sacheinlagen zulassen. Soweit die Gesellschaft nur über ein genehmigtes Kapital zur Absicherung der Umtauschrechte des PIPE-Investors verfügen würde, ist diese Struktur schwerfällig und bei Fehlen einer Ermächtigung zur Sacheinlageleistung rechtsunsicher. Die ideale Ausgangssituation für die PIPE-Beteiligung im Wege der Ausgabe von Wandelschuldverschreibungen ist vielmehr dann gegeben, wenn die Zielgesellschaft über ausreichend bedingtes Kapital zur Bedienung der Wandlungsrechte verfügt.

In dem von der Hauptversammlung beschlossenen bedingten Kapital muss – neben Art und Gattung der Aktien, Nennbetrag oder Aktienanzahl, Zweck der Kapitalerhöhung und Kreis der Bezugsberechtigten – lediglich einen Mindestausgabebetrag für die neuen Aktien vorgesehen werden (§ 193 Abs. 2 AktG).[809] In der Praxis wird der Ausgabebetrag typischerweise gleichlaufend mit dem Wandlungspreis auf 80 oder 90 Prozent des volumengewichteten Durchschnittskurses von Aktien derselben Gattung der Gesellschaft an den letzten zehn Börsenhan-delstagen vor der Beschlussfassung des Vorstands über die Ausgabe der Wandelschuldverschreibungen festgelegt.[810] So können die Wandelschuldverschreibungen unter Berücksichtigung der aktuellen Marktbedingungen

806 *Seiler* in Spindler/Stilz, AktG, § 221 Rn.73; *Habersack* in Münchener Kommentar AktG, § 221 Rn.219.

807 *Schlitt/Hemeling* in Habersack/Mülbert/Schlitt, Unternehmensfinanzierung, § 12 Rn. 38.

808 Gegen eine entsprechende Anwendbarkeit *Habersack* in Münchener Kommentar AktG, § 221 Rn.230; *Groh*, BB 1997, 2523, 2528; dafür *Seiler* in Spindler/Stilz, AktG, § 221 Rn.77; *Hirte* in Großkommentar AktG, § 205 Rn.9; *Karollus*, ZIP 1994, 589, 593 ff.; *Groß* in Marsch-Barner/Schäfer, Hdb börsennotierte AG, § 51 Rn.60.

809 *Seiler* in Spindler/Stilz, AktG, § 221 Rn.69.

810 *Schlitt/Schäfer*, CFL 2010, 252 f.; *Schanz*, BKR 2011, 410, 413.

zu attraktiven Konditionen ausgegeben werden,[811] während die Absicherung der Wandlungsrechte durch das bedingte Kapital erhalten bleibt. Der an dieser Praxis teilweise geübten Kritik in Rechtsprechung[812] und Schrifttum[813] wurde durch die gesetzlichen Klarstellung durch das ARUG[814] in § 193 Abs. 2 Nr. 3 AktG und die Rechtsprechung des BGH[815] die Grundlage entzogen. Insoweit wurde eine erhebliche Rechtsunsicherheit beseitigt.[816]

4. Ausnutzungsbeschluss

Ist der Vorstand zur Ausgabe von Wandelschuldverschreibungen ermächtigt, beschließt er im Anschluss an die Investorenvereinbarung über die Bedingungen der Wandelanleihe und deren Ausgabe. Ein gleichlautender Beschluss des Aufsichtsrats ist zwar nicht gesetzlich gefordert, wird aber häufig nach dem Ermächtigungsbeschluss der Hauptversammlung, der Satzung oder Geschäftsordnung des Vorstands erforderlich sein.[817] Da bei PIPE-Transaktionen alle auszugebenden Wandelschuldverschreibungen bei einem Investor platziert werden und die Bedingungen der Ausgabe im gesetzlich zulässigen Rahmen Gegenstand der Investorenvereinbarung sind, scheidet ein Preisfindungsverfahren in Form eines Bookbuilding vor der Platzierung ebenso wie bei der direkten Aktienemission naturgemäß aus. Charakteristisch ist vielmehr der individuelle Zuschnitt der Wandelanleihebedingungen auf die Bedürfnisse des Investors im Rahmen der oben erläuterten Vorgaben.[818] So ist etwa eine stärkere Anpassung des Wandlungspreises an den Börsenkurs denkbar, etwa durch Einräumung eines sogenannten *Reset*-Mechanismus.[819] In dieser Struktur wird der Wandlungspreis dem Börsenkurs angepasst, etwa in bestimmten Zeitintervallen oder bei Eintritt bestimmter verein-

---

811 *Böttcher/Kautzsch*, NZG 2009, 978.

812 OLG Celle, AG 2008, 85; OLG Hamm, ZIP 2008, 923; KG, NZG 2008, 274, zu dieser Rechtsprechung *Angerer/Pläster*, NZG 2009, 326, 328 f.

813 *Klawitter*, AG 2005, 792, 793; *Frey* in Großkommentar, § 193 Rn. 51; *Maul*, NZG 2000, 679, 680.

814 Gesetz zur Umsetzung der Aktionärsrechterichtlinie vom 30.6.2009, BGBl. I 2009, S. 2479.

815 BGH, ZIP 2009, 1566; BGH, ZIP 2009, 1624.

816 *Seiler* in Spindler/Stilz, AktG, § 221 Rn. 69.

817 *Seiler* in Spindler/Stilz, AktG, § 221 Rn. 60.

818 *v. Riegen*, CFL 2010, 1, 8.

819 *v. Riegen*, CFL 2010, 1, 8; zum Schweizer Recht *Gerhard*, GesKR 2006, 286, 288 f.

barter Ziele.[820] Dadurch würde zwar die spekulative Komponente der Wandelanleihe reduziert, könnte aber durch einen höheren Zinssatz zugunsten des Investors kompensiert werden. Einen höheren Zinssatz schuldet die Gesellschaft auch, wenn die Wandelanleihe durch eine Rangrücktrittsklausel oder strukturell nachrangig ausgestaltet wird.[821] Für die Gesellschaft hat dies den Vorteil, dass ihre Kreditwürdigkeit aufgrund einer verbesserten Bilanzrelation steigt und Finanzkennziffern in bestehenden Kreditverträgen eingehalten werden können.[822]

Der Frage der Ad-hoc-Mitteilungsbedürftigkeit des Ausnutzungsbeschlusses kommt insoweit keine Bedeutung zu, als eine Mitteilung über die Investorenvereinbarung die wesentliche Strukturierung der Transaktion einschließen wird.

B. Platzierungsstruktur

Emissionen von Wandelschuldverschreibungen gegenüber einer Vielzahl von Anlegern werden in der Praxis im Regelfall wie Aktienemissionen unter Beteiligung von Emissionsbanken durchgeführt.[823] Diese erwerben die Wandelschuldverschreibungen zunächst, um sie anschließend Investoren zu verkaufen oder Altaktionären anzubieten. Sofern der Gesellschaft nur ein Investor gegenübersteht, kann sie die Wandelschuldverschreibung an diesen direkt ausgeben.

Aus steuerlichen Gründen besteht häufig Anlass, die Wandelschuldverschreibungen von einer ausländischen Finanzierungs-Tochtergesellschaft der Zielgesellschaft emittieren zu lassen.[824] Denn Gläubiger einer Wandelanleihe haben auf ihre Zinseinkünfte einen Abschlag für die Kapitalertragsteuer in Höhe von derzeit 26,375 Prozent hinzunehmen (§§ 43 Abs. 1 S. 1 Nr. 2 S. 1, 49 Abs. 1 Nr. 5 lit. a EStG).[825] PIPE-Transaktionen

---

820 *v. Riegen*, CFL 2010, 1, 8; *Gerhard*, GesKR 2006, 286, 288 f.

821 Zur strukturellen oder vertraglichen Nachrangigkeit von Finanzierungsinstrumenten *Schrell/Kirchner*, BKR 2004, 212 ff. Zu den Motiven der Bereitstellung von Mezzanine Kapital *Klier/Kuzmicki/von Schweinitz* in Jesch/Striegel/Boxberger, Rechtshandbuch Private Equity, § 22, 4.

822 Hierzu näher *Klier/Kuzmicki/von Schweinitz* in Jesch/Striegel/Boxberger, Rechtshandbuch Private Equity, § 22, 3.

823 *Seiler* in Spindler/Stilz, AktG, § 221 Rn.45; *Habersack* in Münchener Kommentar AktG, § 221 Rn.202.

824 Hierzu *Schlitt/Schäfer*, CFL 2010, 252, 253 f.; *Meiisel/Bokeloh*, CFL 2010, 35, 36 ff., 39.

825 *Mihm* in Habersack/Mülbert/Schlitt, Unternehmensfinanzierung, § 15 Rn. 44; *Meiisel/Bokeloh*, CFL 2010, 35, 39 f.; *Seibt*, CFL 2010, 165, 168.

werden jedoch im Regelfall als direkte Emissionen der Zielgesellschaft zu strukturieren sein. Auf diese Weise kann der Aufwand im Hinblick auf die Transaktionsgestaltung reduziert werden. Zudem werden PIPE-Investoren anders als reine Kapitalanleger zu ihrem Investment insbesondere durch die Aussicht auf eine mögliche Mitsprache und langfristige Steigerung des Unternehmenswerts motiviert, so dass eine mit der Beteiligung verbundene Steuerpflicht im Regelfall keinen Hinderungsgrund darstellen wird.

C. Prospektpflicht

Bei der Emission von Wandelanleihen unter Bezugsrechtsausschluss und anschließender Privatplatzierung bei nur einem Investor ist die Erstellung eines Wertpapierprospekts aus Gründen eines öffentlichen Angebots von Wertpapieren (§ 3 Abs. 1 S. 1 WpPG) nicht erforderlich. Werden die Wandelschuldverschreibungen im Wege einer Bezugsrechtsemission ausgegeben, stellt sich die Frage, ob sich aufgrund der Änderungsverordnung zur Prospektverordnung[826] eine Prospektpflicht auch dann ergibt, wenn sich das Bezugsangebot nur an Altaktionäre richtet und ein Dritten zugänglicher Bezugsrechtshandel nicht eingerichtet wird.[827] Die Verordnung definiert die Bezugsrechtsemission als jede Emission satzungsmäßiger Bezugsrechte, in deren Rahmen neue Anteile gezeichnet werden können und die sich nur an bestehende Anteilseigner richtet (Art. 1 Nr. 2 Änderungsverordnung). Wandelschuldverschreibungen gewähren ihren Inhabern Wandlungsrechte und damit Bezugsrechte auf Aktien des Emittenten. Ein Prospekt ist damit bei Bezugsrechtsemissionen von Wandelschuldverschreibungen, soweit nicht anderweitige Ausnahmetatbestände von der Prospektpflicht einschlägig sind, erforderlich.[828]

---

826 Delegierte Verordnung (EU) Nr. 486/2012 der Kommission vom 30. März 2012 zur Änderung der Verordnung (EG) Nr. 809/2004 in Bezug auf Aufmachung und Inhalt des Prospekts, des Basisprospekts, der Zusammenfassung und der endgültigen Bedingungen und in Bezug auf die Angabepflichten, veröffentlicht in ABl. EU L 150 vom 9.6.2012, S. 1, in Kraft getreten am 1.7.2012, („Änderungsverordnung").

827 Für Bezugsrechtsemissionen sieht die geänderte Prospektverordnung nun verhältnismäßige Angabepflichten vor (Art. 1 Nr.2 und Nr.13 der Delegierten Verordnung Nr. 486/2012), sodass von einer grundsätzlichen Prospektpflicht auszugehen ist. Hierzu *Kuthe/Zipperle*, Bond Magazine Flash 2012, S. 24 f.

828 So im Ergebnis auch *Kuthe/Zipperle*, Bond Magazine Flash 2012, S. 24 f.

Unter dem Gesichtspunkt der Zulassung der Wandelanleihen ergibt sich zumeist keine Pflicht zur Erstellung eines Prospekts, da für Wandelanleihen üblicherweise nicht die Zulassung zum Handel an einem organisierten Markt angestrebt wird. Vorrangig erfolgt die Zulassung in der Praxis an nicht regulierten Märkten wie dem Euro MTF der Luxemburger Wertpapierbörse oder dem Global Exchange Market Dublin.[829] Zunehmend wird auch die Möglichkeit der Einbeziehung in den Freiverkehr der Frankfurter Börse genutzt.[830] Hier genügt die Einreichung des Formblattes „Emittentendaten" gemäß § 11 Abs. 1 c) der derzeit geltenden Allgemeinen Geschäftsbedingungen der Deutsche Börse AG für den Freiverkehr an der FWB.[831]

D. Sonderfall: Debt-Equity-linked-Swap

Ist der PIPE-Investor bereits Gläubiger einer Forderung gegen die Zielgesellschaft oder Inhaber einer Anleihe, kann auch die Umwandlung dieser Forderung in eine Wandelschuldverschreibung als Transaktionsweg gewählt werden. Es handelt sich um eine dem Debt-Equity-Swap ähnliche Struktur: den *Debt-Equity-linked-Swap*. Es stellen sich dann die schon beim Debt-Equity-Swap angesprochenen gesellschafts- und insolvenzrechtlichen Fragen in gleicher Weise.[832] Voraussetzung dieser Struktur ist, dass der zur Ausgabe der Wandelschuldverschreibungen ermächtigende Hauptversammlungsbeschluss die Ausgabe gegen Sacheinlagen zulässt.[833]

Sofern die Wandelschuldverschreibungen durch ein bedingtes Kapital abgesichert werden sollen, stellen sich weitere Rechtsanwendungsfragen. Da die Gegenleistung für die Wandelschuldverschreibung hier die Einbringung einer Forderung gegen die Gesellschaft, mithin Sachgegenstand, ist, sind die Vorschriften über die Sachkapitalerhöhung anzuwenden.[834] Eine Befreiung von diesen Vorschriften erfolgt nur für gegen Bar-

829 *Schlitt/Hemeling* in Habersack/Mülbert/Schlitt, Unternehmensfinanzierung, § 12 Rn. 81; *Schlitt/Schäfer*, CFL 2010, 252.

830 *Schlitt/Schäfer*, CFL 2010, 252, 256; *Seibt*, CFL 2010, 165, 168.

831 Allgemeine Geschäftsbedingungen der Deutsche Börse AG für den Freiverkehr an der Frankfurter Wertpapierbörse, Stand: 15.11.2012.

832 *Seibt*, CFL 2010, 165, 176.

833 *Drinhausen/Keinath*, BB 2011, 1736; *Schnorbus/Trapp*, ZGR 2010, 1023, 1040.

834 *Lutter* in Kölner Kommentar AktG, § 194 Rn.17; *Frey* in Großkommentar AktG, § 194 Rn. 29 ff.

einlagen ausgegebene Wandelschuldverschreibungen (§ 194 Abs.1 S. 2 AktG).[835]

Soll ein bedingtes Kapital gegen Sacheinlagen gewährt werden, müssen der Gegenstand der Sacheinlage, die Person des Einlegers, der Nennbetrag oder die zu gewährende Anzahl von Aktien im Beschluss über die bedingte Kapitalerhöhung festgesetzt werden (§ 194 Abs. 1 S. 1 AktG). Waren im Zeitpunkt der Beschlussfassung über das bedingte Kapital diese Angaben im Hinblick auf einen späteren Debt-Equity-Linked-Swap noch nicht bekannt, ist fraglich, ob das bedingte Kapital in einem solchen Fall überhaupt zur Absicherung der Wandlungsrechte aus den Wandelschuldverschreibungen rechtssicher verwendet werden kann. Die Frage ist nicht abschließend geklärt. Zustimmung verdient jedoch die in der Literatur vertretene Auffassung, wonach die Festsetzungen noch nicht im Beschluss der Hauptversammlung über das bedingte Kapital getroffen werden müssen, sondern durch den Vorstand im Zeitpunkt der Ausgabe der Wandelschuldverschreibungen festgelegt werden können.[836] Dabei stützen sich die Autoren auf eine entsprechende Anwendung der Regelungen zum genehmigten Kapital, nach denen eine entsprechende Festsetzung dem Vorstand im Zeitpunkt der Ausgabe neuer Aktien überlassen werden kann (§ 205 Abs. 2 AktG). Diese Auffassung überzeugt, da anderenfalls ein bedingtes Kapital für die Absicherung von gegen Sacheinlagen ausgegebenen Wandelschuldverschreibungen nie eingesetzt werden könnte. Insoweit wäre dem Anliegen des Gesetzgebers, der gerade die Bedienung von Wandelschuldverschreibungen durch ein bedingtes Kapital ermöglichen wollte (§ 192 Abs. 2 Nr. 1 AktG), nicht gedient.[837] Insbesondere vor dem Hintergrund der praktischen Schwerfälligkeit des genehmigten Kapitals und der sachlichen Beschränkung der Ausgabe eigener Aktien sollte das bedingte Kapital für die Absicherung von Wandelschuldverschreibungen gegen Sacheinlagen praktisch nutzbar sein.

Im Unterschied zur Ausgabe von Wandelanleihen gegen Barmittel, bei denen die Wandlung in Aktien ohne vorhergehende Sachprüfung erfolgen kann (§ 194 Abs. 1 S. 2 AktG), bedarf es nach herrschender Auffassung bei der Ausgabe von Wandelschuldverschreibungen gegen Sach-

835 *Fuchs* in Münchener Kommentar AktG, § 194 Rn. 8; *Busch* in Marsch-Barner/Schäfer, Hdb börsennotierte AG, § 44 Rn. 40; *Habersack* in Münchener Kommentar AktG, § 221 Rn.231; *Drinhausen/Keinath*, BB 2011, 1736.

836 *Hüffer*, AktG, § 194 Rn.6; *Drinhausen/Keinath*, BB 2011, 1736, 1740 ff; *Schnorbus/Trapp*, ZGR 2010, 1023, 1038.

837 So überzeugend *Drinhausen/Keinath*, BB 2011, 1736, 1739-

einlagen einer Werthaltigkeitsprüfung des Einlagegegenstandes.[838] Nach überwiegender Auffassung soll bei der Ausgabe von Wandelschuldverschreibungen gegen Sacheinlagen die Prüfung des Sacheinlagegegenstandes im Zeitpunkt der Ausgabe der Wandelschuldverschreibungen durch den Vorstand stattfinden können.[839] Dies überzeugt im Hinblick auf die oben vertretene Auffassung, dass es für die Anwendung der Sacheinlagevorschriften auf den Zeitpunkt des Ausgabebeschlusses des Vorstands ankommt.[840]

E. Fazit für PIPE-Transaktionen

Wandelanleihen eignen sich bei PIPE-Transaktionen zum einen als flankierendes Instrument, etwa um die nicht ausreichende Zuteilung von Aktien im Rahmen einer Bezugsrechtsemission für den Investor abzumildern. Vorteilhaft ist hier insbesondere die prospektfrei mögliche Platzierung. Zum anderen können sie der Gesellschaft zusätzlich zur möglichen Einbindung des Ankerinvestors als langfristiges Finanzierungsinstrument – da regelmäßig erst bei Laufzeitende fällig – zu einer stabileren Kapitalausstattung verhelfen und deren Finanzierungsspielräume erweitern. Ein Nachteil liegt jedoch in der Subordination des verbrieften Rückzahlungsanspruches des „Gesellschafter"-Investors im Fall der Insolvenz der Gesellschaft.

V. Beteiligungserwerb von Altaktionären

Flankierend zur Kapitalerhöhung mit erleichtertem Bezugsrechtsausschluss kann der PIPE-Investor Aktien aus den Händen der Altgesellschafter im Wege des Paketkaufs erwerben, um eine bestimmte strategische Beteiligungshöhe zu erzielen.[841] Stehen veräußerungswillige Altak-

---

838 *Merkt* in Schmidt/Lutter, AktG, § 221 Rn. 26; zu dem Meinungsstreit, ob die Forderung zum Zeitwert oder Nennwert einzubringen ist, siehe oben II. B. 1.

839 *Merkt* in Schmidt/Lutter, AktG, § 221 Rn. 26; *Busch* in Marsch-Barner, Hdb börsennotierte AG, § 44 Rn.40; *Lutter* in Kölner Kommentar AktG, § 194 Rn.4; *Rieckers* in Spindler/Stilz, AktG, § 194 Rn.7; a. A. *Seiler* in Spindler/Stilz, AktG, § 221 Rn.13, der offenbar auf den Zeitpunkt der Eintragung des bedingten Kapitals abstellt.

840 So auch *Drinhausen/Keinath*, BB 2011, 1736, 1741; *Schnorbus/Trapp*, ZGR 2010, 1023,1052.

841 *v. Riegen*, CFL 2010, 1, 3 f.; *Nussbaum/Rothenfußer* in Jesch/Striegel/Boxberger, Rechtshandbuch Private Equity, § 21 3.1.

tionäre hingegen nicht zur Verfügung, steht dem Investor die Möglichkeit offen, sich an die Aktionäre der Zielgesellschaft durch Abgabe eines öffentlichen Erwerbsangebots zu wenden und das hierfür vorgeschriebene Angebotsverfahren durchzuführen. Zuletzt kann der PIPE-Investor Anteile an der Zielgesellschaft über die Börse erwerben, wobei der Aufbau großvolumiger Beteiligungen im Hinblick auf das Risiko steigender Kurse regelmäßig nur in größeren zeitlichen Abständen vorgenommen werden sollte. Zu Ablauf und Praktikabilität möglicher Erwerbsszenarien soll daher kurz Stellung genommen werden.

A. Paketerwerb

Den einfachsten Weg zur Aufstockung einer etwa durch Ausnutzung der Zehn-Prozent-Kapitalerhöhung erreichten Beteiligungshöhe stellt der Erwerb eines entsprechenden Aktienpakets durch einen oder mehrere veräußerungsbereite Großaktionäre dar. Der Paketerwerb erfolgt dann aufgrund eines individuell ausgehandelten Aktienkaufvertrages[842] und weist gegenüber gewöhnlichen Private Equity-Beteiligungskäufen strukturell keine Besonderheiten auf.[843] Gegenüber den vorher untersuchten Erwerbsformen, die allein unter Mitwirkung der Zielgesellschaft zustande kommen, stellt sich insbesondere die Frage der rechtlichen Zulässigkeit der Erwerber-Due Diligence neu. Weiter erlangt die Frage Bedeutung, ab welchem Zeitpunkt der Investor seine Erwerbsabsichten gegenüber dem Kapitalmarkt nach der neuen Meldepflichten §§ 25 und 25a WpHG mitzuteilen hat.

1. Zulässigkeit der Gestattung einer Due Diligence

Die Frage, ob der Vorstand der Zielgesellschaft dem Investor Zugang zu bisher nicht öffentlichen Informationen über die wirtschaftliche und rechtliche Verfasstheit der Zielgesellschaft im Rahmen einer Due Diligence gewähren darf, ist bereits im Rahmen der Kapitalerhöhung zur Bedienung des PIPE-Investors erörtert worden. Im Rahmen der gesellschaftsrechtlichen Zulässigkeit der Due Diligence des Investors kam es nach herrschender Ansicht darauf an, ob das Interesse der Gesellschaft

842 *v. Werder/Braun/Fromholzer* in Eilers/Koffka/Mackensen, Private Equity, II. 2. Rn. 8.

843 *Nussbaum/Rothenfußer* in Jesch/Striegel/Boxberger, Rechtshandbuch Private Equity, § 21 3.2.1.

an einer Beteiligung des Investors höher zu gewichten war als die mit der Offenlegung von Unternehmensinterna für die Gesellschaft verbundenen Gefahren oder Nachteile.[844] Aus kapitalmarktrechtlicher Sicht musste sich die Gestattung der Due Diligence des Erwerbers zusätzlich daran messen lassen, ob sich die Offenlegung etwaiger Insiderinformationen unter Abwägung des Interesses der Gesellschaft am Zustandekommen der PIPE-Beteiligung mit den Interessen der Marktteilnehmer an informationeller Gleichbehandlung[845] als befugt darstellt (§ 14 Abs. 1 Nr. 1 WpHG).

Bei der gleichermaßen anzustellenden Abwägung im Vorfeld der Gestattung einer Erwerber-Due Diligence in der Situation eines geplanten Paketerwerbs, hat der Vorstand zu berücksichtigen, dass der Paketverkauf zu keinem Kapitalgewinn für die Gesellschaft führt. Andererseits entspricht die Durchführung von Due Diligence-Prüfungen der üblichen Marktpraxis beim Erwerb von Unternehmensbeteiligungen.[846] Ohne eine vorherige Due Diligence gelingt die Veräußerung wesentlicher unternehmerischer Beteiligungen in der Praxis regelmäßig entweder gar nicht, nur mit erheblichem Preisabschlag[847] oder umfangreichen Gewährleistungs- und Garantiekatalogen zu Lasten des veräußernden Altaktionärs.[848] So ist nach herrschender Auffassung in der kapitalmarktrechtlichen Literatur die Weitergabe von Insiderinformationen im Rahmen einer Due Diligence zumindest dann als befugt im Sinne des § 14 Abs. 1 Nr. 2 WpHG anzusehen, wenn das zu veräußernde Aktienpaket dem Erwerber eine bedeutende Beteiligung verschafft,[849] sich die Entscheidung des Vorstands durch vernünftige im Gesellschaftsinteresse liegende Gründe rechtfertigen lässt und sich im Rahmen des unternehmerischen Ermessens des Vorstands hält (§ 93 Abs. 1 S. 1 und 2 AktG).[850] Wann eine bedeutende Beteiligung in diesem Sinn gegeben ist, ist gesetzlich nicht festgelegt. In der kapitalmarktrechtlichen Literatur gelten in Anlehnung

---

844 *Krieger/Sailer* in Schmidt/Lutter, AktG, § 93 Rn.22; *Krämer* in Marsch-Barner/Schäfer, Hdb börsennotierte AG, § 10 Rn. 21 ff.: *Hüffer*, AktG, § 93 Rn.8.

845 *Assmann* in Assmann/U. H. Schneider, WpHG, § 14 Rn. 73; *Mennicke* in Fuchs, WpHG, § 14 Rn. 202 ff.; *Pawlik* in Kölner Kommentar WpHG, § 14 Rn. 46.

846 *Assmann* in Assmann/U.H.Schneider, WpHG, § 14 Rn. 164; Mennicke in Fuchs, WpHG, § 14 Rn. 303 f.

847 *Spindler* in Münchener Kommentar AktG, § 93 Rn.120.

848 *Oltmanns/Zöllter-Petzoldt*, CFL 2012, 133.

849 *Assmann* in Assmann/U.H.Schneider, WpHG, § 14 Rn. 167; *Mennicke* in Fuchs, WpHG, § 14 Rn. 299; *Schwark/Kruse* in Schwark/Zimmer, KMRK, § 14 WpHG Rn.57; *Körber*, NZG 2002, 263, 269.

850 *Mennicke* in Fuchs, WpHG, § 14 Rn. 306; *Schwark/Kruse* in Schwark/Zimmer, KMRK, § 14 WpHG Rn.58; *Körber*, NZG 2002, 263, 269.

an die Schwellenwerte für Stimmrechtsmitteilungen gemäß §§ 21 ff. WpHG Beteiligungen, die drei Prozent der Stimmrechte an einer Gesellschaft gewähren, als bedeutend.[851] Innerhalb dieser Auffassung wird auch danach abgegrenzt, ob die zu veräußernde Beteiligung dem Erwerber eine besondere Einflussnahme in der Gesellschaft ermöglicht.[852] Ein Indiz hierfür liege vor, wenn der Wert des Pakets die Summe der Einzelwerte der zu dem Paket gehörenden Aktien übersteige.[853] Nach einem anderen Ansatz komme es vielmehr darauf an, ob die geplante Anteilsveräußerung mit den gleichen Bedingungen auch über die Börse hätte abgewickelt werden können,[854] da es in diesem Fall einer Due Diligence durch den Erwerber nicht bedurft hätte. Angesichts der unbestimmten Rechtslage kann hier nur eine anhand der Umstände des Einzelfalls zu treffende Entscheidung des Vorstands der Zielgesellschaft Rechtssicherheit bringen.

Neben dem Vorliegen einer bedeutenden Beteiligung hat der Vorstand der Zielgesellschaft im Rahmen seiner unternehmerischen Ermessensausübung weiter zu prüfen, ob – auch ohne eigenen Kapitalzufluss bei der Gesellschaft – mit dem Einstieg des Investors ausreichend vorteilhafte „Nebeneffekte" verbundenen sind. Da im Zuge der Due Diligence im Einzelfall auch Insiderinformationen an den Erwerber weitergegeben werden können, lässt sich gut vertreten, dass nur dringende Eigeninteressen der Gesellschaft die Gestattung der Due Diligence rechtfertigen können,[855] etwa der Erhalt der Unternehmensstrategie oder die erfolgreiche Umsetzung eines Sanierungskonzepts. Denn anders als bei nicht börsennotierten Gesellschaften sind neben den Interessen der Gesellschaft und ihrer Aktionäre zusätzlich die Interessen der Anleger und des Kapitalmarkts betroffen.

2. Mitteilungspflichten beim Erwerb der Aktien

Im System der Stimmrechtsmitteilungspflichten stellt sich die Frage, ab wann der geplante Erwerb von Aktien frühestens zu melden ist. Der späteste Zeitpunkt ist der dingliche Erwerb der Aktien, der bei Berüh-

851 *Assmann* in Assmann/ U.H.Schneider, WpHG, § 14 Rn.168; *Brandi/Süßmann*, AG 2004, 642, 648; *Claussen/Florian*, AG 2005, 745, 753; *Hasselbach*, NZG 2004, 1087, 1089 (2%); *Schwark/Kruse* in Schwark/Zimmer, KMRK § 14 Rn. 58.

852 *Assmann* in Assmann/U. H. Schneider, WpHG, § 14 Rn.168.

853 *Assmann* in Assmann/U. H. Schneider, WpHG, § 14 Rn.168.

854 So zutreffend *Mennicke* in Fuchs, WpHG, § 14 Rn.301 f.

855 So zutreffend *Verse*, Gleichbehandlungsgrundsatz, S. 542 ff.

rung der gesetzlichen Meldeschwellen die Mitteilungspflicht nach § 21 Abs. 1 S. 1 WpHG auslöst.[856]

Vor diesem Zeitpunkt entsteht nach Ansicht der BaFin eine Mitteilungspflicht gemäß § 25 Abs. 1 S. 1 mit Abschluss des Kaufvertrages, durch den der Inhaber der Aktien schuldrechtlich verpflichtet wird, dem Erwerber die Aktien zu übertragen.[857] Steht der Anspruch auf Erwerb der Aktien noch unter Bedingungen, deren Eintritt nicht allein vom Erwerber abhängt, zum Beispiel kartellrechtlichen Zustimmungen, wird nach Auffassung der BaFin[858] und einigen Stimmen in der Literatur[859] mit Abschluss des Kaufvertrages die Pflicht zur Mitteilung gemäß § 25a Abs. 1 S. 1 WpHG begründet.

Im Hinblick auf den weit formulierten Tatbestand des § 25a Abs. 1 S. 1 WpHG – wonach bereits den Aktienerwerb ermöglichende Gestaltungen eine Mitteilungspflicht auslösen sollen – ist fraglich, ob Meldepflichten schon im Zeitpunkt des Abschlusses eines Letter of Intent oder eines Memorandum of Understanding eine Mitteilungspflicht begründen. Die BaFin möchte diese Frage anhand des Inhalts der konkreten Vereinbarung entscheiden.[860] In der Literatur wird vertreten, dass ein Ermöglichen im Sinne der Vorschrift vorliege, wenn sich der Veräußerer bereits zur Übertragung der Aktien schuldrechtlich verpflichtet oder für den Fall des Abbruchs der Verhandlungen eine Haftung zugesagt habe.[861] Angesichts der bislang noch ungeklärten Rechtslage sollte sicherheitshalber eine Meldung erfolgen, wenn der Veräußerer im Letter of Intent bereits vertragliche Verpflichtungen im Hinblick auf den Verkauf der Aktien übernimmt.

B. Öffentliches Erwerbsangebot

Öffentliche Erwerbsangebote zielen in der überwiegenden Unternehmenspraxis auf den mehrheitlichen Anteilserwerb eines Zielunterneh-

---

856 *U. H. Schneider* in Assmann/U. H. Schneider, WpHG, § 21 Rn. 73 ff.

857 BaFin, Gesamtliste der häufigen Fragen zu den neuen Meldepflichten gemäß §§ 25 und 25a WpHG (Stand: 09.01.2012); hierzu auch *Merkner/Sustmann*, NZG 2012, 241, 242.

858 Gesamtliste der häufigen Fragen zu den neuen Meldepflichten gemäß §§ 25 und 25a WpHG (Stand: 09.01.2012).

859 *Teichmann/Epe*, WM 2012, 1213,1219; *Merkner/Sustmann*, NZG 2012, 241, 242; kritisch *Cascante/Bingel*, NZG 2011, 1086, 1094; *Krause*, AG 2011, 469, 478 f.

860 Gesamtliste der häufigen Fragen zu den neuen Meldepflichten gemäß §§ 25 und 25a WpHG (Stand: 09.01.2012).

861 *Teichmann/Epe*, WM 2012, 1213, 1219.

mens ab, einfache Erwerbsangebote bilden die Ausnahme.[862] Auch für das Zustandekommen einer PIPE-Transaktion ist diese Erwerbsform erst in einem Fall, nämlich mit dem Teilangebot der Investorengruppe um J. C. Flowers an die Aktionäre der Hypo Real Estate,[863] zur Anwendung gelangt. Im Vergleich zum sukzessiven Beteiligungsaufbau über die Börse liegt der Vorteil für den Investor in der Möglichkeit, eine Beteiligung im angestrebten Umfang zu einem festgelegten Preis in einem berechenbaren zeitlichen Rahmen sicherzustellen. Der Erfolg des Angebots hängt jedoch typischerweise von der Zahlung einer Prämie auf den Börsenkurs ab.[864]

1. Ablauf des Angebotsverfahrens

Das Angebotsverfahren des WpÜG zeichnet sich durch einen stark gesetzlich konturierten Ablauf aus. Es beginnt mit der Veröffentlichung der Entscheidung des Investors, übernahmerechtlich des Bieters, den Aktionären des Zielunternehmens ein öffentliches Erwerbsangebot zu unterbreiten (§ 10 Abs. 1 S. 1 WpÜG).[865] Innerhalb von vier Wochen nach Veröffentlichung dieser Entscheidung hat der Bieter der BaFin eine Angebotsunterlage zu übermitteln (§ 14 Abs. 1 S. 1 WpÜG).

Die Angebotsunterlage muss all die Informationen enthalten, die notwendig sind, um in Kenntnis der Sachlage über das Angebot entscheiden zu können (§ 11 Abs. 1 S. 2 WpÜG). Dazu gehören gemäß § 11 Abs. 2 S. 2 Nr. 1 bis 6 WpÜG zunächst Angaben über die wesentlichen Elemente des Angebots wie Bieter, Zielgesellschaft, betroffene Wertpapiere, Gegenleistung, Bedingungen und Annahmefrist.[866] Vor dem Hintergrund der Generalklausel des § 11 Abs. 1 S. 2 WpÜG und dem Gebot der Richtigkeit und Vollständigkeit der Angaben (§ 11 Abs. 1 S. 3 WpÜG) sind auch die ergänzenden Angaben nach § 11 Abs. 2 S. 3, Abs. 3 und 4 WpÜG sowie

---

862 *Drinkuth* in Marsch-Barner/Schäfer, Hdb börsennotierte AG, § 60 Rn. 2.

863 Vergleiche Angebotsunterlage der HRE Investment Holdings L.P. vom 23.5.2008.

864 *Nussbaum/Rothenfußer* in Jesch/Striegel/Boxberger, Rechtshandbuch Private Equity, § 21 3.2.1. Die Angebotsunterlage der HRE Investment Holdings L.P. vom 21.5.2008 sah eine Prämie von 21,8 Prozent auf den Schlusskurs des Börsenkurses des letzten Handelstages vor Veröffentlichung der Entscheidung zur Einleitung des Angebots vor, S. 29.

865 Die Veröffentlichung hat im Internet und einem elektronisch betriebenen Informationsverbreitungssystem zu erfolgen (§ 10 Abs. 3 WpÜG). Zudem ist die Veröffentlichung der Angebotsentscheidung dem Vorstand der Zielgesellschaft unverzüglich mitzuteilen (§ 10 Abs. 5 WpÜG).

866 *v. Werder/Braun/Fromholzer* in Eilers/Koffka/Mackensen, Private Equity, II. 3. Rn. 61.

§ 2 WpÜG-AngebotsVO WpÜG aufzuführen.[867] Hiernach sind insbesondere Angaben über die vom Bieter durchzuführenden Maßnahmen zur Finanzierung des Angebots und die Auswirkungen eines erfolgreichen Angebots auf dessen Vermögenslage erforderlich (§ 11 Abs. 2 S. 3 Nr. 1 WpÜG). Der Bieter hat darüber hinaus seine Absichten zur zukünftigen Geschäftstätigkeit mitzuteilen (§ 11 Abs. 2 S. 3 Nr. 2 WpÜG). Weitreichend stellt sich die Pflicht zur Angabe aller gemeinsam mit Bieter und Zielgesellschaft handelnden Personen, wozu auch die Tochterunternehmen des Bieters gehören, dar (§§ 2 Nr. 1 WpÜG-AngebotsVO, 2 Abs. 5 S. 3 WpÜG). Die dadurch bedingte Offenlegung der Beteiligungsstruktur erfordert bei großen Konzerngesellschaften erheblichen Dokumentationsaufwand.[868] Im Falle einer fehlerhaften Angebotsunterlage haftet der Bieter den Altaktionären auf das negative Interesse. Er hat diese so zu stellen, wie sie stünden, wenn sie die wahre Sachlage gekannt und das Angebot daher nicht angenommen hätten. Die Haftung erfasst grundsätzlich auch den entgangenen Gewinn (§ 12 Abs. 1 WpÜG, §§ 249 ff BGB).[869]

Weiter hat der Bieter in der Angebotsunterlage eine Finanzierungsbestätigung durch ein unabhängiges Wertpapierdienstleistungsunternehmen beizufügen, die seine Fähigkeit zur Zahlung der Gegenleistung des Angebots attestiert (§ 13 Abs. 1 S. 2 WpÜG).[870]

Nach Eingang der Angebotsunterlage bei der BaFin entscheidet diese über die Gestattung deren Veröffentlichung, wobei allein die Vollständigkeit der Unterlage und das Fehlen offensichtlicher Rechtsverstöße Prüfungsmaßstab ist (§ 15 Abs. 1 Nr. 1 und 2 WpÜG). Die Prüffrist beträgt zehn Werktage ab Eingang der Unterlage (§ 14 Abs. 2 S. 1 WpÜG). Nach Gestattung der Veröffentlichung der Angebotsunterlage und deren unverzüglicher Veröffentlichung im Internet und Bundesanzeiger (§ 14 Abs. 2 S. 1, Abs. 3 S. 1 WpÜG) beginnt die Annahmefrist für die Aktionäre der Zielgesellschaft. Die Dauer der Annahmefrist beträgt mindestens vier und höchstens zehn Wochen (§ 16 Abs. 1 S. 1 WpÜG). Beruft der Vorstand der Zielgesellschaft die Hauptversammlung ein, ist immer die Höchstfrist maßgeblich. Nach der Übermittlung der Angebotsunterlage an den Vorstand der Zielgesellschaft im Anschluss an deren Veröffentli-

---

867 *Seydel* in Kölner Kommentar WpÜG, § 11 Rn. 25 f.

868 *v. Werder/Braun/Fromholzer* in Eilers/Koffka/Mackensen, Private Equity, II. 3. Rn. 66.

869 *Drinkuth* in Marsch-Barner/Schäfer, Hdb börsennotierte AG, § 60 Rn. 88 f.

870 *Drinkuth* in Marsch-Barner/Schäfer, Hdb börsennotierte AG, § 60 Rn. 112.

chung haben Vorstand und Aufsichtsrat ihre begründete Stellungnahme zu dem Angebot abzugeben (§ 27 Abs. 3 S. 1, Abs. 1 WpÜG).

Der Erwerb ist vollzogen, sobald nach Ablauf der Annahmefrist und Veröffentlichung des Angebotsergebnisses durch den Bieter gemäß § 23 Abs. 1 Nr. 3 WpÜG die Übereignung der Aktien und die Erfüllung der Gegenleistung erfolgt sind.[871]

Angesichts der zeitlichen Vorgaben des WpÜG beträgt die Mindestdauer des Erwerbsverfahrens bei Einberufung der Hauptversammlung der Zielgesellschaft zwölf Wochen.

2. Insiderrechtliche Zulässigkeit des Erwerbsangebots

Auch vor der Abgabe eines öffentlichen Erwerbsangebots wird dem Bieter üblicherweise die Durchführung einer Due Diligence durch die Zielgesellschaft ermöglicht, soweit es sich um ein freundliches, mit der Zielgesellschaft abgestimmtes, Angebot handelt.[872] Die Abgabe des Erwerbsangebots im Anschluss an die Due Diligence stellt kein unzulässiges Verwenden von Insiderinformationen im Sinne des § 14 Abs. 1 Nr. 1 WpHG dar,[873] da der Bieter in diesem Rahmen nur seinen bereits im Vorfeld der Due Diligence gefassten Entschluss umsetzt, sodass Insiderinformationen gerade nicht verwendet werden, obwohl sie im Einzelfall bestärkend wirken können. Einschränkend verlangt die BaFin jedoch, dass der Bieter nach dem Erlangen von Insiderinformationen im Zuge der Due Diligence sein Erwerbsangebot erst dann veröffentlicht, wenn die Zielgesellschaft die betreffende Information der Öffentlichkeit durch eine entsprechende Ad-hoc-Mitteilung selbst bekannt gegeben hat.[874] Das Risiko eines möglichen Insiderverstoßes kann der Bieter dadurch ausräumen, dass er vom Vorstand verlangt, ihm nach Durchführung der Due Diligence zu bestätigen, dass ihm keine Ad-hoc-pflichtigen Insiderinformationen mitgeteilt wurden.[875]

---

871 *Drinkuth* in Marsch-Barner/Schäfer, Hdb börsennotierte AG, § 60 Rn. 37.

872 *Drinkuth* in Marsch-Barner/Schäfer, Hdb börsennotierte AG, § 60 Rn. 44.

873 So auch Erwägungsgrund 29 der Marktmissbrauchsrichtlinie, wonach der Zugang zu Insiderinformationen über eine andere Gesellschaft und die Verwendung dieser Information bei einem öffentlichen Übernahmeangebot mit dem Ziel, die Kontrolle über dieses Unternehmen zu erwerben, nicht als solche als Insiderinformationen gelten sollten. Dasselbe gilt im Ergebnis für einfache Erwerbsangebote, BaFin, Emittentenleitfaden vom 15.7.2005, S. 37 f.

874 BaFin, Emittentenleitfaden, v. 15.7.2005, S. 38.

875 Hierzu im Einzelnen *v. Werder/Braun/Fromholzer* in Eilers/Koffka/Mackensen, Private Equity, II. Rn. 31 ff.

3. Ausgestaltung des Angebots

Während sich Übernahme- und Pflichtangebote immer auf sämtliche Anteile der Zielgesellschaft richten müssen, darf der Bieter ein öffentliches Erwerbsangebot unterhalb der übernahmerechtlichen Kontrollgrenze von 30 Prozent der Stimmrechte an der Zielgesellschaft als Teilangebot, etwa auf den Erwerb von 24,9 Prozent der Stimmrechte beschränkt, abgeben (§ 32 WpÜG). In diesem Fall erfolgt die Zuteilung gemäß § 19 WpÜG bei Überzeichnung des Angebots unter verhältnismäßiger Berücksichtigung der erfolgten Annahmeerklärungen.[876]

Der Angebotspreis kann in diesem Fall durch den Bieter frei bestimmt werden. Insbesondere ist er nicht an die für Übernahme- und Pflichtangebote geltenden Mindestpreisregelungen der § 31 Abs. 1, 4 und 5 sowie die §§ 4 bis 7 WpÜG-AngebotsVO gebunden.[877]

4. Praktikabilität für PIPE-Transaktionen

Die Durchführung eines öffentlichen Angebotsverfahrens stellt sich als wenig geeignet dar, um rasch eine Beteiligung an der Zielgesellschaft zu erlangen. Sie geht auch notwendig mit einer frühzeitigen Veröffentlichung der Erwerbsabsichten des Investors einher. PIPE-Investoren, die an einer möglichst zügigen und der Öffentlichkeit möglichst spät bekannt werdenden Transaktion interessiert sind, werden daher eher für einen Paketerwerb optieren, sofern diese Möglichkeit besteht.

C. Kursschonende Marktkäufe

Eine weitere Vorgehensweise zum Aufbau einer PIPE-Beteiligung könnte im sukzessiven Anteilskauf über die Börse liegen. Im Fokus müsste hier die Vermeidung eines frühzeitigen Bekanntwerdens der Beteiligungsabsicht stehen, um die Reaktion eines möglichen Kursanstiegs und dadurch die Verteuerung der Zukäufe zu verhindern.[878] Besondere Bedeutung kommt daher den Meldepflichten für das Erreichen, Über- und Unterschreiten bestimmter Stimmrechtsschwellen nach den §§ 21 ff. WpHG zu.

---

876 Näher hierzu *Seydel* in Kölner Kommentar WpÜG, § 19 Rn. 15 ff.

877 *Seydel* in Kölner Kommentar WpÜG, § 11 Rn. 54.

878 *Nussbaum/Rothenfußer* in Jesch/Striegel/Boxberger, Rechtshandbuch Private Equity, § 21 Rn. 3.2.1.

Insbesondere der neue Meldetatbestand des § 25a WpHG, durch den die Beteiligungstransparenz im Hinblick auf den Erwerb von Aktien ermöglichende Strukturierungen und Geschäfte in ein frühes Stadium vorverlagert wird, ist zu berücksichtigen.

1. Ende des verdeckten Beteiligungsaufbaus

Vor Inkrafttreten der neuen §§ 25, 25a WpHG konnten Inhaber von Finanzinstrumenten, die statt der Lieferung von Aktien auf einen Barausgleich gerichtet waren, etwa Cash-settled-Equity-Swaps, die Erfüllung von Stimmrechtsmitteilungen regelmäßig bis zum dinglichen Aktienerwerb aufschieben.[879] Diesen Instrumenten lag regelmäßig eine Vereinbarung zwischen Investor und Bank zugrunde, durch die sich die Bank gegenüber dem Investor verpflichtete, dem Investor die Differenz der Wertsteigerung der Referenzaktien zwischen Abschluss und Beendigung des Swaps zuzüglich ausgeschütteter Dividenden zu vergüten. Wertverluste trug dabei die Bank.[880] Zur Minimierung des Verlustrisikos deckte die Bank die Verpflichtung regelmäßig in vollem Umfang durch Sicherungsgeschäfte ab. Bei Abwicklung des Swaps bot sich der Bank regelmäßig die Möglichkeit, dem Investor anstelle des Barausgleichs die Sicherungsposition anzubieten und so einer technisch komplizierteren Abwicklung über die Veräußerung am Markt zu entgehen. Da dem Investor weder ein Anspruch auf Lieferung der Referenzaktien gegen die Bank, noch Weisungsrechte im Hinblick auf die Ausübung der Stimmrechte aus den Referenzaktien zustanden, noch ein abgestimmtes Verhalten von Bank und Investor vorlag, bestanden vor dem dinglichen Aktienerwerb regelmäßig keine Mitteilungspflichten.[881]

Nach neuer Rechtslage unterfällt das Halten von Cash-Settled-Equity-Swaps oder Cash-Settled Options nunmehr der Mitteilungspflicht gemäß § 25a Abs. 1 S. 1 WpHG. Nach der Gesetzesbegründung[882] sollen gerade die beschriebenen Finanzinstrumente den neuen Tatbestand erfüllen, bei denen der Erwerb von Stimmrechten auf Grund der diesen Instrumenten

---

879 Hierzu *Cascante/Topf*, AG 2009, 53, 62 ff.; *Fleischer/Schmolke*, NZG 2009, 401, 404; *Schiessl*, Konzern 2009, 291, 295; *Heusel*, WM 2012, 291, 292 f.; *Krause*, AG 2011, 469, 477; *Merkner/Sustmann*, NZG 2010, 681 ff.; *Renz/Rippel*; BKR 2011, 235, 236; *Cascante/Bingel*, NZG 2011, 1086 ff.; sowie 2. Teil, III. A. 2.

880 *Schiessl*, Konzern 2009, 291, 292.

881 Zur alten Rechtslage *U.H.Schneider/Brouwer*, AG 2008, 557, 562; *Schiessl*, Konzern 2009, 291 ff.; *Cascante/Topf*, AG 2009, 53, 60 ff.; *Eichner*, ZRP 2010, 5 ff.

882 Begr. RegE, BT-Drucks. 17/3628, S.19.

zugrundeliegenden wirtschaftlichen Logik zumindest möglich ist. Ein unbemerkter Beteiligungsaufbau scheidet damit als Option für PIPE-Investoren aus.

2. Insiderrechtliche Zulässigkeit späterer Aktienzukäufe

Insiderrechtlich ist das Verbot der Verwendung von Insiderinformationen nach § 14 Abs. 1 Nr. 1 WpHG zu beachten, wenn der Investor in Kenntnis erlangter Insiderinformationen nach Durchführung der Due Diligence etwa parallel zur Teilnahme an einer Zehn-Prozent-Kapitalerhöhung weitere Aktien am Markt erwirbt. Eine Insiderinformation kann dabei neben den im Rahmen der Due Diligence weitergegebenen Unternehmensinterna auch die Tatsache der begleitenden Kapitalerhöhung an sich sein.[883] Wie bereits im Zusammenhang mit dem Erwerb junger Aktien gesehen, liegt indessen kein unzulässiges Verwenden von Insiderinformationen vor, wenn der Erwerber lediglich seinen ursprünglich gefassten Erwerbsentschluss (Masterplan) umsetzt, ohne in dieser Entscheidung selbst durch erlangtes Insiderwissen beeinflusst zu sein.[884] Über den Gesamterwerbsplan hinausgehende Aktienkäufe, sogenannte insiderrechtlich relevante *Alongside*-Käufe, die aufgrund erworbener Insiderinformationen getätigt werden, stellen hingegen ein unzulässiges Verwenden im Sinne des § 14 Abs. 1 Nr. 1 WpHG dar.[885] Durch eine entsprechende Dokumentation sollte daher nachweisbar sein, dass die parallelen Paketkäufe des PIPE-Investors lediglich der Umsetzung seines ursprünglichen Plans zur Erreichung einer bestimmten Beteiligungshöhe dienen. Insbesondere vor dem Hintergrund der Rechtsprechung des EuGH[886] zur Auslegung der Marktmissbrauchsrichtlinie erscheint eine exakte Dokumentation des Erwerbsentschlusses erforderlich, da hiernach bereits ein unzulässiges Verwenden von Insiderinformationen vermutet werden kann, wenn der Erwerber über Insiderinformationen verfügt und Finanzinstrumente, auf die sich diese Insiderinformation bezieht, erwirbt oder veräußert.

---

883 BaFin, Emittentenleitfaden vom 28.4.2009, S. 56; *Mennicke/Jakovou* in Fuchs, WpHG, § 13 Rn. 135; *v. Riegen*, CFL 2010, 1, 7.

884 *Assmann* in Assmann/U. H. Schneider, WpHG, § 14 Rn. 35, 45; *Cahn*, Konzern 2005, 5, 9 f.; *Cascante/Topf*, AG 2009, 53, 54; *Mennicke* in Fuchs, WpHG, § 14 Rn. 65, 73; *Schwark/Kruse* in Schwark/Zimmer, KRMK, § 14 WpHG Rn. 23; *Widder*, BB 2010, 515, 518; a. A. *Pawlik* in Kölner Kommentar WpHG, § 14 Rn. 20 ff.

885 BaFin, Emittentenleitfaden vom 15.7.2005, S. 38; *v. Riegen*, CFL 2010, 1, 7.

886 *EuGH*, NZG 2010, 107 ff. („Spector Photo Group"). Siehe hierzu auch 3. Teil, II. C. 3.

Fraglich ist, ob diese Grundsätze nach dem Reformvorschlag der Europäischen Kommission für eine Marktmissbrauchsverordnung[887] weiterhin Geltung beanspruchen können. Diese Frage ist bereits weiter oben angesprochen worden.[888] Der Kommissionsentwurf schweigt zu der bislang anerkannten Ausnahme vom Insiderhandelsverbot für den Fall der Umsetzung eines zuvor gefassten Erwerbsentschlusses durch den Erwerber. Es sprechen jedoch gute Gründe dafür, dass dieser Ausnahme weiterhin Gültigkeit zukommt. Insbesondere lässt sie sich auch mit der Rechtsprechung des EuGH vereinbaren, wonach ein Erwerber, der Kenntnisträger ist, die Vermutung der unzulässigen Verwendung der Informationen widerlegen kann.[889] Sofern ihm der Nachweis gelingt, dass der Erwerb der Aktien auf einen vor der Due Diligence gefassten Erwerbsentschluss zurückzuführen ist, wird dieser Nachweis als erbracht anzusehen sein.[890] Zudem erscheint die Masterplan-Ausnahme als ein ausgewogener Kompromiss zwischen dem Grundsatz der informationellen Gleichbehandlung der Anleger und dem Bedürfnis der Praxis an der Durchführung von Due Diligence-Prüfungen.

887 Vorschlag für eine Verordnung des Europäischen Parlaments und des Rates über Insider-Geschäfte und Marktmanipulation (Marktmissbrauch) vom 20.11.2011, KOM (2011) 651 endgültig („MMVO").

888 Teil 3, II. C.4.

889 EuGH, NZG 2010, 107, 111 (Tz. 54).

890 So zutreffend *Nikoleyczik/Gubitz*, GWR 2010, 159; auch *Bank*, NZG 2012, 1337,1341.

5. Teil: Investorenvereinbarung

Die Investorenvereinbarung stellt den zentralen Bestandteil der Dokumentation einer PIPE-Transaktion dar. Sie bezeichnet Vereinbarungen, die zwischen Investor und Zielgesellschaft sowie gegebenenfalls einzelnen Anteilseignern der Gesellschaft im Hinblick auf die Beteiligung des Investors getroffen werden.[891] Vereinbarungen zwischen Altaktionären, neuen Investoren und gegebenenfalls der Zielgesellschaft anlässlich eines Investoreneinstiegs wurden in der Literatur bislang vorwiegend unter dem Begriff der Beteiligungsvereinbarung oder des Beteiligungsvertrags erörtert.[892] Der Begriff der Investorenvereinbarung taucht dagegen vermehrt erst in neueren Stellungnahmen auf[893] und bezeichnet Vereinbarungen, bei denen jedenfalls stets auch die Gesellschaft Vertragspartei wird, wodurch kompetenzrechtliche Fragen innerhalb der Organisationsverfassung der Gesellschaft aufgeworfen werden.[894] Zwar kann dies in gleichem Maße auf Beteiligungsverträge zutreffen, wenn diese als dreiseitige Vereinbarungen geschlossen werden.[895] Der wesentliche Teil der Rechte und Handlungspflichten des Investors wird hier jedoch regelmäßig im Verhältnis zu den Altaktionären als klassische Gesellschaftervereinbarung begründet.[896]

Während sich Stellungnahmen zu Beteiligungsvereinbarungen in der Literatur im Schwerpunkt mit Beteiligungen von Wagniskapitalgebern[897] an nicht börsennotierten Aktiengesellschaften beschäftigen,[898] werden Investorenvereinbarungen fast ausnahmslos am Beispiel börsennotierter

891 *Kiem*, AG 2009, 301; *Seibt/Wunsch*, Konzern 2009, 195, 196.

892 *Inhester* in Jesch/Striegel/Boxberger, Rechtshandbuch Private Equity, § 11 1.; *Maidl/Kreifels*, NZG 2003, 1091; *Weitnauer*, NZG 2001, 1065; *Weinheimer* in Hölters, Unternehmenskauf, Teil XII Rn.39.

893 *Kiem*, AG 2009, 301 ff.; *Seibt/Wunsch*, Konzern 2009, 195 ff.; *Schiessl*, AG 2009, 385, 391; *Reichert/Ott*, FS Goette, S. 397 ff.

894 So auch *Reichert/Ott*, FS Goette, 2011, 397.

895 *Weitnauer*, Handbuch Venture Capital, F. II. Rn. 39.

896 *Inhester* in Jesch/Striegel/Boxberger, Rechtshandbuch Private Equity, § 11 1.; *Weitnauer*, Handbuch Venture Capital, F. II. Rn. 91.

897 *Maidl/Kreifels*, NZG 2003, 1091; *Weitnauer*, NZG 2001, 1065; *Zetzsche*, NZG 2002, 942.

898 *Zetzsche*, NZG 2002, 942.

Unternehmen diskutiert.[899] Auf diese Weise entsteht der Eindruck, dass eine weitere Besonderheit von Investorenvereinbarungen darin liegt, kapitalmarktrechtliche Fragestellungen eigenständigen vertraglichen Lösungen zuzuführen.

Im Folgenden sollen zunächst Rechtsnatur, Vertragsparteien und Inhalt der Investorenvereinbarung näher konkretisiert werden. Danach ist auf das Problem der Abschlusszuständigkeit für die Investorenvereinbarung einzugehen. Schließlich erfolgt eine Auseinandersetzung mit rechtlichen Fragestellungen zu einzelnen charakteristischen Regelungsinhalten, um am Ende der Frage der Justiziabilität der Investorenvereinbarung nachzugehen.

I. Rechtsnatur und Vertragsparteien von Investorenvereinbarungen

Die Investorenvereinbarung ist ein schuldrechtlicher Vertrag. Vertragsparteien sind in erster Linie die Gesellschaft selbst sowie der Investor. Als Vertreter der Zielgesellschaft übernimmt der Vorstand dabei die Führung der Verhandlungen. Erwirbt der Investor die Beteiligung nicht von der Gesellschaft, sondern von einem oder mehreren Aktionären, bleibt die Gesellschaft im Regelfall beim eigentlichen Erwerbsvorgang außen vor. Hier kann es gleichwohl zum Abschluss einer Investorenvereinbarung zwischen der Gesellschaft und dem Investor kommen, wenn Gesellschaft und Investor ein Interesse an für die Dauer der Beteiligung bestehenden Regelungen haben.[900]

II. Regelungsinhalte der PIPE-Investorenvereinbarung

Wie bei allen Verträgen, die eine Beteiligung durch einen Investor zum Gegenstand haben, ist auch bei der Investorenvereinbarung die Festlegung der Transaktionsstruktur sowie die vom Investor zu erbringende Gegenleistung maßgeblicher Inhalt. Abhängig von der gewählten Art des Beteiligungserwerbs ist von der Zielgesellschaft hier die Vornahme der gesellschaftsrechtlich erforderlichen Umsetzungsschritte zur Schaffung

---

899 *Kiem*, AG 2009, 301 ff.; *Seibt/Wunsch*, Konzern 2009, 195 ff.

900 *Nussbaum/Rothenfußer* in Jesch/Striegel/Boxberger, Rechtshandbuch Private Equity, § 21 3.4.

oder Umplatzierung des nötigen Kapitals zuzusichern. Weiterer denkbarer Inhalt sind Regelungen zur Absicherung der Werthaltigkeit der Beteiligung des Investors, wie etwa Verwässerungsschutzklauseln und Gewährleistungszusagen, beziehungsweise Garantien seitens der Zielgesellschaft im Hinblick auf bestimmte wirtschaftlich relevante Verhältnisse des Unternehmens.

Einen weiteren Schwerpunkt von PIPE-Investorenvereinbarungen bilden Abreden, durch die der Investor das Maß seiner Einflussnahme auf die Unternehmensführung der Zielgesellschaft absichern möchte. Von besonderem Interesse sind hier die Vereinbarung zusätzlicher Informationsrechte, die über die gesetzlichen Rechte eines Aktionärs hinausgehen, Abreden, die auf die Besetzung von Verwaltungsorganen der Zielgesellschaft mit Vertretern des Investors gerichtet sind, sowie etwaige Zustimmungsrechte des Investors zu bestimmten Geschäftsführungsmaßnahmen.

Entschließt sich der Investor, den Aktionären der Zielgesellschaft ein öffentliches Angebot auf den Erwerb ihrer Aktien zu unterbreiten, hat er die Vorgaben für öffentliche Erwerbsangebote von Aktien, die an einem organisierten Markt zum Handel zugelassen sind, zu beachten. Die Unterstützung des Angebots durch die Zielgesellschaft kann zu dessen Erfolg erheblich beitragen. Der Investor hat dementsprechend ein großes Interesse daran, bestimmte Zusagen durch die Zielgesellschaft im Vorfeld der Abgabe seines öffentlichen Erwerbsangebots zu erhalten und in der Investorenvereinbarung festzuschreiben.

Häufig enthalten Investorenvereinbarungen auch Regelungen zur Absicherung der Interessen der Zielgesellschaft.[901] So wird etwa dem Interesse der Zielgesellschaft an einer Einbindung des Investors als langfristiger Anteilseigner durch die Vereinbarungen sogenannter *Lock up*-Verpflichtungen Rechnung getragen.[902] Diese verpflichten den Investor, seine Anteile an der Zielgesellschaft für einen bestimmten Zeitraum zu halten. Gleichzeitig sollen die Einflussnahme und der weitere Beteiligungsaufbau des Investors berechenbar kanalisiert werden.[903] Dem entsprechen Vereinbarungen, nach denen der Investor die strategischen Unternehmensziele der Gesellschaft mit trägt und zu unterstützen ge-

901 *Kiem*, AG 2009, 301, 303; *Seibt/Wunsch*, Konzern 2009, 195, 206 ff.
902 *Seibt/Wunsch*, Konzern 2009, 195, 207 f.; Schiessl, AG 2009, 385, 391.
903 *Kiem*, AG 2009, 301, 303; *Seibt/Wunsch*, Konzern 2009, 195, 207 f.

denkt, ebenso dessen Verpflichtung, seine Beteiligung über eine bestimmte Zeit nicht auszubauen, sogenannte *Standstill*-Vereinbarungen.[904]

Gehen wirtschaftliche Nachteile für die Zielgesellschaft mit der Beteiligung durch den Investor einher, etwa aufgrund eines eintretenden Kontrollwechsels und sich daraus ergebender Kündigungsrechte für andere Vertragspartner – insbesondere kreditgewährende Banken –, kann deren Ausgleich ebenfalls Gegenstand der Investorenvereinbarung sein.[905]

Die genannten Regelungsinhalte spiegeln lediglich grundsätzliche Regelungsziele der Vertragsparteien wider, die in der Praxis je nach Verhandlungsposition der jeweiligen Partei sowie gewählter Transaktionsstruktur unterschiedliche Ausprägung erlangen.[906] Daher weist jede Investorenvereinbarung entsprechend der Interessenlage der Beteiligten ihre Besonderheiten auf.

III. Rechtliche Zulässigkeit der Investorenvereinbarung

Die Investorenvereinbarung darf als schuldrechtlicher Vertrag grundsätzlich rechtlich zulässigerweise vereinbart werden.[907] Die grundsätzliche Zulässigkeit von Verträgen zwischen der Gesellschaft und Aktionären folgt bereits aus § 136 Abs. 2 AktG, wonach Verträge zwischen der Gesellschaft und ihren Aktionären nicht grundsätzlich verboten sind, sondern lediglich für bestimmte Vertragsinhalte die Nichtigkeitsrechtsfolge anordnet wird.[908] Bei der inhaltlichen Ausgestaltung der Investorenvereinbarung sind die Parteien in Ausübung ihrer Privatautonomie vorbehaltlich entgegenstehender gesetzlicher oder statutarischer Regelungen grundsätzlich frei.

Das Verhältnis von Investorenvereinbarung als schuldrechtlicher Vertrag und Satzung der Gesellschaft ist vom Trennungsprinzip geprägt.[909] Beide Regelungsebenen sind voneinander unabhängig. Im Un-

---

904 *Seibt/Wunsch*, Konzern 2009, 195, 208.

905 *Seibt/Wunsch*, Konzern 2009, 195, 209.

906 *Kiem*, AG 2009, 301, 312.

907 Die Zulässigkeit von Investorenvereinbarungen unterstellend LG Hannover, ZIP 2009, 761; für die generelle Zulässigkeit von Investorenvereinbarungen *Reichert/Ott*, FS Goette, 2011, 397, 398; *Kiem*, AG 2009, 301, 306; *Seibt/Wunsch*, Konzern 2009, 195, 199; *Schiessl*, AG 2009, 385, 391.

908 So zutreffend *Reichert/Ott*, FS Goette, S. 397, 398.

909 *Arnold* in Kölner Kommentar AktG, § 23 Rn. 179; *Hüffer*, AktG, § 23 Rn. 45; *Pentz* in Münchner Kommentar AktG, § 23 Rn. 188; *Röhricht* in Großkommentar AktG, § 23 Rn. 238.

terschied zur Satzung wirken schuldrechtlich vereinbarte Rechte und Pflichten lediglich zwischen den Vertragsparteien. Sie sind im Gegensatz zu satzungsmäßigen Rechten und Pflichten nicht Ausfluss der Mitgliedschaft und gehen daher nicht mit der Übertragung der Aktie auf den Erwerber über.[910] Die Vertragspartner unterliegen auch nicht den Form- und Inhaltsanforderungen des § 23 AktG, vielmehr können sie auch Regelungen in der Investorenvereinbarung treffen, die in der Satzung aufgrund des Grundsatzes der Satzungsstrenge nicht zulässig wären.[911]

IV. Abschlusszuständigkeit für die Investorenvereinbarung auf Seiten der Zielgesellschaft

Die Investorenvereinbarung kommt zwischen Investor und Zielgesellschaft zustande. Dies wirft die Frage auf, wer für den Abschluss der Investorenvereinbarung auf Seiten der Zielgesellschaft zuständig ist. Denn der Investor bedingt sich in der Investorenvereinbarung häufig Regelungen zu seinen Gunsten aus, die in die Organisationsstruktur der Zielgesellschaft eingreifen, wie etwa Organe der Verwaltung zu besetzen. Gerade diese Kompetenz liegt aber in der Aktiengesellschaft bei der Hauptversammlung (§§ 119 Abs. 1 Nr. 1, 101 Abs. 1 S. 1 AktG). Fraglich ist daher, ob allein der Vorstand der Aktiengesellschaft für die Verhandlung mit dem Investor und den Abschluss der Investorenvereinbarung zuständig ist oder ob und in welchem Maße der Aufsichtsrat oder die Hauptversammlung mit in den Verhandlungsprozess einzubeziehen sind. Zunächst ist daher das Augenmerk auf die Reichweite der Zuständigkeit des Vorstands in der Aktiengesellschaft zu richten.

A. Kompetenz des Vorstands

Gemäß § 76 Abs. 1 AktG ist es Aufgabe des Vorstands, die Gesellschaft in eigener Verantwortung zu leiten. Ausprägung dieser Leitungsmacht ist die Geschäftsführungsbefugnis des Vorstands (§ 77 Abs. 1 AktG) und seine organschaftliche Vertretungsmacht (§ 78 Abs. 1 AktG).[912] In dieser

910 Statt vieler: *Bungeroth* in Münchner Kommentar AktG, § 54 Rn. 30.

911 *Lutter* in Kölner Kommentar AktG, § 54 Rn. 22; *Pentz* in Münchner Kommentar AktG, § 23 Rn. 188.

912 *Langenbucher*, Aktien- und Kapitalmarktrecht, § 4 Rn. 52.

Funktion agiert er unabhängig von den anderen Organen, wie dem Aufsichtsrat und der Hauptversammlung,[913] die grundsätzlich von der Unternehmensleitung ausgeschlossen sind.

Die Leitung des Unternehmens umfasst eine Fülle von Entscheidungen und wird durch die Aufgabe der strategischen Führungsfunktion des Vorstands bestimmt.[914] Insbesondere gehört hierzu die Festlegung der Unternehmenspolitik und Entscheidungen über die zu übernehmenden geschäftlichen Risiken, zudem die Maßnahmen, die ihrer organisatorischen Durchsetzung dienen, wie Planung, Ausrichtung des Produktionsprozesses, Sicherung der Rentabilität und Finanzierung.[915] Insoweit ist die Suche nach einem neuen Kapitalgeber in der Person eines PIPE-Investors zentraler Bestandteil der Unternehmensleitung. Denn im Rahmen der Finanzverantwortung kommt dem Vorstand die Aufgabe zu, für die Liquiditätssicherung der Gesellschaft zu sorgen und alle in Frage kommenden Möglichkeiten der Kapitalbeschaffung zu überprüfen.[916] Auch im Hinblick auf die inhaltliche Ausgestaltung der Investorenvereinbarung stellen sich in der Regel Leitungsfragen von besonderem Interesse für das Unternehmen, etwa in Bezug auf die Vertretung des Investors in der Verwaltung der Zielgesellschaft, die Höhe seiner Beteiligung sowie die Berücksichtigung seiner strategischen Interessen.

Überdies besteht gerade bei Publikumsgesellschaften ein praktisches Bedürfnis für einen die Rechtsbeziehungen mit dem Investor koordinierenden Vertragspartner, der sein Handeln am Unternehmensinteresse ausrichtet. Dass der Vorstand diese Rolle übernimmt, entspricht auch der aktienrechtlichen Vorstellung von einem Vorstand als Sachwalter der Interessen aller Stakeholder.[917] Dies kommt auch in Ziff. 4.1.1 DCGK zum Ausdruck.[918]

Allerdings hat der Vorstand stets zu prüfen, ob die Beteiligung und damit einhergehende Information des Aufsichtsrats oder der Hauptversammlung in Einzelfällen aktienrechtlich geboten sein kann.

---

913 *Spindler* in Münchener Kommentar AktG, § 76 Rn. 22; *Wiesner* in Münch Hdb AG, § 19 Rn. 13.

914 *Spindler* in Münchener Kommentar AktG, § 76 Rn. 16.

915 *Spindler* in Münchener Kommentar AktG, § 76 Rn. 17.

916 *Fleischer* in Spindler/Stilz, AktG, § 93 Rn. 53; *Hopt* in Großkommentar AktG, § 93 Rn. 96; *v. Riegen*, CFL 2010, 1, 2.

917 *Kiem*, AG 2009, 301, 306.

918 Gemäß Ziff. 4.1.1 DCGK hat der Vorstand bei der Leitung des Unternehmens die Belange der Aktionäre, der Arbeitnehmer und der sonstigen dem Unternehmen verbundenen Gruppen zu berücksichtigen.

B. Beteiligung des Aufsichtsrats

Trotz des strikten Ausschlusses von der direkten Geschäftsführung, wie er in § 111 Abs. 4 S. 1 AktG definiert ist, stehen dem Aufsichtsrat Instrumente zur Verfügung, um im Sinne einer umfassenden Ausübung seiner Kontrollfunktion Einfluss auf die Geschäftsführung zu nehmen. Zum einen bestehen zu seinen Gunsten gesetzliche Zustimmungsvorbehalte oder diese können statuarisch für bestimmte Geschäfte begründet sein. Zum anderen sieht das Gesetz umfangreiche Berichtspflichten des Vorstands gegenüber dem Aufsichtsrat vor. Fraglich ist, wie der Abschluss der Investorenvereinbarung sich in dieses System einordnet und wie die Beteiligung des Aufsichtsrats in diesem Zusammenhang ausgestaltet sein muss, um den aktienrechtlichen Vorgaben zu genügen.

1. Zustimmungsvorbehalt des Aufsichtsrats

Ein Zustimmungsvorbehalt des Aufsichtsrats der Zielgesellschaft kann bei PIPE-Transaktionen schon aufgrund der Strukturierung der Kapitalmaßnahme aktiengesetzlich angeordnet sein.

Wird der PIPE-Investor über eine Kapitalerhöhung aus genehmigtem Kapital beteiligt, hat der Aufsichtsrat zwingend dem Beschluss des Vorstands über die Bedingungen der Aktienausgabe und gegebenenfalls den Bezugsrechtsausschluss zuzustimmen (§ 204 Abs. 1 S. 2 AktG). Jede Kapitalerhöhung bedarf zudem zu ihrer Wirksamkeit der Eintragung in das Handelsregister (§§ 189, 203 Abs. 1 S. 1 AktG). Da die Kapitalerhöhung und ihre Durchführung gemeinsam von Vorstand und Aufsichtsratsvorsitzendem anzumelden sind (§§ 184 Abs. 1 S. 1, 188 Abs. 1 AktG), ist faktisch keine Kapitalerhöhung ohne die Zustimmung des Aufsichtsrats denkbar.[919]

Dagegen sieht das Gesetz keine Zustimmung des Aufsichtsrats zur Entscheidung des Vorstands über die Wiederveräußerung eigener Aktien der Gesellschaft (§ 71 Abs. 1 Nr. 8 AktG)[920] oder die Ausgabe von Wandelschuldverschreibungen (§ 221 Abs. 2 AktG)[921] vor. Ebenso wenig besteht eine gesetzliche Mitwirkungspflicht des Aufsichtsrats, wenn der In-

---

919 *Hüffer*, AktG, § 202 Rn. 22; *Lutter* in Kölner Kommentar AktG, § 202 Rn. 24.

920 *Arnold* in Habersack/Mülbert/Schlitt, Unternehmensfinanzierung, § 9 Rn. 80.

921 *Schlitt/Hemeling* in Habersack/Mülbert/Schlitt, Unternehmensfinanzierung, § 12 Rn. 30. Häufig setzen die entsprechenden Ermächtigungsbeschlüsse der Hauptversammlung jedoch die Zustimmung des Aufsichtsrats voraus.

vestor seine Beteiligung von Altaktionären erwirbt und es gleichwohl zum Abschluss einer Investorenvereinbarung kommt, etwa um besondere Rechte und Pflichten auch im Verhältnis zur Zielgesellschaft zu begründen. In diesen Fällen ist zu prüfen, ob sich Zustimmungsvorbehalte zugunsten des Aufsichtsrats aus der Satzung, den Geschäftsordnungen von Aufsichtsrat oder Vorstand oder aufgrund eines Ad-hoc-Aufsichtsratsbeschlusses ergeben. Gemäß § 111 Abs. 4 S. 2 AktG hat die Satzung oder der Aufsichtsrat bestimmte Geschäfte an seine Zustimmung zu binden. Der Gesetzgeber versteht hierunter Geschäfte, die die Ertragsaussichten oder die Risikoexposition der Gesellschaft grundlegend verändern und damit von existenzieller Bedeutung für das künftige Schicksal der Gesellschaft sind.[922] Allerdings soll der Begriff anhand der Vorgaben des DCGK konkretisiert werden dürfen.[923] Hiernach genügt bereits ein Geschäft von grundlegender Bedeutung für die Begründung eines Zustimmungsvorbehalts des Aufsichtsrats (Ziff. 3.3 S. 1 DCGK). Erfasst werden hiervon Entscheidungen oder Maßnahmen, die die Vermögens-, Finanz- und Ertragslage des Unternehmens grundlegend verändern (Ziff. 3.3 S. 2 DCGK). Abzustellen ist damit auf die jeweiligen konkreten wirtschaftlichen Verhältnisse der Gesellschaft. Ob die Wiederveräußerung eigener Aktien der Zielgesellschaft, die Ausgabe von Wandelschuldverschreibungen im für PIPE-Investments zulässigen Maß oder einzelne Abreden der Investorenvereinbarung zu einer Zustimmungspflicht des Aufsichtsrats führt, lässt sich damit nur im Einzelfall beurteilen.

Das Regelungsgefüge der Investorenvereinbarung mit seinen Einschränkungen für die Handlungsfreiheit der Gesellschaft und seinen Eingriffen in deren Organisationsstruktur weist jedoch in aller Regel eine Qualität auf, die über die gewöhnlicher Geschäftsführungsmaßnahmen hinausgeht. Zu nennen ist etwa die regelmäßig übernommene Verpflichtung der Gesellschaft, dem Investor zu einer Vertretung im Aufsichtsrat zu verhelfen oder für eine gewisse Dauer auf Kapitalmaßnahmen zugunsten seines Beteiligungserhalts zu verzichten. Vor diesem Hintergrund ist eine Investorenvereinbarung regelmäßig als ein Geschäft

922 RegE, BT-Drucks. 14/8769, S.17.

923 RegE, BT-Drucks. 14/8769, S. 18: „Der Kodex ist der richtige Standort für solche Verhaltensregeln, die der einzelnen Gesellschaft praktikable Anhaltspunkte geben können, ohne ihr die nötige Flexibilität zu Abweichungen aufgrund von Besonderheiten der Gesellschaft (…) zu nehmen".

von grundlegender Bedeutung anzusehen, das der Zustimmung des Aufsichtsrats bedarf.[924]

Soweit ein Zustimmungsvorbehalt für den Aufsichtsrat begründet wurde,[925] ist der Vorstand gezwungen, an den Aufsichtsrat heranzutreten, um ihn von der Richtigkeit seiner Entscheidung zu überzeugen. Aber auch ohne einen ausdrücklich bestehenden Zustimmungsvorbehalt hat der Vorstand den Aufsichtsrat fortwährend über zustimmungssensible Themen zu informieren, damit dieser gegebenenfalls über einen Zustimmungsvorbehalt beschließen kann.

2. Berichtspflichten des Vorstands vor Abschluss der Investorenvereinbarung

Im Rahmen seiner gesetzlichen Berichtspflichten (§ 90 AktG) kann der Vorstand zudem verpflichtet sein, den Aufsichtsrat über die bevorstehende PIPE-Transaktion zu unterrichten. So hat der Vorstand den Aufsichtsrat über Geschäfte, die für die Rentabilität und Liquidität der Gesellschaft von erheblicher Bedeutung sein können, nach § 90 Abs. 1 S. 1 Nr. 4 AktG zu informieren. Zur Charakterisierung des erheblichen Geschäfts muss ebenso wie beim Geschäft von grundlegender Bedeutung auf eine Einzelfallbetrachtung abgestellt werden, welche die Besonderheiten des Unternehmens berücksichtigt.[926] Wie bereits festgestellt, ist die Investorenvereinbarung in aller Regel bereits ein Geschäft von grundlegender Bedeutung. Dies schließt die Erheblichkeit im Sinne von § 90 Abs. 1 S. 1 Nr. 4 AktG ein. Der Bericht ist möglichst so rechtzeitig zu erstatten, dass der Aufsichtsrat vor der Vornahme der Geschäfte Gelegenheit hat, zu ihnen Stellung zu nehmen (§ 90 Abs. 2 Nr. 4 AktG).

Dagegen findet die allein gegenüber dem Aufsichtsratsvorsitzenden bestehende Berichtspflicht aus § 90 Abs. 1 S. 3 AktG aus sonstigem wichtigen Anlass ihren Anwendungsbereich in Fällen potentiell negativer Ereignisse, die an die Gesellschaft von außen herangetragen werden und nachteilig auf sie einwirken[927]. PIPE-Transaktionen, die durch die Gesellschaft mitinitiiert werden, fallen nicht darunter.

---

924 So zutreffend bereits *Kiem*, AG 2009, 301, 307.

925 Der Zustimmungsvorbehalt kann durch den Aufsichtsrat auch für Einzelgeschäfte und damit ad hoc begründet werden, BGHZ 124, 111, 127; *Habersack* in Münchner Kommentar AktG,§ 111 AktG Rn. 115 f.; *Hüffer*, AktG, § 111 Rn. 18.

926 *Hüffer*, AktG, § 90 Rn. 7; *Krieger/Sailer-Coceani* in Schmidt/Lutter, AktG, § 90 Rn. 26.

927 *Hüffer*, AktG, § 90 Rn. 8; *Krieger/Sailer-Coceani* in Schmidt/Lutter, AktG, § 90 Rn. 33; *Wiesner* in Münch Hdb AG, § 25 Rn. 23.

3. Zeitpunkt der Einbeziehung des Aufsichtsrats

Da der Aufsichtsrat in jedem Fall vor Abschluss der Investorenvereinbarung hierüber zu informieren ist, stellt sich daran anknüpfend die Frage, ab wann genau im Rahmen der Vorbereitung der Transaktion die Informationspflicht des Vorstands einsetzt. Denn häufig geht eine frühzeitige Information des Aufsichtsrats insbesondere bei großen Aufsichtsräten mit einem Risiko für die Geheimhaltung und damit einer Gefahr für das Gelingen der Verhandlungen einher.[928] Eine Unterrichtung des gesamten Aufsichtsrats in der Phase vorläufiger Diskussionen zwischen den Beteiligten einer Transaktion kann auch einen nicht gewollten Anschein der Verbindlichkeit dieser ersten Überlegungen setzen.[929]

Maßgebliche Zeitpunkte der Vorbereitungsphase, bei denen sich die Frage der notwendigen Information des Aufsichtsrats stellt, sind der Abschluss der Absichtserklärung etwa in Form des Letter of Intent, die Entscheidung über die Gestattung einer Due Diligence-Prüfung durch den Investor oder die positive Entscheidung über den Abschluss der Investorenvereinbarung an sich. Abstellend auf das Merkmal der Erheblichkeit des Geschäfts für die Rentabilität und Liquidität der Gesellschaft in § 90 Abs. 1 S. 1 Nr. 4 AktG ist eine Informationspflicht für die Stufen der Transaktion zu bejahen, bei denen bereits wirtschaftliche Risiken für die Gesellschaft drohen. Dies kann bereits auf die Entscheidung über die Durchführung einer Due Diligence-Prüfung zutreffen, da mit der Weitergabe von Unternehmensinterna erhebliche Risiken für die Gesellschaft verbunden sind.[930] Insoweit wird häufig schon in der Gestattung der Due Diligence eine Maßnahme von erheblicher Bedeutung liegen.[931]

4. Spannungsverhältnis zwischen gesetzlicher Berichtspflicht und Wahrung der Vertraulichkeit

Um eine Unterrichtung des Gesamtaufsichtsrats hinauszuzögern, vertritt die Literatur die Auffassung, der Gesamtaufsichtsrat solle erst dann informiert werden, wenn sich die Vorüberlegungen zum Abschluss einer

---

928 *Schiessl*, AG 2009, 385, 392.

929 *Seibt* in Hommelhoff/v. Werder/Hopt, Handbuch Corporate Governance, 391, 406 f.

930 *Liefekett*, Due Diligence bei M&A- Transaktionen, S. 72 f.; für eine Beteiligung des Aufsichtsratsvorsitzenden bei der Entscheidung über die Gestattung der Due Diligence auch *Schiessl*, AG 2009, 385, 391.

931 So *Liefekett*, Due Diligence bei M&A- Transaktionen, S. 72.

Investorenvereinbarung zu einem festen Plan verdichtet haben.[932] Der Aufsichtsratsvorsitzende müsse hingegen möglichst frühzeitig, bereits bei der Entscheidung über die Gestattung einer Due Diligence, einbezogen werden.[933] Diese Position könnte sich allerdings im Hinblick auf das gesetzliche System der Berichtspflichten Einwänden ausgesetzt sehen. Denn bejaht man bereits eine Pflicht des Vorstands aus § 90 Abs. 1 S. 1 Nr. 4 AktG, dem Aufsichtsrat über eine geplante Due Diligence zu berichten, so ist diese gegenüber dem Gesamtaufsichtsrat zu erfüllen (§ 90 Abs. 5 S. 1 AktG). Lediglich das Recht auf Übermittlung von Berichten in Textform kann ausgeschlossen werden. Bei einem besonderen Interesse der Gesellschaft an der Vertraulichkeit der Berichte ist es dem Aufsichtsratsvorsitzenden möglich, einen Beschluss des Aufsichtsrats über die Nichtübermittlung der Berichte an die Aufsichtsratsmitglieder herbeizuführen[934] und bis dahin die Herausgabe der Berichte zu verweigern.[935] So kann etwa mehrheitlich beschlossen werden, dass ein Bericht nur bestimmten Mitgliedern des Aufsichtsrats oder bestimmten Ausschüssen ausgehändigt wird.[936] Das grundsätzliche Recht aller Aufsichtsratsmitglieder auf Kenntnisnahme der Berichte besteht jedoch fort. Lediglich bei Berichten aus sonstigen wichtigen Anlässen gemäß § 90 Abs. 1 S. 3 AktG kann eine Kenntnisnahme durch den Gesamtaufsichtsrat zeitlich verzögert werden, da hier der Aufsichtsratsvorsitzende allein Berichtsempfänger ist und ihm nach überwiegender Ansicht ein Entscheidungsspielraum hinsichtlich des Zeitpunkts der Unterrichtung der übrigen Aufsichtsratsmitglieder eingeräumt wird.[937] Grund hierfür ist das gesteigerte Diskretionsbedürfnis der Gesellschaft bei potentiell negativ auf sie einwirkenden Ereignissen.[938] Diese Überlegungen lassen sich indes nicht auf die insoweit vorrangige Berichtspflicht nach § 90 Abs. 1 S. 1 Nr. 4

---

932 *Schiessl*, AG 2009, 385, 392; für Vorab- Informationen des Aufsichtsratsvorsitzenden auch *Seibt/Wunsch*, Konzern 2009, 195, 200.

933 *Schiessl*, AG 2009, 385, 392; für Vorab- Informationen des Aufsichtsratsvorsitzenden auch *Seibt/Wunsch*, Konzern 2009, 195, 200.

934 *Mertens/Cahn* in Kölner Kommentar AktG, § 90 Rn. 58.

935 *Pentz* in Fleischer, Handbuch des Vorstandsrechts, § 16 Rn. 56.

936 *Krieger/Sailer-Coceani* in Schmidt/Lutter, AktG, § 90 Rn. 63; *Lutter*, Information und Vertraulichkeit, Rn. 200, 202 ff.; *Wiesner* in MünchHdb AG, § 25 Rn. 29.

937 *Krieger/Sailer- Coceani* in Schmidt/Lutter, AktG, § 90 Rn. 34; *Mertens/Cahn* in Kölner Kommentar AktG, § 90 Rn. 64.

938 *Krieger/Sailer- Coceani* in Schmidt/Lutter, AktG, § 90 Rn. 34; *Mertens/Cahn* in Kölner Kommentar AktG, § 90 Rn. 45; *Pentz* in Fleischer, Handbuch des Vorstandsrechts, § 16 Rn. 56.

AktG[939] übertragen. Das Gesetz nimmt hier eine Gefährdung des Geheimhaltungsinteresses bewusst hin, indem es als Empfängerkreis in jedem Fall den Gesamtaufsichtsrat vorsieht. Dies gilt auch bei Delegation einzelner Fragen auf spezielle vorbereitende Ausschüsse.[940] Allein für den Fall, dass konkrete Anhaltspunkte dafür bestehen, dass ein Aufsichtsratsmitglied eine Information nicht vertraulich behandeln wird, ist der Vorstand diesem Mitglied gegenüber von seiner Berichtspflicht entbunden.[941]

Zugunsten der den Bedürfnissen der Praxis eher entsprechenden Literaturansicht lässt sich jedoch argumentieren, dass die Berichtspflichten letztlich der Wahrung des Gesellschaftsinteresses dienen sollen. Erfordert das Gelingen der PIPE-Transaktion die Beschränkung dieser Berichtspflichten, muss dies im Gesellschaftsinteresse möglich sein.[942]

5. Ergebnis

Der Abschluss einer Investorenvereinbarung bedarf im Regelfall als Geschäft von grundlegender Bedeutung der Zustimmung des Aufsichtsrats. Des Weiteren löst das Vorhaben, eine Investorenvereinbarung zum Abschluss zu bringen, Informationspflichten des Vorstands gegenüber dem Aufsichtsrat aus, die spätestens vor der Entscheidung über die Gestattung einer Due Diligence zu erfüllen sind. Hierbei empfiehlt es sich, zunächst nur den Aufsichtsratsvorsitzenden zu informieren. Der Vorstand hat jedoch zu berücksichtigen, dass dieses Vorgehen sich in einer rechtlichen Grauzone bewegt.

C. Kompetenz der Hauptversammlung

Weiter stellt sich die Frage, ob die Investorenvereinbarung aufgrund ihrer Regelungsweite der Zustimmung der Hauptversammlung bedarf. Wie schon beim Aufsichtsrat, kann eine Beteiligung der Hauptversammlung an einer PIPE-Transaktion aufgrund der Strukturierung des

939 Für einen Vorrang der Berichtspflicht aus § 90 Abs. 1 S.1 Nr. 4 AktG: *Kort* in Großkommentar AktG, § 90 Rn. 71; *Mertens/Cahn* in Kölner Kommentar AktG, § 90 Rn. 46.

940 *Krieger/Sailer-Coceani* in Schmidt/Lutter, AktG, § 90 Rn. 65; *Mertens/Cahn* in Kölner Kommentar AktG, § 90 Rn. 24; a. A. *Schiessl*, AG 2009, 385, 391 f.

941 *Kort* in Großkommentar AktG, § 90 Rn. 110; *Mertens/Cahn* in Kölner Kommentar AktG, § 90 Rn. 16.

942 So *Seibt* in Hommelhoff/v. Werder/Hopt, Handbuch Corporate Governance, 391, 407.

Beteiligungserwerbs erforderlich werden, soweit etwa die Schaffung neuer Aktien im Wege der ordentlichen Kapitalerhöhung vorgesehen ist. Im Regelfall des genehmigten Kapitals hat die Hauptversammlung indes schon vorab eine abstrakte Ermächtigung zur Kapitalerhöhung und zum Bezugsrechtsausschluss erteilt (§§ 202 Abs. 1, 203 Abs. 2 S. 1 AktG), auf die der Vorstand später zurückgreifen kann.

Fraglich ist, ob der Abschluss der Investorenvereinbarung im Hinblick auf die übernommenen Verpflichtungen der Gesellschaft gegenüber dem Investor der Zustimmung der Hauptversammlung bedarf.

1. Bestehen einer gesetzlichen Hauptversammlungszuständigkeit bei Satzungsänderungen infolge der Investorenvereinbarung

Eine gesetzliche Hauptversammlungszuständigkeit ist jedenfalls dann zu bejahen, wenn Regelungen der Investorenvereinbarung Satzungsänderungen erfordern (§ 119 Abs. 1 Nr. 5 AktG). Der zwingend vorgeschriebene Inhalt der Satzung ist in § 23 Abs. 2 bis 4 AktG normiert. Vorstellbar sind Vereinbarungen, die die Firma, den Sitz, den Unternehmensgegenstand der Zielgesellschaft oder die Zahl der Vorstandsmitglieder – je nach Gewicht und Einflussnahmeverlangen des Investors – abändern.

2. Investorenvereinbarung als Unternehmensvertrag im Sinne der §§ 291 ff. AktG?

Fraglich ist, ob die Investorenvereinbarung als ein Unternehmensvertrag im Sinne der §§ 291 ff. AktG, genauer eines Beherrschungsvertrages nach § 291 Abs. 1 S. 1 1. Alt. AktG, anzusehen ist. Ein solcher ist nur mit Zustimmung der Hauptversammlung wirksam (§ 293 Abs. 1 S. 1 AktG). Durch einen Beherrschungsvertrag unterstellt eine Aktiengesellschaft ihre Leitung einem anderen Unternehmen. Erforderlich und genügend ist, dass der herrschende Vertragspartner in die Lage versetzt wird, eine auf das Gesamtinteresse der verbundenen Unternehmen ausgerichtete Zielkonzeption zu entwickeln und gegenüber dem Vorstand der beherrschten Gesellschaft durchzusetzen.[943] Derart weitreichende Leitungsbefugnisse werden dem Investor bei dem hier unterstellten Idealfall einer PIPE-Minderheitsbeteiligung regelmäßig nicht eingeräumt. Überhaupt werden Leitungsbefugnisse gar nicht übertragen. Das Bestreben des Investors, einen Platz im Aufsichtsrat zu erlangen, wäre nicht verständlich,

943 *Hüffer*, AktG, § 291 Rn. 10.

wenn er schon Leitungsbefugnisse qua Vereinbarung hätte. In der Literatur wird eher ein Vertrag mit Entherrschungscharakter als Parallele herangezogen,[944] der inhaltlich auf die Begrenzung der Rechte des mit Mehrheit beteiligten Unternehmens gerichtet ist.[945]

3. Keine ungeschriebene Hauptversammlungszuständigkeit

Ebenso wenig besteht eine ungeschriebene Hauptversammlungszuständigkeit. Eine solche kann nach Auffassung der Rechtsprechung nur in engen Grenzen angenommen werden.[946] In quantitativer Hinsicht muss die in Rede stehende Geschäftsführungsmaßnahme etwa 80 Prozent des Gesellschaftsvermögens betreffen,[947] wobei die Daten des Konzerns zugrundezulegen sind.[948] Daneben muss sie einen qualifizierten Eingriff in die Rechtsstellung der Aktionäre nach sich ziehen.[949] Dies ist insbesondere der Fall, wenn die Maßnahme solche Strukturveränderungen bewirkt, die den Einfluss der Aktionäre auf den Einsatz des Betriebskapitals, wie im Fall der Ausgliederung des wesentlichen Teils des Gesellschaftsvermögens auf eine Tochtergesellschaft, verringert oder mediatisiert.[950] Eine solche schwerwiegende Beeinträchtigung der mitgliedschaftlichen Aktionärsrechte ist durch eine PIPE-Investorenvereinbarung indes nicht zu befürchten, da die Zielgesellschaft im Zuge der Transaktion keine Umstrukturierung ihrer Konzernverhältnisse vornimmt, noch Gesellschaftsvermögen weggibt. Auch die typischen Gremienabreden zugunsten des Investors wirken sich im Ergebnis nicht „mediatisierend" aus, soweit sie in Übereinstimmung mit den aktienrechtlichen Vorgaben formuliert werden. Eine unzulässige Verkürzung der Rechte der Altaktionäre ist in diesem Rahmen nicht zu befürchten. Der Inhalt der Investorenvereinbarung ist zudem von Regelungen geprägt, die die Unabhängigkeit der

---

944 *Kiem*, AG 2009, 301, 306; *Seibt/Wunsch*, Konzern 2009, 195, 200, *Reichert/Ott*, FS Goette, 397, 398.

945 *Koppenheimer* in Kölner Kommentar AktG, § 17 Rn. 109.

946 BGHZ 83, 122; BGH v. 26.4.2004 – II ZR 155/02, BGHZ 159, 30 („Gelatine I"), aus dem umfangreichen Schrifttum etwa *Hüffer*, § 119 Rn. 16 ff.; *Hoffmann* in Spindler/Stilz, AktG, § 119 Rn. 21 ff.; *Schlitt* in Semler/Stengel, UmwG, Anh. § 173 Rn.29 ff.

947 BGHZ 159, 30, 45.

948 *Krieger* in Münch Hdb AG, § 69 Rn. 11; *Feldhaus*, BB 2009, 562, 567 f.; *Kiesewetter/Spengler* in Konzern 2009, 451, 456; für Maßgeblichkeit des Gesellschaftsvermögens auch im Konzern *Emmerich* in Emmerich/Habersack, Aktien- und GmbH-Konzernrecht, Vor § 311 Rn.46; *Spindler* in Schmidt/Lutter, AktG, § 119 Rn.119.

949 BGHZ 159, 30, 40.

950 *Spindler* in Schmidt/Lutter, AktG, § 119 Rn. 30.

Zielgesellschaft absichern sollen und auf die Stabilisierung der Beteiligung des Investors gerichtet sind.

4. Ergebnis

Eine gesetzliche oder ungeschriebene Zustimmungspflicht der Hauptversammlung zum Abschluss einer Investorenvereinbarung lässt sich nicht begründen. Die Abschlusszuständigkeit für die Investorenvereinbarung liegt damit beim Vorstand, der Aufsichtsrat hat ihrem Abschluss zuzustimmen.

V. Die einzelnen Abreden und hieran anknüpfende Rechtsfragen

Wie bereits einleitend dargestellt, lässt sich die Investorenvereinbarung in mehrere charakteristische Regelungsfelder einteilen. Hierzu gehören notwendig Abreden, welche die Pflichten der Parteien bei der Durchführung des Beteiligungserwerbs betreffen. Der wesentliche Teil der Investorenvereinbarung wird jedoch von Regelungen bestimmt, welche die Rechte und Pflichten von Zielgesellschaft und Investor entsprechend ihren jeweiligen Interessen für die Dauer der Beteiligung festlegen. Im Folgenden sollen diese und die sich aus ihnen ergebenden rechtlichen Fragestellungen näher untersucht werden.

A. Abreden zur Absicherung des Beteiligungserwerbs

Als rechtliche Grundlage der Transaktion regelt die Investorenvereinbarung die wesentlichen Parameter der Struktur des Beteiligungserwerbs und legt deren Ablauf und Konditionen fest. Im Fall der Barkapitalerhöhung aus genehmigtem Kapital mit erleichtertem Bezugsrechtsausschluss haben die Parteien insbesondere den Preis und die Anzahl der vom Investor zu zeichnenden Aktien zu vereinbaren. Da der Investor sich gegenüber der Zielgesellschaft direkt zur Zeichnung junger Aktien verpflichtet, ist hierin ein Zeichnungsvertrag oder -vorvertrag zu sehen, der nach herrschender Auffassung zulässig ist und besonderen Formanforderungen unterliegt (§ 185 Abs. 1 AktG).[951] Der Zeichnungsvorvertrag

951 *v. Dryander/Niggemann* in Hölters, AktG, § 185 Rn. 9, 11 ff.; *Hüffer*, AktG, § 185 Rn. 7 ff, 31.

bedarf der Schriftform und hat die zwingenden Angaben des § 185 Abs. 1 AktG zu enthalten.[952] Zudem sind Vorbehalte im Rahmen des Zeichnungsvorvertrages zu vermeiden (§ 185 Abs. 2 AktG). Das Fehlen der erforderlichen Angaben führt zur Nichtigkeit des Zeichnungsvorvertrages.[953]

Im Fall der Bezugsrechtsemission sind die Bedingungen der Bezugsverpflichtung des Investors oder aufstockenden Altaktionärs wie der Backstop-Preis, gegebenenfalls der Erhalt eines Mindestvolumens nicht bezogener Aktien oder die Begrenzung der Zeichnungspflicht auf eine Höchstbeteiligungsquote[954] festzulegen. Besondere Formerfordernisse bestehen bei der Bezugsverpflichtung nicht, da die jungen Aktien regelmäßig von der Emissionsbank gezeichnet werden und es daher zu keinem Zeichnungsvertrag zwischen dem Investor oder bezugsberechtigten Aktionär und der Gesellschaft kommt.[955] Die Zielgesellschaft kann dem Investor rechtsgeschäftlich das Recht auf den Bezug neuer Aktien nur unter dem Vorbehalt des Bezugsrechts der Aktionäre zusichern (§ 187 Abs. 1 AktG).

Beteiligt sich der PIPE-Investor allein über den Erwerb bereits bestehender Aktien etwa durch Marktkäufe oder einen Paketerwerb, enthält die Investorenvereinbarung keine Vereinbarungen über den Beteiligungserwerb. Allenfalls im Fall der Umplatzierung vinkulierter Aktien im Sinne von § 68 Abs. 2 S. 1 AktG ist die Unterstützung der Gesellschaft erforderlich und kann zum Vertragsgegenstand gemacht werden.[956] Fraglich ist dann, ob sich der Vorstand im Rahmen der Investorenvereinbarung bereits dazu verpflichten kann, seine Zustimmung zur Übertragung der Aktien zu erteilen. Dies könnte bedenklich sein, da der Vorstand sein Ermessen im Vorfeld bindet und eventuell nicht alle ermes-

---

952 *v. Dryander/Niggemann* in Hölters, AktG, § 185 Rn. 9, 11 ff.; nur für Angaben nach § 185 Abs. 1 Nr. 2 und 3 AktG *Hüffer*, AktG, § 185 Rn. 31.

953 *Hüffer*, AktG, § 185 Rn. 31; *Veil* in Schmidt/Lutter, AktG, § 185 Rn. 29..

954 Ein Beispiel hierfür liefert der Börsenzulassungsprospekt der Infineon AG vom 16.7.2009, S. 32. Der Finanzinvestor Apollo machte hier seine Verpflichtung zum Erwerb nicht bezogener Aktien vom Erhalt einer Mindestbeteiligungsschwelle von 15 Prozent am Grundkapital und den Stimmrechten der Gesellschaft abhängig. Zusätzlich begrenzte er seine Bezugspflicht auf den maximalen Investitionsbetrag von 30 Prozent minus einer Aktie am Grundkapital und den Stimmrechten der Gesellschaft.

955 *v. Dryander/Niggemann* in Hölters, AktG, § 185 Rn. 13; *Singhof* in FS U. H. Schneider, 1261, 1268 ff.

956 Die Vinkulierung von Aktien steht ihrer Börsenfähigkeit nicht entgegen. Sofern die vinkulierten Aktien blankoindossiert sind, werden sie als frei handelbar im Sinne des § 5 Abs. 1 BörsZulV angesehen. *Bayer* in Münchner Kommentar AktG, § 68 Rn. 6.

senbestimmenden Erwägungen bis zum Abschluss der Transaktion in die Entscheidung einstellen kann. Daher kann die Verpflichtung seitens des Vorstands nur insoweit übernommen werden, als das Zustimmungsrecht zeitnah zum Abschluss der Investorenvereinbarung ausgeübt wird.[957]

B. Abreden zur Sicherung der Interessen des Investors

Einen großen Teil der Investorenvereinbarung nehmen Reglungen ein, die dem Investor den Einfluss auf die Unternehmensleitung ermöglichen sollen. Neben der Zusicherung einer Vertretung in den Verwaltungsorganen der Zielgesellschaft geht es dem Investor hier um die Gewährung von Einwirkungsrechten auf die Geschäftsführung, zusätzliche Informationsrechte, die Absicherung seiner Beteiligungsquote durch Verwässerungsschutzklauseln sowie die Abgabe von Garantien seitens der Zielgesellschaft im Hinblick auf die Eigenschaften des Unternehmens. Im Kontext öffentlicher Erwerbsangebote bedingt sich der Investor zusätzlich die Unterstützung der Zielgesellschaft im Angebotsverfahren nach den §§ 10 ff. WpÜG aus.

1. Zusage einer Vertretung in den Verwaltungsorganen der Zielgesellschaft

Eines der Hauptanliegen des Investors ist es, im Rahmen seiner Beteiligung Einfluss auf die Unternehmensführung der Zielgesellschaft nehmen zu können. Die stärkste Form der Einflussnahme führt über die Vertretung im Vorstand oder Aufsichtsrat des Zielunternehmens. In der Praxis zielen die Vereinbarungen dabei vornehmlich auf die Herstellung einer Aufsichtsratspräsenz des Investors ab, während dem gegenwärtigen Geschäftsmodell und dem Vorstand der Zielgesellschaft in der Investorenvereinbarung regelmäßig das Vertrauen ausgesprochen wird.[958] Hierfür sind mehrere Gründe zu nennen.

a) Keine Zusicherung einer Vertretung im Vorstand

Zunächst wird der Vorstand allein durch den Gesamtaufsichtsrat bestellt (§ 84 Abs. 1 S. 1 AktG).[959] Eine direkte Einflussnahme der Aktionäre auf

957 *Kiem*, AG 2009, 301, 310; *Seibt/Wunsch*, Konzern 2009, 195, 207.
958 *Kiem*, AG 2009, 301, 303; *Seibt/Wunsch*, Konzern 2009, 195, 204.
959 *Hüffer*, AktG, § 84 Rn. 5.

die Besetzung des Vorstands scheidet aus. Vertragliche Abreden, die auf die Herstellung einer Vertretung des Investors im Vorstand gerichtet wären, müssten daher vorsehen, dass bisherige Vorstandsmitglieder der Gesellschaft ihre Ämter niederlegen und der Aufsichtsrat die vom Investor vorgeschlagenen Personen zu neuen Mitgliedern des Vorstands bestellt.

Vereinbarungen des Aufsichtsrats mit der Gesellschaft oder Dritten, durch die sich ein Aufsichtsratsmitglied verpflichtet, ein bestimmtes Vorstandsmitglied zu bestellen oder die Bestellung von der Zustimmung eines anderen Gesellschaftsorgans, eines Aktionärs oder eines Dritten abhängig zu machen, sind nach ganz herrschender Auffassung nichtig.[960] Im Rahmen seines unternehmerischen Ermessens soll der Aufsichtsrat bei der Entscheidung, wen er zum Mitglied des Vorstands bestellen will, frei sein.[961] Eine Vereinbarung zwischen der Gesellschaft und dem Investor, wonach die Mitglieder des Aufsichtsrats zur Bestellung einer bestimmten Person in den Vorstand der Gesellschaft verpflichtet wären, würde gegen den Grundsatz der höchstpersönlichen und weisungsfreien Amtswahrnehmung des Aufsichtsratsmitglieds (§ 111 Abs. 5 AktG) und damit gegen zwingendes Aktienrecht verstoßen. Sie wäre nichtig (§ 134 BGB).[962] Als unzulässig gelten darüber hinaus auch sonstige Vereinbarungen, die einen faktischen Entscheidungsdruck für das jeweilige Aufsichtsratsmitglied erzeugen, etwa die Verpflichtung zur Leistung einer Vertragsstrafe oder zur Amtsniederlegung bei Nichtbefolgung der Weisung eines Dritten.[963]

Zulässig bleibt nach zutreffender Ansicht allein die tatsächliche Einwirkung auf einzelne Aufsichtsratsmitglieder, etwa durch vorbereitende Absprachen, Anregungen oder das Kommunizieren von Erwartungen, wobei der Einflussnahme dort Grenzen gesetzt sind, wo eine Beeinträchtigung der freien Entschließung des Aufsichtsratsmitglieds bezweckt wird.[964]

Zudem wird die Zielgesellschaft im Zeitpunkt der Beteiligung des PIPE-Investors zu einer sofortigen Auswechselung ihrer Führungskräfte

---

960 *Spindler* in Münchener Kommentar AktG, § 84 Rn.14; *Weber* in Hölters, AktG, § 84 Rn. 9; *Lutter/Krieger*, Rechte und Pflichten des Aufsichtsrats, § 7 Rn.333.

961 *Spindler* in Münchener Kommentar AktG, § 84 R.14; *Weber* in Hölters, AktG, § 84 Rn. 9; *Lutter/Krieger*, Rechte und Pflichten des Aufsichtsrats, § 7 Rn.333.

962 *Mertens/Cahn* in Kölner Kommentar AktG, § 84 Rn. 8.

963 *Habersack* in Münchener Kommentar AktG, § 111 Rn.137; *Reichert/Ott*, FS Goette, S. 397, 401.

964 *Spindler* in Münchener Kommentar AktG, § 84 Rn.15; *Weber* in Hölters, AktG, § 84 Rn.12; *Niewerra*, BB 1998, 1961, 1963.

schon tatsächlich nicht bereit sein.[965] Private Equity-Investoren sind darüber hinaus bei der Besetzung des Vorstands der Zielgesellschaft mit eigenen Kandidaten zurückhaltend, weil die aktive Teilnahme an unternehmerischen Entscheidungen für sie einen steuerrelevanten Fall der Gewerblichkeit darstellt, der bei der Wahrnehmung einer reinen Aufsichtstätigkeit vermieden werden kann.[966] Außerdem verfügen Private Equity-Investoren häufig nicht über für die Besetzung des Vorstands der Zielgesellschaft bereitzustellendes Personal und sind somit auf die Zusammenarbeit mit dem Management der Zielgesellschaft angewiesen.[967]

b) Mögliche Zusicherungen einer Vertretung im Aufsichtsrat

Die Frage, welche Zusicherungen die Zielgesellschaft gegenüber dem Investor hinsichtlich der gewünschten Vertretung im Aufsichtsrat abgeben kann, wird durch die Grenzen des aktienrechtlich zulässigen Handlungsrahmens für die Organe der Gesellschaft bestimmt. Insbesondere müssen die gesetzlich vorgegebenen Verfahren zur Bestellung des Aufsichtsrats in der Aktiengesellschaft eingehalten werden. In Betracht kommen für die Anteilseignervertreter die Wahl durch die Hauptversammlung (§ 101 Abs. 1 S. 1 1. Alt. AktG), die Entsendung durch einen Aktionär, sofern ein Entsendungsrecht des Aktionärs in der Satzung begründet wurde, (§ 101 Abs. 1 S. 1 2. Alt. AktG) sowie die gerichtliche Bestellung im Falle der Beschlussunfähigkeit oder Unterbesetzung des Aufsichtsrats (§ 104 AktG). Dabei wird der Investor bestrebt sein, seine Aufsichtsratspräsenz zeitgleich mit dem Beginn der Beteiligung sicherzustellen. Dazu müsste entweder eine außerordentliche Hauptversammlung einberufen werden, in der die neuen Mitglieder zur Wahl in den Aufsichtsrat vorgeschlagen und gewählt oder Entsendungsrechte für den Investor beschlossen würden. Eine weitere Möglichkeit läge in der gerichtlichen Bestellung der Kandidaten des Investors auf Vorschlag des Vorstands nach freiwilliger Amtsniederlegung durch existierende Aufsichtsratsmitglieder.

---

965 Üblich sind solche Vereinbarungen vielmehr bei Unternehmenszusammenschlüssen. Siehe hierzu das Beispiel einer Regelung zur Führungskräftebeteiligung im Rahmen einer Grundsatzvereinbarung über den Zusammenschluss zweier AG (Business Combination Agreement) nach *Seibt*, Beck'sches Formularbuch Mergers & Aquisitions, L.II.2. § 10.1.

966 *Inhester* in Jesch/Striegel/Boxberger, Rechtshandbuch Private Equity, § 11 Rn. 4.1.1.

967 *Eilers/Koffka* in Eilers/Koffka/Mackensen, Private Equity, Einl. Rn. 14.

aa) Unzulässigkeit der rechtsgeschäftlichen Zusage einer Vertretung im Aufsichtsrat

Eine vertragliche Verpflichtung, wonach eine Vertretung bestimmter vom Investor gewünschter Personen im Aufsichtsrat der Gesellschaft herzustellen wäre, kann die Gesellschaft aktienrechtlich nicht übernehmen. Eine solche Besetzungsabrede umginge alle zuvor genannten Bestellungsverfahren. Verletzt würde insbesondere die ausschließliche Zuständigkeit der Hauptversammlung für die Wahl des Aufsichtsrats unabhängig von Wahlvorschlägen Dritter (§§ 101 Abs. 1 S. 1 1. Fall, 119 Abs. 1 Nr. 1 AktG)[968] oder die Begründung von Entsendungsrechten (§ 101 Abs. 2 AktG). Außerdem liefe eine solche Vereinbarung darauf hinaus, dass der Vorstand als Vertretungsorgan der Gesellschaft mit dem Investor verbindlich Abreden über die Zusammensetzung des Organs, das zu seiner eigenen Kontrolle eingesetzt ist (§ 111 Abs. 1 AktG), träfe. Rechtsfolge einer solchen Vereinbarung wäre ihre Nichtigkeit (§ 134 BGB).

bb) Zulässigkeit der Verpflichtung des Vorstands zu Unterstützungsbemühungen im Hinblick auf eine Vertretung im Aufsichtsrat

Wenn eine vertragliche Zusicherung über die Besetzung des Aufsichtsrats mit Vertretern des Investors rechtlich nicht zulässig ist, stellt sich die Frage, inwieweit die Verpflichtung des Vorstands, das Erreichen dieser Besetzung in sein Bemühen zu stellen, rechtlich zulässig sein kann.

In der Praxis sind bloße Bemühungsverpflichtungen, denen kein Erfüllungsanspruch gegenübersteht, zu Fragen der Zusammensetzung von Verwaltungsorganen sehr verbreitet.[969] Dabei wird das Bemühen regelmäßig auf das gesetzlich zulässige und rechtlich zumutbare Maß beschränkt,[970] sodass letztlich die Grenzen des rechtlich zulässigen Organhandelns auch die Grenzen des rechtlich Zusicherbaren bilden. Zu untersuchen sind die möglichen Unterstützungshandlungen des Vorstands der Gesellschaft im Vorfeld der Wahlen von Aufsichtsratsmitgliedern und bei der gerichtlichen Bestellung von Aufsichtsratsmitgliedern.

---

968 *Habersack* in Münchener Kommentar AktG, § 101 Rn.12; *Hopt/Groß* in Großkommentar AktG, § 101 Rn. 25.

969 *Seibt*, Beck'sches Formularbuch Mergers & Acquisitions, L.II.2. Anm. 16.

970 So etwa das Formulierungsbeispiel bei *Seibt/Wunsch*, Konzern 2009, 195, 205 f.

(1) Zulässige Unterstützungshandlungen bei der Wahl von Aufsichtsratsmitgliedern

Als Unterstützungshandlungen des Vorstands kommen praktisch Gespräche mit einzelnen Aktionären im Vorfeld der Hauptversammlung oder mit dem Aufsichtsrat – insbesondere dem Nominierungsausschuss[971] –, in denen der Vorstand auf Vertreter des Investors als mögliche Kandidaten für die Wahl des Aufsichtsrats aufmerksam macht, in Betracht.

Voraussetzung für die Zulässigkeit solcher Bemühungsverpflichtungen ist, dass kein unzulässiger Entscheidungsdruck durch den Vorstand auf den Aufsichtsrat ausgeübt und dessen unabhängige Amtswahrnehmung beeinträchtigt wird, wodurch gesetzlichen Wertungen umgangen würden.[972] Bei der Ausgestaltung sollte daher darauf geachtet werden, dass jeweils nur das Bemühen geschuldet ist, nicht jedoch der Erfolg, etwa ein bestimmtes Verhalten des Aufsichtsrats.[973] Möglich wäre danach die Zusicherung des Vorstands, sich für einen Kandidaten des Investors einzusetzen, nicht aber die Zusage, sicherzustellen, dass dieser Kandidat der Hauptversammlung durch den Aufsichtsrat vorgeschlagen wird. Zu vermeiden sind daher Formulierungen wie „dafür sorgen" oder „gewährleisten". Sie deuten darauf hin, dass der Erfolg an sich bereits Gegenstand der Verpflichtung ist.[974]

Als unzulässig müssen auch Sanktionsabreden gelten, die an das Ausbleiben des gewünschten Erfolgs selbst anknüpfen, für diesen Fall etwa Vertragsstrafen[975] oder den Wegfall investorenseitiger Verpflichtungen vorsehen.[976] Dabei erscheint es unerheblich, ob die Sanktion an das Ausbleiben des Erfolgs oder an das Ausbleiben des Bemühens anknüpft. Denn in beiden Fällen besteht die Gefahr, dass das verpflichtete Aufsichtsratsmitglied aufgrund des Sanktionsdrucks Handlungen vornimmt,

---

971 Diesen zu bilden wird in Ziff. 5.3.3 DCGK empfohlen. Er hat die Aufgabe, dem Aufsichtsrat geeignete Kandidaten für die Wahlvorschläge gemäß § 124 Abs. 3 S. 1 2. Hs. AktG vorzuschlagen.

972 *Seibt/Wunsch*, Konzern 2009, 195, 204.

973 So (zwar im Hinblick auf die Einwirkungsverpflichtung des Aktionärs auf Mitglieder des Aufsichtsrats) die überzeugende Differenzierung von *Reichert/Ott*, FS Goette, S. 397, 405.

974 So zutreffend *Reichert/Ott*, FS Goette, S. 397, 405.

975 *Seibt/Wunsch*, Konzern 2009, 195, 204.

976 So ein Vorschlag bei *Nussbaum/Rothenfußer* in Jesch/Striegel/Boxberger, Rechtshandbuch Private Equity, § 21 3.4.

die es ohne die Sanktion nicht vorgenommen hätte, und so in seiner Entschließungsfreiheit beeinträchtigt wäre.[977]

(2) Zulässigkeit von Unterstützungshandlungen im Rahmen der gerichtlichen Bestellung nach § 104 AktG

Eine weitere Möglichkeit des Vorstands in den Grenzen des Aktienrechts Ein-fluss auf die Besetzung des Aufsichtsrats zu nehmen, ergibt sich aus seinem Vorschlagsrecht nach § 104 AktG. Dieses besteht, wenn der Aufsichtsrat durch das Ausscheiden von Mitgliedern nicht mehr ordnungsgemäß besetzt ist. In diesem Fall darf die Bestellung von Mitgliedern durch das zuständige Gericht auch vom Vorstand beantragt werden. Um dieses Verfahren für die Investorenpräsenz im Aufsichtsrat nutzbar zu machen, ist allerdings erforderlich, dass bestehende Aufsichtsratsmitglieder der Zielgesellschaft ihr Amt freiwillig niederlegen. Angesichts der oben dargestellten Strenge des Gesetzes bei der regulären Bestellung des Aufsichtsrats, bedarf die Erfüllung der Voraussetzungen der gerichtlichen Bestellung einer genaueren Prüfung.

(a) Rechtmäßigkeit der Amtsniederlegung zur Schaffung einer Vakanz

Die Amtsniederlegung bisheriger Aufsichtsratsmitglieder nur zum Zweck der Platzschaffung für Vertreter des Investors könnte rechtliche Bedenken aufwerfen. Denn die Aufsichtsratsmitglieder der Zielgesellschaft wurden von der Hauptversammlung für diese Aufgabe für eine bestimmte Zeit gewählt. Zudem soll die Möglichkeit der Amtsniederlegung für Aufsichtsratsmitglieder hauptsächlich möglichen Interessenskonflikten Rechnung tragen,[978] die dem einzelnen Mitglied die Fortführung seines Amtes unmöglich machen. Das Ausscheiden aus dem Amt zugunsten eines anderen Kandidaten entspricht insoweit nicht dem gesetzlichen Leitbild. Nach herrschender Auffassung müssen Mitglieder des Aufsichtsrats ihr Amt jedoch jederzeit auch ohne die Angabe von Gründen niederlegen dürfen, soweit nicht der Zeitpunkt rechtsmissbräuchlich gewählt wurde.[979] So könne insbesondere die Überwachungsfunktion nicht sinnvoll gewährleistet werden, wenn Aufsichtsratsmit-

977 Anders *Reichert/Ott* in FS Goette, S. 397, 404 f.

978 *Habersack* in Münchner Kommentar AktG, § 103 Rn. 59; *Hüffer*, AktG, § 103 Rn. 17.

979 *Drygala* in Schmidt/Lutter, AktG, § 103 Rn. 24; *Habersack* in Münchner Kommentar AktG, § 103 Rn. 59 f.; *Hopt/Roth* in Großkommentar AktG, § 103 Rn. 83; *Hüffer*, AktG, § 103 Rn.17.

glieder gegen ihren Willen im Amt festgehalten würden.[980] Diese Ansicht überzeugt. Soweit Mitglieder des Aufsichtsrats freiwillig ihr Amt niederlegen, ist diese Entscheidung als das Ergebnis einer persönlichen Abwägung anzusehen, die Kontrollfunktion nicht mehr ausüben zu wollen.

(b) Voraussetzungen der gerichtlichen Bestellung

Voraussetzung der gerichtlichen Bestellung ist gemäß § 104 Abs. 1 S. 1 AktG, dass dem Aufsichtsrat nicht die zur Beschlussfähigkeit nötige Zahl von Mitgliedern angehört. Die Beschlussfähigkeit des Aufsichtsrat bestimmt sich in erster Linie nach der Satzung, soweit keine vorrangigen gesetzlichen Vorgaben einzuhalten sind (§ 108 Abs. 2 S. 1 AktG). In Ermangelung einer Satzungsbestimmung ordnet § 108 Abs. 2 S. 2 AktG für Aufsichtsräte ohne Arbeitnehmerbeteiligung an, dass der Aufsichtsrat dann beschlussfähig ist, wenn mindestens die Hälfte der gesetzlichen oder satzungsmäßigen Anzahl der Aufsichtsratsmitglieder an der Beschlussfassung teilnimmt. Vorbehaltlich anderslautender Satzungsbestimmungen müsste für die Erfüllung dieses Tatbestandes über die Hälfte der Aufsichtsratsmitglieder der Zielgesellschaft ihr Amt niederlegen.

Daneben besteht ein Antragsrecht des Vorstands im Fall der Unterbesetzung des Aufsichtsrats gemäß § 104 Abs. 2 AktG. Diese liegt bereits dann vor, wenn dem Aufsichtsrat über einen längeren Zeitraum als drei Monate weniger Mitglieder angehören, als gesetzlich oder satzungsmäßig vorgeschrieben ist. Der Antrag auf gerichtliche Ergänzung darf hier jedoch – außerhalb von dringenden Fällen – nicht vor Ablauf von drei Monaten erfolgen. Dies könnte sich als problematisch darstellen, wenn der Investor auf eine sofortige Bestellung dringt. In paritätisch mitbestimmten Gesellschaften liegt ein dringender Fall stets vor, wenn ein Mitglied der Arbeitnehmer- oder Anteilseignerseite des Aufsichtsrats fehlt (§ 104 Abs. 3 Nr. 2 AktG), um die nötige Parität wiederherzustellen.[981]

980 *Habersack* in Münchner Kommentar AktG, § 103 Rn. 59; *Hopt/Roth* in Großkommentar AktG, § 103 Rn. 85.

981 *Spindler* in Spindler/Stilz, AktG, § 104 Rn.31; *Hüffer*, AktG, § 104 Rn. 7 f.; *Drygala* in Schmidt/Lutter, AktG, § 104 Rn. 15. Eine gerichtliche Bestellung von Aufsichtsratsmitgliedern erfolgte etwa im Anschluss an die Amtsniederlegung durch vier der zehn Anteilseignervertreter des mitbestimmten Aufsichtsrat der Continental AG im Februar 2009 gemäß § 104 Abs. 2 und 3 AktG, vergleiche Sachverhalt in AG 2009, 341.

(c) Ermessensentscheidung des Gerichts

Nachdem der Vorstand oder das Mitglied des Aufsichtsrats seinen Antrag verbunden mit seinem Vorschlag der zu bestellenden Personen bei Gericht eingereicht hat, entscheidet dieses nach pflichtgemäßem Ermessen, ohne an die Vorschläge des Antragstellers gebunden zu sein.[982] In dieser Neutralität des Gerichts findet das Vorschlagsrecht des Vorstands gerade seine Rechtfertigung.[983] Jedoch entscheidet das Gericht in der Regel im Sinne des Antragstellers, soweit keine Bestellungshindernisse vorliegen.[984]

Da das gerichtliche Bestellungsverfahren dem Vorstand praktisch die Einwirkung auf die Zusammensetzung des Aufsichtsrats ermöglicht, sollte das Gericht den vorgeschlagenen Kandidaten nicht für die Dauer der verbleibenden Amtszeit des ausgeschiedenen Aufsichtsratsmitglied bestellen, sondern die Bestellung bis zur nächsten Hauptversammlung befristen,[985] dies empfiehlt auch der Deutsche Corporate Governance Kodex in Ziff. 5.4.3. S. 2.

(d) Organisation des Verfahrensablaufs

Betrachtet man die Voraussetzungen der gerichtlichen Bestellung von Vertretern des Investors zu Aufsichtsratsmitgliedern, wird deutlich, dass ein einvernehmliches und abgestimmtes Verhalten von Vorstand und Aufsichtsrat der Gesellschaft hierfür unerlässlich ist. Ist dies der Fall, entspricht es der Praxis, dass der Aufsichtsratsvorsitzende im Kreis der Anteilseignervertreter sondiert, ob gewählte Aufsichtsratskandidaten zum Verzicht auf ihr Amt bereit sind, um Platz für eventuelle Kandidaten des Investors zu machen.[986] Die Niederlegungserklärungen bisheriger Aufsichtsratsmitglieder können sodann bei einem Treuhänder hinterlegt werden und bei Vollzug der Transaktion von diesem freigegeben werden.[987] Danach erfolgt regelmäßig die Antragstellung des Vorstands auf gerichtliche Bestellung der vom Investor vorgeschlagenen Personen. Zur

---

982 BayObLG, AG 1998, 36; *Hüffer*, AktG, § 104 Rn.5.

983 *Seibt/Wunsch*, Konzern 2009, 195, 205.

984 *Kiem*, AG 2009, 301, 309, (Fn. 54); *von Wietzlow/Gemmeke*, AG-Report 2003, 302.

985 *Habersack* in Münchner Kommentar AktG, § 104 Rn. 8; *Hopt/Roth* in Großkommentar AktG, § 104 Rn. 82.

986 *Kiem*, AG 2009, 301, 309.

987 *Nussbaum/Rothenfußer* in Jesch/Striegel/Boxberger, Rechtshandbuch Private Equity, § 21 2.5.

weiteren Absicherung der gerichtlichen Bestellung können Einverständniserklärungen des Aufsichtsrats und des Investors mit der zu bestellenden Person dem Antrag des Vorstands beigefügt werden.[988]

Zu beachten ist, dass gegen den Beschluss des Gerichts innerhalb eines Monats Beschwerde eingelegt werden kann (§§ 58 Abs. 1, 402 Abs. 1 FamFG, 104 Abs. 6 S. 3 AktG). Dabei sind neben der Gesellschaft, den übrigen Aufsichtsratsmitgliedern alle Aktionäre – nach überwiegender Auffassung auch diejenigen, die nicht am Ausgangsverfahren beteiligt waren – beschwerdeberechtigt.[989] Das Gericht kann der Beschwerde abhelfen oder muss sie anderenfalls dem zuständigen Oberlandesgericht vorlegen (§ 68 Abs. 1 FamFG i.V.m. § 119 Abs. 1 Nr. 1 lit. b GVG).[990] Die rechtzeitige Einlegung der Beschwerde hemmt den Eintritt der Rechtskraft (§ 45 S. 2 FamFG), zieht hingegen keine aufschiebende Wirkung hinsichtlich des Wirksamwerdens des Bestellungsbeschlusses nach sich.[991]

(e) Zulässige Ausgestaltung der Zusicherung der Bemühensverpflichtung des Vorstands

In Anbetracht der gesetzlichen Voraussetzungen für eine gerichtliche Bestellung, kann vorstandsseitig die Zusicherung übernommen werden, sich innerhalb des gesetzlich zulässigen Rahmens zu bemühen, dem Gericht die vom Investor bevorzugten Personen vorzuschlagen.[992] Soweit Aufsichtsratsmitglieder sich bereits im Zeitpunkt der Investorenvereinbarung zur Amtsniederlegung bereit erklärt haben, kann auch die Erbringung eines Nachweises über die Amtsniederlegung Gegenstand der Zusicherung sein.

Außerdem ist eine Vereinbarung darüber zu treffen, wie sich das zukünftige Aktionärsstimmrecht des Investors im Hinblick auf die bereits geschaffene Vertretung im Aufsichtsrat in Einklang bringen lässt. Denn die Investorenvereinbarung sieht gerade eine bestimmte zahlenmäßige Vertretung im Aufsichtsrat durch Vertreter des Investors vor. Ohne eine signifikante Veränderung der Beteiligungsverhältnisse innerhalb der Ziel-

---

988 *Nussbaum/Rothenfußer* in Jesch/Striegel/Boxberger, Rechtshandbuch Private Equity, § 21 2.5.

989 OLG Schleswig, NZG 2004, 669; LG Hannover, ZIP 2009, 761, 762; *Lutter/Kirschbaum*, ZIP 2005, 103, 104; *Simons* in Hölters, AktG, § 104 Rn.41; a. A. Hüffer, AktG, § 104 Rn.5.

990 *Spindler* in Spindler/Stilz, AktG, § 104 Rn.26.

991 *Sternal* in Keidel, FamFG, § 64 Rn.57.

992 So auch das Formulierungsbeispiel bei *Seibt/Wunsch*, Konzern 2009, 195, 205.

gesellschaft erscheint die spätere Zuwahl weiterer dem Investor günstiger Personen in den Aufsichtsrat nicht gerechtfertigt. Indes wird der Investor mit dem Vollzug der Transaktion selbst Aktionär, mit dem Recht, sein Wahlrecht weisungsfrei im Sinne des § 136 Abs. 2 AktG auszuüben. Eine vertragliche Beschränkung dieses Wahlrechts wäre als unwirksam gemäß § 134 BGB zu betrachten. In der Literatur wird die Lösung dieses Problems in einer faktischen Selbstbindung des Investors gesehen,[993] gleichsam einer moralischen Verpflichtung im Interesse einer gelingenden Investorenvereinbarung. Dem ist zuzustimmen, da dies unausweichliche Folge der Wandlung des Investors zum Aktionär ist.

cc) Zusicherung von Unterstützung zur Präsenz in einem bestimmten Ausschuss des Aufsichtsrats

Die rechtsverbindliche Zusicherung einer Vertretung des Investors in bestimmten Aufsichtsratsausschüssen kann nicht übernommen werden. Sie widerspräche der Organisationsautonomie des Aufsichtsrats gemäß § 107 Abs. 3 AktG. Auch eine gerichtliche Bestellung in einen bestimmten Ausschuss ist nicht möglich.[994] Der Vorstand könnte hier etwa lediglich Gespräche zwischen den Repräsentanten des Investors und den Mitgliedern des Aufsichtsrats organisieren oder ein Aufsichtsratsmitglied könnte einen Vorschlag zur Besetzung des Investors in einen bestimmten Ausschuss etwa im Rahmen einer Sitzung des Aufsichtsrats einbringen. Bemühensverpflichtungen mit diesem Inhalt sind rechtlich zulässig.

c) Exkurs: Weitere Möglichkeiten der Herstellung einer Vertretung im Aufsichtsrat

Neben der Zusicherung, welche die Zielgesellschaft gegenüber dem Investor im Hinblick auf dessen Aufsichtsratspräsenz übernehmen kann, kommen als parallele Möglichkeiten des Investors, seine Vertretung im Aufsichtsrat zu erreichen, die Wahl der Vertreter durch die Hauptversammlung oder die Begründung eines Entsendungsrechts in der Satzung der Zielgesellschaft in Betracht.

Im Hinblick auf das Erreichen der erforderlichen Mehrheit in der Hauptversammlung kann der Investor Vereinbarungen zur Bündelung der Stimmrechte mit anderen Aktionären eingehen und sich in solchen

993 *Kiem*, AG 2009, 301, 310.

994 *Mertens/Cahn* in Kölner Kommentar AktG, § 104 Rn. 3.

Stimmbindungsvereinbarungen ein Benennungsrecht hinsichtlich einer oder mehrerer in den Aufsichtsrat zu wählenden Personen einräumen lassen. Soweit der Investor über eine ihm die Hauptversammlungsmehrheit verschaffende Beteiligung am Grundkapital verfügt oder von einer entsprechenden Aktionärsmehrheit unterstützt wird, kann er die Abberufung der amtierenden Aufsichtsratsmitglieder auch gleich nach Übernahme seiner Beteiligung an der Gesellschaft betreiben. Für die Abberufung der Mitglieder des Aufsichtsrats bedarf es gesetzlich keiner bestimmten Kapitalmehrheit oder Angabe eines Grundes.[995] Häufig ist auch die gesetzliche Mehrheit von mindestens drei Vierteln der abgegebenen Stimmen (§ 103 Abs. 1 S. 1 und 2 AktG) durch die Satzung abbedungen (§ 103 Abs. 1 S. 3 AktG).[996] Der Investor kann nach Einberufung einer außerordentlichen Hauptversammlung gemäß § 122 Abs. 1 S. 1 AktG die Abberufung der Mitglieder des Aufsichtsrats sowie dessen Neuwahl zum Gegenstand der Tagesordnung machen. Gegebenenfalls kann die Abberufung und Neuwahl bei Bestehen einer entsprechenden Satzungsbestimmung bereits mit einfacher Stimmenmehrheit erfolgen.

aa) Abschluss von Stimmbindungsvereinbarungen mit Aktionären

Bei Stimmbindungsvereinbarungen zwischen dem Investor und Aktionären der Zielgesellschaft stellt sich zunächst die Frage ihrer generellen rechtlichen Zulässigkeit, da sie mit dem Investor als Nichtaktionär geschlossen werden. Zudem könnte hierin ein abgestimmtes Verhalten mit übernahmerechtlichen Konsequenzen liegen.

(1) Zulässigkeit von Stimmbindungsverträgen zwischen Aktionären und Investor

Das Eingehen von Stimmbindungsverträgen zwischen Aktionären ist nach ganz herrschender Ansicht als grundsätzlich rechtlich zulässig anzusehen,[997] da der Aktionär über sein Stimmrecht frei entscheiden darf. Teilweise wird dies im Schrifttum bei Stimmbindungsvereinbarungen mit Nichtaktionären anders gesehen.[998] Das Stimmrecht dürfe nicht von

995 *Habersack* in Münchner Kommentar AktG, § 103 Rn.12 f; *Hüffer*, AktG, § 103 Rn.3 f.

996 *Hüffer*, AktG, § 101 Rn.4.

997 BGH, NJW 1987, 890, 891; *Grundmann* in Großkommentar AktG, § 136 Rn. 65; *Hüffer*, AktG, § 133 Rn. 27; *Semler* in Münch Hdb AG, § 38 Rn. 42; *Spindler* in Schmidt/Lutter, AktG, § 136 Rn. 34; *Zöllner* in Kölner Kommentar AktG, § 136 Rn. 84.

998 *Habersack* in Münchner Kommentar AktG, § 101 Rn. 14; *Hüffer*, AktG, § 133 Rn. 27.

der Inhaberschaft der Aktie abgespalten werden, da sonst Dritte, die nicht der mitgliedschaftlichen Treuepflicht unterliegen, Einfluss auf die Willensbildung in der Gesellschaft nehmen könnten.

Diese Auffassung vermag indes nicht für den Fall des zukünftigen Aktionärs zu überzeugen, der die Absprache gerade im Hinblick auf die Ausgestaltung seiner zukünftigen Beteiligung trifft.[999] Insoweit besteht gerade keine Gefahr einer Fremdbeeinflussung der Gesellschaft. Vielmehr ist die Stimmbindung durch die Aktionäre Ausdruck von deren Interesse an der Gewinnung des Investors als Ankeraktionär und Finanzgeber. Die Vereinbarung stimmt insoweit mit dem Gesellschaftsinteresse überein.

Überdies könnte der Stimmbindungsvertrag aufschiebend bedingt durch den Beteiligungserwerb des Investors, mit dem dieser in die Aktionärsstellung eintritt, geschlossen werden.

(2) Acting in concert durch die Stimmbindungsvereinbarung

Fraglich ist, ob die Vereinbarung über die Wahl eines Aufsichtsratsmitglieds zwischen Investor und Aktionären der Zielgesellschaft ein abgestimmtes Verhalten im Sinne des § 30 Abs. 2 WpÜG begründet. Dann sind die Stimmen der sich verpflichtenden Aktionäre auf die Beteiligungsquote des Investors anzurechnen, mit der Folge, dass dieser möglicherweise durch Überschreiten der Schwelle des Kontrollerwerbs nach § 29 Abs. 2 WpÜG zur Abgabe eines Pflichtangebots gemäß § 35 Abs. 2 WpÜG verpflichtet sein könnte. Allerdings ist die Zurechnung in Einzelfällen des abgestimmten Verhaltens ausgeschlossen (§ 30 Abs. 2 S. 1 Hs. 2 WpÜG). Streitig ist hierbei, ob sich das Vorliegen eines Einzelfalls formal oder materiell bestimmt. Stimmen sich die Beteiligten nur einmal über die Wahl eines oder mehrerer Aufsichtsratsmitglieder ab, ohne sich im Rahmen eines Gesamtplanes dauerhaft über die Besetzung des Aufsichtsrats zu verständigen, liegt nach formaler Anschauung ein Einzelfall vor.[1000] Dies entspricht der Ansicht des Gesetzgebers, wonach es bei der Abstimmung über die Auswechselung mehrerer Aufsichtsratsmitglieder darauf ankommt, ob die Beteiligten mit dieser Maßnahme konkrete unternehmerische oder finanzwirtschaftliche Entscheidungen beabsichti-

---

999 So auch *Maidl/Kreifels*, NZG 2003, 1091.

1000 BGHZ 169, 98, 105; *Kocher*, Konzern 2010, 162, 166; noch weitergehend *v. Bülow* in Kölner Kommentar WpÜG, § 30 Rn. 240, 273; für die formale Betrachtung des Einzelfalls auch *Noack/Zetzsche* in Schwark/Zimmer, KMRK, § 30 Rn. 46.

gen.[1001] Je größer die Zahl der ausgewechselten Aufsichtsratsmitglieder, desto wahrscheinlicher sei das Vorliegen eines acting in concert.[1002] Dagegen kommt es nach materieller Auffassung darauf an, ob sich die Abstimmung erheblich und nachhaltig auf die unternehmerische Ausrichtung der Gesellschaft auswirkt.[1003] Hierfür kann bereits eine einmalige Abstimmung über die Aufsichtsratswahl genügen. Der Umfang der Auswirkung auf das Unternehmen müsse im Einzelfall etwa anhand des Unternehmensgegenstands, des Umsatzes, des Gewinns, der Verschuldung, der Arbeitnehmeranzahl, der Besetzung der Organe oder der Geschäftsbereiche beurteilt werden.[1004]

Der formalen Betrachtungsweise ist zuzustimmen. Für sie streitet schon der Wortlaut des § 30 Abs. 2 S. 1 WpüG, nach dem es für die Beurteilung der Einzelfallausnahme auf ein Handeln und nicht auf dessen Auswirkungen ankommt.[1005] Ein Fall des acting in concert liegt zudem in § 30 Abs. 2 S. 2, 2. Alt. WpÜG bereits tatbestandlich nur vor, wenn die Verhaltensabstimmung mit dem Ziel einer dauerhaften und erheblichen Änderung der unternehmerischen Ausrichtung der Zielgesellschaft erfolgt. Eine rein materiell verstandene Einzelfallausnahme hätte hier keine tatbestandseinschränkende Funktion, was der als Ausnahme gestalteten Einzelfallregel widerspräche.[1006] Auch Rechtssicherheitserwägungen sprechen für die formale Ansicht. Insoweit überzeugt es, dass die einmalige abgestimmte Ausübung des Stimmrechts in der Hauptversammlung keine Stimmrechtszurechnung gemäß § 30 Abs. 2 WpÜG bewirkt, auch wenn die Beschlussfassung für die Gesellschaft nachhaltige und dauerhafte Auswirkungen mit sich bringt.[1007] Es erscheint darüber hinaus vertretbar, die Einzelfallausnahme auch im Fall der Verabredung zur wiederholten gemeinsamen Abstimmung betreffend die Besetzung des Auf-

---

1001 Begr. RegE, BT-Drucks. 16/7438, S. 11. Ebenso Bericht des Finanzausschuss des Deutschen Bundestages, BT-Drucks. 16/9821, S. 12: „(...) Absprachen (sollen) nur dann zu einer Zurechnung führen, wenn sich die Aktionäre im Rahmen einer längerfristig angelegte Strategie zur gemeinsamen Verfolgung unternehmerischer Ziele zusammenschließen."

1002 Begr. RegE, BT-Drucks. 16/7438, S. 11.

1003 So *Hoppe/Michel*, BaFinJournal 04/10, 3, 4 f.

1004 *Hoppe/Michel*, BaFinJournal 04/10, 3, 5.

1005 So auch *v. Bülow* in Kölner Kommentar WpÜG, § 30 Rn. 236.

1006 So auch *v. Bülow* in Kölner Kommentar WpÜG, § 30 Rn. 236; *Noack/Zetzsche* in Schwark/Zimmer, § 30 WpÜG Rn.46; *Pluskat*, DB 2009, 383, 385, *Krause* in FS Uwe H. Schneider, 2011, 669, 698.

1007 So zutreffend auch *v. Bülow* in Kölner Kommentar WpÜG, § 30 Rn. 236; *Noack/Zetzsche* in Schwark/Zimmer, § 30 WpÜG Rn.46; *Drinkuth*, ZIP 2008, 676, 677.

sichtsrats anzunehmen, weil die Interessenkoordination hier nur punktuell erfolgt.[1008]

In Anbetracht der schwerwiegenden Rechtsfolge eines acting in concert und der Tatsache, dass die BaFin noch der materiellen Auffassung folgt, empfiehlt es sich aus Sicht des Investors jedoch, die engere materielle Ansicht zu berücksichtigen. Er hat damit vor Eingehen der Stimmrechtsvereinbarung zu prüfen, in welchem Umfang sich die mit der Auswechselung einzelner Aufsichtsratsmitglieder beabsichtigten unternehmerischen Maßnahmen auf die Lage des Unternehmens auswirken können und ob hieraus gegebenenfalls eine Stimmrechtszurechnung folgen muss.

bb) Begründung eines Entsendungsrechts zugunsten des Investors

Nach § 101 Abs. 2 S. 1 AktG kann bestimmten namentlich aufgeführten Aktionären oder den Inhabern vinkulierter Namensaktien durch die Satzung ein Entsendungsrecht für Mitglieder des Aufsichtsrecht übertragen werden. Das Entsendungsrecht ist ein starkes Recht, da es auch bei überwältigender Zustimmung der Hauptversammlung ohne die Zustimmung des Entsendungsberechtigten nicht aufgehoben werden kann.[1009] Es darf höchstens für ein Drittel der Aufsichtsratsmitglieder der Aktionäre vorgesehen werden (§ 101 Abs. 2 S. 4 AktG).

Um dem Investor ein Entsendungsrecht einzuräumen, bedürfte es mithin einer Satzungsänderung. Eine Satzungsänderung zeitgleich mit dem Abschluss der Transaktion zu gewährleisten, erscheint im Hinblick auf die lange Vorbereitungsphase der für jede Satzungsänderung erforderlichen Einberufung der Hauptversammlung (§ 179 Abs. 1 S. 1 AktG) kaum gangbar. Dem Investor ist gerade an einer zügigen Transaktion gelegen, weswegen regelmäßig das genehmigte Kapital in Anspruch genommen wird.

Die Aktionäre könnten sich gegenüber dem Investor nur dazu verpflichten, im Rahmen der nächsten Hauptversammlung mit der erforderlichen Mehrheit von mindestens drei Vierteln des bei Beschlussfassung vertretenen Grundkapitals (§ 179 Abs. 2 S. 1 AktG) für die Schaffung eines Entsendungsrechts des Investors abzustimmen. Eine solche

---

1008 So *v. Bülow* in Kölner Kommentar WpÜG, § 30 Rn. 240, 273.
1009 *Simons* in Hölters, AktG, § 101 Rn.27.

Vereinbarung ist auch als zulässig anzusehen, soweit sie sich nur auf den Investor als Entsendungsberechtigten bezieht.[1010]

2. Einwirkungsrechte im Rahmen der Geschäftsführung

Es stellt sich weiter die Frage, ob und wenn ja, inwieweit dem Investor in der Investorenvereinbarung Einwirkungsrechte auf die Geschäftsführung eingeräumt werden können. Einwirkungsrechte des Investors könnten etwa in Form von Zustimmungsvorbehalten, Veto- oder Mitentscheidungsrechten des Investors im Hinblick auf Leitungs- oder Geschäftsführungsmaßnahmen des Vorstands vereinbart werden. Eine Einflussnahme wäre weiter durch die gemeinsame Festlegung bestimmter Leitlinien für die Unternehmensführung denkbar. Fraglich ist, ob solche Vereinbarungen rechtlich zulässigerweise getroffen werden können, da sie mit dem Grundsatz der Unveräußerlichkeit der Leitungsmacht und Weisungsunabhängigkeit des Vorstands (§ 76 Abs. 1 AktG) kollidieren könnten. In der Literatur wird die Frage nur vereinzelt erörtert. Im Mittelpunkt steht hier die allgemeine Fragestellung, inwiefern vertragliche Bindungen gegenüber Dritten, die die Leitungskompetenz des Vorstands einschränken, zulässig sind.[1011] Nach einem Überblick über den Meinungsstand in Literatur und Rechtsprechung zu dieser Frage sollen einzelne Vereinbarungen individueller Einwirkungsrechte des Investors auf die Geschäftsführung und Leitung der Gesellschaft auf ihre rechtliche Zulässigkeit untersucht werden.

a) Grundsatz der Weisungsunabhängigkeit des Vorstands

Zunächst besteht Einigkeit in Literatur und Rechtsprechung darüber, dass Aktionären ein Weisungsrecht gegenüber dem Vorstand nicht zusteht.[1012] Gesetzliche Ausnahmen von diesem Grundsatz bestehen allein konzernrechtlich für den Aktionär, der herrschendes Unternehmen ist, soweit ein Beherrschungsvertrag mit der Gesellschaft vorliegt (§ 308 Abs. 1

1010 *Bausch*, NZG 2007, 574, 576.

1011 *Kort* in Großkommentar AktG, § 76 Rn.158.

1012 BGH, AG 2008, 541,0542; LG München, Urt. v. 5.4.2012 – 5 HK O 20488/11, NZG 2012, 1152 (Leitsatz und Gründe), vollständiges Urteil abrufbar unter http://beck-online.beck.de; *Mertens/Cahn* in Kölner Kommentar AktG, § 76 Rn.44; *Hüffer*, AktG, § 76 Rn. 10 f.; *Kort* in Großkommentar AktG, § 76 Rn. 42; *Fleischer* in Spindler/Stilz, AktG, § 76 Rn. 57.

S. 1 AktG),[1013] sowie den Aktionär, der infolge der Eingliederung der Gesellschaft zum Hauptaktionär geworden ist (§ 323 Abs. 1 S. 1 AktG).[1014] Vor diesem Hintergrund findet sich in der Literatur die Aussage, dass der Vorstand sein künftiges Leitungsverhalten oder einzelne wesentliche Leitungsmaßnahmen außerhalb des Konzernrechts nicht zum Gegenstand rechtsgeschäftlicher Vorwegbindung machen könne.[1015] Schuldrechtlich dürfe er sich keinen Weisungs-, Zustimmungs- oder Vetorechten Dritter unterwerfen, die seine Leitungsautonomie beeinträchtigen können.[1016]

Es bedarf daher zunächst der Klärung, welche Maßnahmen zur Leitung des Unternehmens gehören. Eine gesetzliche Definition des Begriffs der Leitung existiert nicht. Nach allgemeiner Auffassung handelt es sich um einen herausgehobenen Bereich der Geschäftsführung, der die strategische Führungsfunktion des Unternehmens bezeichnet.[1017] Neben den gesetzlich dem Vorstand als Kollegialorgan zugewiesenen Aufgaben[1018] gelten als Leitungsaufgaben des Vorstands etwa Maßnahmen der Unternehmensplanung, -strukturierung, -kontrolle und Besetzung von Führungspositionen sowie die Einhaltung der Unternehmenscompliance.[1019] Ob eine Maßnahme als Leitungsmaßnahme zu bewerten ist, soll sich insbesondere anhand ihrer Erheblichkeit für die mittel- und langfristige Unternehmensentwicklung und Bedeutung für die Ertrags- Finanz- und Beschäftigungslage der Gesellschaft sowie der Umstände der Entscheidungssituation bemessen.[1020] Diese weitgehende Definition lässt wenig Spielraum für die vertragliche Einräumung von Zustimmungsrechten im Hinblick auf die Unternehmensführung. Insbesondere lässt sich eine Abgrenzung von Geschäftsführung und Leitung nur schwer erreichen, da eine zwar formal der Geschäftsführung zuzuordnende Maßnahme aufgrund der Umstände des Einzelfalls die Qualität einer Leitungsaufgabe

---

1013 *Mertens/Cahn* in Kölner Kommentar AktG, § 76 Rn.44; *Hüffer*, AktG, § 76 Rn. 11; *Spindler* in Münchener Kommentar AktG, § 76 Rn.25.

1014 *Hüffer*, AktG, § 76 Rn. 11; *Spindler* in Münchener Kommentar AktG, § 76 Rn.25.

1015 *Hüffer*, AktG, § 76 Rn.11; *Weber* in Hölters, AktG, § 76 Rn.16

1016 *Spindler* in Münchener Kommentar AktG, § 76 Rn.25; *Weber* in Hölters, AktG, § 76 Rn.16

1017 *Spindler* in Münchener Kommentar AktG, § 76 Rn. 16; *Hüffer*, AktG, § 76 Rn. 7; *Weber* in Hölters, AktG, § 76 Rn. 8 ff.

1018 Siehe Aufzählung bei *Weber* in Hölters, AktG, § 76 Rn. 9.

1019 *Weber* in Hölters AktG, § 76 Rn.10; *Hüffer*, AktG § 76 Rn. 8; *Spindler* in Münchener Kommentar AktG, § 76 Rn.17.

1020 *Weber* in Hölters, AktG, § 76 Rn. 11.

annehmen kann. Im Regelfall wird der Investor zudem ein Interesse daran haben, gerade im Bereich der Leitung mitzuentscheiden.

b) Differenzierende Ansätze in der Literatur

Das Gebot der Weisungsunabhängigkeit des Vorstands schließt jedoch nach in der Literatur herrschender Auffassung nicht aus, dass der Vorstand für die Gesellschaft mit Dritten schuldrechtliche Bindungen eingeht, welche die Handlungsspielräume der Gesellschaft insgesamt einschränken, aber im Gesellschaftsinteresse geboten sind.[1021] Als Beispiele werden in diesem Zusammenhang strategische Allianzen, die Beteiligung an Gemeinschaftsunternehmen oder die Verpflichtung der Gesellschaft zu dauerhaften Wettbewerbsbeschränkungen genannt.[1022] Nach überwiegender Auffassung sind solche Vereinbarungen mit außenstehenden Dritten sogar bezogen auf Leitungs- und Führungsaufgaben des Vorstands möglich.[1023] Fraglich ist jedoch, anhand welcher Kriterien die Grenzen für die Zulässigkeit solcher Vereinbarungen vor dem Hintergrund der Weisungsunabhängigkeit des Vorstands gezogen werden müssen. Hierbei hat sich bislang eine verallgemeinerungsfähige Formel noch nicht herausgebildet.[1024]

In der Literatur werden verschiedene Ansätze vertreten. Nach einer Ansicht sind Vereinbarungen, die Dritten individuelle Einwirkungsrechte zusichern, zulässig, wenn der Leitungsspielraum des Vorstands in Ansehung des Unternehmensinteresses dadurch nicht in unvertretbarer Weise eingeschränkt wird.[1025] Wann die Grenze der Vertretbarkeit überschritten sei, lasse sich regelmäßig nicht anhand abstrakter Kriterien, sondern nur unter Berücksichtigung aller Umstände des Einzelfalls anhand einer typologischen Betrachtungsweise feststellen.[1026] Feststehe, dass die einem Aktionär vertraglich gewährten Einwirkungsrechte nicht

---

1021 *Spindler* in Münchener Kommentar AktG, § 76 Rn.25; *Kort* in Großkommentar AktG, § 76 Rn.158; *Fleischer* in Spindler/Stilz, AktG, § 76 Rn. 68; *Mertens/Cahn*, Kölner Kommentar AktG, § 76 Rn. 48.

1022 *Spindler* in Münchener Kommentar AktG, § 76 Rn.25; *Kort* in Großkommentar AktG, § 76 Rn.158.

1023 *Kort* in Großkommentar AktG, § 76 Rn.158; *Fleischer* in Spindler/Stilz, AktG, § 76 Rn. 68; *Mertens/Cahn*, Kölner Kommentar AktG, § 76 Rn. 48; a. A. *Spindler* in Münchener Kommentar AktG, § 76 Rn.25; *Lutter*, in FS Fleck, 1988, 179, 184.

1024 So der Befund von *Fleischer* in FS Schwark, S. 137, 149.

1025 *Seibt* in Schmidt/Lutter, AktG, § 76 Rn. 10; *Mertens/Cahn* in Kölner Kommentar AktG, § 76 Rn.48.

1026 *Mertens/Cahn* in Kölner Kommentar AktG, § 76 Rn.48.

so ausgestaltet sein dürften, dass dieser faktisch einen wesentlichen Teil der Leitungsfunktionen des Vorstands seiner Entscheidungsgewalt unterwerfen und eine seinen Interessen entsprechende Unternehmenspolitik durchsetzen könnte.[1027] Solche Vereinbarungen kämen inhaltlich einem Beherrschungsvertrag gleich und wären nur nach den hierfür geforderten Voraussetzungen (§§ 293 ff. AktG) zulässig.[1028]

Nach anderer Ansicht sollen nur solche Vereinbarungen zulässig sein, die dem Aktionär eine indirekte Einflussnahme auf die Unternehmensplanung und die Geschäftspolitik ermöglichten, etwa die Ausrichtung eines Unternehmens auf ein auf Dauer angelegtes Großprojekt.[1029] Nicht zulässig sei hingegen die Einräumung direkter Einflussnahme.[1030] Insbesondere die vertragliche Zusicherung einer Einflussnahmemöglichkeit auf die Festlegung der gesellschaftsrechtlichen Organisationsstruktur oder personelle Entscheidungen der Gesellschaft schiede aus.[1031]

Zuletzt findet sich im Schrifttum die Auffassung, wonach eine sinnvolle Abgrenzung nur anhand einer Abtastung typischer Fallgruppen erfolgen könne.[1032]

c) *Auffassung der Rechtsprechung – Entscheidung des Landgerichts München vom 5.4.2012*

Soweit ersichtlich hat sich bislang nur das Landgericht München in einer kürzlich ergangenen Entscheidung mit der Frage auseinandergesetzt, inwieweit der Vorstand einer Aktiengesellschaft sich gegenüber einer zukünftigen Aktionärin zur Unterlassung bestimmter Geschäftsführungsmaßnahmen für die Zukunft vertraglich verpflichten kann.[1033] Im zugrundeliegenden Sachverhalt verpflichtete sich der Vorstand einer Zielgesellschaft gegenüber der Bieterin im Vorfeld eines Übernahmeverfahrens dazu, ohne die Zustimmung der Bieterin weder genehmigtes Kapital im Sinne von § 202 AktG auszunutzen, noch die Ausgabe von Aktienoptionen oder ähnlichen Instrumenten zu unterstützen sowie ei-

1027 *Mertens/Cahn* in Kölner Kommentar AktG, § 76 Rn.54.
1028 *Mertens/Cahn* in Kölner Kommentar AktG, § 76 Rn.54.
1029 *Kort* in Großkommentar AktG, § 76 Rn. 158.
1030 *Kort* in Großkommentar AktG, § 76 Rn. 158.
1031 *Kort* in Großkommentar AktG, § 76 Rn. 158.
1032 So wohl *Fleischer* in Spindler/Stilz, AktG, § 76 Rn. 68 f.; *ders.* in FS Schwark 137, 150.
1033 LG München, Urt. v. 5.4.2012 – 5 HK O 20488/11, NZG 2012, 1152 (Leitsatz und Gründe). Das vollständige Urteil ist unter http://beck-online.beck.de abrufbar. Die Berufung ist derzeit anhängig beim OLG München unter Az. 7 U 1805/12.

gene Aktien der Gesellschaft weder zu erwerben noch zu veräußern.[1034] Die Vereinbarung wurde für einen maximalen Zeitraum von 18 Monaten geschlossen, wobei eine vorherige Beendigung der Vereinbarung auch bei Inkrafttreten eines Beherrschungs- und Gewinnabführungsvertrages mit der Gesellschaft als abhängigem Unternehmen vorgesehen war.[1035] Das Gericht sah die Vereinbarung mit der Begründung als nichtig an (§ 134 BGB), sie verstoße gegen die zwingende aktienrechtliche Kompetenzordnung und sei unvereinbar mit dem Grundsatz der eigenverantwortlichen Leitung des Vorstands.[1036] Sie verletze die Freiheit des Vorstands, unternehmerische Entscheidungen wie die Ausnutzung genehmigten Kapitals eigenverantwortlich treffen zu können.[1037] Als Argument führt das Gericht die zwingende aktiengesetzliche Aufgabenverteilung zwischen Vorstand, Aufsichtsrat und Hauptversammlung an, die ersterem ein Leitungsmonopol zuweise. Dies komme gerade in den Vorschriften zum Ausdruck, die dem Aufsichtsrat jegliche Geschäftsführung untersagten (§ 111 Abs. 4 AktG) und die Hauptversammlung in Fragen der Geschäftsführung nur nach Entscheidung des Vorstands zur Mitwirkung berechtigten (§ 119 Abs. 2 AktG). Selbst in Fragen der Geschäftsführung sei es nicht möglich, einzelnen Aktionären vertraglich einen Zustimmungsvorbehalt einzuräumen, da der einzelne Aktionär unabhängig von den Mehrheitsverhältnissen innerhalb der Hauptversammlung nicht mit der Hauptversammlung gleichgesetzt werden könne.[1038] Die Situation sei zudem nicht mit dem zulässigen Abschluss langfristiger Lieferverträge durch den Vorstand der Gesellschaft vergleichbar, bei dem der Vorstand zwar auch eine Bindung eingehe, die Verträge aber vorstandsautonom wahrgenommen würden.[1039]

1034 LG München, Urt. v. 5.4.2012 – 5 HK O 20488/11, Tz.8.

1035 LG München, Urt. v. 5.4.2012 – 5 HK O 20488/11, Tz. 18.

1036 LG München, Urt. v. 5.4.2012 – 5 HK O 20488/11, Tz. 57 ff.

1037 LG München, Urt. v. 5.4.2012 – 5 HK O 20488/11, Tz. 58.

1038 LG München, Urt. v. 5.4.2012 – 5 HK O 20488/11, Tz. 57.

1039 LG München, Urt. v. 5.4.2012 – 5 HK O 20488/11, Tz. 59. Das über einen Freigabeantrag der im Rechtsstreit vor dem Landgericht München betroffenen Gesellschaft entscheidende OLG München hat die Auffassung des Landgerichts in diesem Punkt zuletzt bestätigt. OLG München, Beschluss vom 14.11.2012 – 7 AktG 2/12, abrufbar unter http://beck-online.beck.de.

d) Stellungnahme

Nach den tragenden Erwägungen des Urteils des Landgerichts München scheint die aktienrechtliche Kompetenzordnung jegliche Vereinbarung zu verbieten, die geeignet sein könnte, die Entscheidungsfreiheit des Vorstands in Leitungsfragen einzuengen oder zu beschränken. Versteht man das Urteil in dieser Weise, ist nicht verständlich, warum langfristige Lieferverträge mit Bindungswirkung für den Vorstand anders zu beurteilen sind als etwa die Verpflichtung zur Nichtausnutzung genehmigten Kapitals. Im ersten Fall solle eine vorstandsautonome Wahrnehmung der Leitungskompetenz vorliegen, während im zweiten Fall die alleinige Leitungskompetenz des Vorstands durch ein Zustimmungserfordernis eines Aktionärs in Frage gestellt werde.[1040] Zu bedenken ist jedoch, dass der Vorstand mit der Zusage, bestimmte Kapitalmaßnahmen für einen gewissen Zeitraum nicht durchzuführen, eine eigenverantwortliche Entscheidung über die Ausübung seines Leitungsermessens bereits getroffen hat.[1041]

Dass die erste Maßnahme sich auf der schuldrechtlichen Ebene auswirkt, während die zweite die gesellschaftsrechtliche Handlungsfreiheit der Gesellschaft betrifft, kann auch vor diesem Hintergrund keine unterschiedliche Behandlung rechtfertigen. Auf die Dauer der Bindungswirkung kann es nicht ankommen, da langfristige Lieferverträge ebenfalls über mehrere Monate oder Jahre bestehen können. Denkbar ist auch, dass der Abschluss langfristiger Lieferverträge für die Gesellschaft im Einzelfall zu größeren wirtschaftlichen Nachteilen führt als die zeitweilige Verpflichtung, kein genehmigtes Kapital auszunutzen.

Der Entscheidung ist auch im Ergebnis nicht zuzustimmen. Sie führt zu einer ausnahmslosen Verengung des unternehmerischen Ermessensspielraums des Vorstands im Hinblick auf die Vereinbarung von Verträgen mit Dritten. Insbesondere bleibt unberücksichtigt, dass der Vorstand durch die vertragliche Einschränkung seiner Leitungsmacht Zugeständnisse des Vertragspartners erreichen kann, die für die Gesellschaft vorteilhaft sein können.[1042] Zudem existiert keine ausdrückliche aktiengesetzliche Vorschrift, die eine vertraglich übernommene Eigenbeschränkung der Leitungsmacht des Vorstands zugunsten Dritter untersagt, so-

---

1040 LG München, Urt. v. 5.4.2012 – 5 HK O 20488/11, Tz. 59.

1041 So auch *Paschos*, NZG 2012, 1142, 1143.

1042 So überzeugend *Fleischer* in Spindler/Stilz, AktG, § 76 Rn. 69; *ders.* in FS Schwark, S. 137, 154 f.; *Paschos*, NZG 2012, 1142, 1143.

fern nicht die eigenverantwortliche Leitungsmacht des Vorstands durch die Vereinbarung gänzlich ausgeschlossen wird.[1043] Soweit die Vereinbarung sowohl in zeitlicher Hinsicht als auch sachlich auf bestimmte Geschäftsführungsmaßnahmen beschränkt ist, kann nicht von einer nachhaltigen Beeinträchtigung der Leitungsmacht des Vorstands gesprochen werden. Darüber hinaus schließt die schuldrechtliche Vereinbarung der Nichtvornahme korporativer Maßnahmen nicht deren tatsächliche Vornahme durch den Vorstand und deren Wirksamkeit aus.[1044] Schließlich steht hinter dem Gebot der weisungsunabhängigen Amtsführung des Vorstands auch der Gedanke, dass dieser nicht durch den Einfluss Dritter von der Amtswahrnehmung im Gesellschaftsinteresse abgehalten werden soll. Erfolgt die Verpflichtung zur Nichtvornahme bestimmter Maßnahmen durch den Vorstand jedoch im Gesellschaftsinteresse, etwa um für die Gesellschaft vorteilhafte Vertragskonditionen herbeizuführen, sollte das Gebot vorstandsseitiger Leitungsautonomie nicht entgegenstehen.

Überzeugen kann insoweit nur der Ansatz, der dem Vorstand die Ausübung seines unternehmerischen Ermessens grundsätzlich auch im Bereich der Übertragung von Leitungsmacht zugesteht. Die Grenzen dieser Befugnis sind unter Berücksichtigung der grundsätzlichen Leitungsautonomie des Vorstands und der betroffenen Interessen sowohl der Gesellschaft als auch der Altaktionäre im Einzelfall zu bestimmen.

e) Zulässigkeit einzelner Regelungen in Investorenvereinbarungen

In Investorenvereinbarungen stellt sich insbesondere die Frage der Zulässigkeit von Verwässerungsschutzklauseln zugunsten des Investors. Weiter ist zu überlegen, ob dem Investor generell für bestimmte wesentliche Geschäftsführungsmaßnahmen ein Zustimmungsvorbehalt eingeräumt werden dürfte.

aa) Verwässerungsschutzbestimmungen

Wie bereits die Entscheidung des Landgerichts München zeigt, besteht ein häufiges Interesse von Investoren darin, die erlangte Beteiligungsquote nach Übernahme der Beteiligung an der Gesellschaft möglichst lange aufrechtzuerhalten, ohne erneut an Kapitalerhöhungen der Gesell-

1043 So auch zutreffend *Mertens/Cahn* in Kölner Kommentar AktG, § 76 Rn.48.
1044 *Paschos*, NZG 2012, 1142, 1143.

schaft teilnehmen zu müssen. Investoren ist daher daran gelegen, die Gesellschaft für einen gewissen Zeitraum zum Verzicht auf die Vornahme von Kapitalmaßnahmen zu verpflichten.[1045]

Aus kompetenzrechtlichen Gründen können derartige Verpflichtungen der Gesellschaft stets nur darauf gerichtet sein, den Handlungsspielraum des Vorstands der Gesellschaft bei der Vornahme von Kapitalmaßnahmen zu beschränken, etwa bei der Verwendung genehmigten Kapitals oder Beschlussvorschlägen betreffend Kapitalerhöhungen gegenüber der Hauptversammlung.[1046] Eine Beschränkung des Rechts der Hauptversammlung, ordentliche Kapitalerhöhungen zu beschließen, könnte der Vorstand ohne Zustimmung der Hauptversammlung nicht wirksam vereinbaren, da er anderenfalls die ausschließliche Zuständigkeit der Hauptversammlung für ordentliche Kapitalerhöhungen verletzen würde.[1047] Denkbar ist weiter die Zusicherung des Vorstands der Gesellschaft, an Dritte für eine gewisse Zeit keine eigenen Aktien der Gesellschaft zu veräußern oder keine Aktienoptionen aufgrund bestehender Ermächtigungen auszugeben, da auch diese Maßnahmen zu einer Verwässerung der Beteiligung des Investors führen können. Die rechtliche Zulässigkeit derartiger Verwässerungsschutzklauseln zugunsten eines sich an der Gesellschaft neu beteiligenden Investors wurde bislang von der überwiegenden Auffassung im Schrifttum bejaht.[1048]

Teilweise wurde gegen Verwässerungsschutzklauseln der Einwand erhoben, die Gesellschaft begebe sich mit Unterzeichnung einer derartigen Vereinbarung der Freiheit, Kapitalerhöhungen zu beschließen.[1049] Insbesondere wenn der Hauptversammlung vorgeschlagen werden solle, zu beschließen, Kapitalerhöhungen in der Zukunft nicht durchzuführen, werde ein Teil der Verbandsautonomie der Gesellschaft aufgegeben.[1050] Dieser Auffassung ist insoweit zuzustimmen, als der Grundsatz der Verbandsautonomie besagt, dass Gesellschaftern die Freiheit verbleiben muss, die Struktur und die inneren Verhältnisse der Gesellschaft selbst

---

1045 *v. Riegen*, CFL 2010, 1, 9.

1046 *Fleischer* in Spindler/Stilz, AktG, § 76 Rn. 78; *ders.* WM 2002, 2305, 2314; *Technau*, AG 1998, 445, 457.

1047 *Picot/Land*, DB 1999, 570, 573; ähnlich *Technau*, AG 1998, 445, 457.

1048 *Fleischer* in Spindler/Stilz, AktG, § 76 Rn.78; *Singhof/Weber* in Habersack/Mülbert/Schlitt, Unternehmensfinanzierung, § 4 Rn.38; *Paschos*, NZG 2012, 1142, 1144.

1049 *Technau*, AG 1998, 445, 457; *Picot/Land*, DB 1999, 570, 573, *Schanz*, Börseneinführung, § 9 Rn. 50 (Fn.113).

1050 *Technau*, AG 1998, 445, 457; *Picot/Land*, DB 1999, 570, 573, *Schanz*, Börseneinführung, § 9 Rn. 50 (Fn.113).

zu gestalten, und diese Freiheit nicht substantiell eingeschränkt werden darf.[1051] Gleichwohl wird eine Selbstbindung der Hauptversammlung nicht zu einem substantiellen Verlust der Verbandsautonomie führen, sofern sie zeitlich begrenzt und an bestimmte Sachbedingungen geknüpft wird.[1052]

Auch wenn sich die Hürde eines möglichen Verstoßes gegen die Verbandsautonomie argumentativ überwinden lässt, hindert nun die Ansicht des Landgerichts München eine rechtssichere Vereinbarung von Verwässerungsschutzklauseln in Investorenvereinbarungen. Nach Ansicht des Gerichts sind diese wegen eines Verstoßes gegen die aktienrechtliche Kompetenzordnung nunmehr als nichtig anzusehen. Da nichtige Vertragsvereinbarungen im Zweifel die Gesamtnichtigkeit des Vertrages zur Folge haben (§ 139 BGB) und die Nichtigkeit sich nach Ansicht des Landgerichts München auch auf die Wirksamkeit anderer hiermit in rechtlicher Einheit stehender Verträge auswirkt,[1053] sollte von der Vereinbarung solcher Regelungen bisweilen abgesehen werden.

bb) Zustimmungsvorbehalt zu einzelnen Geschäftsführungsmaßnahmen

Neben der Beschränkung der Gesellschaft bei der Vornahme von Kapitalmaßnahmen könnte der Investor ein Interesse daran haben, bestimmte wesentliche Geschäftsführungsmaßnahmen vertraglich unter den Vorbehalt seiner Zustimmung zu stellen. Zu denken wäre etwa an einen Katalog zustimmungsbedürftiger Geschäfte, ähnlich dem Katalog, der für den Aufsichtsrat einer Gesellschaft festzulegen ist (§ 111 Abs. 4 Satz 2 AktG). Allerdings müsste bei der Festlegung eines solchen Katalogs ein Verstoß gegen die aktienrechtliche Kompetenzordnung und das Wesen der Aktiengesellschaft angenommen werden. So hat der Aktionär in der Aktiengesellschaft im Unterschied zum Gesellschafter einer Gesellschaft mit beschränkter Haftung gerade keine unmittelbaren Mitwirkungsrechte im Rahmen der Geschäftsleitung. Dies gilt auch, wenn er die Mehrheit des Grundkapitals an der Gesellschaft hält. In diesem Fall kann die Hauptversammlung in Fragen der Geschäftsführung nur entscheiden, wenn der Vorstand sie hierzu auffordert (§ 119 Abs. 2 AktG). Zudem ist kein schutzbedürftiges wirtschaftliches Interesse des Aktionärs erkennbar, in

---

1051 *K. Schmidt*, Gesellschaftsrecht, § 24 V 1, § 5 I 3; *v. Falkenhausen/Bruckner*, AG 2009, 732, 737.

1052 So zutreffend *Fleischer*, WM 2002, 2305, 2314; *v. Riegen*, CFL 2010, 1, 9 f.

1053 LG München, Urt. v. 5.4.2012 – 5 HK O 20488/11, Tz. 62 ff.

Fragen der Geschäftsführung ein Vetorecht zu erhalten. Die Kontrolle der Geschäftsführung nimmt allein der Aufsichtsrat wahr.

cc) Fazit

Zustimmungsvorbehalte zu Geschäftsführungs- oder Leitungsmaßnahmen der Gesellschaft können einem Aktionär oder Investor nur im Ausnahmefall eingeräumt werden. Voraussetzung hierfür ist eine sowohl zeitliche als auch sachliche Begrenzung des Zustimmungsvorbehalts für einen bestimmten Bereich der Geschäftsführung zur Wahrung eines nachvollziehbaren Interesses des Investors – etwa zum Verwässerungsschutz.

3. Informationsrechte

Neben den eingeschränkten Möglichkeiten der direkten Teilhabe an der Unternehmensführung stellt für den PIPE-Investor die Möglichkeit, über seine Position als stabilisierender Anteilseigner in einen intensiven Dialog mit dem Vorstand der Zielgesellschaft zu treten und diesen auch während des Investments aufrecht zu halten, einen wesentlichen Investitionsanreiz dar. Die bevorzugte Information wesentlich beteiligter Aktionäre durch die Verwaltung der Gesellschaft ist zwar gängige Praxis.[1054] Indessen ist die aktien- und kapitalmarktrechtliche Zulässigkeit einer solchen Vorgehensweise sowie ihrer möglichen vertraglichen Festschreibung nicht abschließend geklärt. Bevor das hierzu bestehende Meinungsbild dargestellt werden soll, ist der Blick jedoch auf den konkreten Inhalt des so streitigen „Informationsprivilegs" des wesentlich beteiligten Aktionärs, insbesondere vor dem Hintergrund des Publizitätsregimes der börsennotierten Aktiengesellschaft zu richten.

a) Möglicher Inhalt eines „Informationsprivilegs" wesentlich beteiligter Aktionäre

Angesichts der umfangreichen Kapitalmarktpublizität einer als Inlandsemittentin geltenden Zielgesellschaft[1055] stellt sich die Frage, an welchen zusätzlichen Informationen dem Investor gelegen sein kann. Zur Veröffentlichung eines Jahresfinanzberichts innerhalb von höchstens vier Mo-

---

1054 *Fleischer*, ZGR 2009, 505; *Menke*, NZG 2004, 697.
1055 Der Begriff des Inlandsemittenten ist in § 2 Abs. 7 WpHG legal definiert.

naten nach Schluss eines jeden Geschäftsjahres, der Jahresabschluss und Lagebericht enthält, ist die Zielgesellschaft bereits gesetzlich verpflichtet (§ 37 v Abs. 1 und 2 WpHG). Hinzukommt die Verpflichtung zur Veröffentlichung eines Halbjahresfinanzberichts für die ersten sechs Monate des Geschäftsjahres, der einen verkürzten Abschluss und einen Zwischenlagebericht beinhalten muss und spätestens zwei Monate nach Ablauf des Berichtszeitraumes zu veröffentlichen ist (§ 37 w Abs. 1 und 2 WpHG), sowie gegebenenfalls von Zwischenmitteilungen der Geschäftsführung über Finanzlage und Geschäftsergebnis (§ 37 x Abs. 1 und 2 WpHG).[1056] Insiderrechtlich relevante Ereignisse, die die Zielgesellschaft unmittelbar betreffen, sind zudem ad-hoc-mitteilungspflichtig (§ 15 Abs. 1 S. 1 WpHG). Allerdings können die Zeitpunkte für die Veröffentlichung des Jahresfinanz- und Halbjahresfinanzberichts bei flexibler Wahl des Zeitraumes für die Zurverfügungstellung der Zwischenmitteilung so terminiert werden, dass ein berichtsfreier Zeitraum von maximal acht Monaten entsteht.[1057] Darüber hinaus setzt auch die Möglichkeit der Gesellschaft, die Erfüllung der Ad-hoc-Mitteilungspflicht gemäß § 15 Abs. 3 WpHG zeitweilig aufzuschieben, dem Informationsinteresse des Investors Grenzen. Ihm kann daher an einer zeitlich engmaschigeren, etwa monatlichen Information – wie aus Venture-Capital-Beteiligungsverträgen bekannt[1058] – oder einer anlassbezogenen Information – ähnlich der Berichterstattung des Vorstands an den Aufsichtsrat bei Geschäften von erheblicher Bedeutung für die Gesellschaft (§ 90 Abs. 1 Nr. 4, Abs. 2 Nr. 4 AktG) – gelegen sein.

b) Zulässigkeit eines privilegierten Informationsaustausches zwischen Investor und Vorstand

Schranken für einen privilegierten Informationsaustausch zwischen Investor und Vorstand der Gesellschaft könnten sich aus dem Verbot der unbefugten Weitergabe von Insiderinformationen, dem aktienrechtlichen

---

1056 Bei einer Notierung im Prime Standard der Frankfurter Wertpapierbörse ist zudem etwa die Veröffentlichung eines Quartalsberichts zum Stichtag des ersten und dritten Quartals eines Geschäftsjahres erforderlich (§ 42 Abs. 1 BörsG, § 66 Abs. 2 BörsO FWB).

1057 *Götze/Wunderlich* in Habersack/Mülbert/Schlitt, Kapitalmarktinformation, § 9 Rn. 35.

1058 Beispiel einer Venture Capital-typischen Vereinbarung von Informationsrechten des kapitalgebenden Investors bei *Seibt* in Beck'sches Formularbuch Mergers & Acquisitions, F.V.2 § 3.3.

Gleichbehandlungsgebot der Aktionäre oder der Organisationsverfassung der Aktiengesellschaft selbst ergeben.

aa) Insiderrechtliches Weitergabeverbot

Im Hinblick auf die Börsennotierung der Gesellschaft ist vor jedem vertiefenden Informationsaustausch zwischen Ankerinvestor und Verwaltung der Gesellschaft durch die Verwaltung zu prüfen, ob die weiterzugebende Information als Insiderinformation im Sinne des § 13 Abs. 1 WpHG zu betrachten ist. Ist dies der Fall, darf die Weitergabe der Information nur erfolgen, wenn sie sich als befugt darstellt (§ 14 Abs. 1 Nr. 2 WpHG). Nach den Grundsätzen der Rechtsprechung des EuGH ist die Weitergabe von Insiderinformationen nur dann befugt, wenn sie für die Ausübung einer Arbeit oder eines Berufes oder für die Erfüllung einer Aufgabe unerlässlich ist und den Verhältnismäßigkeitsgrundsatz beachtet.[1059] Das Interesse der Gesellschaft am Erhalt des Ankeraktionärs muss demnach die Informationsinteressen des Kapitalmarktes deutlich überwiegen. Einzustellen ist dabei, dass der Kreis der Anleger über den der Aktionäre der Gesellschaft hinausgeht, sodass die Entscheidung zugunsten der Weitergabe einer insiderrechtlich relevanten Information regelmäßig schwer fallen wird.[1060] Als zulässig gilt vor diesem Hintergrund bislang jedoch, einen wesentlich beteiligten Aktionär vorab über eine geplante durch die Hauptversammlung zu beschließende Kapitalerhöhung zu informieren, wenn dessen Zustimmung zu der Kapitalerhöhung ohne die Vorabinformation nicht zu erreichen wäre.[1061] Eine systematische Vorabinformation wesentlich beteiligter Aktionäre mit Insiderwissen kann hingegen nicht pauschal als unerlässlich im Unternehmensinteresse gerechtfertigt werden.[1062] Unterhalb der Schwelle der Kurserheblichkeit ist die Zulässigkeit der Informationsweitergabe an den weniger strengen Abwägungsmaßstäben des aktienrechtlichen Gleichbehandlungsgebots zu messen.

1059 EuGH, WM 2006, 612, 615, Tz. 34 („Grøngaard und Bang").

1060 Hierauf verweisen auch *Fleischer*, ZGR 2009, 505, 511 f.; *Meyer-Landrut/Heuser*, AG 2011, R 241, R 242; *Verse*, Gleichbehandlungsgrundsatz, S. 526 f.

1061 *Assmann* in Assmann/U.H.Schneider, WpHG, § 14 Rn.84; *Mennicke* in Fuchs, WpHG, § 14 Rn.293; *Schwark/Kruse* in Schwark/Zimmer, KMRK, § 14 WpHG Rn.51.

1062 *Assmann* in Assmann/U.H.Schneider, WpHG; § 14 Rn. 92; *Mennicke* in Fuchs, WpHG, § 14 Rn. 293, 297; *Sethe* in Assmann/Schütze, Kapitalanlagerecht, § 12 Rn. 105; *Schwark/Kruse* in Schwark/Zimmer, KMRK, § 14 WpHG Rn.53.

bb) Aktienrechtlicher Gleichbehandlungsgrundsatz

Der verbandsrechtliche Gleichbehandlungsgrundsatz (§ 53a AktG) schreibt lediglich vor, Aktionäre unter gleichen Voraussetzungen gleich zu behandeln (§ 53a AktG). Sachlich gerechtfertigte Ungleichbehandlungen sind hiernach zulässig.[1063] Die privilegierte Information einzelner Aktionäre kann demnach grundsätzlich erlaubt sein, sofern die bevorzugte Behandlung zur Wahrung eines bestimmten Interesses der Gesellschaft geeignet und erforderlich ist und unter Berücksichtigung der benachteiligten Aktionärsinteressen insgesamt verhältnismäßig erscheint.[1064]

Kein weitergehendes informationelles Gleichstellungsgebot folgt aus der Kodexempfehlung, wonach die Gesellschaft die Aktionäre bei Informationen gleich behandeln soll (Ziffer 6.3 S. 1 DCGK). Diese zudem keine Gesetzesqualität aufweisende Norm skizziert lediglich geltendes Recht und reicht daher inhaltlich nicht über das Gleichbehandlungsgebot des § 53 a AktG hinaus,[1065] so dass einzelnen Aktionären hiernach aus sachlichen Gründen mehr Information als den übrigen Anteilseignern zur Verfügung gestellt werden kann.

Fraglich ist, ob ein regelmäßiger Informationsaustausch zwischen Verwaltung und PIPE-Investor zu Themen der Geschäftsführung sachlich gerechtfertigt werden kann. Der legitime Zweck einer privilegierten Informationserteilung könnte darin liegen, den Investor durch den besonderen Informationszugang stärker an sein Investment zu binden und seine Bereitschaft zu erhöhen, der Gesellschaft in der Zukunft weiteres Kapital oder Know-how zuzuführen. Ein strategisch motivierter Investor oder Aktionär, der Gelegenheit zur Einsichtnahme in die wirtschaftlichen Abläufe der Gesellschaft erhält, kann die Risiken des eigenen Investments besser abschätzen. Er erhält zudem die Möglichkeit, der Gesellschaft in schwierigen Situationen durch eigene Expertise oder die Inanspruchnahme eigener Netzwerke frühzeitig Unterstützung zu leisten. Auch wird die mögliche Kontrolle von Verwaltungsentscheidungen durch langfristig engagierte Aktionäre vom Kapitalmarkt regelmäßig als positiv wahrgenommen.[1066]

1063 *Hüffer*, AktG, § 53a Rn. 4; *Meyer-Landrut/Heuser*, AG 2011, R241.

1064 *Hüffer*, AktG, § 53a Rn. 10.

1065 *Seibt*, ZGR 2006, 501, 518 ff.; *v. Werder* in v.Ringleb/Kremer/Lutter/v.Werder, DCGK, Rn. 1220; *Verse*, Gleichbehandlungsgrundsatz, S. 526; *von der Linden* in Wilsing, DCGK, Ziffer 6.3. Rn.1.

1066 *Ruffner*, Die ökonomischen Grundlagen eines Rechts der Publikumsgesellschaft, S. 264 f.

Indessen müsste sich die bevorzugte Information eines Investors in Abwägung mit den Gleichbehandlungsinteressen der übrigen Aktionäre als verhältnismäßig darstellen. Hier ist zu berücksichtigen, dass Aktionäre mit ihrer Beteiligung an der Aktiengesellschaft in ein Mitgliedschaftsverhältnis eintreten, welches den Mitgliedern unabhängig von ihrer Beteiligungshöhe oder strategischer Motivation nur ein einheitliches hauptversammlungsgebundenes Informationsrecht einräumt (§ 131 Abs. 1 AktG).[1067] Gerade die gesetzlich festgelegten Rechte und Pflichten der Aktionäre in der Aktiengesellschaft schaffen eine kalkulierbare Grundlage für das jeweilige Investment. Eine bevorzugte Informationsstellung einzelner Aktionäre könnte dagegen Beteiligungen entwerten, die keine gleichwertigen Informationsrechte vermitteln. Als aktiengesetzlich zulässig sieht die herrschende Auffassung daher bislang hauptsächlich die punktuelle Vorabinformation wesentlich beteiligter Aktionäre an, sofern dies zur Vorbereitung wichtiger Hauptversammlungsbeschlüsse, etwa Kapital- oder Umwandlungsmaßnahmen, erforderlich ist und Geheimhaltungsinteressen der Unterrichtung aller Aktionäre entgegenstehen.[1068] Für ein generelles Informationsprivileg einzelner Aktionäre bestehe hingegen nach derzeitigem Recht kein Raum.[1069] Neben diesen Fallkonstellationen haben sich bislang noch keine gesicherten Fallgruppen herausgebildet. Legt man jedoch den allgemeinen Gleichbehandlungsgrundsatz als Maßstab an, sind weitere Gestaltungen einer bevorzugten Informationsgewährung an einzelne Aktionäre, sofern sachlich begrenzt und gerechtfertigt, nicht von vornherein ausgeschlossen.

So wird in der Literatur vertreten, dem Investor die gleichen Informationsrechte einzuräumen, die üblicherweise finanzierenden Banken bei der Bereitstellung langfristiger Finanzierungen eingeräumt werden, wenn der Investor in vergleichbarer Weise zur Finanzierung der Gesellschaft – etwa durch über die Kapitalzuführung hinausgehende Finanzierungszusagen – beiträgt.[1070] Diese Ansicht überzeugt. Der Gleichbehandlungsgrundsatz wird in diesem Fall nicht berührt, da der PIPE-Investor nicht mit Aktionären, die keinen gleichwertigen Finanzierungsbeitrag leisten, verglichen werden kann. Zudem lässt sich kein Grund erkennen, aus dem Sonderinformationsrechte des PIPE-Investors nicht sachlich ge-

---

1067 So zutreffend *Fleischer*, ZGR 2009, 505, 525.

1068 *Fleischer*, ZGR 2009, 505, 521 f.; *Schäfer* in Marsch-Barner/Schäfer, Hdb börsennotierte AG, § 13 Rn.60; *Meyer-Landrut/Heuser*, AG 2011, R 241; *Verse*, Gleichbehandlungsgrundsatz, S. 535.

1069 *Fleischer*, ZGR 2009, 505, 524 ff.; *Meyer-Landrut/Heuser*, AG 2011, R 241, R 242.

1070 *v. Riegen*, CFL 2010, 1, 10 f.

rechtfertigt werden können, wenn dieser ein Finanzierungsrisiko übernimmt, das dem finanzierender Banken entspricht.

cc) Vereinbarkeit mit aktienrechtlichem Kompetenzgefüge?

Gegen ein besonderes Informationsrecht einzelner Aktionäre wird in der Literatur vorgebracht, durch die Einbeziehung in den verbandsinternen Informationsfluss könnte den betroffenen Aktionären zunehmend die Rolle eines „Schattenaufsichtsrats" zuwachsen, der dem Organisationsgefüge innerhalb der Aktiengesellschaft zuwiderliefe.[1071] Die Ausübung von Kontrolle über die Verwaltung der Gesellschaft durch Aktionäre stünde jedoch im Widerspruch zur organrechtlichen Kompetenzverteilung in der Aktiengesellschaft.[1072] Aktienrechtlich kontrolliere allein der Aufsichtsrat den Vorstand (§ 111 Abs. 4 S. 1 AktG). Zu diesem Zweck sei der Vorstand dem Aufsichtrat zu umfassender Berichterstattung nach Maßgabe des § 90 AktG verpflichtet. Die Kontrolle der Aktionäre bleibe dagegen auf die Wahrnehmung ihrer Rechte in der Hauptversammlung beschränkt.[1073] Auf diese Funktion müsse daher auch die Information der Aktionäre durch den Vorstand begrenzt bleiben.

Allerdings spricht gegen diese Auffassung die anerkannte Praxis der Einräumung umfassender Informations- und Inspektionsrechte zugunsten von Fremdkapitalgebern einer Aktiengesellschaft in sogenannten *Financial Covenants*.[1074] Auch hier bestünde die Gefahr, dass der jeweilige Kreditgeber eine Rechtsposition erhielte, die mit dem aktienrechtlichen Kompetenzgefüge nicht vereinbar wäre. Es lässt sich indes kein sachlicher Grund für eine unterschiedliche Behandlung von reinen Kreditgebern und kreditgebenden Ankeraktionären erkennen. Zudem müsste die Einflussnahme eines verbandsfremden Kreditgebers auf das Kompetenzgefüge der Aktiengesellschaft noch eher abzulehnen sein als die eines wesentlich beteiligten Aktionärs. Das Argument der Unvereinbarkeit mit dem aktiengesetzlichen Kompetenzgefüge überzeugt mithin nicht in letzter Konsequenz.

1071 *Assmann*, AG 1997, 50, 57; *Fleischer*, ZGR 2009, 505, 524 f.

1072 *Fleischer*, ZGR 2009, 505, 524 ff., 529; *Zetzsche*, Aktionärsinformation, S. 367.

1073 *Zetzsche*, Aktionärsinformation, S. 331 ff.

1074 Hierzu etwa *Fleischer*, ZIP 1998, 313, 314, 319; *ders.* in Spindler/Stilz, AktG, § 76 Rn.79.

dd) Keine neue Aktiengattung mit besonderen Informationsrechten

Fraglich ist, ob die bevorzugte Informationserteilung gegenüber einzelnen Aktionären durch die Schaffung einer neuen Aktiengattung auf eine gesicherte aktiengesetzliche Basis gestellt werden kann.[1075] Diese Lösung hätte die Einbeziehung der Hauptversammlung in die Entscheidung über eine mögliche privilegierte Information des Investors zur Folge. Aktien mit unterschiedlichen Rechten durch Satzungsbestimmung zu bilden, lässt § 11 S. 1 AktG zunächst grundsätzlich zu. Allerdings kann bezweifelt werden, ob sich eine solche Informationsaktie mit dem aktienrechtlichen Grundsatz der Satzungsstrenge (§ 23 Abs. 5 S. 1 AktG) vereinbaren lässt. Hiernach darf die Satzung von Vorschriften des Aktiengesetzes nur abweichen, wenn dies ausdrücklich zugelassen ist. Nach vertretener Auffassung weicht die Schaffung einer Informationsaktie von der aktiengesetzlichen Ausgestaltung des Organgefüges und dem Leitbild des zulässigen Informationsaustausches zwischen Hauptversammlung und Verwaltung ab, ohne dass dies ausdrücklich zugelassen sei.[1076] Diese Auffassung überzeugt im Ergebnis. Insbesondere enthält das Aktiengesetz kein jederzeit zu erfüllendes Auskunfts- und Einsichtsrecht des Gesellschafters in Angelegenheiten der Gesellschaft wie es in § 51a GmbHG für die Gesellschaft mit beschränkter Haftung vorgesehen ist.[1077] Vielmehr beschränkt es die Informationsrechte der Aktionäre auf die zur Ausübung der Stimmrechte in der Hauptversammlung notwendigen Auskünfte und grenzt den Informationsfluss von Aufsichtsrat und Hauptversammlung durch die Verschwiegenheitspflicht der Mitglieder des Aufsichtsrats über vertrauliche Beratungs- und Berichtsinhalte ein (§ 116 S. 2 AktG).[1078]

ee) Bestehen eines Nachauskunftsrechts

Fraglich ist, ob die privilegierte Informationserteilung – sofern man sie als rechtlich zulässig ansieht – ein Nachauskunftsrecht der übrigen Aktionäre im Rahmen der Hauptversammlung auslöst (§ 131 Abs. 4 S. 1 AktG). Dafür spricht, dass nach dem Wortlaut der Vorschrift ein Aktionär in der Hauptversammlung zwar die Informationsgleichstellung verlangen kann, ohne dass der Vorstand dem sachliche Gründe – außerhalb

1075 So *Loges/Distler*, ZIP 2002, 467, 470; *Tal*, Innovationsfinanzierung durch privates Beteiligungskapital in Deutschland und Großbritannien, S. 198 f.

1076 *Zetzsche*, Aktionärsinformation, S. 318.

1077 So auch *Zetzsche*, Aktionärsinformation, S. 318.

1078 So auch *Zetzsche*, Aktionärsinformation, S. 318.

der speziellen Auskunftsverweigerungsgründe – entgegen setzen darf (§ 131 Abs. 3 AktG). Dagegen lässt sich indes anführen, dass das Nachinformationsrecht des § 131 Abs. 4 AktG als Ausprägung des allgemeinen Gleichbehandlungsgrundsatzes aus § 53a AktG anzusehen ist[1079] und daher bei sachlicher Rechtfertigung der erteilten Information zurücktreten muss.[1080] Zudem lässt die systematische Stellung beider Normen keine Spezialität des § 131 Abs. 4 S. 1 AktG erkennen.[1081]

ff) Fazit

Eine bevorzugte Information des Investors ist weder durch den Grundsatz der Gleichbehandlung der Aktionäre noch die aktiengesetzliche Kompetenzordnung grundsätzlich ausgeschlossen. Vielmehr können dem Investor bei Bestehen eines sachlichen Grundes vertraglich besondere Informationsrechte eingeräumt werden. Die Weitergabe von Insiderinformationen wird jedoch im Regelfall als insiderrechtlich unzulässig ausscheiden. Im insiderrechtlich relevanten Bereich können allenfalls bereits bekannte Informationen durch den Vorstand näher erläutert werden.[1082]

4. Garantien

Bei Abschluss der Investorenvereinbarung geht der Investor von bestimmten wirtschaftlichen, rechtlichen und finanziellen Verhältnissen des Zielunternehmens aus, die ihm durch dessen Verwaltung mitgeteilt wurden. Im Hinblick auf mögliche Lücken in der Informationsweitergabe, hat der Investor ein nachvollziehbares Interesse daran, dass die Gesellschaft ihm das Bestehen dieser Verhältnisse des Unternehmens zusichert. Die Zulässigkeit der Abgabe einer solchen Garantie oder Gewährleistungszusage ist jedoch vor dem Hintergrund des Kapitalerhaltungsgrundsatzes in der Aktiengesellschaft fraglich, da sie bei Eintritt des Gewährleistungs- oder Garantiefalles zu einer Schadensersatzpflicht der Gesellschaft und damit einer Verringerung des Gesellschaftsvermögens führt. Unschädlich ist, dass der Investor im Zeitpunkt der Investorenver-

---

1079 Begr.RegE AktG bei *Kropff*, AktG, S. 187.

1080 Dafür *Decher* in Großkommentar AktG, *Fleischer*, ZGR 2009, 505, 520, 539; *Henze/Notz* in Großkommentar AktG, § 131 Rn. 58; *Seibt*, ZGR 2006, 501, 506 f.; *Verse*, Gleichbehandlungsgrundsatz, S. 510 ff; dagegen *Kersting* in Kölner Kommentar, § 131 Rn. 427; *Siems* in Spindler/Stilz, AktG, § 131 Rn. 78.

1081 Hierzu bereits 3. Teil, II. B. 3.

1082 So *Fleischer*, ZGR 2009, 505, 525 f.

einbarung noch nicht Aktionär ist, da das Verbot der unzulässigen Einlagenrückgewähr auch Leistungen an Nichtgesellschafter erfasst, die im Hinblick auf deren zukünftige Aktionärseigenschaft versprochen werden.[1083]

Eine Ausnahme vom Verbot der Einlagenrückgewähr besteht jedoch für den Fall, dass die dem Aktionär durch die Gesellschaft gewährte Leistung durch eine angemessene Gegenleistung des Aktionärs kompensiert wird.[1084] Maßgeblich ist, ob die Leistungsgewährung an den Aktionär aus der Sicht eines gewissenhaft nach kaufmännischen Grundsätzen handelnden Geschäftsleiters durch betriebliche Gründe gerechtfertigt wäre.[1085] Diese Grundsätze gelten auch nach Einführung der neuen Ausnahmetatbestände des § 57 Abs. 1 S. 3 und 4 AktG fort.[1086]

Für die Konstellation eines PIPE-Investments ist im jüngeren Schrifttum die Frage aufgeworfen worden, ob der Eintritt des Investors der Gesellschaft einen solchen der Garantie angemessenen Vorteil verschafft, dass ein Verstoß gegen das Verbot der Einlagenrückgewähr nicht mehr anzunehmen wäre.[1087] Im Zusammenhang mit Garantien der Gesellschaft anlässlich von Beteiligungen durch Kapitalerhöhung wurden bislang im Schrifttum beispielhaft als angemessene Gegenleistungen des Investors die Übertragung von wertvollem Know-how, die Eröffnung neuer Vertriebsmöglichkeiten oder sonstige konkrete Vorteile einer strategischen Kooperation genannt.[1088] Allein die Zuführung neuen Eigenkapitals hingegen genüge nicht, da der Investor hierfür bereits die jungen Aktien erhalte.[1089] Im Fall eines PIPE-Investments könnten über den Kapitalzufluss hinausgehende Vorteile in der Unterstützung der Unternehmensstrategie oder der Übernahme von Halteverpflichtungen und damit einer positiveren Bewertung der Zielgesellschaft am Markt liegen. Auch könnte die Beteiligung des Investors – sowohl über eine Kapitalerhöhung als auch über den Erwerb eines größeren Aktienpakets von Altaktionären – dazu beitragen, die Übernahmeinteressen anderer Marktteilnehmer abzuweh-

---

1083 BGH, NZG 2008, 106, Tz. 13; *Bayer* in Münchner Kommentar AktG, § 57 Rn. 51; *Hüffer*, AktG, § 57 Rn. 14; *Lutter* in Kölner Kommentar AktG, § 57 Rn. 40.

1084 BGH, AG 2009, 81; OLG Frankfurt, AG 1992, 194, 196; KG, AG 2000, 183; *Bayer* in Münchner Kommentar AktG, § 57 Rn. 32; *Henze* in Großkommentar AktG, § 57 Rn. 40; *Hüffer*, AktG, § 57 Rn. 8; *Lutter* in Kölner Kommentar AktG, § 57 Rn. 16.

1085 BGH, NJW 1987, 1194; BGH, NJW 1996, 589, 590 (beide zur GmbH).

1086 *Fleischer* in Schmidt/Lutter, AktG, § 57 Rn. 44; *Wand/Tillmann/Heckenthaler*, AG 2009, 148, 150; a. A. *Drygala* in Kölner Kommentar AktG, § 57 Rn. 48.

1087 *v. Riegen*, CFL 2010, 1, 10.

1088 *Brandi*, NZG 2004, 600, 605.

1089 *Brandi*, NZG 2004, 600, 605; *Sieger/Hasselbach*, BB 2004, 60, 61.

ren, und so gegebenenfalls den wirtschaftlichen Fortbestand des Unternehmens zu sichern.

Allerdings ist bei der vorschnellen Bejahung eines Ausgleichs der durch die Gesellschaft gewährten Leistung im Hinblick auf allgemeine Vorteile eines PIPE-Investments Vorsicht geboten, da die Rechtsprechung jüngst die Voraussetzungen für eine ausgleichsfähige Gegenleistung des Aktionärs sehr streng formuliert hat.[1090] Im zugrundeliegenden Sachverhalt nahm der BGH eine unzulässige Einlagenrückgewähr der Gesellschaft an, weil sie sich zur Übernahme des Prospekthaftungsrisikos im Rahmen einer reinen Umplatzierung von Aktien durch öffentliches Angebot verpflichtet hatte, ohne durch die veräußernden Altaktionäre von der Prospekthaftung vertraglich freigestellt worden zu sein. Insbesondere sah das Gericht die von der Gesellschaft erlangten Vorteile im Zuge der Umplatzierung, etwa die Verbreiterung der Aktionärsbasis oder die Erschließung ausländischer Kapitalmärkte, als nicht bezifferbar und damit für eine Kompensation der Übernahme des Prospekthaftungsrisikos nicht ausreichend an.[1091] Maßgebend sei allein eine „bilanzielle" Betrachtungsweise, die auch in § 57 Abs. 1 Satz 3 AktG in der Fassung des MoMiG zum Ausdruck komme.[1092] Ein Ausgleich setze damit voraus, dass der Gesellschaft konkrete, bilanziell messbare Vorteile zukommen.[1093]

Diese Beschränkung hat im Schrifttum überzeugende Kritik erfahren.[1094] Zum einen besagt der Wortlaut des § 57 Abs. 1 S. 3 AktG nur, dass *jedenfalls* bei Vorliegen eines vollwertigen Gegenleistungsanspruchs die Einlagenrückgewähr kompensiert wird, nicht jedoch dass dies die einzige Kompensationsmöglichkeit darstellt.[1095] Zudem war es das Anliegen des Gesetzgebers, mit der Neureglung die Ausgleichsmöglichkeiten zu erweitern, um Gesellschaften und Gesellschaftern die Unterhaltung und Abwicklung alltäglicher und wirtschaftlich sinnvoller Leistungsbezie-

1090 BGH, AG 2011, 548 ff. („Deutsche Telekom AG/KfW")
1091 BGH, AG 2011, 548, 550, Tz, 25 f.
1092 BGH, AG 2011, 548, 550, Tz, 24 f.
1093 BGH, AG 2011, 548, 550, Tz, 25 f.
1094 *Nodoushani*, ZIP 2012, 97, 99 f.; *Arnold/Aubel*, ZGR 2012, 113, 131 ff.; *Krämer/Gillessen/Kiefner*, CFL 2011, 328, 330 ff.
1095 So zutreffend auch *Arnold/Aubel*, ZGR 2012, 113, 131 ff.

hungen zu erleichtern,[1096] nicht hingegen, den Kreis kompensationsfähiger Vorteile auf solche mit bilanzieller Messbarkeit zu beschränken.[1097]

Darüber hinaus ist nicht abschließend geklärt, ob sich die Aussagen des Urteils auf jedwede Fallgruppe einer Leistungsgewährung an Aktionäre übertragen lassen, da der Entscheidung eine sehr spezielle Fallgestaltung zugrundelag.[1098] Gleichwohl finden sich in der Literatur Stimmen, die eine Verallgemeinerung der Grundsätze der Entscheidung auf anders gelagerte Sachverhalte für möglich halten.[1099]

Die Gewährung vertraglicher Garantien könnte zudem mit dem Verbot der finanziellen Unterstützung des Aktienerwerbs (§ 71a Abs. 1 S. 1 AktG) unvereinbar sein. Hiernach ist die Gewährung von Leistungen oder die Leistung von Sicherheiten durch die Gesellschaft an Dritte zum Zweck des Erwerbs von Aktien dieser Gesellschaft verboten, ohne dass es auf eine ausgleichende Gegenleistung des Dritten gegenüber der Gesellschaft ankäme.[1100] Dabei findet das Verbot der finanziellen Unterstützung nach überzeugender Auffassung mit Rücksicht auf den Schutzzweck umfassenden Kapitalschutzes sowohl auf den Erwerb bereits existierender als auch den Erwerb junger Aktien im Zuge einer Kapitalerhöhung Anwendung.[1101] Tatbestandlich werden alle Maßnahmen des Vorstands erfasst, die den Anteilserwerb eines Dritten auf Kosten des Gesellschaftsvermögens ermöglichen, fördern oder erleichtern.[1102] Zwar fördert die Gewährung von Garantien den Erwerb der Beteiligung durch einen

---

1096 BT-Drucks. 16/6140, S. 41.

1097 So auch der Arbeitskreis zum „Deutsche Telekom III-Urteil" des BGH, CFL 2011, 377, 378.

1098 So auch die Andeutung bei *Fleischer/Thaten*, NZG 2011, 1081, 1083.

1099 *Ziemons* in GWR 2011, 404; *Nodoushani*, ZIP 2012, 97, 99 im Hinblick auf Break-Fee-Vereinbarungen.

1100 *T. Bezzenberger* in Schmidt/Lutter, AktG, § 71a Rn. 8; *Lutter/Drygala* in Kölner Kommentar AktG, § 71a Rn. 20. Insoweit hat Deutschland nicht von der durch die Richtlinie 2006/68/EG (vom 25.9.2006, ABl. Nr. L 264 S. 32) geschaffenen optionalen Regelung Gebrauch gemacht, wonach Unterstützungshandlungen unter bestimmten Voraussetzungen an kreditwürdige Erwerbsinteressenten erfolgen dürfen, wenn dies zu fairen und marktüblichen Bedingungen geschehe, *Lutter/Drygala* in Kölner Kommentar AktG, § 71a Rn. 5.

1101 *Sieger/Hasselbach*, BB 2004, 60, 62; mit weitergehender Begründung *Cahn* in Spindler/Stilz, AktG, § 56 Rn. 13, § 71a Rn. 16 ff.; *Lutter/Drygala* in Kölner Kommentar AktG, § 71a Rn. 21; *Habersack*, AG 2009, 557, 561 ff.; a.A. *Oechsler* in Münchener Kommentar AktG, § 71a Rn. 15; *Merkt* in Großkommentar AktG, § 71a Rn. 43; *Solveen* in Hölters, AktG, § 71a Rn.2; *Herrler/Reymann*, DNotZ 2009, 914, 930.

1102 *Lutter/Drygala* in Kölner Kommentar AktG, § 71a Rn. 27; *Oechsler* in Münchner Kommentar AktG, § 71a Rn. 19.

Investor nicht unmittelbar. Sie verringert jedoch dessen Investmentrisiko und erhöht objektiv die Werthaltigkeit der Aktien, so dass diese etwa als Sicherungsgegenstand für einen Akquisitionskredit interessanter werden. Hierin kann bereits ein hinreichender Förderungsbeitrag der Gesellschaft gesehen werden. Garantien zugunsten des PIPE-Investors sollten daher in Investorenvereinbarungen nicht vereinbart werden.

5. Unterstützung der Zielgesellschaft bei Interesse eines PIPE-Investors an der Abgabe eines öffentlichen Erwerbsangebots

Durch die Notierung der Zielgesellschaft an einem regulierten Markt entstehen für bestimmte Formen der Beteiligungsnahme seitens des Investors besondere vertragliche Regelungsbedürfnisse. Will der PIPE-Investor seine Beteiligung im Wege eines öffentlichen Erwerbsangebots (§ 10 Abs. 1 WpÜG) erwerben, stellt sich die Frage, ob die Zielgesellschaft ihm hierbei ihre Unterstützung zusagen darf. Virulent wird dies insbesondere bei der gesetzlich geforderten Stellungnahme der Verwaltung der Zielgesellschaft zu den Angebotsbedingungen und den Folgen des Anteilserwerbs für die Gesellschaft (§ 27 WpÜG). Dem Investor liegt naturgemäß daran, dass die Zielgesellschaft ihm die Abgabe einer positiven Stellungnahme zusichert. Nicht zuletzt nimmt der Investor im Vorfeld der Transaktion für die Durchführung der Due Diligence-Prüfung und Erstellung der Angebotsgrundlage erhebliche Kosten auf sich, so dass jede mögliche Absicherung der Transaktion aus seiner Sicht in Betracht zu ziehen ist. Außerdem ist auch beim Erwerb eines eine attraktive Minderheitsbeteiligung vermittelnden Aktienpakets[1103] das Interesse des Bieters verständlich, diese Erwerbsmöglichkeit gegenüber konkurrierenden Angeboten abzusichern.

Neben der Zusicherung der Abgabe einer positiven Stellungnahme durch die Zielgesellschaft, der sogenannten *Board Recommendation*-Klausel, kommen als weitere Zusagen, Vereinbarungen in Betracht, in denen die Zielgesellschaft sich verpflichtet, die aktive Suche nach konkurrierenden Anbietern gegebenenfalls für einen bestimmten Zeitraum, zu

1103 Ein öffentliches Erwerbsangebot unterbreitete etwa die HRE Investment Holding L.P. den Aktionären der Hypo Real Estate AG unter der aufschiebenden Bedingung einer Mindestannahmequote von 20 Prozent und begrenzt auf die Maximalerwerbsquote von 24,9 Prozent.

unterlassen (*No shop*-Vereinbarungen).[1104] Diese können als strengste Exklusivitätsregeln sogar den Inhalt haben, der Verwaltung der Zielgesellschaft die Verhandlung mit oder die Gewährung von Informationen gegenüber Dritten zu verbieten, auch wenn die Initiative hierzu von den Dritten ausgeht (*No talk*-Vereinbarung).[1105] Für den Fall, dass sein Angebot wegen eines von der Zielgesellschaft zu vertretenden Verhaltens nicht zum Erfolg führt, bedingt sich der Bieter üblicherweise die Zahlung eines Geldbetrages (sogenannte *Break Fee*) durch die Zielgesellschaft aus. Dieser Betrag kann in pauschalierter Höhe entsprechend der für das Angebotsverfahren aufzuwendenden Kosten angesetzt werden oder auch darüber hinausgehen. Im letzteren Fall hat die Zahlungspflicht ein Strafmoment, das die Zielgesellschaft zur Unterstützung der Transaktion anhalten soll.[1106]

Rechtliche Fragen werfen die dem Bieter eine exklusive Behandlung einräumenden Vereinbarungen insoweit auf, als sie die Verwaltung der Zielgesellschaft vorab an ein Angebot binden und ihr die Möglichkeit nehmen, spätere dem Gesellschaftsinteresse eher entsprechende Angebote zu berücksichtigen. Hinsichtlich der Zusage der Break Fee, die zu einer Strafzahlung der Zielgesellschaft im Falle des Scheiterns der Transaktion führt, stellt sich die Frage, inwieweit diese mit den Kapitalerhaltungsgrundsätzen in der Aktiengesellschaft (§ 57 Abs. 1 AktG, § 71a Abs. 1 AktG) vereinbar ist.

a) Zulässigkeit von Exklusivitätsvereinbarungen

Die Zulässigkeit der oben angesprochenen Exklusivitätsvereinbarungen – die Zusage der Abgabe einer empfehlenden Stellungnahme sowie die Zusicherung, die aktive Suche nach konkurrierenden Bietern zu unterlassen – muss im Verhältnis zu den gesetzlichen Pflichten der Verwaltung im Falle eines öffentlichen Erwerbsangebots beurteilt werden. So haben Vorstand und Aufsichtsrat bei jedem Handeln für die Gesellschaft das Unternehmensinteresse zu wahren (§§ 76 Abs. 1, 93 Abs. 1 AktG, respektive §§ 116 S. 1, 93 Abs. 1 AktG). Im WpÜG kommt dies in § 3 Abs. 3 zum Ausdruck. Das Unternehmensinteresse umfasst nach allgemeiner Ansicht

---

1104 *Fleischer*, ZHR 172 (2008), 538, 556; *Krause* in Assmann/Pötzsch/U. H Schneider, WpÜG, § 22 Rn. 68; *Seibt/Wunsch*, Konzern 2009, 195, 203.

1105 *Banerjea*, DB 2003, 1489, 1490; *Fleischer*, ZHR 172 (2008), 538, 556; *Krause* in Assmann/Pötzsch/U. H. Schneider, WpÜG, § 22 Rn. 68; *Seibt/Wunsch*, Konzern 2009, 195, 203.

1106 *Drinkuth* in Marsch-Barner/Schäfer, Hdb börsennotierte AG, § 60 Rn. 172; *Krause* in Assmann/Pötzsch/U. H. Schneider, WpÜG, § 22 Rn. 75.

auch die Interessen der Aktionäre, der Arbeitnehmer sowie der Öffentlichkeit.[1107] Für die gemäß § 27 Abs. 1 WpÜG erforderliche Stellungnahme bedeutet dies, dass der Vorstand als Geschäftsführungsorgan zunächst die Pflicht hat, sich im Rahmen der ihm zur Verfügung stehenden Zeit umfassend über die wirtschaftlichen Eckdaten des Angebots zu informieren, dies auf inhaltliche Richtigkeit zu prüfen und eine Beurteilung im Rahmen seines unternehmerischen Ermessens unter Berücksichtigung aller Stakeholderinteressen zu treffen.[1108] Die gleiche Pflicht trifft den Aufsichtsrat als Überwachungsorgan.

Vor diesem Hintergrund wird die Zulässigkeit von Klauseln, durch die sich der Vorstand etwa bereits im Vorfeld zur Abgabe einer positiven Stellungnahme im Angebotsverfahren verpflichtet, bezweifelt.[1109] Denn so begibt sich der Vorstand der Möglichkeit, spätere Angebote anderer Bieter empfehlen zu können, die eher dem Unternehmensinteresse entsprechen oder günstigere Angebotsbedingungen für die Aktionäre vorsehen.[1110] Damit würde er gerade seine Pflicht zur Wahrung des Gesellschaftsinteresses verletzen. Ob hieraus die Unwirksamkeit solcher Klauseln folgt, wird uneinheitlich beantwortet.[1111] Es empfiehlt sich jedoch nicht zuletzt im Eigeninteresse des Vorstands der Zielgesellschaft, die Zusicherung unter den Vorbehalt entgegenstehender Rechtspflichten, wie etwa die Berücksichtigung eines vorzugswürdigeren Angebots, zu stellen.[1112]

Die gleichen Bewertungsmaßstäbe sind bei den bereits oben beschriebenen No talk- und No shop-Vereinbarungen anzulegen. Für die No talk-Vereinbarung, die jegliche Verhandlung und Informationsweitergabe an dritte Bieter untersagt, auch wenn diese von dritter Seite ausgehen, ergibt sich ein klarer Widerspruch zu den oben genannten Prüfungspflichten. Denn die Klausel verhindert, dass der Vorstand, mögliche Vergleiche

1107 *Harbarth* in Baums/Thoma, WpÜG, § 27 Rn. 75; *Hüffer*, AktG, § 76 Rn. 12; *Schüppen* in Haarmann/Schüppen, WpÜG, § 3 Rn. 25.

1108 *Harbarth* in Baums/Thoma, WpÜG, § 27 Rn. 67 ff.; *Röh* in Haarmann/Schüppen, WpÜG, § 27 Rn. 21 f.

1109 *Banerjea*, DB 2003, 1489, 1494 f.; *Fleischer*, ZHR 172 (2008), 538, 558 ff.; *Krause* in Assmann/Pötzsch/Uwe H. Schneider, WpÜG, § 22 Rn.72.

1110 *Krause* in Assmann/Pötzsch/Uwe. H Schneider, WpÜG, § 22 Rn. 72.

1111 Für Unwirksamkeit *Fleischer*, ZHR 172 (2008), 538, 558; eher im Sinne einer Obliegenheitsverletzung des Vorstands *Krause* in Assmann/Pötzsch/U. H. Schneider, WpÜG, § 22 Rn. 72.

1112 Für diese Lösung, sogenanntes „Fiduciary-out" *Banerjea*, DB 2003, 1489, 1495; *Fleischer*, ZHR 172 (2008), 538, 559; *Krause*, in: Assmann/Pötzsch/U. H Schneider, WpÜG, § 22 Rn.72; *Seibt/Wunsch*, Konzern 2009, 195, 202 f.

zwischen verschiedenen an ihn herangetragenen Angeboten anstellen kann, was aber für eine informierte Meinungsbildung bezüglich der abzugebenden Stellungnahme ausschlaggebend ist.[1113] Daher sind No talk-Klauseln als grundsätzlich mit den Unternehmensinteresse unvereinbar einzustufen. Ihre Einbeziehung in die Investorenvereinbarung kann aus Sicht des Vorstands der Zielgesellschaft nur in Ausnahmefällen befürwortet werden, etwa, wenn der Vorstand zuvor vergeblich nach Alternativen am Markt gesucht hat und die No talk-Klausel unerlässlich für den Abschluss der im Gesellschaftsinteresse liegenden Transaktion erscheint.[1114] Die Verpflichtung der Zielgesellschaft im Rahmen einer No shop-Klausel, nicht aktiv nach konkurrierenden Bietern zu suchen, kann jedoch nach überwiegender Ansicht durch den Vorstand übernommen werden,[1115] da es nicht zu seinen Pflichten gehört, im Falle öffentlicher Erwerbsangebote konkurrierende Erwerber, etwa durch Auktionsverfahren zur Abgabe günstigerer Angebote zu veranlassen.[1116] Seine Aufgabe beschränkt sich nach Maßgabe des Gesetzes nur auf die Prüfung der an die Gesellschafter gerichteten Erwerbsangebote.

b) Zulässigkeit von Break Fee-Klauseln

Ebenso wie bei der Vereinbarung von Exklusivitätsregeln hat der Vorstand zu prüfen, ob die Verpflichtung der Zielgesellschaft zur Zahlung einer Break Fee bei Scheitern der Transaktion im wohlverstandenen Unternehmensinteresse liegt (§§ 76 Abs. 1, 93 Abs. 1 S. 1 AktG).[1117] Dieses kann etwa darin bestehen, einen stabilen Anker-Investor zu gewinnen[1118] oder Synergien durch die Verbindung mit einem strategischen Investor herzustellen.[1119] Besteht kein wirtschaftlicher Vorteil durch die Änderung des Aktionärskreises, stellt die Vereinbarung einer Break Fee-Zahlungsverpflichtung einen Pflichtenverstoß des Vorstands dar.

1113 *Fleischer*, ZHR 172 (2008), 538, 562; gemäß § 93 Abs. 1 S. 2 AktG ist die umfassende Information im Vorfeld zu treffender Geschäftsführungsentscheidungen für den Vorstand grundsätzlicher Sorgfaltsmaßstab.

1114 Beispiel bei *Fleischer*, ZHR 172 (2008), 538, 562 f.

1115 *Banerjea*, DB 2003, 1489, 1494; *Fleischer*, ZHR 172 (2008), 538, 561 f; *Seibt/Wunsch*, Konzern 2009, 195, 203.

1116 *Drinkuth* in Marsch-Barner/Schäfer, Hdb börsennotierte AG, § 60 Rn. 179 ff.; *Fleischer*, ZHR 172 (2008), 538, 561; *Schiessl*, AG 2009, 385, 387.

1117 *Drygala*, WM 2004, 1457, 1460 f.; *Fleischer*, AG 2009, 345, 350; *Hilgard*, BB 2008, 286, 291 (Fn. 44).

1118 *v. Werder/Braun/Fromholzer* in Eilers/Koffka/Mackensen, Private Equity, II. Rn. 19.

1119 *Krause* in Assmann/Pötzsch/U. H. Schneider, WpÜG, § 22 Rn. 83.

Fraglich ist, ob die Auszahlung der Break Fee als unzulässige Gewinnausschüttung gegen das Verbot der Einlagenrückgewähr nach § 57 Abs. 1 S. 1 AktG verstößt. Denn dieser Tatbestand kann auch bei Zuwendungen an zukünftige Aktionäre erfüllt sein.[1120] Dagegen spricht jedoch, dass die Zahlung der Break Fee nur für den Fall erfolgen soll, dass der Bieter gerade nicht Aktionär wird. Die Geldleistung wird im Ergebnis nicht wegen der künftigen Aktionärseigenschaft erbracht, sondern aufgrund ihres Ausbleibens. Darüber hinaus lässt sich argumentieren, dass die Zahlung der Break Fee eine marktübliche Gegenleistung für das durch den Bieter eingegangene Risiko darstellt. Dieses besteht darin, für die Vorbereitung des öffentlichen Teilangebots erhebliche Kosten aufgewendet zu haben, ohne dass es im Ergebnis zur angestrebten Beteiligungsnahme kommt. Allerdings müssen die mit der Transaktion für die Gesellschaft verbundenen Vorteile die bei Scheitern des Vorhabens entstehenden Kostennachteile der Break Fee-Zahlung aufwiegen.[1121] Im Hinblick auf den von § 57 AktG verfolgten Gläubigerschutz wird im Schrifttum bislang vereinzelt verlangt, dass nur konkret erfassbare und bezifferbare Vorteile in diese Betrachtung eingestellt werden dürfen.[1122] Dieser Auffassung hat sich nun auch der Bundesgerichtshof in einer neueren Entscheidung angeschlossen, indem er für einen Ausgleich nur noch konkrete, bilanziell messbare Vorteile genügen lässt.[1123] Diese Auffassung überzeugt nicht. Weder aus dem Wortlaut des neuen § 57 Abs. 1 S. 3 AktG noch aus den Gesetzesmaterialien zum MoMiG[1124] geht hervor, dass über bilanziell messbare Gegenleistungen hinaus sonstige Vorteile nicht mehr berücksichtigungsfähig sein sollen. Zudem erscheint es widersprüchlich, als Leistungsgegenstand im Sinne des § 57 Abs. 1 S. 1 AktG jedwede Zuwendung an den Altaktionär zu berücksichtigen, als ausgleichsfähige Gegenleistung aber nur bilanziell messbare Vorteile ausreichen zu lassen.[1125] Zudem begibt sich die Rechtsprechung mit ihrem rigiden Ansatz

---

1120 *Hüffer*, AktG, § 57 Rn. 14.

1121 Eine Break Fee in Höhe von einem Prozent des Gesamtvolumens der Transaktion als angemessen sehen *Krause* in Assmann/Pötzsch/Uwe. H Schneider, WpÜG, § 22 Rn. 79; *Seibt/Wunsch*, Konzern 2009, 195, 204. Für eine Break Fee bis zu zwei Prozent *Drygala*, WM 2004, 1457, 1461.

1122 *Fleischer*, AG 2009, 345, 352; *ders.* in Schmidt/Lutter, AktG, § 57 Rn. 28.

1123 BGH, AG 2011, 548, 550, Tz. 25 f. Siehe zur Kritik an der Entscheidung *Krämer/Gillessen/Kiefner*, CFL 2011, 328, 330 ff.; *Fleischer/Thaten*, NZG 2011, 1081, 1082 ff.; *Nodoushani*, ZIP 2011, 97, 99; *Arnold/Aubel*, ZGR 2012, 113, 131 ff.

1124 Gesetz zur Modernisierung des GmbH-Rechts und zur Bekämpfung von Missbräuchen (MoMiG) vom 23. 10. 2008 (BGBl. I S. 2026).

1125 So auch *Fleischer/Thaten*, NZG 2011, 1081, 1082.

der Möglichkeit, der Vielgestaltigkeit möglicher Motivlagen und Lebenssachverhalte gerecht zu werden. So werden sich die Vorteile der Einbindung von Ankeraktionären praktisch nie eindeutig bilanziell messen lassen. Die Absicherung von Transaktionsrisiken durch Break Fee-Klauseln ist jedoch ein nachvollziehbares und schutzwürdiges Vertragsinteresse des Investors. Je komplexer die Transaktion und je nachhaltiger die möglichen Folgen, desto unmöglicher würde eine solche vertragliche Absicherung. Zudem kann dem Gläubigerinteresse ausreichend durch das Gebot ermessensfehlerfreier Entscheidung (§ 93 Abs. 1 S. 1 AktG) durch den Vorstand Rechnung getragen werden.

Weitere Bedenken werden im Hinblick auf das Verbot der finanziellen Unterstützung des Aktienerwerbs (§ 71a Abs. 1 S. 1 AktG) geäußert,[1126] weil bereits die Übernahme des Kostenrisikos des Bieters durch die Zielgesellschaft bei wirtschaftlicher Betrachtung der Gewährung einer Sicherheit gleichkäme. Gegen diese Einschätzung spricht jedoch, dass eine Sicherheit in Höhe des für Break Fees üblichen Ansatzes von ein bis zwei Prozent des Transaktionswertes das weit überwiegende finanzielle Risiko beim Bieter belässt. Bei diesem Verhältnis ist es nicht denkbar, dass der Bieter den finanziellen Einsatz zur Übernahme der Aktienmenge von der Zusage der Sicherheit eines Break Fee-Versprechens abhängig macht.[1127]

Ferner besteht auch die nach § 71a Abs. 1 AktG erforderliche Zweckbindung zwischen der finanziellen Unterstützung und dem Erwerb der Aktien der Gesellschaft nicht, da die Zahlung nur dann fällig wird, wenn kein Aktienerwerb stattfindet.[1128] Die Break Fee-Klausel kann daher gerade nicht der Finanzierung des Aktienerwerbs dienen, sondern soll lediglich die finanziellen Folgen eines unterbliebenen Aktienerwerbs ausgleichen.[1129]

C. Abreden zur Sicherung der Interessen der Zielgesellschaft

Mit dem Abschluss der Investorenvereinbarung bezweckt die Zielgesellschaft auch, ihre unternehmerische Unabhängigkeit zu erhalten. Es stellt

1126 *T. Bezzenberger*, in Schmidt/Lutter, AktG, 71a Rn. 12; *Merkt* in Großkommentar AktG, § 71a Rn. 29; *Oechsler* in Münchner Kommentar AktG, § 71a Rn. 29.

1127 So auch *Krause* in Assmann/Pötzsch/U. H. Schneider, WpÜG, § 22 Rn. 79.

1128 *Drinkuth* in Marsch-Barner/Schäfer, Hdb börsennotierte AG, § 60 Rn.176; *Krause* in Assmann/Pötzsch/U. H. Schneider, WpÜG, § 22 Rn. 79; *Seibt*, Beck'sches Formularbuch Mergers & Acquisitions, L.II.2., Anm.19.

1129 So *Fleischer*, AG 2009, 345, 353 mit weiteren Argumenten.

sich daher die Frage, in welchem Maße die Rechte des Investors, der mit Eintreten in die Gesellschaft die Rechtsstellung des Aktionärs erlangt und damit besonderen gesetzlichen Schutz genießt, zulässigerweise beschränkt werden können. In der US-amerikanischen Rechtspraxis sind solche Vereinbarungen mit dem Ziel, die Rechte des Aktionärs zugunsten der Unabhängigkeit der Gesellschaft einzudämmen, als *Standstill Agreements,* sogenannte Stillhalteabkommen, bekannt.[1130] Dabei geht es insbesondere um Stimm- und Antragsrechte des Neuaktionärs sowie seine Verfügungsbefugnis über die Aktien der Zielgesellschaft.

1. Beschränkung der Aktionärsverwaltungsrechte zur Sicherung der Unternehmensinteressen der Zielgesellschaft

Die „Aufnahme" eines PIPE-Investors durch die Gesellschaft birgt für diese die Gefahr der unerwünschten Einflussnahme durch den neuen wesentlich beteiligten Aktionär. Wie bereits im zweiten Teil[1131] dargestellt, kann sich bei Publikumsgesellschaften mit einem hohen Streubesitzanteil eine Minderheitsbeteiligung angesichts der niedrigen Präsenz in der Hauptversammlung faktisch wie eine Mehrheitsbeteiligung auswirken. Praktisch bedeutsamer für die Zielgesellschaft stellt sich aber die durch den Eintritt des neuen Gesellschafters herbeigeführte Veränderung der bisherigen Mehrheitsverhältnisse innerhalb der Hauptversammlung dar. Gerade wenn das Feld der Anteilseigner im Hinblick auf die weitere Ausrichtung der Unternehmenspolitik gespalten ist, besteht ein besonderes Interesse, dass der neue Aktionär eine ausgleichende Rolle einnimmt.

Vor diesem Hintergrund wird das Interesse der Zielgesellschaft deutlich, Regelungen zu treffen, die den Einfluss des neuen Aktionärs einerseits kanalisieren und andererseits seine Rolle als Unterstützer der Unternehmenspolitik der Zielgesellschaft festschreiben. Umsetzen lässt sich dieses Anliegen durch die vertragliche Verpflichtung des Investors, bestimmte Maßnahmen wie etwa Veränderungen in Bezug auf Geschäftsmodell, Unternehmensform, Sitz, Börsennotierung, Dividendenpolitik oder die Abberufung des Vorstands der Zielgesellschaft nicht zu betreiben. Der Investor verpflichtet sich damit, sein Stimmrecht als zukünftiger Aktionär der Zielgesellschaft in einer bestimmten Weise auszuüben oder sich der Stimmabgabe zu enthalten. Damit einhergeht auch die Verpflichtung, Anträge auf Einberufung der Hauptversammlung mit dem

---

1130 *Kniehase,* Standstill Agreements in Deutschland und den USA, S. 1 ff.
1131 2. Teil, II. A. 3.

Zweck, bestimmte Maßnahmen durchzusetzen, zu unterlassen. Da der Investor sich auf diese Weise den Weisungen der Zielgesellschaft entsprechend in der Ausübung seiner Mitverwaltungsrechte beschränkt, könnte hierin ein Verstoß gegen das Verbot gebundener Aktien nach § 136 Abs. 2 AktG zu sehen sein. Sollen nach der Investorenvereinbarung auch Vertreter des Investors in den Aufsichtsrat der Zielgesellschaft platziert werden, stellt sich zudem die Frage, ob die Verpflichtung zur Unterlassung bestimmter Maßnahmen betreffend die Zielgesellschaft die Weisungsunabhängigkeit der Aufsichtsratsvertreter des Investors beeinträchtigen könnte.

a) Reichweite des Verbots gebundener Aktien gemäß § 136 Abs. 2 AktG

Gemäß § 136 Abs. 2 S. 1 AktG sind Verträge nichtig, durch die sich ein Aktionär verpflichtet, sein Stimmrecht nach Weisung der Gesellschaft, des Vorstands oder des Aufsichtsrats der Gesellschaft auszuüben. Das gleiche Schicksal teilen nach § 136 Abs. 2 S. 2 AktG Verträge, durch die der Aktionär verpflichtet wird, seine Stimme zugunsten der jeweiligen Verwaltungsvorschläge abzugeben. Der zweite Verbotstatbestand beschreibt einen Unterfall des ersten und dient nur der Klarstellung.[1132] Ziel dieses Verbots der Stimmbindung gegenüber der Gesellschaft und ihrer Verwaltung ist es, den Einfluss der Aktionäre als Kapitalgeber auf die Beschlussgegenstände zu erhalten, die der Hauptversammlung als Kontrollorgan überantwortet wurden.[1133]

Trotz der eindeutigen Formulierung der Vorschrift des § 136 Abs. 2 AktG finden sich in der Literatur Versuche, das hierin statuierte absolute Verbot einschränkend auszulegen. Denn das Bedürfnis nach einschränkenden Lösungen besteht aufgrund der oben geschilderten nachvollziehbaren Interessenlage der Zielgesellschaft. Um dem Anliegen der Zielgesellschaft doch zu vertraglicher Umsetzung zu verhelfen, werden verschiedene Lösungen vertreten, die hier auf ihre Vereinbarkeit mit § 136 Abs. 2 AktG untersucht werden sollen.

1132 *Grundmann* in Großkommentar AktG, § 136 Rn. 76; *Hüffer*, AktG, § 136 Rn. 27; *Zöllner* in Kölner Kommentar AktG, § 136 Rn. 105.

1133 *Grundmann* in Großkommentar AktG, § 136 Rn. 75; *Hüffer*, AktG, §136 Rn. 2, 25; *Zöllner* in Kölner Kommentar AktG, § 136 Rn. 4.

aa) Beschränkung des Anwendungsbereichs des Verbots gebundener Aktien auf inhaltlich offene Weisungen

Eine frühere Ansicht im Schrifttum sieht das Verbot der Stimmrechtsbindung entsprechend Weisungen der Gesellschaft nur dann als einschlägig an, wenn der Verwaltung durch die Vereinbarung eine inhaltlich offene Stimmrechtsmacht zuwächst. Vereinbaren die Gesellschaft und der Aktionär hingegen eine konkrete Stimmrechtsausübung zu einem festgelegten Abstimmungspunkt im Vorfeld der Hauptversammlung, liege keine unzulässige Einflussnahme der Verwaltung auf die Entscheidungsfreiheit des Aktionärs vor.[1134] Dann verlagere der Aktionär die Ausübung seines Stimmrechts lediglich zeitlich vor, ohne in seiner Entscheidungsfreiheit eingeschränkt zu werden.

Gegen eine solche Sicht spricht, dass der Wortlaut des § 136 Abs. 2 AktG nicht zwischen konkreten und allgemeinen Weisungen unterscheidet. Darüber hinaus besteht auch im Fall einer konkreten Stimmrechtsausübungsabrede die Gefahr der Einflussnahme der Verwaltung auf die Entscheidungsfreiheit des Aktionärs. Denn der Aktionär verzichtet auf die Teilnahme am Willensbildungsprozess der Hauptversammlung, der ihm gerade die informierte Entscheidung ermöglichen soll.[1135] Einen unerwünschten Einfluss der Verwaltung auf die Willensbildung der Hauptversammlung zu verhindern, ist hingegen erklärtes Ziel der Gesetzesbegründung,[1136] so dass sich die einschränkende Auslegung nicht gesichert vertreten lässt.

bb) Beschränkung des Anwendungsbereichs des Verbots gebundener Aktien auf zwingende Hauptversammlungskompetenzen

Eine tatbestandliche Einschränkung des § 136 Abs. 2 AktG wird vereinzelt im Hinblick auf den Schutzzweck der Norm vorgenommen. Da der Erhalt der freien Willensbildung der Hauptversammlung als Gremium der Kapitalgeber bezweckt wird, solle das Verbot der Stimmrechtsausübung entsprechend Weisungen der Zielgesellschaft nur solche Regelungsgegenstände betreffen, die organverfassungsrechtlich zwingend in

---

1134 *Herrmann*, Zivilrechtliche Abwehrmaßnahmen gegen unfreundliche Übernahmeversuche in Deutschland und Großbritannien, S. 135; *Zöllner*, ZHR 155 (1991), 168, 183 f.

1135 *Wagner*, Standstill Agreements bei feindlichen Übernahmen nach US- amerikanischem und deutschem Recht, S. 214.

1136 RegE, BT-Drucks. 4/171 zum früheren § 130 Abs. 3 AktG, S. 160.

die Kompetenz der Hauptversammlung fallen.[1137] Maßgebend für die Reichweite des Verbots gebundener Aktien wären damit alle gesetzlichen Kompetenzanordnungen des Aktiengesetzes, insbesondere der Zuständigkeitskatalog des § 119 Abs. 1 AktG, sowie die von der Rechtsprechung geprägten ungeschriebenen Zuständigkeitsanordnungen der Hauptversammlung. Soll der Investor etwa die Verpflichtung übernehmen, Maßnahmen zur vorzeitigen Abberufung des Vorstands der Zielgesellschaft zu unterlassen, müsste er sich die Möglichkeit zur Abstimmung über die Abberufung aus wichtigem Grund (§ 84 Abs. 3 AktG) vorbehalten.[1138] Zulässigerweise könnte sich der Aktionär zu einer bestimmten Ausübung seines Stimmrechts in Fragen festlegen, die nicht zwingend durch die Hauptversammlung entschieden werden müssen. Denkbar wäre dies etwa bei Abstimmungen über Geschäftsführungsfragen, die der Vorstand der Hauptversammlung freiwillig zur Entscheidung vorlegt (§ 119 Abs.2 AktG). Ebenso zulässig wäre die Verpflichtung des Investors, eine bestimmte Geschäftspolitik der Zielgesellschaft mitzutragen, da diese Frage in den Bereich der alleinigen Geschäftsführungstätigkeit des Vorstands fiele.[1139]

Gegen die Einschränkung des Verbotstatbestands auf die Stimmrechtsausübung in Fragen zwingender Hauptversammlungszuständigkeit könnte allenfalls vorgebracht werden, dass der Wortlaut des § 136 Abs. 2 AktG eine solche Differenzierung nicht vorsehe, sondern vielmehr nur auf die Abstimmung nach *Weisung* der Gesellschaft abstelle. Eine Unterscheidung in zwingende und nicht zwingende Kompetenzen der Hauptversammlung überzeuge dann nicht, wenn die Abstimmungsfreiheit der Aktionäre an sich geschützt werden solle. Das Verbot müsste danach auch dann gelten, wenn die Hauptversammlung auf Initiative des Vorstands über eine Maßnahme der Geschäftsführung abstimmt. Eine Stellungnahme der Rechtsprechung zu der vorgeschlagenen Beschränkung des Verbotstatbestands steht bislang noch aus.[1140]

cc) Einschaltung eines Garanten

Um doch eine möglichst umfangreiche Absicherung der Zielgesellschaft gegen mögliche Satzungsänderungen oder strukturändernde Maßnah-

---

1137 *Kiem*, AG 2009, 301, 308.

1138 Hierauf hinweisend *Reichert/Ott*, FS Goette, S. 397, 408.

1139 *Kiem*, AG 2009, 301, 308.

1140 Die Frage offen lassend LG München, Urt. v. 5.4.2012 – 5 HK O 20488/11, abrufbar unter http://beck-online.beck.de, Tz.72.

men auf Initiative des Investors oder neuer Aktionärsmehrheiten zu gewährleisten, wird in der Literatur vorgeschlagen, dass sich der Investor nicht gegenüber der Zielgesellschaft, sondern gegenüber einem anderen Aktionär zur Unterlassung verpflichten solle.[1141] Der Investor würde hiernach die Verpflichtung, sein Stimmrecht nicht zugunsten von Satzungsänderungen auszuüben, zugunsten dieses sogenannten „Garanten" übernehmen. Als Ausnahme für die Stimmbindung des Investors könne vorgesehen werden, dass die Verwaltung der Zielgesellschaft die Satzungsänderung selbst empfiehlt.

Dass durch diese vertragliche Regelung ein Verstoß gegen § 136 Abs. 2 AktG vermieden wird, ist jedoch zweifelhaft. Denn das Verbot der Stimmbindung an Weisungen der Gesellschaft besteht unabhängig davon, zwischen welchen Parteien der Stimmbindungsvertrag zustande kommt.[1142] Entscheidend ist allein, dass der Aktionär verpflichtet wird, nach Maßgabe von Weisungen der Zielgesellschaft, beziehungsweise ihrer Organe, abzustimmen. Genau dieses Ergebnis wird durch die obige Vertragsgestaltung aber erreicht, wenn die Nichtausübung der Stimmrechte durch Empfehlungen der Unternehmensverwaltung bedingt wird.

Gegen die generelle Zulässigkeit einer solchen vertraglichen Regelung unter Einbindung eines Garanten sprechen weiter grundsätzliche Erwägungen. Da bereits der Erwerb einer Aktie genügt, um als möglicher Garant bestimmt werden zu können, droht ein Auseinanderfallen von Stimmrechtsmacht und Kapitalaufbringungsrisiko. Denn der Garant hielte die Stimmrechte eines erheblich beteiligten Aktionärs, ohne in äquivalentem Umfang an der Kapitalaufbringung beteiligt zu sein und ein entsprechendes wirtschaftliches Risiko zu tragen. Genau dies widerspricht aber dem Normzweck des § 136 Abs. 2 AktG, der gerade sicherstellen soll, dass die Stimmrechtsauübung dem obliegt, der auch die möglichen wirtschaftlichen Nachteile seiner Investition erleidet.[1143]

dd) Keine Parallele zum Entherrschungsvertrag

Diskutiert wird weiter, ob die Grundsätze des Entherrschungsvertrages vergleichend zur Lösung des Problems herangezogen werden können. Denn bei Entherrschungsverträgen sind Stimmrechtsausschlussvereinba-

---

1141 *Seibt/Wunsch*, Konzern 2009, 195, 208 f.

1142 *Grundmann* in Großkommentar AktG, § 136 Rn. 77; *Hüffer*, AktG, § 136 Rn. 27; *Zöllner* in Kölner Kommentar AktG, § 136 Rn. 106.

1143 *Kiem*, AG 2009, 301, 308; *Spindler* in Schmidt/Lutter, AktG, § 136 Rn. 2.

rungen mit der Gesellschaft gerade zulässig, da der betroffene Aktionär mit seinem Stimmrechtsanteil von vornherein von der Entscheidungsfindung ausgeschlossen ist und die Verwaltungsorgane keine Einwirkungsmöglichkeit auf den konkreten Entscheidungsprozess erhalten.[1144]

Soll die Stimmrechtsbeschränkung jedoch sicherstellen, dass der Ankerinvestor bestimmte Abstimmungsergebnisse etwa in Fragen von Satzungsrelevanz nicht unterstützt, genügt hierfür nicht bloß die Vereinbarung der Nichtausübung des Stimmrechts wie im Fall des Entherrschungsvertrags. Denn machen andere Aktionäre Beschlussvorschläge, die auf eine Satzungsänderung gerichtet sind, muss die Stimmrechtsvereinbarung einschließen, dass der Investor aktiv gegen den Vorschlag stimmt.[1145] Eine andere Auslegung entspräche nicht dem Interesse der Zielgesellschaft und ihrer Verwaltung.

Zudem bezieht sich der Entherrschungsvertrag auf eine spezielle Fallkonstellation. Er dient der Widerlegung der konzernrechtlichen Vermutungskette der §§ 17 Abs. 2, 18 Abs. 1 S. 3 AktG.[1146] Insoweit ist er durch die Literatur im Hinblick auf Form, Inhalt und Laufzeit zu einem stichhaltigen Beweismittel ausgestaltet worden. Diese Zweckrichtung, der ein Schutzbedürfnis der beteiligten Unternehmen zugrunde liegt, rechtfertigt es, etwaige Berührungen mit dem Verbot gebundener Aktien hinzunehmen.

ee) Schlussfolgerung für die mögliche Ausgestaltung von Verhaltenspflichten des Investors

Im Hinblick auf die jeder Lösungsmöglichkeit innewohnenden Risiken gewährt eine Vereinbarung, durch die sich der Aktionär faktisch zu einem bestimmten Abstimmungsverhalten entsprechend den Vorgaben der Zielgesellschaft oder ihrer Organe verpflichtet, keine gesicherte Position. Am ehesten mit dem Schutzzweck des § 136 Abs. 2 AktG zu vereinbaren ist die Beschränkung des Verbots der weisungsgebundenen Stimmrechtsabgabe auf Gegenstände zwingender Hauptversammlungszuständigkeit. Hier wird ein sinnvoller Kompromiss zwischen dem zwingenden aktienrechtlichen Organgefüge einerseits und den berechtigten

---

1144 *Jäger*, DStR 1995, 1113, 1114 f.; *Koppensteiner* in Kölner Kommentar AktG, § 17 Rn. 109.

1145 So auch *Kiem*, AG 2009, 301, 308.

1146 *Emmerich* in Emmerich/Habersack, Aktien- und GmbH-Konzenrecht, § 17 AktG Rn. 37, 42 ff.; *J. Vetter* in Schmidt/Lutter, AktG, § 17 Rn. 60.

Interessen der Vertragspartner der Investorenvereinbarung andererseits gefunden.

b) Unzulässigkeit des Verzichts auf das Antragsrecht nach § 122 AktG

Des Weiteren könnte überlegt werden, den Investor zu verpflichten, auf seine Antragsrechte, die Einberufung einer außerordentlichen Hauptversammlung oder die Ergänzung der Tagesordnung zu verlangen, im Hinblick auf bestimmte Themen zu verzichten. Insoweit stünde das Verbot gebundener Aktien nicht entgegen, da die Ausübung der Antragsrechte unabhängig von der späteren Stimmrechtsausübung erfolgt. Diese Sichtweise überzeugt jedoch letztlich nicht. Denn machen Aktionäre etwa von ihrem Recht zur Benennung bestimmter Tagesordnungspunkte Gebrauch, verfolgen sie ein bestimmtes Abstimmungsziel. Der vertragliche Ausschluss dieses Rechts hat damit ähnliche Wirkung wie eine Stimmrechtsbindung zugunsten der Gesellschaft und ihrer Organe.[1147] Da das Antragsrecht nur auf solche Gegenstände gerichtet sein darf, für welche eine Zuständigkeit der Hauptversammlung besteht,[1148] entsteht inhaltlich ein Gleichlauf mit der oben befürworteten Einschränkung des Verbots gebundener Aktien auf Gegenstände zwingender Hauptversammlungszuständigkeit.

c) Exkurs: Keine unzulässige Einwirkung auf eigene Mitglieder im Aufsichtsrat

Soweit der Investor über eigene Vertreter im Aufsichtsrat der Gesellschaft verfügt oder verfügen soll, stellt sich ferner die Frage, ob der Investor auch Zusagen betreffend das Stimmverhalten „seiner" Vertreter im Aufsichtsrat etwa in Bezug auf Maßnahmen zur vorzeitigen Abberufung des Vorstands der Gesellschaft abgeben kann. Da eine solche Vereinbarung geeignet wäre, einen bestimmten Entscheidungsdruck für die betroffenen Aufsichtsratsmitglieder zu erzeugen, wird sie nach im Schrifttum vertretener Auffassung als mit dem Grundsatz der unabhängigen und weisungsfreien Amtswahrnehmung des Aufsichtsrats (§ 111 Abs. 5 AktG) unvereinbar angesehen.[1149] Insoweit seien auch Formulierungen zu vermeiden, die eine erfolgreiche Einwirkungshandlung des

1147 So auch *Wagner*, Standstill Agreements bei feindlichen Übernahmen nach US-amerikanischen und deutschem Recht, S. 217 f.

1148 *Kubis* in Münchner Kommentar AktG, § 122 Rn.15; *Ziemons* in Schmidt/Lutter, AktG, § 122 Rn.17.

1149 *Reichert/Ott*, FS Goette, S. 397, 404 ff.

Investors auf seine Mitglieder im Aufsichtsrat voraussetzten, etwa „gewährleisten“ oder „dafür sorgen“.[1150] Dagegen solle die Zusage eines reinen Einwirkungsbemühens des Investors zulässig sein, welches sich in Formulierungen wie „hinwirken“ und „bemühen“ ausdrücke.[1151] Hier verbleibe für den Aufsichtsrat weiterhin ein eigenverantwortlicher Entscheidungsspielraum.[1152] Diese Auffassung überzeugt. Sie sichert die weisungsfreie Amtswahrnehmung durch den Aufsichtsrat ab, trägt aber auch dem Umstand Rechnung, dass ein rein faktisches Einwirken des Aktionärs ohne Auswirkung auf die freie Entschließung des Aufsichtsratsmitglieds in den Grenzen der §§ 311, 317 AktG rechtlich möglich ist.[1153] Zulässig ist demnach die Verpflichtung des Investors, darauf hinzuwirken, dass die eigenen Vertreter im Aufsichtsrat keine Maßnahmen ergreifen, die auf die vorzeitige Abberufung von Mitgliedern des Vorstands der Gesellschaft gerichtet sind. Klargestellt werden sollte in der Vereinbarung jedoch, dass das Recht des Aufsichtsrats, den Vorstand aus wichtigem Grund abzuberufen (§ 84 Abs. 3 AktG), durch die Vereinbarung nicht berührt wird.[1154]

2. Beschränkung der Verfügungsbefugnis des Investors

Das Interesse der Zielgesellschaft an der Einbindung eines stabilisierend auf den Aktionärskreis wirkenden Investors schlägt sich nicht nur in Vereinbarungen über dessen Stimmrechtsausübung nieder. Hat die Gesellschaft einmal einen Ankeraktionär gefunden, liegt ihr viel daran, dass dieser seine Beteiligung in einer bestimmten Höhe über eine gewisse Zeitspanne aufrechterhält und bei Veräußerungsabsicht den Rückzug mit ihr abstimmt. Denn ein rascher Abverkauf der Aktien über die Börse kann zu negativen Kursentwicklungen führen. Ebenso birgt die Übertragung der Aktien auf einen Dritten stets die Gefahr, ungünstige neue Einflussnahmen oder Koalitionen in der Hauptversammlung auf den Plan zu rufen oder die Gesellschaft einem Übernahmeinteressenten „auszuliefern“.

Der Umsetzung dieses Zieles dienen Haltevereinbarungen, auch *Lock up*-Vereinbarungen genannt, die es dem Investor untersagen, über einen

---

1150 *Reichert/Ott*, FS Goette, S. 397, 404 ff.
1151 *Reichert/Ott*, FS Goette, S. 397, 404 ff.
1152 *Reichert/Ott*, FS Goette, S. 397, 404 ff.
1153 *Reichert/Ott*, FS Goette, S. 397, 404 ff.
1154 So zutreffend *Reichert/Ott*, FS Goette, S. 397, 406 f.

bestimmten Zeitraum, der Lock up-Periode, Verpflichtungsgeschäfte bezüglich der gehaltenen Aktien einzugehen und über diese zu verfügen.[1155] Denkbar sind auch Veräußerungsauflagen, etwa mit dem Inhalt, die Veräußerung nur bei Zustimmung der Gesellschaft zur Person des Erwerbers zuzulassen. Weiter könnte der Investor verpflichtet werden, die Zielgesellschaft über seine Veräußerungsabsicht zu informieren und dann einen von ihr vorgeschlagenen Kandidaten als Käufer auszuwählen.[1156] Erwogen werden könnte des Weiteren die Beschränkung des Investors auf Veräußerungsformen, die eine feindliche Übernahme der Gesellschaft erschweren, etwa die Veräußerung an der Börse oder im Wege des Bookbuildings an verschiedene Erwerber.[1157]

a) Rechtliche Zulässigkeit von Übertragungsbeschränkungen

Im Hinblick auf die freie Übertragbarkeit der Aktie können dinglich wirkende Veräußerungsbeschränkungen bei der Aktiengesellschaft nur im Rahmen der Satzung nach Maßgabe des § 68 Abs. 2 AktG vereinbart werden.[1158] Die Zulässigkeit schuldrechtlicher Verfügungsbeschränkungen ist hingegen von Rechtsprechung[1159] und Literatur[1160] allgemein anerkannt.

b) Absicherung des Lock ups

Da Lock up-Vereinbarungen lediglich schuldrechtliche Verpflichtungen enthalten, die im Unterschied zu einer Vinkulierung gemäß § 68 Abs. 2 AktG keine dingliche Wirkung haben, ist es dem Verpflichteten jederzeit möglich, seine Aktien trotz der Haltevereinbarung zu veräußern. Denn gemäß § 137 S. 1 BGB kann die Verfügungsbefugnis über ein veräußerliches Recht nicht durch Rechtsgeschäft ausgeschlossen oder beschränkt werden. Da das Eigentum an den Aktien ein veräußerliches Recht dar-

---

1155 *Höhn*, FB 2004, 223, 224.

1156 *Seibt/Wunsch*, Konzern 2009, 195, 208.

1157 *Nussbaum/Rothenfußer* in Jesch/Striegel/Boxberger, Rechtshandbuch Private Equity, § 21 3.4; *Seibt/Wunsch*, Konzern 2009, 195, 208.

1158 *Hüffer*, AktG, § 68 Rn. 14; *Wiesner* in Münch Hdb AG, § 14 Rn. 18.

1159 BayOblG, DB 1989, 214, 216f.

1160 *Bungeroth* in Münchner Kommentar AktG, § 54 Rn. 33; *Henze* in Großkommentar, § 54 Rn. 53; *Hüffer*, AktG, § 23 Rn. 45, § 54 Rn. 7; *Lutter* in Kölner Kommentar, § 54 Rn. 22.

stellt,[1161] kann die Verfügungsbefugnis rechtsgeschäftlich nicht wirksam beschränkt werden.[1162]

Werden Aktien trotz des Lock up-Agreements vor der vertraglichen Frist veräußert, stellt sich die Frage der erfolgreichen Durchsetzung diesbezüglicher Schadensersatzansprüche der Gesellschaft. Schwierigkeiten rühren hier vor allem daher, dass ein konkret durch die Verletzung der Lock up-Verpflichtung entstandener Schaden für die Gesellschaft dargelegt und bewiesen werden muss. Im Hinblick auf die unternehmensstrategischen Gründe für den Abschluss einer Lock up-Vereinbarung mit dem Investor, wie der Stabilisierung des Aktionariats sowie der Schutz gegen feindliche Übernahmen, ist die genaue Festlegung eines entsprechenden Schadens im Falle vereinbarungswidriger Veräußerungen des Investors und der genauen Schadenshöhe für die Gesellschaft kaum zu treffen.

Es ist daher aus Sicht der Zielgesellschaft empfehlenswert, in der Investorenvereinbarung den Verstoß gegen eine Lock up-Verpflichtung mit einer Vertragsstrafe für Fälle der Zuwiderhandlung zu unterlegen.[1163]

3. Beschränkung der Erwerbsbefugnis des Investors

Umgekehrt besteht ein Interesse der Gesellschaft, den ersehnten Ankeraktionär gleichwohl in einer kontrollierbaren Beteiligungshöhe zu halten. Denn dieser kann später eine Übernahme erwägen und seine Beteiligung zu diesem Zweck schnell ausbauen. Hier kann eine Standstill-Vereinbarung Abhilfe schaffen, in der sich der Investor gegenüber der Zielgesellschaft verpflichtet, eine bestimmte maximale Beteiligungshöhe nicht durch Hinzuerwerb weiterer Aktien oder aktienverwandter Produkte zu überschreiten oder ein öffentliches Übernahmeangebot, gerich-

---

1161 *Palandt*, BGB, § 137 Rn. 1.

1162 So besteht lediglich innerhalb des Effektengiroverkehrs die Möglichkeit, die Aktien unter einer separaten, verschlüsselten Wertpapiernummer einzubuchen, die mit einer Gesamtsperre für die Lock up- Periode belegt wird, sodass deren börsenmäßiger Handel und Übereignung unter Mitwirkung der Depotbank und der Clearstream Banking AG unmöglich werden. Außerhalb des Effektengiroverkehrs genügt für die Übertragung der Anteile durch den Aktionär nach überwiegender Ansicht jedoch die bloße Einigung über den Eigentumsübergang gemäß § 929 S. 1 BGB. Auch bei der Verwahrung der Aktien durch einen Treuhänder, können Verfügungen des Aktionärs über seine Ansprüche gegen den Treuhänder nicht ausgeschlossen werden. Ausführlich hierzu *Höhn*, Ausgewählte Probleme bei Lock-up Agreements, S. 63.

1163 *Höhn*, FB 2004, 223, 228.

tet auf den Kauf von Aktien der Gesellschaft oder den Anteilstausch, abzugeben.[1164]

Die Zulässigkeit von Erwerbsbeschränkungen unterliegt aktienrechtlich ebenfalls keinen Bedenken. Dem von den Vertretern der oben geschilderten Mindermeinung vorgebrachten Einwand, hierin läge ein Mittel unzulässiger Einflussnahme des Vorstands auf die Zusammensetzung der Hauptversammlung, ist aus den oben genannten Gründen entgegenzutreten.

4. Nachteilsausgleich

Erreicht die Beteiligung des Investors eine gewisse Höhe, kann sie zu nicht unerheblichen finanziellen Einbußen für die Zielgesellschaft führen. Dies betrifft zunächst den bereits im 2. Kapitel erläuterten Fall des Verlustes steuerlicher Verlustvorträge auf Seiten der Gesellschaft nach § 8 c S. 1 KStG bei einer Beteiligung des Investors in Höhe von 25 Prozent des Grundkapitals. Weitere Nachteile können sich ergeben, wenn es im Zuge des Beteiligungsaufbaus durch den Investor zu einem Kontrollwechsel in der Zielgesellschaft kommt. Denkbar ist dies in den Fällen, in denen ein Befreiungsantrag gemäß § 37 WpÜG erfolgreich war und der Beteiligungsaufbau dem Investor jenseits der Kontrollgrenze des § 29 Abs. 2 WpÜG in berechenbarer Weise möglich ist. Der Kontrollwechsel kann Kündigungs- oder Neuverhandlungsrechte der Vertragspartner der Zielgesellschaft aufgrund von Change of Control-Klauseln entstehen lassen. Der Gesellschaft drohen bei bestehenden Finanzierungsverträgen die sofortige Fälligstellung gewährter Darlehen oder erhöhte Zinsforderungen sowie sonstige Aufwendungen zum Ersatz oder der Neuverhandlung von Kreditverträgen.

Besteht keine Möglichkeit für den Vorstand, diese drohenden Nachteile in Verhandlungen mit den jeweiligen Vertragspartnern einvernehmlich abzuwenden, hat er zumindest auf einen teilweisen Ausgleich durch den Investor zu dringen[1165]. Denn würden dem Unternehmen durch den Einstieg des Investors erhebliche wirtschaftliche Verluste entstehen, könnte der Abschluss der Investorenvereinbarung kaum mit dem Gesellschaftsinteresse in Einklang gebracht werden[1166].

1164 *Seibt/Wunsch*, Konzern 2009, 195, 208.

1165 *Seibt/Wunsch*, Konzern 2009, 195, 209.

1166 *Seibt/Wunsch* empfehlen – soweit möglich und bezifferbar – für die einzelnen Nachteilstatbestände einen Pauschalbetrag festzusetzen, den der Investor als Einlage in die

VI. Justiziabilität der Investorenvereinbarung

Nach Abschluss der Investorenvereinbarung stellt sich für die Parteien die Frage nach der rechtlichen Durchsetzbarkeit ihrer jeweils begründeten Rechte. Die Justiziabilität von Investorenvereinbarungen ist im Schrifttum teilweise als „wunder Punkt" herausgestellt worden. Bei genauerem Hinsehen bezieht sich diese Kritik jedoch ausschließlich auf den Regelungskomplex der Gremienabreden, bei denen die Praxis häufig versucht ist, den Handlungsspielraum der Beteiligten durch die Formulierung reiner Bemühungspflichten jenseits des aktienrechtlich Zulässigen auszudehnen. Werden in der Investorenvereinbarung hingegen gesellschaftsrechtlich zulässige Handlungspflichten der Zielgesellschaft im Rahmen der engen Grenzen der aktienrechtlichen Organverfassung getroffen, sind diese Vereinbarungen uneingeschränkt justiziabel. Diese können dann auch mit Vertragsstrafen abgesichert oder in ein vertragliches Gegenseitigkeitsverhältnis gestellt werden.

Als prozessualer Weg für die Durchsetzung der vorwiegend auf Unterlassung gerichteten Ansprüche aus der Investorenvereinbarung bietet sich der Antrag auf Erlass einer einstweiligen Verfügung gemäß §§ 935, 940 ZPO an, da bei einer Verfolgung im Hauptsacheverfahren vor den ordentlichen Gerichten oder in einem vertraglich festgelegten Schiedsverfahren regelmäßig mit Verzögerungen von mehreren Monaten zu rechnen ist.[1167]

---

freien Rücklagen der Gesellschaft nach § 272 Abs. 2 Nr. 4 HGB einzahlen müsste, Konzern 2009, 195, 209.

1167 Zu den prozessualen Einzelheiten des einstweiligen Rechtsschutz im Zusammenhang mit Investorenvereinbarungen *Seibt/Wunsch*, Konzern 2009, 195, 213.

6. Teil: Exit des PIPE-Investors

Neben der Erzielung von Gewinnen aus den laufenden Kapitalerträgen, wie Dividenden, stellt für finanzorientierte PIPE-Investoren die gewinnbringende Weiterveräußerung ihrer Beteiligung nach Ablauf einer Phase der Wertsteigerung das maßgebliche Investitionsziel dar.[1168] Bevor die Veräußerungsvarianten im Hinblick auf den Ausstieg des Investors und etwaig bestehende Mitwirkungspflichten der Zielgesellschaft kurz umrissen werden, sind kurz die Risiken einer vorzeitigen Beendigung der Investorenvereinbarung zu nennen.

I. Vorzeitiges Ende der Investorenvereinbarung

Erfüllen sich die Erwartungen des PIPE-Investors nicht mit dem Einstieg in die Zielgesellschaft, etwa weil der Aktienkurs sich nachteilig verändert oder unternehmenswirtschaftliche Kennzahlen sich verschlechtern, wird der Investor gegebenenfalls schon innerhalb des ersten Jahres nach seinem Eintritt als Gesellschafter den Verkauf seiner Beteiligung erwägen oder zumindest die Beendigung der von ihm übernommenen Verpflichtungen in der Investorenvereinbarungen in Betracht ziehen. Hinsichtlich des Verkaufs der gehaltenen Aktien können dann übernommene Lock up-Vereinbarungen in der Investorenvereinbarung entgegenstehen. Denkbar ist auch, dass mit den Banken ausgehandelte Marktschutzvereinbarungen anlässlich einer durchgeführten Bezugsrechtsemission – gegebenenfalls im Rahmen eines Sub Underwriting Agreements – auch den Investor binden. Allerdings entfalten diese Klauseln nur schuldrechtliche Wirkung, die Schadensermittlung gestaltet sich zudem praktisch höchst schwierig.[1169]

Ohne seine Beteiligung aufzugeben, könnte der Investor erwägen, sich von seinen ursprünglich übernommenen Verpflichtungen, wie etwa die Geschäftspolitik der Zielgesellschaft langfristig zu unterstützen, zu lösen. Es empfiehlt sich aus Investorensicht, die Einhaltung der eigenen Pflich-

---

1168 *von Beauvais/Hellich* in Jesch/Striegel/Boxberger, Rechtshandbuch Private Equity, § 15 1.
1169 Hierzu 5. Teil, III. C. 2. b).

ten aus der Investorenvereinbarung von vornherein an die Erreichung bestimmter wirtschaftlicher Mindestziele durch die Zielgesellschaft zu binden.

II. „Regulärer" Ausstieg

Für den regulären Ausstieg des PIPE-Investors nach Ablauf einer in der Regel drei bis fünf Jahre andauernden Beteiligung an der Zielgesellschaft bietet sich in erster Linie die Veräußerung des Anteilsbesitzes an einen strategischen Investor (*Trade Sale)* oder einen anderen Finanzinvestor (*Secondary Purchase*) außerhalb der Börse (*over the counter*) an.[1170] Der Verkauf größerer Beteiligungen über die Börse erlaubt angesichts der drohenden Kursverluste regelmäßig keinen zügigen Ausstieg.[1171] Daneben besteht die Möglichkeit, das zu veräußernde Aktienpaket unter Einbeziehung einer transaktionsbegleitenden Bank bei einer Vielzahl von Investoren im Wege eines sogenannten *Block Trade* zu platzieren. Zuletzt kann die Zielgesellschaft zum Schutz vor feindlichen Übernahmen auch ein Interesse am Rückkauf der Beteiligung des PIPE-Investors haben, um diese erneut einem Ankeraktionär übertragen zu können. In all diesen Ausstiegsvarianten stellt sich die Frage des aktien- und kapitalmarktrechtlich zulässigen Umfangs unterstützender Handlungen der Zielgesellschaft bei der Weiterveräußerung des PIPE-Anteils.

A. Trade Sale oder Secondary Purchase

Die Zielgesellschaft kann den aussteigenden PIPE-Aktionär bei der Investorensuche durch Management Road Shows oder die Gewährung von Einzelgesprächen mit dem Vorstand unterstützen. Daneben kann sie durch Gestattung einer erwerberseitigen Due Diligence die Attraktivität des angebotenen Aktienpakets erhöhen. Die Zulässigkeit der Gestattung einer Due Diligence bemisst sich nach den bereits im dritten Kapitel dargestellten Grundsätzen.[1172] Maßgebend ist, ob die mit der Umplatzierung

---

1170 *Ellrott* in Eilers/Koffka/Mackensen, Private Equity, VIII. 1. Rn.1.

1171 *Krömer*, NZG 2003, 418, 421. Zudem kann über den Verkauf einzelner Teile des Aktienpakets dessen unternehmerischer Wert nicht realisiert werden, da dieser den Einzelwerten nicht anhaftet.

1172 Siehe dazu 3. Teil, II.

verbundenen Vorteile für die Zielgesellschaft die Nachteile der Offenlegung der Informationen überwiegen. Insiderrechtlich sind die Vorteile der Umplatzierung mit den Gefahren für die informationelle Gleichbehandlung der Kapitalmarktteilnehmer abzuwägen.

Aus dem Erfordernis der oben beschriebenen Interessenabwägung folgt, dass entgegen einer vereinzelt geäußerten Ansicht[1173] weder dem veräußerungsbereiten Aktionär noch dem potentiellen Erwerber eines Aktienpakets ein Anspruch auf Zulassung der Due Diligence durch die Gesellschaft zusteht. Dies gilt auch dann, wenn der betreffende Aktionär über eine unternehmerische Beteiligung verfügt und das Unternehmensinteresse der Gesellschaft der Gestattung der Due Diligence nicht entgegensteht.[1174] Denn das Aktiengesetz regelt die Weitergabe geheimhaltungsbedürftiger Informationen innerhalb der Gesellschaft einschränkend.[1175] So darf der Vorstand die Auskunftserteilung gegenüber den gemäß § 131 Abs. 1 AktG auskunftsberechtigten Aktionären verweigern, wenn der Gesellschaft anderenfalls unternehmerische Nachteile zugefügt werden könnten (§ 131 Abs. 3 S. 1 Nr. 1 AktG). Darüber hinaus trifft den Vorstand eine grundsätzliche Verschwiegenheitspflicht hinsichtlich vertraulicher Angaben und Geheimnisse der Gesellschaft (§ 93 Abs. 1 S. 3 AktG).

Allein aus der Berechtigung des Vorstands, eine Due Diligence durch Dritterwerber zuzulassen, kann zudem ohne das Bestehen einer Anspruchsgrundlage kein Leistungsanspruch des Aktionärs gefolgert werden. Ebenso wenig folgt ein Anspruch aus einer etwaigen Treuepflicht der Gesellschaft gegenüber Paketaktionären, da die Berücksichtigung der Interessen der Aktionäre nur einen Teil der Abwägungsentscheidung des Vorstands darstellt und die Interessenwahrungspflicht des Vorstands gegenüber den verschiedenen Interessengruppen lediglich Sachwaltercharakter hat.[1176]

1173 *Krömker*, NZG 2003, 418, 423 f.; *Mielke/Molz*, DB 2008, 1955, 1959.

1174 *Krömker*, NZG 2003, 418, 423 f.; *Mielke/Molz*, DB 2008, 1955, 1959

1175 *Hemeling*, ZHR 169 (2005), 274, 286.

1176 *Hemeling*, ZHR 169 (2005), 274, 287. Mangels bestehender Vertragsbeziehungen mit der Zielgesellschaft hat auch der Erwerber keinen Anspruch auf Gestattung der Due Diligence. Nach zutreffender Ansicht gilt dies auch dann, wenn die Zielgesellschaft einem konkurrierenden Bieter die Due Diligence erlaubt hat, da ein Anspruch auf Bietergleichbehandlung weder in § 3 noch in § 22 Abs. 3 WpÜG eine Stütze findet. *Hemeling*, ZHR 169 (2005), 274, 287; so auch *Schiessl*, AG 2009, 385, 391. Entscheidend ist auch hier allein, ob die Gestattung der Due Diligence durch einen weiteren Bieter dem Unternehmensinteresse entspricht.

Ferner ist keine Grundlage für Ansprüche des veräußernden Aktionärs auf sonstige denkbare Mitwirkungshandlungen der Zielgesellschaft, wie beispielsweise die Einräumung von Einzelgesprächen mit dem Vorstand oder die Durchführung einer Management Road-Show, erkennbar.

Fraglich ist, ob die Zielgesellschaft bei Kenntnis von der Veräußerungsabsicht des Investors zur Veröffentlichung einer Ad-hoc-Mitteilung verpflichtet ist, wenn die Veräußerungsverhandlungen einen hinreichend wahrscheinlichen Abschluss erkennen lassen (§ 15 Abs. 1 S. 1 WpHG). Dies könnte dem Interesse der Parteien an einer möglichst langen Geheimhaltung der Verhandlungen entgegenstehen. Umstritten ist, ob ein Aktienverkauf zwischen einem Aktionär und einem Dritten eine die Zielgesellschaft unmittelbar betreffende Insiderinformation im Sinne des § 15 Abs. 1 S. 1 WpHG darstellt. Unmittelbar den Emittenten betreffende Insiderinformationen sind dabei nur solche, die einen ausreichenden Emittentenbezug aufweisen und sich nicht nur auf die zugrundeliegenden Finanzinstrumente beziehen.[1177] Dies ergibt sich aus dem Vergleich mit § 13 Abs. 1 S. 1 WpHG, der im Gegensatz zu § 15 Abs. 1 S. 1 WpHG bei der Definition der Insiderinformation neben dem Emittentenbezug auch einen Insiderpapierbezug zulässt. Im Umkehrschluss begrenzt das Kriterium des unmittelbaren Emittentenbezugs den Anwendungsbereich des § 15 Abs. 1 S. 1 WpHG.[1178] Die Insiderinformation muss demnach eine gewisse Spezifität zum betroffenen Emittenten aufweisen, entweder zu dessen Status oder geschäftlicher Tätigkeit.[1179] Bei einem geplanten außerbörslichen Aktienverkauf durch Aktionäre könnte dies bejaht werden, wenn die wesentliche Beteiligung eine strategische Zielsetzung aufweist,[1180] da hiermit eine Veränderung der unternehmerischen Ausrichtung der Emittentin einhergehen kann. Kristallisiert sich die Auflösung eines PIPE-Investments heraus, können neben der Veränderung der Aktionärsstruktur für die Gesellschaft im Einzelfall auch unternehmerische Nachteile entstehen. Dies ist der Fall, wenn sie aufgrund des Ausstiegs des PIPE-Investors bestimmte Netzwerke oder Know-how einbüßt. Diese Information wäre geeignet, den Kurs zu beeinflussen. Der Ausstieg ist daher im Regelfall ad-hoc-mitteilungspflichtig.

1177 *Pfüller* in Fuchs, WpHG, § 15 Rn. 123f.; *Zimmer/Kruse* in Schwark/Zimmer, KMRK, § 15 WpHG Rn. 34; a. A. *Assmann* in Assmann/U. H. Schneider, WpHG, § 15 Rn. 55.

1178 So auch die Gesetzesbegründung zum Anlegerschutzverbesserungsgesetz, BT-Drucks. 15/3174, S. 35.

1179 *Pfüller* in Fuchs, WpHG, § 15 Rn. 123f.

1180 So auch BaFin, Emittentenleitfaden v. 28.4.2009, S. 54 a. E.

B. Block Trade

Eine besonders rasche Abwicklung der Beteiligungsveräußerung ermöglicht der Block Trade, bei dem der aussteigende Aktionär eine Bank beauftragt, potentielle Investoren anzusprechen und ihnen die umzuplatzierenden Aktien im Rahmen eines beschleunigten Bookbuilding zum Kauf anzubieten.[1181]

1. Struktur des Block Trade

Ähnlich wie bei Kapitalerhöhungen unter Einschaltung einer Emissionsbank schließen der veräußerungsbereite Altaktionär und die transaktionsbegleitende Bank beim Block Trade einen Übernahmevertrag, in dem sie insbesondere die Verteilung des Platzierungsrisikos hinsichtlich der Aktien regeln. Dabei kann die Bank das volle Verwertungsrisiko übernehmen, indem sie vom Aktionär die Aktien abkauft (*Bought Deal*), die Übernahme einer bestimmten Anzahl von Aktien zu einem Mindestpreis (*Backstop*-Garantie) oder lediglich das Bemühen um eine bestmögliche Platzierung bei Investoren zusagen (*Best Efforts Underwriting*).[1182] Nach Festlegung einer bestimmten Preisspanne werden die Investoren zur Abgabe eines Kaufangebots hinsichtlich einer bestimmten Aktienmenge zu einem bestimmten innerhalb der vorgegebenen Preisspanne liegenden Erwerbspreises innerhalb einer bestimmten Frist aufgefordert.[1183] In der Praxis beträgt die Angebotsfrist oft nur wenige Stunden (*Accelerated Bookbuilding*), sodass der Block Trade in der Regel innerhalb eines Tages abgewickelt werden kann.[1184] Allerdings hat der Veräußerer im Gegenzug regelmäßig einen geringen Abschlag auf den aktuellen Börsenkurs hinzunehmen.[1185]

1181 *Schlitt/Schäfer*, AG 2004, 346, 348.

1182 *Meyer* in Marsch-Barner/Schäfer, Hdb börsennotierte AG, § 8 Rn. 186 ff.; *Schlitt/Schäfer*, AG 2004, 346, 348; *Wolf* in Habersack/Mülbert/Schlitt, Unternehmensfinanzierung, § 8 Rn. 12 ff.

1183 *Meyer* in Marsch-Barner/Schäfer, Hdb börsennotierte AG, § 7 Rn. 91.

1184 *Meyer* in Marsch-Barner/Schäfer, Hdb börsennotierte AG, § 7 Rn. 91; *Schlitt/Schäfer*, AG 2004, 346.

1185 *Wolf* in Habersack/Mülbert/Schlitt, Unternehmensfinanzierung, § 8 Rn. 2.

2. Zulässigkeit von Mitwirkungshandlungen der Zielgesellschaft beim Block Trade

Auch im Rahmen eines Block Trade stellt sich die Frage nach der Zulässigkeit von Unterstützungshandlungen der Zielgesellschaft bei der Umplatzierung des Anteils des PIPE-Investors. Dabei gilt, dass die Bereitschaft der Zielgesellschaft zur Mitwirkung an der Veräußerung umso größer ist, je höher die Beteiligung des Investors und sein Einfluss auf die Unternehmenspolitik der Gesellschaft war.[1186]

Fraglich ist, ob die Zielgesellschaft auch bei einem Block Trade zulässigerweise der Erwerberseite die Durchführung einer Due Diligence gestatten darf. Im Gegensatz zu Paketverkäufen werden bei Block Trades die Aktien jedoch einer Vielzahl von Investoren zugeteilt, die im Gegensatz zu strategischen Investoren zumeist rein finanzielle Ziele verfolgen. Eine wesentliche oder unternehmerische Beteiligung – wie von der überwiegenden Meinung gefordert -[1187] liegt seitens dieser Investoren nicht vor, sodass die Gewährung einer Due Diligence als unbefugt im Sinne des § 14 Abs. 1 Nr. 2 WpHG anzusehen wäre und einen Sorgfaltspflichtverstoß des Vorstands nach § 93 Abs. 2 AktG begründen müsste. Allerdings kann die Gesellschaft im Einzelfall ein Interesse am Zustandekommen des Block Trade haben, etwa zur Vergrößerung ihres free floats und Verbesserung der Liquidität in der Aktie. Anstatt auf starre Beteiligungsgrößen abzustellen, erscheint für die Beantwortung dieser Frage eine Abwägung der widerstreitenden Interessen im Einzelfall daher vorzugswürdig.[1188]

Auch beim Block Trade stellt sich die Frage, ob und gegebenenfalls ab wann die Zielgesellschaft den Kapitalmarkt über einen anstehenden Block Trade informieren muss (§ 15 Abs. 1 S. 1 WpHG). Ebenso wie der Ausstieg des PIPE-Investors im Wege des Paketverkaufs stellt ein Block Trade eine die Zielgesellschaft unmittelbar betreffende Insiderinformation dar, wenn die geplante Transaktion noch nicht öffentlich bekannt gegeben wurde und die Umplatzierung geeignet ist, den Aktienkurs zu beeinflussen. Für den Ausstieg eines PIPE-Investors kann das Kursbeeinflussungspotential wie gesehen in aller Regel bejaht werden. Grundsätzlich ist die Gesellschaft damit ab Kenntnis der sicheren Durchführung

---

1186 *Wolf* in Habersack/Mülbert/Schlitt, Unternehmensfinanzierung, § 8 Rn. 22.

1187 *Assmann* in Assmann/U. H. Schneider, WpHG, § 14 Rn. 164; *Schäfer* in Schäfer/Hamann, Kapitalmarktgesetze, Loseblattsammlung (Stand: 06/2007), § 14 WpHG Rn. 63.

1188 So auch *Wolf* in Habersack/Mülbert/Schlitt, Unternehmensfinanzierung, § 8 Rn. 48.

der Transaktion ad-hoc-mitteilungspflichtig. Allerdings wird sie sich für die Dauer der Abwicklung des Block Trade von der Mitteilungspflicht nach § 15 Abs. 3 S. 1 WpHG selbst befreien dürfen, wenn das Bekanntwerden des geplanten Aktienverkaufs an Investoren die Durchführung des Block Trade beeinträchtigen könnte. Ein Scheitern der Transaktion hätte hier unmittelbar Auswirkungen auf den Aktienkurs.[1189]

C. Aktienrückkauf der Zielgesellschaft

Da der Ausstieg des PIPE-Investors zu einer nicht unwesentlichen Veränderung der Beteiligungsverhältnisse führt, stellt sich die Frage, inwieweit ein Rückkauf des Aktienpakets durch die Zielgesellschaft selbst zulässig sein kann. Könnte die Zielgesellschaft die Aktien zurückkaufen, hätte sie die Möglichkeit, diese geordnet bei langfristig orientierten Aktionären neu zu platzieren. Die aktienrechtlichen Schranken eines solchen Vorgehens sollen daher näher beleuchtet werden.

1. Zulässigkeit des Rückerwerbs eigener Aktien durch die Gesellschaft

Wie bereits gesehen, sind die Voraussetzungen eines zulässigen Rückerwerbs eigener Aktien durch eine Aktiengesellschaft eng umgrenzt. Das zulässige Erwerbsvolumen für einen zweckungebundenen Rückerwerb von Aktien gemäß § 71 Abs. 1 Nr. 8 S. 1 AktG ist auf zehn Prozent des Grundkapitals im Zeitpunkt der Entscheidung der Hauptversammlung beschränkt.[1190] Darüber hinaus darf die Gesellschaft eigene Aktien, die nach § 71 Abs. 1 Nr. 8 S. 1 AktG erworben wurden, nur bis zur Grenze von zehn Prozent des jeweiligen Grundkapitals halten, wobei eigene Aktien, die nach bestimmten anderen Erwerbstatbeständen erworben wurden, mitberechnet werden (§ 71 Abs. 2 S. 1 AktG). Zudem darf die Ermächtigung zum Erwerb eigener Aktien durch die Hauptversammlung nur für einen maximalen Zeitraum von fünf Jahren erteilt werden (§ 71 Abs. 1 Nr. 8 S. 1 AktG).

1189 Für ein Recht zur Selbstbefreiung der Zielgesellschaft bis zur Abwicklung des Block Trade auch *Schlitt/Schäfer*, AG 2004, 346, 353; *Wolf* in Habersack/Mülbert/Schlitt, Unternehmensfinanzierung, § 8 Rn. 66.

1190 *T. Bezzenberger* in Schmidt/Lutter, AktG, § 71 Rn. 21; *Cahn* in Spindler/Stilz, AktG, § 71 Rn. 100 ff., 103.

Verstößt der Rückerwerb eigener Aktien gegen die genannten gesetzlichen Vorgaben, bleibt das dingliche Geschäft zwar wirksam (§ 71 Abs. 1 S. 1 AktG), das schuldrechtliche Erwerbsgeschäft hingegen ist nichtig (§ 71 Abs. 4 S. 2 AktG).[1191] Die Gesellschaft kann mangels eines Erfüllungsanspruches die Übertragung der Aktien an sich nicht verlangen. Bereits erhaltene Aktien hat sie dem Aktionär nach Bereicherungsrecht zurückzugewähren.[1192] Unzulässig zurückerworbene Aktien hat die Gesellschaft auch ohne Rückabwicklung des Erwerbs zwingend innerhalb eines Jahres zu veräußern (§ 71 c Abs. 1 AktG).

2. Zulässigkeit einer individuellen Rückkaufvereinbarung (*negotiated repurchase*) zwischen Zielgesellschaft und PIPE-Investor

Fraglich ist, ob die Zielgesellschaft einem *einzigen* Aktionär eigene Aktien bis zur maximalen Ausschöpfung des rechtlich zulässigen Erwerbs- und Bestandsvolumens abkaufen darf. Dies wird unterschiedlich beantwortet. Einer Ansicht nach widerspricht der individuelle Paketkauf dem Gleichbehandlungsgebot der Aktionäre (§ 53 a AktG),[1193] insbesondere, wenn die Zielgesellschaft dem Aktionär für das Aktienpaket wie üblich eine Prämie in Form eines Zuschlags auf den Börsenkurs zahlt.[1194] Darüber hinaus sei hier die Gefahr der Einflussnahme der Verwaltung auf die Zusammensetzung des Aktionärskreises besonders groß. Ein Paketerwerb der Zielgesellschaft könnte danach nur zur Abwendung eines schweren unmittelbar bevorstehenden Schadens für die Gesellschaft gemäß § 71 Abs. 1 Nr. 1 AktG möglich sein. Demgegenüber hält die überwiegende Ansicht einen Pakethandel im Rahmen des § 71 Abs. 1 Nr. 8 AktG nicht für grundsätzlich ausgeschlossen, wobei unterschiedlich strenge Voraussetzungen an diese Form des Rückerwerbs gestellt werden. Die engste Auffassung verlangt für die Durchsetzung des Gleichbehandlungsgrundsatzes in Anlehnung an das Bezugsrecht der Aktionäre nach § 186 Abs. 1 AktG, dass die Zielgesellschaft den Rückkauf der Aktien allen Aktionären gleichermaßen anbietet und bei einem über das zulässige Erwerbsvolumen hinausgehenden Angebot Aktien entsprechend den je-

---

1191 *F. Schäfer/Gätsch* in Marsch-Barner/Schäfer, Hdb börsennotierte AG, § 50 Rn. 46.

1192 *Hüffer*, AktG, § 71 Rn. 24; *T. Bezzenberger* in Schmidt/Lutter, AktG, § 71 Rn. 72.

1193 *Hüffer*, AktG, § 71 Rn. 19k; *Huber* in FS Kropff, 103, 116; *Peltzer*, WM 1998, 322, 329; *v. Rosen/Helm*, AG 1996, 434, 439.

1194 *Huber* in FS Kropff, 103, 116; *v. Rosen/Helm*, AG 1996, 434, 439.

weiligen Beteiligungsquoten zurückkauft.[1195] Sollen Aktien nur von einem Aktionär rückerworben werden, müsse das allen Aktionären zustehende Andienungsrecht zunächst ausgeschlossen werden. Neben der sachlichen Rechtfertigung des Ausschlusses dieses Rechts sei ein Hauptversammlungsbeschluss hierfür zu fordern.[1196] Dagegen verneint eine andere Ansicht ein Andienungsrecht der Aktionärsgesamtheit in diesem Zusammenhang sowie das daraus folgende Erfordernis einer Hauptversammlungsermächtigung und misst die Frage allein am Gleichbehandlungsgrundsatz.[1197] Dieser Auffassung ist zuzustimmen, da sie dem Wortlaut und der Systematik des § 71 Abs. 1 Nr. 8 AktG am ehesten entspricht. So erkennt das Gesetz den Fall des Rückkaufs eigener Aktien durch die Zielgesellschaft über die Börse als zulässige Vorgehensweise an (§ 71 Abs. 1 Nr. 5 S. 4 AktG), obwohl in diesem Fall gerade kein quotaler Rückkauf durch die Aktionärsgesamtheit gelingt.[1198] Es kann auch nicht Anliegen des Gesetzgebers sein, die Möglichkeit des Paketkaufs durch die Zielgesellschaft durch zusätzliche formelle Voraussetzungen zu erschweren. Zumal ein Andienungsrecht im Wortlaut des § 71 Abs. 1 Nr. 8 AktG für den Fall des Erwerbs keine Stütze findet. § 71 Abs. 1 Nr. 8 S. 3 AktG ordnet lediglich die Beachtung des Gleichbehandlungsgrundsatzes für den Erwerb eigner Aktien an. Somit kommt es allein darauf an, ob die Sonderbehandlung des PIPE-Investors beim Rückkauf der Aktien durch die Gesellschaft sachlich gerechtfertigt werden kann.[1199] Denkbar kann dies nur sein, wenn der Investor anderenfalls sein Paket an Marktteilnehmer überträgt, deren Absichten sich nachteilig auf die Aktionärsstruktur oder den Fortbestand des Unternehmens auszuwirken drohen.

1195 *Lutter/Drygala*, Kölner Kommentar AktG, § 71 Rn. 175; *Oechsler* in Münchener Kommentar AktG, § 71 Rn. 223.

1196 Für einfache Mehrheit bezüglich des den Ausschluss des Andienungsrechts beschließenden Hauptversammlungsbeschlusses *Oechsler* in Münchener Kommentar AktG, § 71 Rn. 224; für die qualifizierte Mehrheit des § 186 Abs. 3 S. 2 AktG *Lutter/Drygala*, Kölner Kommentar AktG, § 71 Rn. 175.

1197 *Cahn* in Spindler/Stilz, AktG, § 71 Rn. 121.

1198 *Cahn* in Spindler/Stilz, AktG, § 71 Rn. 121.

1199 So im Ergebnis auch *Cahn* in Spindler/Stilz, AktG, § 71 Rn. 121, 127.

7. Teil: Zusammenfassung der wesentlichen Ergebnisse in Thesen

1. Bei der Strukturierung einer PIPE-Transaktion im Wege der Barkapitalerhöhung stellt die Kapitalerhöhung aus genehmigtem Kapital mit erleichtertem Bezugsrechtsausschluss für den Investor die sicherste Struktur für eine zügige Beteiligung an der Zielgesellschaft dar. Ähnlich zügig kann eine Beteiligung in gleichem Umfang bei Veräußerung eigener Aktien der Gesellschaft an den Investor umgesetzt werden. Dagegen eignen sich Barkapitalerhöhungen in größerem Umfang für PIPE-Investments weniger, da sie nur als Bezugsrechtsemissionen durchgeführt werden können und dadurch schwerfälliger im Hinblick auf sich bietende Gelegenheiten am Kapitalmarkt sind. Als ergänzende Strukturen kommen die Ausgabe von Wandelschuldverschreibungen an den Investor sowie Beteiligungserwerbe des Investors am Sekundärmarkt in Betracht.
2. Die mit einer Beteiligung dieses Umfangs verbundenen Rechte gewähren dem PIPE-Investor jedoch noch keine gesicherte Einflussposition, sondern ermöglichen ihm regelmäßig lediglich die Ausübung von Minderheitsaktionärsrechten in und außerhalb der Hauptversammlung. Erst das Halten einer Beteiligung von über zehn Prozent am Grundkapital der Gesellschaft ist geeignet, faktische oder rechtliche Sperrminoritäten zugunsten des PIPE-Investors im Rahmen der Beschlussfassung in der Hauptversammlung entstehen zu lassen. Erst mit einer Beteiligung dieses Umfangs wird der PIPE-Investor Aufsichtsratsposten in der Zielgesellschaft mit einem oder mehreren Vertretern besetzen können. Dabei sind die Einwirkungsmöglichkeiten des eingesetzten Aufsichtsratsmitglieds innerhalb des Aufsichtsrats in hohem Maß von den rechtlichen und faktischen Verhältnissen im Aufsichtsrat abhängig.
3. Der Vorstand ist zur Auswahl eines geeigneten Ankeraktionärs im Rahmen seiner Leitungs- und Finanzierungsverantwortung berechtigt. Eine Neutralitätspflicht besteht in diesem Rahmen nicht. Im Hinblick auf die Investorenauswahl ist der Vorstand grundsätzlich nicht zur Durchführung eines Auktionsverfahrens verpflichtet. Vielmehr ist

dem Vorstand auch hier ein unternehmerischer Ermessensspielraum zuzugestehen.

4. Im Vorfeld von Kapitalmarkttransaktionen unter alleiniger Beteiligung des PIPE-Investors darf der Vorstand der Zielgesellschaft im Rahmen seiner Sorgfaltspflichten dem PIPE-Investor die Due Diligence gestatten, da die Vorteile der Transaktion die Geheimhaltungsinteressen der Zielgesellschaft im Regelfall überwiegen. Auch die Mitteilung von Insiderinformationen im Zuge der Due Diligence erfolgt im Regelfall dann nicht unbefugt.

5. Die PIPE-Transaktion ist regelmäßig mit dem Beschluss des Vorstands der Zielgesellschaft über den Abschluss der Investorenvereinbarung und Durchführung der Kapitalerhöhung ad-hoc-mitteilungspflichtig.

6. Der Strukturierung der Kapitalerhöhung mit vereinfachtem Bezugsrechtsaus-schluss werden allein durch die gesetzlichen Voraussetzungen des § 186 Abs. 3 S. 4 AktG Grenzen gesetzt. So muss der Börsenkurs im Zeitpunkt der Durchführung der Transaktion nicht den wahren Wert der Aktie der Gesellschaft abbilden. Nicht erforderlich ist weiter, dass Zukaufmöglichkeiten der Altaktionäre gesichert sind. Gleichwohl sollte die PIPE-Transaktion in extremen Situationen besonderer Marktenge vorsichtshalber nicht bezugsrechtsfrei durchgeführt werden.

7. Die Platzierung aller Aktien bei einem PIPE-Investor der Gesellschaft ist zulässig, sofern sie nicht allein der Veränderung von Machtverhältnissen in der Gesellschaft dient. Das gleiche gilt für eine Platzierung aller Aktien bei einem Aktionär der Gesellschaft. Aus Vorsichtsgründen sollte der Vorstand hier jedoch besonders prüfen, ob die Ungleichbehandlung der Aktionäre im Hinblick auf die der Gesellschaft aus der Transaktion zuwachsenden Vorteile sachlich gerechtfertigt ist.

8. Soll eine PIPE-Transaktion im Wege der Bezugsrechtskapitalerhöhung durchgeführt werden, ist für den Investor die Erreichung der von ihm gewünschten Beteiligungshöhe bis zum Ende der Bezugsfrist ungewiss. Verzichten Altaktionäre im Vorfeld auf die Ausübung ihrer Bezugsrechte, ist der Vorstand in Ermangelung einer entgegenstehenden Bestimmung im Kapitalerhöhungsbeschluss, Bezugsangebot oder der Satzung berechtigt, die frei gewordenen Bezugsrechte dem PIPE-Investor zuzuteilen. Die Festlegung eines über dem Börsenkurs liegenden Bezugspreises zur Steuerung des Bezugsverhaltens der Alt-

aktionäre ist hingegen nur zulässig, soweit der höhere Bezugspreis den inneren Wert der Aktie widerspiegelt. Zuletzt gewährt ein Rücktrittsrecht für den Fall, dass die gewünschte Beteiligungshöhe nicht erreicht wird, dem PIPE-Investor eine gewisse Sicherheit.

9. Im Rahmen der Bezugsrechtsemission kann die Abgabe einer Platzierungsgarantie des Investors das Platzierungsrisiko bei der Kapitalerhöhung verringern und damit entscheidend zum Gelingen der Transaktion beitragen. Das Risiko, nicht in gewünschter Höhe beteiligt zu werden, kann der Investor sich in Form einer angemessenen Provision durch die Zielgesellschaft vergüten lassen. Ist der PIPE-Investor bereits an der Gesellschaft beteiligt, muss das Recht der bevorzugten Zuteilung nicht bezogener Aktien im Hinblick auf den aktienrechtlichen Gleichbehandlungsgrundsatz sachlich gerechtfertigt werden können. Dies wird im Regelfall bejaht werden können, da der Gesellschaft durch eine PIPE-Beteiligung über der Kapitalzufluss hinaus bestimmte Vorteile, insbesondere die Unterstützung der Unternehmenspolitik oder das Eingehen von Halteverpflichtungen, zugutekommen.

10. Die Durchführung einer Sachkapitalerhöhung zur Beteiligung eines PIPE-Investors ist regelmäßig nur in der Konstellation des Debt-Equity-Swap praktisch bedeutsam. Die Durchführung einer reinen Sachkapitalerhöhung ist in diesem Fall nur zulässig, wenn die Zielgesellschaft im Sanierungskontext ihre Schulden mangels ausreichender Platzierbarkeit nicht durch eine Barkapitalerhöhung zurückführen kann und allein die Gläubiger die jeweiligen Forderungen als Sacheinlage einzubringen bereit sind. In diesem Fall ist auch die Zeichnung der Aktien durch einen PIPE-Investor, der bereits Aktionär der Gesellschaft ist, zulässig. Die Forderung ist dabei zum Nennwert einzubringen.

11. Zur Erreichung der gewünschten Beteiligungshöhe können dem PIPE-Investor gegebenenfalls ergänzend eigene Aktien der Zielgesellschaft übertragen werden. Das auch hier bestehende Vorerwerbsrecht der Altaktionäre muss dann in entsprechender Anwendung der Grundsätze des erleichterten Bezugsrechtsausschlusses ausgeschlossen werden. Bestehen parallele Ermächtigungen zur Veräußerung eigener Aktien an nur einen Investor und zur Kapitalerhöhung mit vereinfachtem Bezugsrechtsausschluss, dürfen diese bei gleichzeitiger

Ausnutzung nur gemeinsam die maximale Volumengrenze von zehn Prozent des Grundkapitals der Zielgesellschaft erreichen.

12. Als ergänzende oder alleinige Struktur einer PIPE-Beteiligung erlaubt die Ausgabe von Wandelschuldverschreibungen an den Investor unter vereinfachtem Ausschluss des Bezugsrechts der Altaktionäre einen sehr flexiblen Zuschnitt der Beteiligungsnahme. Aus Sicht der Gesellschaft stellt sich die Transaktion bei Verzicht auf eine indirekte Emission und die Zulassung zum Handel an einem organisierten Markt kosten- und zeiteffizient dar. Die Ausgabe der Wandelschuldverschreibungen darf jedoch nicht gleichzeitig mit der Ausübung anderweitiger Ermächtigungen zum vereinfachten Bezugsrechtsausschluss erfolgen, wenn dadurch die maximale Volumengrenze von zehn Prozent des Grundkapitals der Zielgesellschaft überschritten würde.

13. Alternativ zum klassischen PIPE erreicht der PIPE-Investor eine Beteiligung an der Zielgesellschaft am Einfachsten im Wege eines privaten Aktienpaketkaufs. Das zeit- und kostenintensive öffentliche Angebotsverfahren wird der Investor hingegen nur dann erwägen, wenn sich am Markt der Verkauf einer besonders attraktiven Minderheitsbeteiligung abzeichnet. Einen Beteiligungsaufbau am Kapitalmarkt werden PIPE-Investoren in Zukunft infolge gestiegener Transparenzanforderungen scheuen. Will der Investor Aktien am Markt zusätzlich zu einer klassischen PIPE-Beteiligung erwerben, hat er im Hinblick auf mögliche zuvor bei einer Due Diligence-Prüfung erlangte Insiderkenntnisse zu dokumentieren, dass er bereits vor dieser Kenntnis zu ihrem Erwerb entschlossen war.

14. Die zwischen dem Vorstand der Zielgesellschaft und der Investorenseite ausgehandelte Investorenvereinbarung ist das zentrale Dokument einer PIPE-Transaktion. Sie ist als schuldrechtlicher Vertrag vorbehaltlich entgegenstehenden Satzungs- oder Aktienrechts rechtlich zulässig und durchsetzbar. Seitens der Zielgesellschaft liegt die Abschlusszuständigkeit beim Vorstand. Der Aufsichtsrat hat hierzu seine Zustimmung zu erteilen.

15. Eine verbindliche Zusage, die Vertretung des Investors im Aufsichtsrat herzustellen, darf der Vorstand hierin nicht abgeben. Er kann allein sein Bemühen zusichern, sich im Rahmen von Gesprächen mit Aufsichtsratsmitgliedern und Aktionären für eine Wahl des Vertreters des Investors einzusetzen oder im Fall des freiwilligen Rücktritts ein-

zelner Aufsichtsratsmitglieder die gerichtliche Bestellung des Vertreters des Investors zu beantragen.

16. Zustimmungsvorbehalte zu Geschäftsführungs- oder Leitungsmaßnahmen der Gesellschaft können dem PIPE-Investor nur in engen Grenzen eingeräumt werden, wenn sie sowohl in zeitlicher als auch in sachlicher Hinsicht begrenzt sind. Als zulässig sind vor diesem Hintergrund insbesondere zeitlich beschränkte Verwässerungsschutzklauseln zugunsten des PIPE-Investors anzusehen.

17. Die Einräumung von besonderen Informationsrechten zugunsten des Investors ist weder durch den Grundsatz der Gleichbehandlung der Aktionäre noch die aktiengesetzliche Kompetenzordnung grundsätzlich ausgeschlossen. Vielmehr können dem Investor bei Bestehen eines sachlichen Grundes vertraglich besondere Informationsrechte eingeräumt werden. Die Weitergabe von Insiderinformationen wird jedoch im Regelfall als insiderrechtlich unzulässig ausscheiden. Im insiderrechtlich relevanten Bereich können allenfalls bereits bekannte Informationen durch den Vorstand näher erläutert werden.

18. Garantien zugunsten eines PIPE-Investors lassen sich in Investorenvereinbarungen nicht rechtssicher vereinbaren.

19. In der Investorenvereinbarung kann die Zielgesellschaft von dem Investor zwar verlangen, die Unterstützung der Geschäftspolitik zuzusichern. Sie darf ihn jedoch in Fragen, die in der Zuständigkeit der Hauptversammlung liegen, nicht verpflichten, sein Stimmrecht in einer bestimmten Weise auszuüben.

20. Seine Beteiligung kann der Investor durch den Verkauf seiner Anteile an Dritte im Wege des Paketverkaufs oder Block Trade beenden. Hierbei hat er keinen Anspruch auf die Mitwirkung der Zielgesellschaft. Eher als beim Block Trade ist die Gestattung einer erwerberseitigen Due Diligence beim Paketkauf zulässig. Die Zielgesellschaft darf die Anteile des Investors bis zur gesetzlichen Höchsterwerbsgrenze nur zurück erwerben, wenn dies zur Abwendung von Nachteilen für die Gesellschaft erforderlich ist.

Literaturverzeichnis

Aleth, Franz **Böhle, Jens**	Neue Transaktionsformen als Folge der Finanzmarkt-/Wirtschaftskrise – handels-, gesellschafts- und insolvenzrechtliche Aspekte, DStR, 2010, 1186 ff.
Angerer, Lutz **Pläster, Sebastian**	Steine statt Brot für Wandel- und Optionsanleihe-Emittenten – Zur angeblichen Unzulässigkeit eines bloßen Mindestsausgabebetrags bei der bedingten Kapitalerhöhung –, NZG 2009, 326 ff.
Angersbach, Carsten **von der Chevallerie, Albrecht** **Ulbricht, Julia**	Prospektfreie Zulassung von neuen Aktien aus einer reinen Bezugsrechtskapitalerhöhung ohne Volumenbegrenzung nach § 4 Abs. 2 Nr. 7 WpPG, ZIP 2009, 1302 ff.
Apfelbacher, Gabriele **Polke, Peter**	Ad-hoc-Publizität bei zukünftigen Ereignissen und gestreckten Sachverhalten – (Nichts) Neues aus Luxemburg und Brüssel?, CFL 2012, 275 ff.
Arnold, Michael **Wenninger, Thomas G.**	Maßnahmen zur Abwehr feindlicher Übernahmeangebote, CFL 2010, 79 ff.
Arnold, Michael **Aubel, Stephan**	Einlagenrückgewähr, Prospekthaftung und Konzernrecht bei öffentlichen Angeboten von Aktien, Rezension des „Telekom III"-Urteils des BGH vom 31. Mai 2011, ZGR 2012, 113 ff.
Assmann, Heinz-Dieter	Rechtsanwendungsprobleme des Insiderrechts, AG 1997, 50 ff.

Assmann, Heinz-Dieter (Hrsg.) **Schlitt, Michael (Hrsg.)** **von Kopp-Colomb, Wolf (Hrsg.)**	Wertpapierprospektgesetz, Verkaufsprospektgesetz; Kommentar mit Anhängen zur ProspektVO (EG) Nr. 809/2004, VermVerkProspV, VermVerkProspGebV, 2. Auflage, Köln 2010 (zitiert: *Bearbeiter* in Assmann/Schlitt/von Kopp-Colomb, WpPG/VerkProspG)
Assmann, Heinz-Dieter (Hrsg.) **Schneider, Uwe H. (Hrsg.)**	Wertpapierhandelsgesetz: Kommentar, 6. Auflage, Köln 2012 (zitiert: *Bearbeiter* in Assmann/U. H. Schneider, WpHG)
Assmann, Heinz-Dieter (Hrsg.) **Pötzsch, Thorsten (Hrsg.)** **Schneider, Uwe H. (Hrsg.)**	Wertpapiererwerbs- und Übernahmegesetz, Kommentar, 2. Auflage, Köln 2013 (zitiert: *Bearbeiter* in Assmann/Pötzsch/U. H. Schneider, WpÜG)
Aubel, Stephan	Der vereinfachte Bezugsrechtsausschluß: Aktionärs- und Gesellschaftsinteressen beim vereinfachten Bezugsrechtsausschluß nach Maßgabe des § 186 Absatz 3 Satz 4 AktG 1998, Frankfurt am Main 1998
Banerjea, Nirmal Robert	Der Schutz von Übernahme- und Fusionsplänen – Überlegungen zur Zulässigkeit und Gestaltung sog. Deal-Protection-Abreden, DB 2003, 1489 ff.
Bank, Stephan	Das Insiderhandelsverbot in M&A-Transaktionen, NZG 2012, 1337 ff.
Baums, Theodeor (Hrsg.) **Thoma, Georg F. (Hrsg.)**	WpÜG, Kommentar zum Wertpapiererwerbs- und Übernahmegesetz, Köln, Loseblattsammlung (Stand der Lieferung 05/2012) (zitiert: *Bearbeiter* in Baums/Thoma, WpÜG)

Baums, Theodor **Drinhausen, Florian** **Keinath, Astrid**	Anfechtungsklagen und Freigabeverfahren. Eine empirische Studie, ZIP 2011, 2329 ff.
Bausch, Stephan	Schuldrechtliche Vereinbarungen über die Entsendung von Mitgliedern in den Aufsichtsrat im Lichte des § 101 II AktG, NZG 2007, 574 ff.
Bayer, Walter	Aktienrechtsnovelle 2012 – Kritische Anmerkungen zum Regierungsentwurf, AG 2012, 141 ff.
Bayer, Walter **Hoffmann, Thomas**	Freigabeverfahren nunmehr echtes Eilverfahren, AG 2012, R 59 ff.
Bayer, Walter **Hoffmann, Thomas** **Sawada, Tobias**	Beschlussmängelklagen, Freigabeverfahren und Berufskläger, ZIP 2012, 897 ff.
Becker, Christian	Der Debt Equity Swap ist ein wirkungsvolles Sanierungsinstrument, Börsenzeitung v. 24.6.2010, S. 4
Becker, Cristian	Aktienrechtliches und handelsrechtliches Agio, NZG 2003, 510 ff.
Beisel, Wilhelm (Hrsg.) **Klumpp, Hans-Hermann (Hrsg.)**	Der Unternehmenskauf: Gesamtdarstellung der zivil- und steuerrechtlichen Vorgänge einschließlich gesellschafts-, arbeits- und kartellrechtlicher Fragen bei der Übertragung eines Unternehmens, 6. Auflage, München 2009 (zitiert: *Verfasser* in Beisel/Klumpp, Unternehmenskauf)

Bernhardt, Michael **Mark, Christine**	„Private Equity goes public" Beteiligungen an börsennotierten Unternehmen durch Finanzinvestoren – ein Überblick über rechtliche Fragestellungen aus der Sicht der Praxis, Festschrift für Eberhard Schwark zum 70. Geburtstag, München 2009, S. 349 ff.
Berrar, Carsten **Wiegel, Volker**	Auswirkungen des vereinfachten Prospektregimes auf Bezugsrechtskapitalerhöhungen, CFL 2012, 97 ff.
Blasche, Sebastian	Individualisierung sowie Über- und Unterschreitung des Unternehmensgegenstandes, DB 2011, 517 ff.
Blättchen, Wolfgang **Nespethal, Uwe**	Emissionskonzepte in Phasen „geschlossener" Primärmärkte, GoingPublic „Kapitalmarktrecht 2009", 24 f.
Bösl, Konrad	Kosten des Börsengangs, FB 2009, 608 ff.
Böttcher, Lars	Verpflichtung des Vorstands einer AG zur Durchführung einer Due Diligence, NZG 2005, 49 ff.
Böttcher, Lars **Kautzsch, Michael**	Rechtssicherheit für Wandelschuldverschreibungen, NZG 2009, 978 ff.
Brandi, Tim Oliver	Gewährleistung durch die Aktiengesellschaft bei Anteilserwerb durch Kapitalerhöhung, NZG 2004, 600 ff.
Brandi, Tim Oliver **Süßmann, Rainer**	Neue Insiderregeln und Ad-hoc-Publizität – Folgen für Ablauf und Gestaltung von M&A-Transaktionen, AG 2004, 642 ff.
Brettel, Malte **Kaufmann, Christian** **Kühn, Christian** **Sobczak, Christina**	Private Equity-Investoren, Eine Einführung, Stuttgart 2008

Brocker, Moritz **Wohlfarter, Sepp**	Die Auswirkungen der neuen Prospektpflicht für Bezugsrechtsemissionen auf die Eigenkapitalbeschaffung mittelständischer Unternehmen, BB 2013, 393 ff.
Burg, Michael **Marx, Eric**	Debt Equity Swap im Wege der Kapitalerhöhung mit Ersetzungsbefugnis, CFL 2010, 364 ff.
Burger, Anton	Keine angemessene Abfindung durch Börsenkurse bei Squeeze-out, NZG 2012, 281 ff.
Bürgers, Tobias **Körber, Torsten**	Heidelberger Kommentar zum Aktiengesetz, 2. Auflage 2011 (zitiert: *Bearbeiter* in Bürgers/Körber, AktG)
Busch, Torsten	Eigene Aktien bei der Stimmrechtsmitteilung – Zähler, Nenner, Missstand, AG 2009, 425 ff.
Bussian, Wolf	Die Verwendung von Insiderinformationen, WM 2011, 8 ff.
Cahn, Andreas	Das neue Insiderrecht, Konzern 2005, 5 ff.
Cahn, Andreas **Simon, Stefan** **Theiselmann, Rüdiger**	Forderungen gegen die Gesellschaft als Sacheinlage?, CFL 2010, 238 ff.
Cahn, Andreas	Pflichten des Vorstandes beim genehmigten Kapital mit Bezugsrechtsausschluß ZHR 163 (1999), 554 ff.
Carli, Winfried, M. **Rieder, Markus S.** **Schmückl, Norbert**	Debt-to-Equity-Swaps in der aktuellen Transaktionspraxis, ZIP 2010, 1737 ff.

Cascante, Christian **Topf, Cornelia**	„Auf leisen Sohlen"?-Stakebuilding bei der börsennotierten AG, AG 2009, 53 ff.
Cascante, Christian **Bingel, Adrian**	Insiderhandel – in Zukunft leichter nachweisbar?, NZG 2010, 161 ff.
Cascante, Christian **Bingel, Adrian**	Verbesserte Beteiligungstransparenz (nicht nur) vor Übernahmen?Die Vorschriften des Anlegerschutz- und Funktionsverbesserungsgesetzes, NZG 2011, 1086 ff.
Claussen, Carsten P.	Das Gesetz über die kleine Aktiengesellschaft – und die ersten praktischen Erfahrungen, WM 1996, 609 ff.
Claussen, Carsten P. **Florian, Ulrich**	Der Emittentenleitfaden, AG 2005, 745 ff.
Decher, Christian E.	Mitwirkungsrechte der Aktionäre beim Kauf von Unternehmen, Festschrift für Uwe H. Schneider zum 70. Geburtstag, Köln 2011, 261 ff.
Diem, Andreas	Akquisitionsfinanzierungen, Kredite für Unternehmenskäufe, 3. Auflage, München 2013
Drinhausen, Florian **Keinath, Astrid**	Nutzung eines bedingten Kapitals bei Ausgabe von Wandelschuldverschreibungen gegen Sachleistung, BB 2011, 1736 ff.
Drinkuth, Henrik	Gegen den Gleichlauf des Acting in concert nach § 22 WpHG und § 30 WpÜG, ZIP 2008, 676 ff.
Drygala, Tim	Deal Protection in Verschmelzungs- und Unternehmenskaufverträgen – eine amerikanische Vertragsgestaltung auf dem Weg ins deutsche Recht – Teil II, WM 2004, 1457 ff.

Duden, Konrad	Gleichbehandlung bei Auskünften an Aktionäre, Festschrift für Ernst von Caemmerer zum 70. Geburtstag, Tübingen 1978, 499 ff.
Ehricke, Ulrich **Ekkenga, Jens** **Oechsler, Jürgen**	Wertpapiererwerbs- und Übernahmegesetz, Kommentar, 1. Auflage, München 2003
Eichner, Moritz Peter	Anschleichen bei Unternehmensübernahmen – Perfides taktisches Manöver oder achtbare strategische Entscheidung?, ZRP 2010, 5 ff.
Eidenmüller, Horst	Regulierung von Finanzinvestoren, DStR 2007, 2116 ff.
Eilers, Stephan	Der Dept Equity Swap – Eine Sanierungsmaßnahme für unternehmerische Krisensituationen, GWR 2009, 3 ff.
Eilers, Stephan (Hrsg.) **Koffka, Nils Matthias (Hrsg.)** **Mackensen, Marcus (Hrsg.)**	Private Equity, Unternehmenskauf, Finanzierung, Restrukturierung, Exitstrategien, 2. Auflage, München 2012 (zitiert: *Verfasser* in Eilers/Koffka/Mackensen, Private Equity)
Ekkenga, Jens	Sachkapitalerhöhungen gegen Schuldbefreiung, ZGR 2009, 581 ff.
Ekkenga, Jens	Neuerliche Vorschläge zur Nennwertanrechnung beim Debt-Equity-Swap – Erkenntnisfortschritt oder Wiederbelebungsversuche am untauglichen Objekt?, DB 2012, 331 ff.

Emmerich, Volker **Habersack, Mathias**	Aktien- und GmbH-Konzernrecht, 7. Auflage, München 2013
Feldhaus, Heiner-Georg (Hrsg.) **Veith, Amos (Hrsg.)**	Frankfurter Kommentar zu Private Equity, Darstellung der Grundlagen des Private Equity-geschäfts und Kommentierung des UBGG und des WKBG, 1. Auflage, Frankfurt a. M. 2010 (zitiert: *Bearbeiter* in Frankfurter Kommentar, Private Equity)
Fleischer, Holger	Finanzinvestoren im ordnungspolitischen Gesamtgefüge von Aktien-, Bankaufsichts- und Kapitalmarktrecht, ZGR 2008, 185 ff.
Fleischer, Holger	Zulässigkeit und Grenzen von Break-Fee-Vereinbarungen im Aktien- und Kapitalmarktrecht, AG 2009, 345 ff.
Fleischer, Holger	Marktschutzvereinbarungen beim Börsengang – Eine Bestandsaufnahme nach dem Vierten Finanzmarktförderungsgesetz, WM 2002, 2305 ff.
Fleischer, Holger	Der Zusammenschluss von Unternehmen im Aktienrecht – Aktienrechtliche Problemfelder bei M&A-Transaktionen –, ZHR 172 (2008), 538 ff.
Fleischer, Holger **Schmolke, Klaus Ulrich**	Das Anschleichen an eine börsennotierte Aktiengesellschaft – Überlegungen zur Beteiligungstransparenz de lege lata und de lege ferenda –, NZG 2009, 401 ff.
Fleischer, Holger	Mitteilungspflichten für Inhaber wesentlicher Beteiligungen (§ 27a WpHG), AG 2008, 873 ff.

Fleischer, Holger Investor Relations und die informationelle Gleichbehandlung im Aktien-, Konzern- und Kapitalmarktrecht, ZGR 2009, 505 ff.

Fleischer, Holger Zur Unveräußerlichkeit der Leitungsmacht im dt. engl. und US-amerik. Aktienrecht, Festschrift für Eberhard Schwark zum 70. Geburtstag, München 2009, 137 ff.

Fleischer, Holger Covenants und Kapitalersatz, ZIP 1998, 313 ff.

Fleischer, Holger
Thaten, Marlen Einlagenrückgewähr und Übernahme des Prospekthaftungsrisikos durch die Gesellschaft bei der Platzierung von Altaktien, NZG 2011, 1081 ff.

Fleischer, Holger (Hrsg.) Handbuch des Vorstandsrecht, 1. Auflage, München 2006

(zitiert: *Verfasser* in Fleischer, Handbuch des Vorstandsrechts)

Friedl, Markus J. OLG Frankfurt: Keine Anwendbarkeit des SchVG 2009 auf Inhaberschuldverschreibungen einer ausländischen Emittentin, BB 2012, 1305 ff.

Frotscher, Gerrit (Hrsg.)
Maas, Ernst (Hrsg.) Kommentar zum Körperschaft-, Gewerbe- und Umwandlungssteuergesetz, Freiburg, Loseblattsammlung, (Stand der Lieferung 01/2013)

(zitiert: *Verfasser* in Frotscher/Maas, KStG)

Fuchs, Andreas (Hrsg.) Wertpapierhandelsgesetz (WpHG); Kommentar, 1. Auflage, München 2009

(zitiert: *Bearbeiter* in Fuchs, WpHG)

Fuchs, Arno **Fischer, Markus**	„Attraktiveres Risiko-Rendite-Profil", vision+money special, November 2004, 20 ff.
Gätsch, Bracht **Bracht, Hannes**	Die Behandlung eigener Aktien im Rahmen der Mitteilungs- und Veröffentlichungspflichten nach §§ 21, 22 und 26a WpHG, AG 2011, 813 ff.
Gehling, Christian	Bezugspreis und faktischer Bezugsrechtsausschluss, ZIP 2011, 1699 ff.
Geibel, Stephan **Süßmann, Rainer**	Erwerbsangebote nach dem Wertpapiererwerbs- und Übernahmegesetz, BKR 2002, 52 ff.
Geibel, Stephan (Hrsg.) **Süßmann, Rainer (Hrsg.)**	Wertpapiererwerbs- und Übernahmengesetz (WpÜG), Kommentar, 2. Auflage, München 2008 (zitiert: *Bearbeiter* in Geibel/Süßmann, WpÜG)
Gerhard, Frank	Private investments in public equity (PIPE) – Ein Blick auf PIPE-Transaktionen in der Schweiz, GesKR 2006, 286 ff.
Gerhard, Frank	Private Investments in Public Equity (PIPEs) – A Closer Look at PIPE Transactions in Switzerland, EFCR 2008, 305 ff.
Gillessen, Benedikt	Das Risiko beim Börsengang darf bezahlt werden, F.A.Z. vom 16.9.2009, Nr. 215, S. 21
Goette, Wulf	Zur Zuteilung der Aktien beim vereinfachten Bezugsrechtsauschluss nach § 186 Abs. 3 Satz 4 AktG, ZGR 2012, 505 ff.
Goslar, Sebastian **von der Linden, Klaus**	Grenzen des Rechtsmissbrauchseinwands gegen Gestaltungen beim aktienrechtlichen Squeeze out, BB 2009, 1986 ff.

Greven, Tobias
Fahrenholz, Christian | Die Handhabung der neuen Mitteilungspflichten nach § 27a WpHG, BB 2009, 1487 ff.

Groß, Wolfgang | Bookbuilding, ZHR 162 (1998), 318 ff.

Groß, Wolfgang | Bezugsrechtsausschluss bei Barkapitalerhöhungen: Offene Fragen bei der Anwendung des neuen § 186 Abs. 3 Satz 4 AktG, DB 1994, 2431 ff.

Großkommentar zum Aktiengesetz | Hopt, Klaus J. (Hrsg.);Wiedemann, Herbert (Hrsg.)

Erster Band, §§ 1-53; 4. Auflage, Berlin 2004

Zweiter Band, §§ 53a-75; 4. Auflage, Berlin 2008

Dritter Band, §§ 76-94; 4. Auflage, Berlin 2008

Vierter Band, §§ 95-117; 4. Auflage, Berlin 2006

Fünfter Band, §§ 118-149; 4. Auflage, Berlin 2008

Sechster Band, §§ 150-220; 4. Auflage, Berlin 2006

(zitiert: *Bearbeiter* in Großkommentar AktG)

Großkommentar zum HGB | Canaris, Claus-Wilhelm (Hrsg.); Schilling, Wolfgang (Hrsg.); Ulmer, Peter (Hrsg.)

Dritter Band, 2. Teilband, §§ 290-342a , 4. Auflage, Berlin 2002

(zitiert: *Verfasser* in Großkommentar HGB)

Grunewald, Barbara (Hrsg.)
Schlitt, Michael (Hrsg.)

Einführung in das Kapitalmarktrecht, 2. Auflage, München 2009

(zitiert *Verfasser* in Grunewald/Schlitt, Einführung in das Kapitalmarktrecht)

Haarmann, Wilhelm (Hrsg.)
Schüppen, Matthias (Hrsg.)

Frankfurter Kommentar zum Wertpapiererwerbs- und Übernahmegesetz, 3. Auflage 2008

(zitiert: Bearbeiter in Haarmann/Schüppen, WpÜG)

Habersack, Mathias

Verdeckte Sacheinlage und Hin- und Herzahlen nach dem ARUG – gemeinschaftsrechtlich betrachtet, AG 2009, 557 ff.

Habersack, Mathias

Gesellschafterdarlehen nach dem MoMiG – Anwendungsbereich, Tatbestand und Rechtsfolgen der Neuregelung, ZIP 2007, 2145 ff.

Habersack, Mathias (Hrsg.)
Mülbert, Peter O. (Hrsg.)
Schlitt, Michael (Hrsg.)

Handbuch der Kapitalmarktinformation, 2. Auflage, München 2013

(zitiert: *Verfasser* in Habersack/Mülbert/Schlitt, Kapitalmarktinformation)

Habersack, Mathias (Hrsg.)
Mülbert, Peter O. (Hrsg.)
Schlitt, Michael (Hrsg.)

Unternehmensfinanzierung am Kapitalmarkt, 3. Auflage, Köln 2013

(zitiert: *Verfasser* in Habersack/Mülbert/Schlitt, Unternehmensfinanzierung)

Happ, Wilhelm (Hrsg.)

Aktienrecht, Handbuch – Mustertexte – Kommentar, 3. Auflage, Köln 2007

(zitiert: *Verfasser* in Happ, Aktienrecht)

Hasselbach, Kai Die Weitergabe von Insiderinformationen bei M&A-Transaktionen mit börsennotierten Aktiengesellschaften
Unter Berücksichtigung des Gesetzes zur Verbesserung des Anlegerschutzes vom 28.10.2004, NZG 2004, 1087 ff.

Heidel, Thomas Nomos Kommentar, Aktienrecht und Kapitalmarktrecht, 3. Auflage, Baden-Baden 2011

(zitiert: *Verfasser* in Heidel, Aktienrecht und Kapitalmarktrecht)

Helm, Thorsten
Manthey, Nikolaus Vincent Missbräuchliche Anfechtungsklagen im Aktienrecht – Rechtsvergleich und Lösungsansätze, NZG 2010, 415 ff.

Hemeling, Peter Gesellschaftsrechtliche Fragen der Due Diligence beim Unternehmenskauf, ZHR 169 (2005), 274 ff.

Hennigsen, Kerstin Änderungen im Wertpapierprospektrecht, BaFin Journal 09/12, 5 ff.

Herrler, Sebstian
Reymann, Christoph Die Neuerungen im Aktienrecht durch das ARUG
– Unter besonderer Berücksichtigung der Neuregelungen zur Hauptversammlung und zur Kapitalaufbringung bei der AG –, DNotZ 2009, 914 ff.

Herrmann, Marcus Zivilrechtliche Abwehrmaßnahmen gegen unfreundliche Übernahmeversuche in Deutschland und Großbritannien: eine rechtsvergleichende Untersuchung unter Berücksichtigung des künftigen europäischen Rechts, Dissertation, Heidelberg 1993

Hess, Harald	Sanierungshandbuch, 5. Auflage, Köln 2011
Heusel, Matthias	Der neue § 25a WpHG im System der Beteiligungstransparenz, WM 2012, 291 ff.
Hilgard, Mark C.	Break-up Fees beim Unternehmenskauf, BB 2008, 286 ff.
Hirte, Heribert	Anmerkungen und Anregungen zur geplanten gesetzlichen Neuregelung des Bezugsrechts, ZIP 1994, 356 ff.
Hirte, Heribert	Verteidigung gegen Übernahmeangebote und Rechtsschutz des Aktionärs gegen die Verteidigung, ZGR 2002, 623 ff.
Hirte, Heribert (Hrsg.) von Bülow, Christoph (Hrsg.)	Kölner Kommentar zum WpÜG, 2. Auflage, Köln 2010 (zitiert: *Bearbeiter* in Kölner Kommentar WpÜG)
Hitzer, Martin	Zum Begriff der Insiderinformation, NZG 2012, 860 ff.
Hoffmann-Becking	Neue Formen der Aktienemission, Festschrift für Otfried Lieberknecht zum 70. Geburtstag, München 1997, 25 ff.
Hoffmann-Becking, Michael	Gesetz zur kleinen AG – unwesentliche Randkorrekturen oder grundlegende Reform?, ZIP 1995, 1 ff.
Hofmeister, Holger	Der Ausschluss des aktiengesetzlichen Bezugsrechts bei börsennotierten AG – Konsequenzen aus BGHZ 136, 133ff. – Siemens/Nold, NZG 2000, 713 ff.
Höhn, Wolfgang	Lock-up Agreements, FB 2004, 223 ff.

Höhn, Wolfgang Ausgewählte Probleme bei Lock-up Agreements, Dissertation, Frankfurt a. M. 2004

Höhn, Wolfgang Lock-up Agreements, FB 2004, 223 ff.

Hölters, Wolfgang (Hrsg.) Aktiengesetz, Kommentar, 1. Auflage, München 2011

(zitiert: *Bearbeiter* in Hölters, AktG)

Hölters, Wolfgang (Hrsg.) Handbuch Unternehmenskauf, 7. Auflage, Köln 2010

(zitiert: *Verfasser* in Hölters, Handbuch Unternehmenskauf)

Hommelhoff, Peter (Hrsg.)
Hopt, Klaus J. (Hrsg.)
von Werder, Axel (Hrsg.) Handbuch Corporate Governance – Leitung und Überwachung börsennotierter Unternehmen in der Rechts- und Wirtschaftspraxis, 2. Auflage, Köln 2009

(zitiert: *Verfasser* in Hommelhoff/Hopt/v.Werder, Handbuch Corporate Governance)

Hoppe, Christa
Michel, Marion Acting in concert in der Fassung des Risikobegrenzungsgesetz – Eine Bilanz nach 600 Tagen –, BaFin Journal 04/10, 3 ff.

Hopt, Klaus J. Grundsatz- und Praxisprobleme nach dem Wertpapiererwerbs- und Übernahmegesetz, ZHR 166 (2002), 383 ff.

Hopt, Klaus J. (Hrsg.)
Wohlmannstetter, Gottfried (Hrsg.) Handbuch Corporate Governance von Banken, München 2011

(zitiert: *Verfasser* in Hopt/Wohlmannstetter, Handbuch Corporate Governance von Banken)

Horn, Norbert Die Stellung der Anleihegläubiger nach neuem Schuldverschreibungsgesetz und allgemeinem Privatrecht im Licht aktueller Marktentwicklungen, ZHR 173 (2009), 12 ff.

Huber, Ulrich Rückkauf eigener Aktien, Festschrift für Bruno Kropff, Aktien- und Bilanzrecht, Düsseldorf 1997, 103 ff.

Hüffer, Uwe Beck'sche Kurz-Kommentare – Aktiengesetz, 10. Auflage, München 2012

(zitiert: *Hüffer*, AktG)

Ihrig, Hans-Christoph
Wagner, Jens Volumengrenzen für Kapitalmaßnahmen der AG, NZG 2002, 657 ff.

Ihrig, Hans-Christoph Liber Amicorum für Wilhelm Happ, Köln 2006, 109 ff.

Jäger, Axel Der Entherrschungsvertrag, DStR 1995, 1113 ff.

Jesch, Thomas A. (Hrsg.)
Striegel, Andreas (Hrsg.)
Boxberger, Lutz (Hrsg.) Rechtshandbuch Private Equity, 1. Auflage, München 2010

(zitiert: *Verfasser* in Jesch/Striegel/Boxberger, Rechtshandbuch Private Equity)

Just, Clemens (Hrsg.)
Voß, Thorsten (Hrsg.)
Ritz, Corinna (Hrsg.)
Zeising, Michael (Hrsg.) Wertpapierprospektgesetz (WpPG) und EU-Prospektverordnung, 1. Auflage, München 2009

(zitiert: *Bearbeiter* in Just/Voß/Ritz/Zeising, WpPG)

Karollus, Martin Die Umwandlung von Geldkrediten in Grundkapital – eine verdeckte Sacheinlage?, ZIP 1994, 589 ff.

Keidel, Theodor (Begr.) **Engelhardt, Helmut (Hrsg.)** **Sternal, Werner (Hrsg.)**	FamFG, Kommentar zum Gesetz über das Verfahren in Familiensachen und in den Angelegenheiten der freiwilligen Gerichtsbarkeit, 17. Auflage, München 2011 (zitiert: *Verfasser* in Keidel, FamFG)
Kiefner, Alexander	Beteiligungserwerb und ungeschriebene Hauptversammlungszuständigkeit, ZIP 2011, 545 ff.
Kiem, Roger	Investorenvereinbarungen im Lichte des Aktien- und Übernahmerechts, AG 2009, 301 ff.
Kiesewetter, Matthias	EuGH rückt Selbstbefreiungsmöglichkeiten für Emittenten in den Blickpunkt, BB 2012, 1741 ff.
Kiethe, Kurt	Vorstandshaftung aufgrund fehlerhafter Due Diligence beim Unternehmenskauf, NZG 1999, 976 ff.
Kläsener, Boris **Wasse, Norman**	Erste Freigabebeschlüsse nach dem ARUG – Erkenntnisse, Probleme und Konsequenzen für die Praxis, AG 2010, 202 ff.
Klawitter, Tim	Zum vereinfachten Bezugsrechtsausschluss gem. § 186 Abs. 3 Satz 4 AktG bei der Ausgabe von Wandel- oder Optionsschuldverschreibungen, AG 2005, 792 ff.
Klein, Martin **Stephanblome, Markus**	Der Downstream Merger – aktuelle umwandlungs- und gesellschaftsrechtliche Fragestellungen, ZGR 2007, 351 ff.
Klepsch, Oliver **Kiesewetter, Matthias**	Befreiung vom Pflichtangebot beim Erwerb zur Sanierung,BB 2007, 1403 ff.

Knapp, Christoph Auswirkungen des MoMiG auf Aktiengesellschaften und ihre Organmitglieder, DStR 2008, 2371 ff.

Kniehase, Christoph Standstill agreements in Deutschland und den USA, Dissertation, Frankfurt a. M. 2003

Koch, Jens Das Gesetz zur Unternehmensintegrität und Modernisierung des Anfechtungsrechts (UMAG), ZGR 2006, 769 ff.

Kocher, Dirk Einschränkungen des Anspruchs auf gleiche Information für alle Aktionäre – Keine Angst vor § 131 Abs. 4 AktG?, Konzern 2008, 611 ff.

Kocher, Dirk Die Einzelfallausnahme beim kapitalmarktrechtlichen Acting in Concert, Konzern 2010, 162 ff.

Kocher, Dirk
Widder, Stefan Die Behandlung eigener Aktien im Rahmen der Mitteilungspflichten nach §§ 21 ff. WpHG, AG 2007, 13 ff.

Kocher, Dirk
Widder, Stephan „Die Absage des EuGH an den Probability Magnitude Test verdient uneingeschränkten Beifall", BB 2012, 1820 ff.

Kock, Martin Investments in Zeiten der Finanzkrise, Venture Capital Magazin 2009, 13 f.

Kölner Kommentar AktG Zöllner, Wolfgang (Hrsg.)

Band 1, §§ 1-147, 2. Auflage, Köln 1985

Band 1, TL 1, §§ 1-75, 3. Auflage, Köln 2011

Band 2/1, §§ 76-94, 3. Auflage, Köln 2011

	Band 2/2, §§ 95-117, 3. Auflage, Köln 2013
	Band 3, TL 1, §§ 131, 132, 3. Auflage, Köln 2010
	Band 5/1, §§ 179-240; 2. Auflage 1995
	(zitiert: *Bearbeiter* in Kölner Kommentar AktG)
Körber, Torsten	Geschäftsleitung der Zielgesellschaft und due diligence bei Paketerwerb und Unternehmenskauf, NZG 2002, 263 ff.
Krämer, Lutz **Kiesewetter, Matthias**	Rechtliche und praktische Aspekte einer Due Diligence aus öffentlich zugänglichen Informationsquellen einer börsennotierten Gesellschaft, BB 2012, 1679 ff.
Krämer, Lutz **Gillessen, Benedikt** **Kiefner, Alexander**	Das „Telekom III"-Urteil des BGH – Risikozuweisungen an der Schnittstelle von Aktien- und Kapitalmarktrecht, CFL 2011, 328 ff.
Krämer, Lutz **Teigelack, Lars**	Gestaffelte Selbstbefreiungen bei gegenläufigen Insiderinformationen?, AG 2012, 20 ff.
Krause, Hartmut	Die erweiterte Beteiligungstransparenz bei börsennotierten Aktiengesellschaften, AG 2011, 469 ff.
Krause, Hartmut	Prophylaxe gegen feindliche Übernahmeangebote,AG 2002, 133 ff.
Krause, Hartmut	Die „kalte" Übernahme, Festschrift für Uwe H. Schneider zum 70. Geburtstag, Köln 2010, 669 ff.

Krömker, Michael	Der Anspruch des Paketaktionärs auf Informationsoffenbarung zum Zwecke der Due Diligence, NZG 2003, 418 ff.
Kropff, Bruno (Hrsg.)	Aktiengesetz, Düsseldorf 1965
Kümpel, Siegfried **Wittig, Arne**	Bank- und Kapitalmarktrecht, 4. Auflage, Köln 2011
Kuthe, Thorsten **Zipperle, Madeleine**	Neuerungen für Prospekte für Anleihen und Wandelschuldverschreibungen durch dieNeufassung des Prospektrechts zum 1. Juli 2012, Bond Magazine Flash 2012, 24 f.
Lachner, Constantin M **von Heppe, Rafael**	Die prospektfreie Zulassung nach § 4 Abs. 2 Nr. 1 WpPG (10%-Ausnahme) in der jüngsten Praxis, WM 2008, 576 ff.
Langenbucher, Katja	Aktien- und Kapitalmarktrecht, 2. Auflage, München 2011
Langenbucher, Katja **Brenner, Sebastian** **Gellings, Marcel**	Zur Nutzung von Insiderinformationen nach der Marktmissbrauchsrichtlinie, BKR 2010, 133 ff.
Lawall, Arne **Maier, Peter**	Änderungen im Wertpapierprospektgesetz, DB 2012, 2443 ff., 2503 ff.
Leyendecker, Ludwig **Mackensen, Marcus**	Beurkundung des Equity Commitment Letter beim Unternehmenskauf, NZG 2012, 129 ff.
Liefekett, Kai Haakon	Due Diligence bei M & A-Transaktionen – Voraussetzungen und Grenzen bei Börsengängen, Fusionen, Übernahmen, Beteiligungskäufen, Private Equity und Joint Ventures, Dissertation, Berlin 2005

Linker, Anja
Zinger, Georg
Rechte und Pflichten der Organe einer Aktiengesellschaft bei der Weitergabe vertraulicher Unternehmensinformation, NZG 2002, 497 ff.

Löbbe, Marc
Gesellschaftsrechtliche Gestaltungsmöglichkeiten des Debt Equity Swap, Liber Amicorum für Martin Winter, 2011 Köln, 423 ff.

Loewenheim, Ulrich (Hrsg.)
Messen, Karl M. (Hrsg.)
Riesenkampff, Alexander (Hrsg.)
Kartellrecht, Band 1: Europäisches Recht, Kommentar, 2. Auflage, München 2009

(zitiert: *Bearbeiter* in Loewenheim/Messen/Riesenkampff, Kartellrecht)

Loges, Rainer
Distler, Wolfgang
Gestaltungsmöglichkeiten durch Aktiengattungen, ZIP 2002, 467 ff.

Lorenz, Dirk
Pospiech, Lutz
Das neue Schuldverschreibungsgesetz – eine gesetzliche Grundlage für die Restrukturierung von Genussscheinen?, DB 2009, 2419 ff.

Lorenz, Dirk
Pospiech, Lutz
Ein Jahr Freigabeverfahren nach dem ARUG – Zeit für einen Blick auf Entscheidungen, Entwicklungstrends und ungeklärte Rechtsfragen, BB 2010, 2515 ff.

Lutter, Marcus
Rechte und Pflichten des Aufsichtsrats, 5. Auflage, Köln 2009

Lutter, Marcus
Information und Vertraulichkeit im Aufsichtsrat, 3. Auflage, Köln 2006

Lutter, Marcus
Das neue „Gesetz für kleine Aktiengesellschaften und zur Deregulierung des Aktienrechts“ , AG 1994, 429 ff.

Lutter, Marcus
Kirschbaum, Tom
Zum Wettbewerber im Aufsichtsrat, ZIP 2005, 103 ff.

Lutter, Marcus
Der Grundsatz gemeinsamer Vorstandsverantwortung, Festschrift für Hans-Joachim Fleck zum 70. Geburtstag, Berlin 1988, 179 ff.

Lutter, Marcus (Hrsg.)
Hommelhoff, Peter (Hrsg.)
GmbH-Gesetz, Kommentar, 18. Auflage, Köln 2012

(zitiert: *Bearbeiter* in Lutter/Hommelhoff, GmbHG)

Maidl, Johannes
Kreifels, Rainer
Beteiligungsverträge und ergänzende Vereinbarungen, NZG 2003, 1091 ff.

Marsch-Barner, Reinhard
Die Erleichterung des Bezugsrechtsausschlusses nach § 186 Abs. 3 Satz 4 AktG, AG 1994, 532 ff.

Marsch-Barner, Reinhard (Hrsg.)
Schäfer, Frank (Hrsg.)
Handbuch börsennotierte AG, 2. Auflage, Köln 2009

(zitiert: *Verfasser* in Marsch-Barner/Schäfer, Hdb börsennotierte AG)

Martens, Klaus-Peter
Richterliche und gesetzliche Konkretisierungen des Bezugsrechtsausschlusses, ZIP 1994, 669 ff.

Maul, Silja
Zur Unzulässigkeit der Festsetzung lediglich eines Mindestausgabebetrages im Rahmen des § AKTG § 193 AKTG § 193 Absatz II Nr. 3 AktG, NZG 2000, 679 ff.

Meier, Werner
Schauenburg, Christoph
Back to Square One – Frankfurter Gerichte beschränken Restrukturierungsmöglichkeiten für Schuldverschreibungen, CFL 2012, 161 ff.

Meiisel, Patrick **Bokeloh, Bettina**	Handels- und steuerrechtliche Aspekte der indirekten Emission von Wandelanleihen beim Emittenten, CFL 2010, 35 ff.
Mellert, Christofer Rudolf	Venture Capital Beteiligungsverträge auf dem Prüfstand, NZG 2003, 1096 ff.
Menke, Thomas	Befugnis des Vorstands einer börsennotierten Aktiengesellschaft zur bevorzugten Information eines Aktionärspools, NZG 2004, 697 ff.
Merkner, Andreas **Sustmann, Marco**	Vorbei mit dem unbemerkten Anschleichen an börsennotierte Unternehmen?, NZG 2010, 681 ff.
Merkner, Andreas **Sustmann, Marco**	Reform des Marktmissbrauchsrechts: Die Vorschläge der Europäischen Kommission zur Verschärfung des Insiderrechts, AG 2012, 315 ff.
Merkner, Andreas **Sustmann, Marco**	Erste „Guidance" der BaFin zu den neuen Meldepflichten nach §§ 25, 25 a WpHG, NZG 2012, 241 ff.
Meyer-Landrut, Andreas **Heuser, Moritz**	Rechtliche Aspekte der Kommunikation mit institutionellen Investoren vor der HV, AG 2011, R 241 ff.
Michalski, Lutz (Hrsg.)	Kommentar zum Gesetz betreffend die Gesellschaften mit beschränkter Haftung (GmbHG), Band I, 2. Auflage, München 2010 (zitiert: *Bearbeiter* in Michalski, GmbHG)
Mielke, Werner **Molz, Danielle**	Anspruch des veräußerungswilligen Gesellschafters auf Durchführung einer due diligence durch den Erwerbsinteressenten, DB 2008, 1955 ff.

Mielke, Werner
Nguyen-Viet,Thanh-Mai
Änderung der Kontrollverhältnisse bei dem Vertragspartner: Zulässigkeit von Change of Control-Klauseln im deutschen Recht, DB 2004, 2515 ff.

Müller, Klaus J.
Gestattung der Due Diligence durch den Vorstand der Aktiengesellschaft, NJW 2000, 3452 ff.

Müller, Welf (Hrsg.)
Rödder, Thomas (Hrsg.)
Beck'sches Handbuch der AG Gesellschaftsrecht, Steuerrecht, Börsengang, 2. Auflage, München 2009

(zitiert: *Verfasser* in Beck'sches Hdb AG)

Münchener Handbuch des Gesellschaftsrechts
Band 2 – Kommanditgesellschaft, GmbH & Co. KG, Publikums-KG, Stille Gesellschaft; Gummert, Hans; Weipert, Lutz (Hrsg.); 3. Auflage, München 2009

(zitiert: *Verfasser* in Münch Hdb KG)

Münchener Handbuch des Gesellschaftsrechts
Band 3 – Gesellschaft mit beschränkter Haftung; Priester, Hans-Joachim; Mayer, Dieter; Wicke, Hartmut (Hrsg.), 4. Auflage, München 2012

(zitiert: *Verfasser* in Münch Hdb GmbH)

Münchener Handbuch des Gesellschaftsrechts
Band 4 – Aktiengesellschaft; Hoffmann-Becking, Michael (Hrsg.); 3. Auflage, München 2007

(zitiert: *Verfasser* in Münch Hdb AG)

Münchener Kommentar zum Aktiengesetz
Band 1, §§ 1-75; Goette, Wulf (Hrsg.); Habersack, Mathias (Hrsg.); 3. Auflage, München 2008

Band 2, §§ 76-117; Goette, Wulf (Hrsg.);

Habersack, Mathias (Hrsg.); 3. Auflage, München 2008

Band 3, §§ 118-147; Goette, Wulf (Hrsg.); Habersack, Mathias (Hrsg.); 3. Auflage, München 2013

Band 4, §§ 179-221, Goette, Wulf (Hrsg.); Habersack, Mathias (Hrsg.); 3. Auflage, München 2011

Band 6, §§ 329-410, WpÜG, Goette, Wulf (Hrsg.); Habersack, Mathias (Hrsg.); 3. Auflage, München 2011

(zitiert: *Bearbeiter* in Münchener Kommentar AktG)

Münchener Kommentar zum GmbHG Band 1, §§ 1-34, Fleischer, Holger (Hrsg.); Goette, Wulf (Hrsg.); 1. Auflage, München 2010

(zitiert: *Verfasser* in Münchener Kommentar GmbHG)

Münchener Kommentar zum HGB Band 4, Drittes Buch. Handelsbücher §§ 238-342e HGB, Schmidt, Karsten (Hrsg.); Ebke, Werner F. (Hrsg.), 3. Auflage, München 2013

Band 3, Zweites Buch. Handelsgesellschaften und stille Gesellschaft, §§ 161-237 HGB, Konzernrecht der Personengesellschaften, Schmidt, Karsten (Hrsg.), 3. Auflage, München 2012

(zitiert: *Verfasser* in Münchener Kommentar HGB)

Münchener Vertragshandbuch Band 2. Wirtschaftsrecht I, Schütze, Rolf A. (Hrsg.); Weipert, Lutz (Hrsg.), 6. Auflage, München 2009

(zitiert: Verfasser in Münchener Vertragshandbuch, 2. Band)

Nettesheim, Martin Unternehmensübernahmen durch Staatsfonds: Europarechtliche Vorgaben und Schranken, ZHR 172 (2008), 729 ff.

Nikoleyczik, Tobias
Gubitz, Daniel Das Insiderhandelsverbot bei M&A-Transaktionen nach der „Spector"-Entscheidung des EuGH, GWR 2010, 159 ff.

Nodoushani, Manuel Verbotene Einlagenrückgewähr und bilanzielle Betrachtungsweise, ZIP 2012, 97 ff.

Nordhues, Patrick Interessenkonflikte im Aufsichtsrat, CFL 2010, 327 ff.

Oltmanns, Martin
Zöllter-Petzoldt, Irka Zum Anspruch eines veräußerungswilligen Aktionärs auf Durchführung einer Due Diligence, CFL 2012, 133 ff.

Palandt Beck'sche Kurz-Kommentare – Bürgerliches Gesetzbuch, 72. Auflage, München 2013

(zitiert: *Palandt*, BGB)

Paschos, Nikolaos Die Zulässigkeit von Vereinbarungen über künftige Leitungsmaßnahmen des Vorstands, NZG 2012, 1142 ff.

Peltzer, Oliver Die Neuregelung des Erwerbs eigener Aktien im Lichte der historischen Erfahrungen, WM 1998, 322 ff.

Pfüller, Markus **Flatten, Thomas**	Aktienübernahmeverträge und Platzierungsrisiko, Zugleich eine Anmerkung zum Rundschreiben 13/99 des BAKred, FB 2001, 388 ff.
Picot, Gerhard **Land, Volker**	Going Public – Typische Rechtsfragen des Ganges an die Börse, DB 1999, 570 ff.
Pluskat, Sorika	„Investorenmitteilungen nach § 27 a WpHG – wie viel Beteiligungstransparenz geht noch?", NZG 2999, 206 ff.
Poelzig, Dörte	Der Referentenentwurf eines Gesetzes zur Umsetzung der Aktionärsrechterichtlinie im Kampf gegen „räuberische Aktionäre", DStR 2008, 1538 ff.
Priester, Hans-Joachim	Debt-Equity-Swap zum Nennwert?, DB 2010, 1445 ff.
Priester, Hans-Joachim	Aktionärsentscheid zum Unternehmenserwerb, AG 2011, 654 ff.
Raiser, Thomas **Veil, Rüdiger**	Recht der Kapitalgesellschaften, 5. Auflage, München 2010
Redeker, Rouven	Kontrollerwerb an Krisengesellschaften: Chancen und Risiken des Debt-Equity-Swap, BB 2007, 673 ff.
Reichert, Jochem **Harbarth, Stephan**	Veräußerung und Einziehung eigener Aktien, ZIP 2001, 1441 ff.
Reichert, Jochem **Ott, Nikolas**	Investorenvereinbarung mit der Zielgesellschaft- Möglichkeiten und Grenzen der Einflussnahme auf Gesellschaftsorgane, Festschrift für Wulf Goette zum 65. Geburtstag, 2011 München, 397 ff.

Renz, Hartmut
Rippel, Julia-Christine Änderungen der Transparenzvorschriften gem. §§ WPHG § 21ff. WpHG (Mitteilungspflichten von Stimmrechten) durch das Gesetz zur Stärkung des Anlegerschutzes und der Verbesserung der Funktionsfähigkeit des Kapitalmarktes, BKR 2011, 235 ff.

Rödding, Adalbert Finanzkrise eröffnet Chancen für neue Transaktionen, Börsenzeitung v. 19.11.2008, S. 2

Ruffner, Markus DieökonomischenGrundlageneines-RechtsderPublikumsgesellschaft: ein Beitrag zur Theorie der corporate governance, Zürich 2000

Schaefer, Hans Shareholder Activism und Corporate Governance, NZG 2007, 900 ff.

Schäfer, Carsten Vereinbarungen bei Aktienemissionen, ZGR 2008, 455 ff.

Schäfer, Frank A. (Hrsg.)
Hamann, Uwe (Hrsg.) Kapitalmarktgesetze, Band 1 und 2, Stuttgart, Loseblattsammlung (Stand der Lieferung 10/2010)

(zitiert: *Bearbeiter* in Schäfer/Hamann, Kapitalmarktgesetze)

Schall, Alexander
Habbe, Julia Sophia
Wiegand, Christoph Anfechtungsmissbrauch – Gibt es einen überzeugenderen Ansatz als das ARUG?, NJW 2010, 1789 ff.

Schall, Alexander Anmerkung zum Urteil des EuGH vom 28.6.2012, Rs. C-19/11 – Insiderinformationen und Publizitätspflichten in gestreckten Entscheidungsprozessen,ZIP 2012, 1286 ff.

Schanz, Kay-Michael	Börseneinführung – Recht und Praxis des Börsengangs, 4. Auflage, München 2012 (zitiert: *Schanz,* Börseneinführung)
Schanz, Kay-Michael	Wandelanleihen in der Insolvenz des Schuldners, CFL 2012, 26 ff.
Schanz, Kay-Michael	Wandel- und Optionsanleihen – Flexible Finanzierungsinstrumente im Lichte gestiegenen Interesses –, BKR 2011, 410 ff.
Schiessl, Maximilian	Beteiligungsaufbau mittels Cash-settled Total Return Euiqty Swaps – neue Modelle und Einführung von Meldepflichten, Konzern 2009, 291 ff.
Schiessl, Maximilian	ECLR – Fairness Opinions im Übernahme- und Gesellschaftsrecht, ZGR 2003, 814 ff.
Schiessl, Maximilian	Empfehlungen an Publikumsgesellschaften für den Umgang mit Hedgefonds, ZIP 2009, 689 ff.
Schiessl, Maximilian	Auf der Suche nach dem „Ankeraktionär“-“PIPE“-Transaktionsmodelle und Organpflichten, AG 2009, 385 ff.
Schiessl, Maximilian	Konkurrierende Angebote im Übernahmerecht, Liber Amicorum für Martin Winter, 2011 Köln, 569 ff.
Schiffer, Jack **Bruß, Hannah**	Due Diligence beim Unternehmenskauf und vertragliche Vertraulichkeitsvereinbarungen, BB 2012, 847 ff.
Schlitt, Michael **Schäfer, Susanne**	Die Restrukturierung von Anleihen nach dem neuen Schuldverschreibungsgesetz, AG 2009, 477 ff.

Schlitt, Michael **Schäfer, Susanne**	Wandel- und Optionsanleihen – Aktuelle Rechts- und Praxisfragen –, CFL 2010, 252 ff.
Schlitt, Michael **Schäfer, Susanne**	Auswirkungen des Prospektrichtlinie-Umsetzungsgesetzes auf Aktien- und Equity-linked Emissionen, AG 2005, 498
Schlitt, Michael **Schäfer, Susanne**	Drei Jahre Praxis unter dem Wertpapierprospektgesetz – eine Zwischenbilanz, AG 2008, 525 ff.
Schlitt, Michael **Schäfer, Susanne**	Alte und neu Fragen im Zusammenhang mit 10 %-Kapitalerhöhungen, AG 2005, 67 ff.
Schlitt, Michael **Schäfer, Susanne**	Finanzmarktkommunikation anlässlich von Kapitalmarkttransaktionen, Festschrift für Klaus Hopt zum 70. Geburtstag, Band 2, Berlin 2010, 2469 ff.
Schlitt, Michael **Seiler, Oliver**	Einstweiliger Rechtsschutz im Recht der börsennotierten Aktiengesellschaften, ZHR 166 (2002), 544 ff.
Schlitt, Michael **Seiler, Oliver**	Aktuelle Rechtsfragen bei Bezugsrechtsemissionen, WM 2003, 2175 ff.
Schlitt, Michael **Seiler, Oliver** **Singhof, Bernd**	Aktuelle Rechtsfragen und Gestaltungsmöglichkeiten im Zusammenhang mit Wandelschuldverschreibungen, AG 2003, 254 ff.
Schlitt, Michael **Schäfer, Susanne**	Aktuelle Entwicklungen bei Bezugsrechtsemissionen, CFL 2011, 410 ff.
Schmidt, Karsten	Gesellschaftsrecht, 4. Auflage. Köln 2002

Schmidt, Karsten (Hrsg.) **Lutter, Marcus (Hrsg.)**	Aktiengesetz Kommentar Band 1, §§ 1-149, 2. Auflage Köln 2010 Band 2, §§ 150-410, 2. Auflage, Köln 2010 (zitiert: *Bearbeiter* in Schmidt/Lutter, AktG)
Schmidt, Mario **Schlitt, Michael**	Debt Equity Swap – Eine attraktive Form der Restrukturierung?, Konzern 2009, 279 ff.
Schmitz, Winfried F. **Slopek, David E. F.**	PIPE-Transaktionen aus rechtlicher Sicht – Aktien- und wertpapierrechtliche Gestaltungsmöglichkeiten von Private Investments in Public Entities, NJOZ 2009, 1264 ff.
Schneider, Uwe H. **Brouwer, Tobias**	Kapitalmarktrechtliche Meldepflichten bei Finanzinstrumenten, AG 2008, 557 ff.
Schnorbus, York	Die Rechtsstellung der Emissionsbank bei der Aktienemission, AG 2004, 113 ff.
Schnorbus, York **Trapp, Christoph**	Die Ermächtigung des Vorstands zur Ausgabe von Wandelschuldverschreibungen gegen Sacheinlage,ZGR 2010, 1023 ff.
Schockenhoff, Martin	Der rechtmäßige Bezugsrechtsausschluß, AG 1994, 45 ff.
Scholz	Kommentar zum GmbH-Gesetz, 3. Band, §§ 53-85, Nachtrag MoMiG, §§ 1-4 EGGmbHG, 10. Auflage, Köln 2010 (zitiert: *Verfasser* in Scholz, GmbHG)
Schrell, Thomas **Kirchner, Andreas**	Strukturelle und vertragliche Subordination, BKR 2004, 212 ff.

Schulte, Christian „Und im Register, da sind die Räuber" – Die Rolle des Registergerichts bei Erhebung missbräuchlicher Anfechtungs- und Nichtigkeitsklagen durch Berufskläger im Aktienrecht, ZIP 2010, 1166 ff.

Schüppen, Matthias
Schaub, Bernhard Münchener Anwaltshandbuch Aktienrecht, 2. Auflage, München 2010

(zitiert: *Verfasser* in Schüppen/Schaub, MAH Aktienrecht)

Schwark, Eberhard Der vereinfachte Bezugsrechtausschuß – Zur Auslegung des § 186 Abs. 3 Satz 4 AktG, Festschrift für Carsten Peter Claussen zum 70. Geburtstag, Köln 1997, 357 ff.

Schwark, Eberhard (Hrsg.)
Zimmer, Daniel (Hrsg.) Kapitalmarktrechts-Kommentar, 4. Auflage, München 2010

(zitiert: *Bearbeiter* in Schwark/Zimmer, KMRK)

Seibert, Ulrich
Böttcher, Leif Der Regierungsentwurf der Aktienrechtsnovelle 2012, ZIP 2012, 12 ff.

Seibt, Christoph H. Finanzanalysten im Blickfeld von Aktien- und Kapitalmarktrecht, ZGR 2006, 501 ff.

Seibt, Christoph H. Beck'sches Formularbuch Mergers & Acquisitions, 2. Auflage, München 2011

Seibt, Christoph H. Wandelschuldverschreibungen: Marktbericht, Dokumentationen und Refinanzierungsoptionen, CFL 2010, 165 ff.

Seibt, Christoph H. Barkapitalemissionen mit erleichtertem Bezugsrechtsausschluss deutscher Emittenten nach § 186 Abs. 3 Satz 4 AktG, CFL 2011, 74 ff.

Seibt, Christoph H. — Grenzen des übernahmerechtlichen Zurechnungstatbestandes in § 30 II WpÜG (Acting in Concert), ZIP 2004, 1829 ff.

Seibt, Christoph H.
Wollenschläger, Bernward — Unternehmenstransaktionen mit Auslandsbezug nach der Reform des Außenwirtschaftsrechts, ZIP 2009, 833 ff.

Seibt, Christoph H.
Voigt, Hans-Christoph — Kapitalerhöhungen zu Sanierungszwecken, AG 2009, 133 ff.

Seibt, Christoph H. — Sanierungskapitalerhöhungen: Dogmatische Überlegungen und Praxisgestaltungen, Konzern 2009, 261 ff.

Seibt, Christoph H.
Wunsch, Oliver — Investorenvereinbarungen bei öffentlichen Übernahmen, Konzern 2009, 195 ff.

Seibt, Christoph H. — Neues Regime der kapitalmarktrechtlichen Beteiligungstransparenz – Stellungnahme zum Anlegerschutz- und Funktionsverbesserungsgesetz, CFL 2010, 502 ff.

Seibt, Christoph H. — Sachkapitalerhöhungen bei Aktiengesellschaften im Transaktionskontext, CFL 2012, 313 ff.

Seiler, Oliver — Aktuelle Entwicklungen bei der Befreiung vom Pflichtangebot in Sanierungsfällen, CFL 2010, 102 ff.

Seiler, Oliver
Singhof, Bernd — Zu den Rechtsfolgen bei Nichtbeachtung der „Holzmüller"-Grundsätze, Konzern 2003, 313 ff.

Semler, Johannes (Hrsg.)
Stengel, Arndt (Hrsg.) — Beck'sche Kurz-Kommentare, Umwandlungsgesetz mit Spruchverfahrensgesetz, 3. Auflage, München 2012

(zitiert: *Verfasser* in Semler/Stengel, UmwG)

Semler, Johannes (Hrsg.)
Volhard, Rüdiger (Hrsg.)

Arbeitshandbuch für Unternehmensübernahmen, Band 1, Unternehmensübernahme, Vorbereitung – Durchführung – Folgen, Ausgewählte Drittländer, 1. Auflage München 2001

(zitiert: *Verfasser* in Arbeitshandbuch für Unternehmensübernahmen, Bd. 1)

Semler, Johannes (Hrsg.)
Volhard, Rüdiger (Hrsg.)
Reichert, Jochem (Hrsg.)

Arbeitshandbuch für die Hauptversammlung, 3. Auflage München 2011

(zitiert: *Verfasser* in Arbeitshandbuch für die Hauptversammlung)

Sieger, Jürgen J.
Hasselbach, Kai

Die Übernahme von Gewährleistungen durch die Aktiengesellschaft bei Kapitalerhöhungen und Aktientausch, BB 2004, 60 ff.

Simon, Stefan

Die neue Ad-hoc-Publizität, Konzern 2005, 13 ff.

Singhof, Bernd

Der „erleichterte“ Bezugsrechtsausschluss im Rahmen von § 221 AktG, ZHR 170 (2006), 673 ff.

Singhof, Bernd

Aktionärsvereinbarungen bei Kapitalerhöhungen, Festschrift für Uwe H. Schneider zum 70. Geburtstag, Köln 2011, 1261 ff.

Spindler, Gerald

Acting in Concert – Begrenzung von Risiken durch Finanzinvestoren?, WM 2007, 2357 ff.

Spindler, Gerald (Hrsg.)
Stilz, Eberhard (Hrsg.)

Kommentar zum Aktiengesetz,
Band 1, §§ 1-178, 2. Auflage, München 2010
Band 2, §§ 179-410, 2. Auflage, München 2010

(zitiert: *Bearbeiter* in Spindler/Stilz, AktG)

Steinmeyer, Roland (Hrsg.)
Häger, Michael (Hrsg.)

WpÜG, Wertpapiererwerbs- und Übernahmegesetz, Kommentar, 2. Auflage, Berlin 2007

(zitiert: *Bearbeiter* in Steinmeyer/Häger, WpÜG)

Strauß, Ingo

Akquisitionsfinanzierung durch genehmigtes Kapital, AG 2010, 192 ff.

Streck, Michael (Hrsg.)

Körperschaftssteuergesetz mit Nebengesetzen, 7. Auflage, München 2008

(zitiert: *Verfasser* in Streck, KStG)

Süßmann, Rainer

Unerwünschte Übernahmen, NZG 2011, 1281 ff.

Tal, Michael

Innovationsfinanzierung durch privates Beteiligungskapital in Deutschland und Großbritannien: eine vergleichende Analyse rechtlicher Gestaltungsmöglichkeiten, Dissertation, Frankfurt a. M. 2010

Technau, Konstantin

Rechtsfragen bei der Gestaltung von Übernahmeverträgen („Underwriting Agreements") im Zusammenhang mit Aktienemissionen, AG 1998, 445 ff.

Teichmann, Christoph
Epe, Daniel

Die neuen Meldepflichten für künftig erwerbbare Stimmrechte (§§ 25, 25a WpHG), WM 2012, 1213 ff.

Teichmann, Christoph
Epe, Daniel

Neuer Regelungsansatz in der kapitalmarktrechtlichen Beteiligungstransparenz: Generalklausel statt Fallgruppen-Lösung, WM 2010, 1477 ff.

Teigelack, Lars

Insiderhandel und Marktmanipulation im Kommissionsentwurf einer Marktmissbrauchsverordnung, BB 2012, 1361 ff.

Thaeter, Ralf
Brandi, Tim Oliver

Öffentliche Übernahmen, Recht und Praxis der Übernahme börsennotierter Unternehmen, 1. Auflage, München 2003

(zitiert: *Verfasser* in Thaeter/Brandi)

Thaeter, Ralf
Guski, Roman

Shareholder Activism: Gesellschaftsrechtliche Schranken aktiven Aktionärsverhaltens, AG 2007, 301 ff.

Theiselmann, Rüdiger

Praxishandbuch des Restrukturierungsrechts, 2. Auflage, Köln 2013

(zitiert: *Verfasser* in Theiselmann, Praxishandbuch des Restrukturierungsrechts)

Thomas, Alexander

Überbezugsrechte auf neu ausgegebene Aktien, GoingPublic „Kapitalmarktrecht 2009", 40 f.

Trapp, Christoph

Erleichterter Bezugsrechtsausschluss nach § 186 Abs. 3 S. 4 und Greenshoe, AG 1997, 115 ff.

Vaupel, Christoph F.
Reers, Ulrich

Kapitalerhöhungen bei börsennotierten Aktiengesellschaften in der Krise, AG 2010, 93 ff.

Veil, Rüdiger
Koch, Philipp

Auf dem Weg zu einem Europäischen Kapitalmarktrecht: die Vorschläge der Kommission zur Neuregelung des Marktmissbrauchs, WM 2011, 2297 ff.

Verse, Dirk — Das Beschlussmängelrecht nach dem ARUG, NZG 2009, 1127 ff.

Verse, Dirk — Der Gleichbehandlungsgrundsatz im Recht der Kapitalgesellschaften, Dissertation, Tübingen 2006

Viciano-Gofferje, Martin
Cascante, Christian — Neues aus Brüssel zum Insiderrecht – die Marktmissbrauchsverordnung/Untersuchung der Vorschläge der Kommission zur Reform des Insiderhandelsverbots, insbesondere im Hinblick auf für M&A-Transaktionen relevante Sachverhalte, NZG 2012, 968 ff.

von Bülow, Christoph
Stephanblome, Markus — Acting in Concert und neue Offenlegungspflichten nach dem Risikobegrenzungsgesetz, ZIP 2008, 1797 ff.

von Falkenhausen, Joachim Frhr. — Übernahmeprophylaxe – Die Pflichten des Vorstands der Zielgesellschaft, NZG 2007, 97 ff.

von Falkenhausen, Joachim Frhr.
Bruckner, Volkmar — Share for Share-Transaktionen – Kann sich der Vorstand einer Aktiengesellschaft vertraglich verpflichten, Aktien auszugeben?, AG 2009, 732 ff.

von Oppen, Matthias
Menhart, Katrin
Holst, Peter — Die Ermittlung des Platzierungspreises bei einer 10%-Kapitalerhöhung im beschleunigten Bookbuilding-Verfahren, WM 2011, 1835 ff.

von Riegen, Arend — Rechtliche Rahmenbedingungen bei PIPE-Transaktionen, CFL 2010, 1 ff.

von Ringleb, Henrik-Michael (Hrsg.)
Kremer, Thomas (Hrsg.)
Lutter, Marcus (Hrsg.)
von Werder, Axel (Hrsg.) — Kommentar zum Deutschen Corporate Governance Kodex, 4. Auflage, München 2010

(zitiert: *Bearbeiter*, v. Ringleb/Kremer/Lutter/v. Werder, GCK)

von Rosen, Rüdiger **Helm, Leonhard**	Der Erwerb eigener Aktien durch die Gesellschaft, AG 1996, 434 ff.
von Sydow, Christian **Beyer, Oliver**	Erwerb von notleidenden Krediten und anschließende Kapitalerhöhung mit Sacheinlage, AG 2005, 635 ff.
von Wietzlow, Walther **Gemmeke, Jens**	Corporate Governance und die Praxis der gerichtlichen Bestellung von Aufsichtsräten – ein Problem?, AG-Report 2003, 302 ff.
Voß, Thorsten	Das Anlegerschutz- und Funktionsverbesserungsgesetz – ausgewählte Aspekte des Regierungsentwurfs, BB 2010, 3099 ff.
Wackerbarth, Ulrich	Ein Seismograph für Übernahmeaktivitäten, ZIP 2010, 1527 ff.
Wagner, Oliver	Standstill agreements bei feindlichen Übernahmen nach US-amerikanischem und deutschem Recht, Dissertation, Frankfurt a. M. 2000
Wand, Peter **Tillmann, Tobias** **Heckenthaler, Stephan**	Aufsteigende Darlehen und Sicherheiten bei Aktiengesellschaften nach dem MoMiG und der MPS-Entscheidung des BGH, AG 2009, 148 ff.
Weitnauer, Wolfgang	Handbuch Venture Capital – Von der Innovation zum Börsengang, 3. Auflage, München 2007
Weitnauer, Wolfgang	Der Beteiligungsvertrag, NZG 2001, 1065 ff.
Weitnauer, Wolfgang	Die Gesellschafterfremdfinanzierung aus Sicht von Finanzinvestoren – ein Resümee der Änderungen des MoMiG und der derzeitigen rechtlichen Rahmenbedingungen vor dem Hintergrund der Finanzkrise, BKR 2009, 18 ff.

Widder, Stefan	Masterpläne, Aktienrückkaufprogramme und das Spector-Urteil des EuGH bei M&A-Transaktionen, BB 2010, 515 ff.
Widder, Stefan **Kocher, Dirk**	Die Zeichnung junger Aktien und das Insiderhandelsverbot, AG 2009, 654 ff.
Widmann, Siegfried **Mayer, Dieter**	Umwandlungsrecht, Umwandlungsgesetz – Umwandlungssteuergesetz, Kommentar, Bonn, Loseblattsammlung, (Stand der Lieferung 09/2013) (zitiert: *Verfasser* in Widmann/Mayer, UmwG)
Wilsing, Hans-Ulrich **Ogorek, Markus**	Der Minderheitsantrag auf gerichtliche Einsetzung eines Sonderprüfers gemäß § 142 Abs. 2 AktG – ein neues Betätigungsfeld für professionelle Minderheitsaktionäre, GWR 2009, 75 ff.
Wilsing, Hans-Ulrich **von der Linden, Klaus**	Unabhängigkeit, Interessenkonflikte und Vergütung von Aufsichtsratsmitgliedern – Gedanken zur Kodexnovelle 2012, DStR 2012, 1391 ff.
Wilsing, Hans-Ulrich **Goslar, Sebastian**	Ad-hoc-Publizität bei gestreckten Sachverhalten – Die Entscheidung des EuGH vom 28. 6. 2012, EUGH Aktenzeichen C1911 C-19/11, „Geltl", DStR 2012, 1709 ff.
Wilsing, Hans-Ulrich **(Hrsg.)**	Deutscher Corporate Governance Kodex, Kommentar, 1. Auflage, 2012 (zitiert: *Verfasser* in Wilsing, DCGK)
Winter, Martin **Harbarth, Stephan**	Verhaltenspflichten von Vorstand und Aufsichtsrat der Zielgesellschaft bei feindlichen Übernahmeangeboten nach dem WpÜG, ZIP 2002, 1 ff.

Wolf, Alexander	Der Mythos „Neutralitätspflicht" nach dem Übernahmerichtlinie-Umsetzungsgesetz, ZIP 2008, 300 ff.
Zetzsche, Dirk	Aktionärsinformation in der börsennotierten Aktiengesellschaft, Köln 2006
Zetzsche, Dirk	Sicherung der Interessen von (Wagnis-) Kapitalgebern – Zum Verhältnis von Satzung, Vertrag und Nebenordnung in der Kleinen Aktiengesellschaft, NZG 2002, 942 ff.
Ziemons, Hildegard	Die Übernahme von Transaktionskosten und Prospektrisiken durch die Aktiengesellschaft nach der BGH-Entscheidung „Dritter Börsengang" der Telekom, GWR 2011, 404 ff.
Zöllner, Wolfgang	Gerechtigkeit bei der Kapitalerhöhung, AG 2002, 585 ff.

Schriften zum Gesellschafts-, Bilanz- und Unternehmensteuerrecht

Herausgegeben von Joachim Hennrichs

Band 1 Moritz Pöschke: Eigenkapital mittelständischer Gesellschaften nach IAS/IFRS. 2009.

Band 2 Ulrike Lehmann: Gesellschaftsrechtliche Gestaltungen im Erbschaft- und Schenkungsteuerrecht. Eine Untersuchung der Erbschaft- und Schenkungsteuersubjektivität der Personengesellschaft sowie der mittelbaren Anteilsschenkung. 2009.

Band 3 Christian Graw: Das Konzept der Anteilseignerbesteuerung nach § 22 UmwStG 2006 – insbesondere im Vergleich zu § 21 UmwStG 1995. 2009.

Band 4 Christopher M. Picot: Die Rechte der Aktionäre beim Delisting börsennotierter Gesellschaften. 2009.

Band 5 Pascal Alexander Salomon: Regelungsaufträge in der Societas Privata Europea. Einführung in eine neue Rechtsform unter besonderer Berücksichtigung des Gesetzgebungsinstruments des Regelungsauftrages. 2010.

Band 6 Anna Sabrina Cryns: Gesellschafterfremdfinanzierung in Frankreich und Zinsschranke – ein Rechtsvergleich. 2011.

Band 7 Björn Karst: Das Marktmanipulationsverbot gem. § 20a WpHG. Unter besonderer Berücksichtigung der „Safe-Harbor"-Regelung. 2011.

Band 8 Ulrike Petig: Verdeckte Sacheinlagen im GmbH- und Aktienrecht. Die Veränderungen durch MoMiG und ARUG. 2012.

Band 9 Jochen Möller: Vorteilsanrechnung bei nützlichen Pflichtverletzungen im Kapitalgesellschafts- und Kartellrecht. 2012.

Band 10 Alexander Kersten: Zinsschranke und IFRS. Rechtssystematische Einordnung einer punktuellen Maßgeblichkeit der IFSR im Steuerrecht am Beispiel der Zinsschranke. 2012.

Band 11 Tobias Strohmeier: Special Purpose Acquisition Companies. SPACs im Spannungsfeld von deutschem Aktien- und Kapitalmarktrecht. 2012.

Band 12 Ruth Winter: Die steuerliche Behandlung von Scheinauslandsgesellschaften. Eine Untersuchung zur doppelansässigen Kapitalgesellschaft. 2013.

Band 13 Daniel Krey: IFRS und Ausschüttungsbemessung. 2013.

Band 14 Gabriel Jakob Litzenberger: Sanierungspflichten in der Krise von AG und GmbH. 2014.

Band 15 Franziska Neumann: Rechtliche Probleme von PIPE-Transaktionen. 2014.

www.peterlang.com